逆流者

抗日殺奸團成員口述歷史實錄

口述：

祝宗梁　孫惠書　葉于良　馬普東　王文誠　王振鵠　王振鴻

記錄、整理：

賴恩典

壹嘉出版　1Plus Books
舊金山　San Francisco　2022

2022 1 Plus Books® 壹嘉出版® Paperback Edition
Published in the United States of America by 1 Plus Books® / 壹嘉出版®
Books / 壹嘉出版

Author/作者：賴恩典

Title/書名：HISTORY / 逆流者
Series/叢書名：1 Plus Personal Memories/壹嘉個人史

ISBN：978-1-949736-3-73
本口述實錄全部版權為賴恩典所有。
本書插圖中未注明出處者，均為口述者或作者本人提供。

Publisher/出版人：劉雁
Cover Design/封面設計：盧啓鍵
Page Layout/版面設計：賴恩典

出版：壹嘉出版/1 Plus Publishing & Consulting
定價：US$ 32.99
美國 · 舊金山 · 2022 電話：1(510)320-8437
email: 1plus@1plusbooks.com
http://www.1plusbooks.com

> 如果紀錄片是一本家庭相冊的話，那麼口述歷史就是相冊裡那張泛黃且有故事的老照片。

閒暇之余我常在想，如果十七年前沒去雲南的話，不知我的人生會是什麼樣的境遇。

當我在二零零五年用兩條腿和兩個車輪丈量完一遍滇緬公路時，命運似乎就決定了我接下來的小二十年裡，將與"抗戰老兵"這個特殊的群體有著密不可分的聯繫。

年少時，我也曾覺得"我命由我不由天"，但進入不惑之年，卻常感慨人這一生所做的事，大多是"命中註定"，而"關注歷史、關愛老兵"和"記錄歷史"，就是這小二十年來我命裡被註定要做的事。

二零零四年八月十五日，抗戰勝利五十九周年紀念日那天，我喝著酒吃著魚，被電視裡播放的紀錄片《滇緬公路》所吸引。借著酒勁，我定下了未來近二十年的人生命運。

二零零五年，抗戰勝利六十周年，我在滇緬公路上騎行了一千多公里，訪問了四十位當年的抗戰老兵、南僑機工和歷史學家，記錄了三十六處抗戰遺跡。

這兩個月和一千多公里的騎行，對於一個自小接受教科書教育的人來說，震動很大。

我沒想到還有那麼多不為人知卻很震人心魄的歷史，也見證了當年為中華民族爭生存、爭自由而參加抗戰抵禦外侮的戰士們，因為中共建政後的歷次政治運動和意識形態的作祟下，使得他們一生受盡屈辱，晚景淒苦，甚至有的子女對他們不管不顧。

八月份，我在滇緬公路上拍攝的紀錄片《重返滇緬路》在廈門音像出版社出版，並在當年被中共中宣部和新聞出版署評為"二零零五年全國四十部重大歷史題材之一"。

做完紀錄片後，我一個跟頭開始栽進"關愛抗戰老兵"的志願者行動中。

我跟瘋了一樣在廈門到處找朋友募集資金來幫助老兵，每人每月捐助五十塊錢，一年六百塊錢。可以選擇一對一捐助，也可以二對一，甚至是多對一。

兩年的呼號奔波，捐助效果微乎其微，於是二零零七年聖誕節那天，我在廈門發起義賣T恤的公益活動。

很幸運，活動一在網上發佈，我便得到一萬多塊錢的贊助資金，贊助人叫董斌。

二零零八年年初，我開始設計並找印製了一千多件T恤衫，在廈門大學、集美大學和廈門的街頭發起了義賣。

很倒楣的是，那時候碰上汶川地震和北京奧

運會，這兩件事對於我的義賣來說無疑是致命的。大家更願意關注汶川和奧運會，更願意把錢捐給汶川地震的災民。

這本無可厚非，但在街頭義賣的時候，警察以為我從事違法行為，將我帶至警察局，強令我停止義賣。

二零零九年年底，我設計出中國大陸第一本關於抗戰歷史的掛曆並進行義賣，將義賣善款和部分掛曆捐送給老兵。

二零一零年，我策劃並拍攝了紀錄片《最後的心願》，我們把一位居住在雲南龍陵的四川老兵送回離別了幾十年的老家，同時將一位老兵抬上他當年與日軍作戰的陣地看看，也幫助一位想要到廣州黃埔軍校本校去走走看看的老兵圓了心願。

也就是在那年，志願者越來越多，幫助老兵的善款也比前幾年來得更容易，於是，我開始思考應該跳出來做點別的。

一個抗戰老兵的去世，就意味著一段歷史的消逝。

我手裡的攝影機和所從事的專業提醒我，老兵總歸有去世的一天，但是鏡頭為他們留下的歷史永不消逝。於是我將鏡頭對準他們，開始對他們進行口述歷史記錄，為這些耄耋

一 逆流者 一

老人留下點補充大歷史的個人微觀史。

從二零一零年開始至今，我利用業餘時間，單槍匹馬奔赴大江南北十九個省、跨越海峽兩岸、飛赴國外七十幾個城市，搶救性拍攝了一百三十七位抗戰老兵，記錄了四萬兩千多分鐘的國家記憶。

二零一一年，志願者李明暉發起拍攝抗日殺奸團的紀錄片，並邀請我參與拍攝。我帶著攝影機進入到劇組時，第一次深入接觸到抗日殺奸團這個群體和那段歷史，也把人生第一次與一個男人緊緊十指相扣給了抗團的祝宗梁。

二零一三年十月，我趁到上海參加電影節之際，將鏡頭對準了抗團的祝宗梁，開始挖掘那段神奇的歷史。

二零一四年一月二十五日至二十七日，我在北京挖掘了三天葉于良關於北平抗日殺奸團的歷史。

二零一五年五月至二零一七年十一月，我三次飛赴臺北、耗時十六天，榨乾了臺北的王文誠、王振鴻、王振鵠、馬普東四位抗團成員的歷史。

二零一六年六月，我飛到大洋彼岸，在美國洛杉磯明媚的陽光下，與抗團成員孫惠書暢聊過往。

二零一八年五月，我帶著一份伏案幾個月整理出七萬多字、兩千多個問題的口述提綱，在上海花了六天的時間，彌補了五年前祝宗梁口述沒錄完整的遺憾。

二零一四年，我開通"一起抗戰口述歷史"公眾號，不定期在上面發佈我的口述歷史文章，至今已有近百篇原創口述歷史文章在公眾號上發佈。

因此，常常有人建議我將公眾號裡的口述歷史文章整理成書。每次聽到這種建議，我總是避而遠之，我深知影像是我的專長，但在文字功夫方面，我屬於弱智的級別。

這些給我建議的人裡，不乏作家、自媒體人和出版社，其中有個出版社（隸屬人民日報出版社）盯了我兩三年，年年遊說我出書，而我年年以"文字不專"為由拒絕。

這位窮追不捨的編輯問我，你想要什麼樣的文字效果？

我說，我想要的那種文字效果，應該是簡潔優美、詩意空間、精煉質感且充滿電影畫面感的。我可以拍電影，但寫不出來。

這位編輯說，這樣固然好，不過口述歷史就應該有口述歷史的樣子，如果寫成散文、詩歌和小說，那就不是口述歷史了。

糾結了許久，我承認他說的是對的。

於是，我答應了他的邀請。同時，我建議出版有關抗日殺奸團的口述歷史，並將資料發給他看，他看完當下就答應了。

接下來幾年時間裡，我從北京跑到上海，再跑到臺北和洛杉磯，記錄下僅存的幾位抗團成員，整理編輯成三十二萬餘字的書稿。

二零一八年九月，我正在洛杉磯錄製口述，這位編輯老兄給我傳來一份出版合同。打開合同，我被裡面的霸王條款震得瞠目結舌。幾次溝通後無效，出版胎死腹中。

二零一八年八月，北京抗團葉于良老先生離世；二零一九年六月，臺北抗團王振鵠老先生離世；二零二零年二月，上海抗團祝宗梁老先生離世；二零二二年七月，洛杉磯抗團孫惠書奶奶離世。

至此，大陸再無抗日殺奸團，臺北僅剩三位（其中兩位過百），美國西雅圖一位、澳洲澳洲墨爾本一位。

這幾年間，我沒有停止出書的腳步，在國內爭取了幾年無果，遂將目光投向了香港和臺灣，並做好了自費出版的準備，但聯繫多家出版社後仍一無所獲。

二零二一年八月，李安大姐跟我介紹了美國壹嘉出版社，與出版社劉雁老師對接以後，又馬不停蹄地請老同學盧啟鍵設計了封面。接下來耗時五個月，幾易其稿，終於把本書四百九十P的內頁排版全部完成。

這些年來，我一直在做超出自己能力範疇的事，從做關愛抗戰老兵志願者開始，到設計T恤和掛曆組織義賣捐助老兵、記錄老兵口述歷史、查找資料，再到編輯口述書稿和書籍內頁排版等等，無一在我能力範疇之內，其中的艱難苦楚，非筆墨所能形容。

幸得一眾志願者老友相助，才使得本書終見天日，他們是：

感謝為本書聽打抗團口述歷史近三十萬字的太原志願者王慧景；

感謝為本書聽打抗團口述歷史近十一萬字的麗江志願者梁穎；

感謝把《逆流者》整本書完整整理和校對了兩遍的阿炳和劉雁老師。還有為本書聽打付出辛苦的李玉紅、翟潤、齊思原、尹亞飛和魏淑敏；

感謝為本書授權使用各種精彩圖片資料的天津市檔案館、陶麗、閆伯群、蔡建餘、谷慧霞、王宇、李福軍、包偉東、李豔秋、鐘蕾妮、李紅梅；

感謝為本書內容增添許多珍貴歷史圖片的抗團後人們，他們的配合使得本書圖文並茂，提升了閱讀感。他們是：張梅格（祝宗梁之女）、王友章（王文誠之子）、葉樹振（葉于良之女）、劉景端（劉友淦之女）、袁健（孫惠書之子）、袁永健（袁漢俊胞妹）、梁漢美（盧旭之女）。

特別感謝袁騰飛老師為本書仗義推薦。

感謝一眾好友這些年來對我口述歷史的鼎力支持，他（她）們是：楊建明、周楠、劉尹峰、李淑平、賴永順、張燈蓮、劉哞波、談璐屏、楊琦、狄競、楊威、薛剛、樓毅、沈嘉欣、林莎莎、陳仁和、唐俊、吳姍姍、賴鳳娟、黃曼。

尤其感謝我的太太，我們倆因抗戰老兵而結緣，對於抗戰歷史和抗戰老兵有著相同的認知和情感。十幾年來她沒有因柴米油鹽給我壓力，使得我可以肆無忌憚地四處記錄口述歷史。

二零一九年陽曆五月四日，祝宗梁老先生在上海擺宴慶祝他的百歲生日，王文誠老先生特地從臺北飛到上海給他祝賀。

為了給祝老慶賀百歲，我設計了抗日殺奸團的掛曆送給祝老，同時也將掛曆送給其他幾位抗團的老先生。

二零二一年二月二十二日和十二月十三日是王文誠和王振鴻二位老先生的百周歲生日，這兩年我緊趕慢趕地想在今年將這本書出版出來，送給二位老先生做為百歲賀禮，奈何天不遂人願，折騰到現在才總算出版。

雖然老先生們的百周歲生日已過，不過，遲到的祝福總比沒有祝福好。

我對此書充滿了鍾愛，抗團的歷史很悲壯，但只看史料的話，未免冷冰冰了些。感謝這幾位老先生不辭辛苦，耗時費力在鏡頭前講述他們波瀾壯闊的一生，給抗團的故事增添了很多傳奇和溫度。

二零零五年我走完滇緬公路後，開始加入志願者團隊關愛抗戰老兵，這一關愛，頭頭尾尾已近十八年。

二零一零年，我開始利用業餘時間，將鏡頭對準這群耄耋之年的抗戰老兵，這一記錄，頭頭尾尾記錄了十二年。

如果說，紀錄片是一本家庭相冊的話，那麼口述歷史就是相冊裡那張泛黃且有故事的老照片。

"抗戰老兵"這個群體終將消逝在歷史進程的滾滾濃煙裡，抗戰歷史也將成為化石，我的口述歷史紀錄也將必不可免地慢慢結尾，慢慢關機，慢慢與老兵和歷史說再見。

最後：

謹以此書，向一九三一年九月十八日至一九四五年八月十五日的逆流者們致敬；

謹以此書，向王文誠和王振鴻二位老先生賀壽，祝福二位老先生健康高壽、平安喜樂。

　　　　　　賴恩典　二零二二年春節於廈門

目錄

祝宗梁：抗團的目的只是抗日，不願參與黨派鬥爭。
──────────────────────────── 003

"九一八事變"後，地圖上的東北全境插了好多日本國旗。──── 004
子彈在我家屋頂飛來飛去。──────────────── 007
我有位朋友死了，可否為他拍張遺照？──────────── 009
有侵略，我們就要反抗！我們一起工作，抗日殺敵！──── 011
我的老丈人曾經是個大漢奸。──────────────── 013
規定的時間不來站崗，卻跑來看戲？────────────── 016
安放燃燒彈的時候，萬一出現意外，沈棟交代我引爆炸彈。── 018
來自重慶的三千元獎勵。──────────────── 022
沈棟被捕，李如鵬改組抗團。──────────────── 023
因火燒中原公司效果不佳，我被罰站一小時。──────── 026
為了訓練打架，抗團棒打不知國難當頭的混混。──────── 028
暑期四把火，燒光日本人幾百萬軍用物資。──────── 031
這是對皇軍最嚴重的侵犯！──────────────── 033
政治活動生死攸關，沒考慮明白，最後怎麼死都不知道。── 035
日本憲兵把他吊起來，打他大腿根，讓他精液流出來。──── 037
抗團首次刺殺，打瞎漢奸一隻眼。──────────── 040
我們朝他開了七槍，然後騎上自行車撤退。──────── 042

魯迅說：這對夫妻一路貨色。─── 045
令他致命的"程經理外找"。─── 047
我殺了程錫庚，卻導致英日外交糾紛。─── 053
戴笠讓我們到香港自首，並保證救我們出來。─── 057
好不容易抓了四個人都跑了，還丟了兩副手銬，日本憲兵很惱火。─── 059
群龍無首的天津抗團。─── 063
日本偷襲珍珠港的當天，從海陸兩進偷襲了香港。─── 064
上海偽市長在我家，趕快去拿槍！─── 067
日本人給我吃的湯裡，米粒屈指可數，裡面還飄著老鼠屎。─── 070
抗團的目的只是抗日，不願參與黨派鬥爭。─── 074
我寧肯做個自由人。─── 076
內戰開始時，國民黨有幾百萬軍隊，但是人心壞了─── 079
注釋 ─── 082

孫惠書：一別四十年，父親躺在病床上，我喊完"爸爸"後眼淚啪啪往下掉，他睜著眼睛看我，不知道有沒有認出我來。─── 085

我二媽是末代皇帝溥儀的本家。─── 086
哥哥介紹入我抗團，圓了我抗日的夢想。─── 088
同珍一急，用拳頭砸碎玻璃。─── 091
槍響之後，程錫庚當場斃命！─── 092
報紙將我形容成了不起的"江洋大盜"。─── 094
因為父親是國府高官，我得以"統戰"之名到臺灣奔喪。─── 096

葉于良：從中共建政，到抗團同志重新聯繫上，兜兜轉轉幾十年，再見面時，大家都垂垂老矣。—— 099

"葉公好龍"的葉公是我的祖先。———————————————— 100
校長開設汽車訓練班，意圖教會大家開坦克。———————— 101
船長把自己的船沉在閩江口，防止日本軍艦進閩江。————— 102
我被日本鬼子不分青紅皂白踹了一腳。—————————— 104
北平淪陷後，日本人要求老百姓向他們鞠躬。———————— 106
我因一個漢奸而加入抗日殺奸團。———————————— 108
為了保險起見，抗團將武器彈藥、人員名單保存在漢奸親戚的家裡。— 109
孫大成做炸彈的時候，把自己炸成了獨臂。————————— 112
我們的刺殺行動，令北平的漢奸們人心惶惶。———————— 114
我們一起去刺殺川島芳子！——————————————— 116
馮運修看準時機，沖著太陽穴打了兩槍。—————————— 118
我這一槍恰好打在俞大純的胸口上，俞逆當場斃命。—————— 120
二十年後又是一條好漢！———————————————— 123
日本憲兵隊兇險至極，進去的非死即殘。—————————— 126
我們的罪名是：抗日，軍律違反罪！———————————— 128
都被關進監獄了，國共雙方還沒停止搞摩擦。———————— 130
我是炮局監獄裡的抗團第一囚號。————————————— 131
日本翻譯握著我的手說：你氣色不錯。——————————— 133
你們這些漢奸走狗，喊什麼萬歲！————————————— 135
抗團解散，各回各家。—————————————————— 138
馬漢三的"鴻門宴"。——————————————————— 142
一張照片引出一段歷史。————————————————— 144
我作為中南區列席代表，在北京中南海懷仁堂聽周恩來和劉少奇作報告。— 148
在我的人生中，曾是個"反革命"。————————————— 150
錢學森：畝產可以百萬斤。———————————————— 152

不如找地方單練！ —————————————————— 155

我被特赦回京時,轉天就是一九七六年。 ———————— 157

分別時,大家意氣風發。再見時,大家垂垂老矣。 ———— 161

注釋 ——————————————————————— 163

馬普東:一二三四五六七,孝悌忠信禮義廉,一個忘(王)"八",一個無"恥"。 ——————— 165

皇帝在我家坐過的椅子,被家人高高供起。 ———————— 166

加入抗團一年多我就被捕了。 ——————————————— 169

你現在還敢殺人嗎? ———————————————————— 172

臺灣人感念日本人治下的臺灣。 —————————————— 174

蔣匪毛匪誰是匪?靠美靠蘇民靠誰? ———————————— 176

愛國能當飯吃嗎? ————————————————————— 177

全臺灣一百六十八個大學,憑什麼他能上我不能上? ———— 178

注釋 ——————————————————————— 182

王文誠:回望我這一生,我盡力做了該做的事,身爲中國人,願意做中國人,死也是中國魂。 ——— 185

甲午戰爭中，外祖父所在的靖遠艦被擊沉。——————————— 186
盧溝橋的槍聲在那年暑期猝不及防地傳到我們的軍訓場上。———— 189
現在有個專門反日和焚毀敵人物資的團體，你要不要加入？———— 190
抗團裡的"非富即貴"們。————————————————— 191
為了不暴露真實身份，我化名"劉烈"。——————————— 192
汽車一開走，車頂上的傳單隨風飄散。——————————— 194
你們這個抗日團體願意不願意要這些槍？——————————— 198
不要做"一人敵"，要學做"萬人敵"。——————————— 201
日本人在萬人坑邊拿刺刀將曾澈挑死，然後把他踹到坑裡。———— 202
我的新皮鞋經越南到昆明後變成了一塊磚頭。————————— 203
外省郵寄東西到昆明，要被收取"特種消費稅"。———————— 205
我們在墳頭躲避日本飛機的轟炸。—————————————— 206
聯大的學生宿舍上下鋪床排得密密麻麻，像輪船裡的統艙。———— 208
前方吃緊，後方不能緊吃！——————————————— 210
因"病"休學一年。——————————————————— 212
抗團的同志是思想忠實、富有血性的愛國青年。———————— 214
戴笠向我請教：能不能像武俠小說那樣"吹箭殺奸"？—————— 216
我在汪精衛成立偽政府的當天順利回到天津。————————— 218
管家三年，貓狗都嫌。————————————————— 220
一句"重慶來人"，使我出師未捷身陷囹圄。————————— 222
馮父老來喪子，回憶愛子慘死眼前，老淚縱橫。———————— 225
被日本人逮捕的日本人。————————————————— 227
怎麼都跟一串葡萄一樣被提溜進來了？——————————— 228
獄中用計離間日人。——————————————————— 230
日本憲兵問我顧炎武是誰？住在哪裡？——————————— 233
監獄的軋鐐，將陪你戴到出獄或者死亡才解除。———————— 234
給點好處，他就拿你當祖宗一樣供著。——————————— 236
監獄不准我們戴眼鏡，怕我們拿鏡片自殺。—————————— 238
日本人藉慶祝汪精衛政府成立五周年而假釋我出獄。—————— 240

令我傷心的"蒙難同志會"。	242
請你跪下好嗎？	244
令他耿耿於懷幾十年的"抗團遣散費"。	247
戴笠指定我參加肅奸委員會，專審漢奸罪行記錄。	249
我用一張嘴成就了一樁幾十年的婚姻。	252
汪偽外交部長徐良作首詩頌揚我了不起。	253
以前是他指揮我工作，如今反成我看押他。	258
我力排眾議：臺灣人不算漢奸！	261
學生吃得飽飽的出來喊"反饑餓"，匪夷所思！	263
寄人籬下的歲月裡，都不敢讓小孩子哭得太大聲。	264
文誠兄，我記得你。	266
我一個月工資，頂政府公務員六七個月的工資。	268
因為義舉，我被多明尼加使館辭退。	270
姐姐去世後，骨灰灑進大海，我亦心生嚮往。	272
誰找到我的祖墳，就給誰一個金戒指。	275
我這一生所做的事有交待了，死而無憾。	277
注釋。	280

王振鵠：兩年多的牢獄折磨，我養成了內斂的性格，將火爆的個性都壓抑了下來，磨練到與人無爭和冷靜沉著的地步。 ———— 283

我家大院在內戰期間，被劉伯承司令部徵用，當作指揮所。	284
求學天津工商學院。	286

父親給我一巴掌："你怎麼可以收藏這些東西？	288
不要怕，日本憲兵隊還是有法律的。	292
我的家庭真可愛。	294
我們被關了幾個月沒洗澡，窗戶上滿滿的綠豆蠅。	296
牆上的"MOON"。	298
丟人的是你們，你們做了日本人的走狗、奴才！	300
日本兵將他銬起來，這一銬，少將哭了。	303
兩年多的牢獄折磨，我養成了內斂的個性。	304
讓我痛苦的閩南語。	308
注釋。	314

王振鴻：有人說我命硬，但卻是孤獨命，活這麼久有什麼用？還不是一個人孤零零的。 ———— 317

父親因為膽子小，錯失河南省長交椅。	318
日本皇族想認我做義子，帶我去日本念大學。	320
舅舅指著校長問：當初可是你承諾讓他讀四年級的！	323
全副武裝的日本兵拿著槍上著刺刀在我們旁邊不遠處演習。	326
日本人把她脫得只剩內衣，往她身上不停澆水，直至結冰。	328
南方來的沈老師很為學校省粉筆，教我們兩年課沒寫過一個字。	330
"民族先鋒隊"和"抗日殺奸團"，我們參加哪個？	333
抗團這個組織，可以說是被軍統局利用了。	336
命也？運也？或許只是碰巧。	339
他們半夜跳牆進門進來，拿槍指著我。	342

監獄未造我先到，人稱我是"馬一號"。——— 344

他們把抓來的年輕人全送到東北和日本當勞工，你可別去。——— 347

日本憲兵見我被日本憲兵踢打，要替我出氣。——— 349

振鵠在日本兵的眼皮底下給我傳字條對口供。——— 351

我要吃肉，你給我想辦法！——— 353

這是憲兵隊送來的，萬一有閃失，沒辦法向日本人交待。——— 354

監獄雜役扔進來的包裡，有人用毛筆劃著鐮刀斧頭的圖案。——— 356

手無縛雞之力敢抗日，獄卒特別挑了"熟鐐"給我們。——— 357

看守瞪了我們一眼：你賬上不還有錢麼？不會買殺蟲藥嗎？——— 359

日本憲兵感慨：你們中國人真是可憐。——— 361

令天津抗團一夜之間幾乎團滅的抗團叛徒。——— 363

關於"劉富川事件"的一點反思。——— 365

利用日本憲兵隊長欺負袁文會的奇葩"高少將"。——— 367

抗戰一勝利，很多美國兵跑來慶祝。——— 369

讓人莫名其妙的"抗日殺奸團總部"。——— 370

轟動天津的戀愛。——— 373

撲朔迷離的"抗團遣散費"。——— 375

仗義疏財的陸老太太。——— 376

為了練膽量，我參加了肅奸委員會內衛組去抓漢奸。——— 377

幾棍子下去，這幫漢奸沒人敢咳嗽一聲。——— 380

又臭又硬，不能惹的一批人。——— 382

出於好奇，我參加了國共"三人小組"。——— 384

國共雙方深度防備、互不信任。——— 386

美國人太天真了，他們的話現場沒人聽。——— 388

身份特別的大漢奸，我們會特派一個班的憲兵看押。——— 390

陪犯人喝酒的女犯人。——— 392

老蔣跟日本人打仗把當官的都打沒了嗎？——— 394

川島芳子沖我說："看什麼看！不知道我在動物園嗎？"——— 397

半夜突然提審，讓漢奸們心驚膽顫。——— 398

令人頭痛的"北平行轅"。————400

如果路上有人劫囚，先開槍打死袁文會！————402

釋放倆"漢奸"。————404

這兩個天津來的學生打人兇著呢。————406

背後有人鼓動的"反饑餓、反內戰"。————408

那些愛我的人和那些我愛的人。————410

前妻在香港登報聲明與我脫離關係。————413

族兄被吊了幾天，活活餓死在樹上。————415

朝鮮戰爭爆發後，我岳母買了一千多支盤尼西林，捐給戰爭中受傷的志願軍。————417

解放軍排長讓我踩著他的腳，托我著我過了文錦渡橋。————421

跟孫若愚吃完飯後，我被他跟蹤了。————424

假如臺灣不穩定，你愛去哪去哪。————428

我在委內瑞拉使館做秘書的同時，還把握著使館的財政大權！————430

一到晚上，就有人把最漂亮的女孩子送到他旅館。————433

臺灣以前是四小龍頭，現在是龍尾巴了。————437

老王是孤獨命，一個人孤零零的活這麼久。————439

我所認識的抗團同志。————442

注釋。————448

抗日殺奸團大事紀。————452

抗日殺奸團成員名單。————461

鳴謝。————476

祝宗梁（1920年5月21日–2020年2月8日）

出生于北京，祖籍河南固始。

一九三八年，經弟弟祝宗權介紹加入天津抗日殺奸團；

同年六月，參與沈棟策劃執行的火燒國泰、光陸電影院；

同年，與孫若愚一起策劃並實施三次火燒日偽倉庫和棉花站；

同年，在公車上安裝定時炸彈，炸傷六七個日本兵；

同年十月，參與刺殺天津偽教育廳廳長陶尚銘，陶逆受傷未死；

同年十二月二十七日，成功刺殺天津偽商會會長王竹林。

一九三九年四月九日，在天津大光明電影院親手擊斃時任偽中國聯合準備銀行天津分行經理、海關監督程錫庚。

一九四二年，擔任重慶抗團總部負責人。

一九四三年一月二十八日，在上海遭叛徒出賣而被逮捕。在獄中三個月受盡憲兵各種酷刑，曾吞尖銳金屬自殺未果。

一九四三年四月二十五日，出獄後回重慶抗團總部工作，直至抗戰勝利。

一九四六年一月三日，與同是抗團成員的張同珍在重慶結婚，連弟弟祝宗權和妹妹祝宗桐在內，全家四人皆是抗團成員。

二零二零年二月八日，在上海去世，享年一百零一歲。

抗團的目的只是抗日，
不願參與黨派鬥爭。

賴恩典 錄製
梁　穎　尹亞飛　聽打
阿　炳　魏淑敏　整理
阿　炳　校對
賴恩典 編輯

1

"九一八事變"後,地圖上的東北全境插了好多日本國旗。

祝宗梁祖父 祝芾 圖片來源:張梅格

一九二零年農曆四月初四,我在北京出生,但我的祖籍是河南固始。

我的名字"祝宗梁"是祖父給起的,曾祖母去世後要立碑,墓碑銘文需要有三代人的名字。但曾祖母去世時,她膝下還沒第三代,就先把"祝宗梁"這個名字刻到碑上。

後來我一出生,就頂替了這個名字。

我祖父叫祝芾,號紹棠,河南固始人,滿清時在蒙古任道台,官職不高也不低。滿清當時的政策,是官員每個月向政府規定的繳納交多少錢,剩下就是自己的。所以那時候做官就意味著發財,沒有一定的規矩。

"三年清知府,十萬雪花銀",因此從前的中國人就想做官發財,後來國民黨繼承了這個傳統,所以也就有了很多的貪官污吏。

我祖父在清廷做了幾年官,滿清倒臺後,他在天津買了一大片地蓋房子,以此養活一大家子人,包括送我父親到美國留學,所以我父親也算是富二代。

我和祖父在天津一塊生活了幾年,我們都很喜歡祖父,他老了在家裡頭沒事就是看書寫字,講些古書裡的故事給我們小孩聽,偶爾他也打打麻將。我有三個祖母,我的親祖母是正室,跟我祖父同樣年紀。其他一個是陪嫁的,另一個我不知道。

一九四三年祖父去世時,我還在南方,那時我好幾年沒回家,回去時他已去世。聽說那時老百姓沒飯吃,只能吃混合面,但祖父吃不了,活了八十多歲最後因此而死。

祝宗梁父親 祝毓瑛　圖片來源：張梅格

我父親叫祝毓瑛，是祖父家眾多兒女中的老大，他的兄弟姊妹很多，是個大家庭。當年祖父給錢送父親去美國學會計，回國時會計沒有學成，就學了英文。

他也沒有本事，回國以後就是找關係當官，在北洋政府混了個差事，下班就是打麻將，沒有什麼大的志願。

不久北洋政府也垮臺了，他就在北寧鐵路局會計室文牘科做事，每天就是抄寫文件，每個月有兩百塊錢的收入。

父親在北洋政府工作時，正值熊希齡任國務總理。那時候有個親戚托父親借了筆錢後潛逃，父親只能幫其償還債務。

儘管家裡還通過其他方法還錢，祖父甚至賣了塊地替他還賬，也只能頂一部分債，這筆債直至"七七事變"前，仍未還清。

我們家的生活從此開始困難，父親每月兩百元的工資，有一半要用來還債。母親是家庭主婦，所以當時的收入只能勉強維持生計。後來父親在天津租房子住，房租每月就要一二十塊錢。不過我有的同學家裡收入多的也就三四十塊錢每月，相比之下，父親每月兩百塊錢的收入算多的了，但其中有一部分要還債，所以家裡的生活也不是很富裕。

我小的時候沒什麼娛樂活動，看電影算是比較大的娛樂活動。那時候看一次電影大概要花幾毛錢，但為了省錢，我們很少看電影，至於說下館子，那更甭想。

當年吃一個西餐牛排，再加麵包和飲料，總的算下來兩毛錢就不得了了，但要是吃中國館，點兩菜也不過三四毛錢。

一九四零年，我在天津因刺殺漢奸程錫庚，引起英日外交糾紛，軍統命我去香港自首。臨行前，軍統怕日本人報復我父親，就把他接去重慶。

祝家五姐弟，左一為祝宗權，正中間者為祝宗嶺，右二為祝宗桐，右一為祝宗梁。　圖片來源：張梅格

軍統介紹父親到四行聯合辦事處當個專員，但他身體不好也不上班，後來就不幹了。

軍統中美合作所以前有籌建中英合作所，把我父親調去做翻譯，父親去倒是去了，結果這個合作所沒辦成，父親就在軍統裡面當個設計委員，什麼事也沒做。

日本人投降後，父親回到了天津，後來他得了食道癌，病重時開刀，發現沒法動手術，最後又縫起來，一九四七年就去世了。

我從小在北京生長，兄弟姊妹九個，我排行老二。大姐叫祝宗嶺，後來是農業大學的教授，弟弟叫祝宗權，後來他在西南聯大地質系畢業，並加入鴻翔傘兵部隊❶。

祝宗梁六弟　祝宗楠　圖片來源：張梅格

二妹年輕時被母親傳染得了肺病去世，三妹祝宗桐也是抗團成員，後來嫁給國民黨空軍的一個地勤人員，四九年後撤到臺灣，最後到了美國，現在也去世了。四妹五妹都是肺病去世，一個肺結核，一個骨結核。我的六弟叫祝宗楠，他在天津一個大學讀書的時候參加南下工作團，是個共產黨員。

我最小的弟弟叫祝宗堂，在山西煤礦當工程師，混得還可以，就是我沒什麼出息。

我六歲時在北京師範小學讀書，但六歲還太小，整個一稀裡糊塗。後來父親調進天津，我隨家到天津時大概十二歲，在天津扶輪小學畢業就讀了輔仁中學，後來就轉到南開中學。

我讀書笨得很，不是讀書的料。

一九三一年"九一八事變"後東北淪陷，那時候我在扶輪小學上三四年級，也知道一些國內正在發生的的事情。

當時小學門口畫了一張大地圖，那個地圖上有些地方變了顏色，我看到地圖上的東北全境插了好多日本的國旗，才知道那時候國家被日本人侵略。

那時候雖然知道受到外國人侵略，但沒有真正瞭解社會，愛和恨不強烈也不具體，模模糊糊的。等到天津真正淪陷了，看到老百姓備受欺凌，再看到國土被日本人佔領，才覺得愛國比從前更深刻、更具體一點。

2

子彈在我家屋頂飛來飛去。

小學畢業後，我轉進南開中學讀書。

南開在當年算是比較貴的學校，一個學期的學費是三十六塊錢，吃喝和課本都是另外算錢，所以，只有有錢的人才進得起南開讀書。在天津除了南開，還有幾個貴族學校，也有便宜的學校，便宜的學校學費一學期不過幾塊錢，或十幾塊錢。

高一那年，"七七事變"爆發了。

那時我家就住在天津北站附近，北站是天津的交通要道，當年二十九軍就駐紮在那裡。那時候中日之間有過《何梅協定》或《塘沽協定》，其中有個條款是：中國軍隊不准進入市區，市區治安只能由保安隊維持。

無奈之下，中國軍隊只能換成保安隊的衣服。在中國本土內中國軍隊被限制活動，但日本軍隊倒可以隨處橫衝直撞，這協定簡直屈辱至極！

當時我家門口來了一些二十九軍的官兵，他們在胡同口堆著沙包當堡壘備戰，這個時候大家的愛國熱情都表現出來了，附近的老百姓都出來給中國軍隊送吃送喝，支援他們抵抗日軍。

那天晚上，外頭的槍聲響了一夜，我們家的屋頂上都是子彈在飛來飛去。

一夜惡戰後，中國軍隊撤退了。

一大早，我跑出門去看，戰場上也已經沒有什麼人了，戰死者在之前都被拉走了，只有被子彈打穿了的鋼盔等東西還遺留在那裡。

這時候老百姓都出來了，大家都很緊張，紛紛議論敵人來時會發生什麼情況。

我祖父有三房，我父親是大房，所以家族中還有很多叔叔、姑姑，他們大概加起來有一二十人。

我父親在家中是長子，為了逃避戰禍，就想著要離開這個環境。當時我的姑姑和叔叔分別住在英法租界，可以暫時落腳，於是全家一二十口人和一些當地的難民一起走出來。當時是夏天，帶的東西不多，就帶了一個小包包，家裡的東西都沒有帶。第一天我們全家在父親的朋友家住了一天，比較擠。

走了兩天才走到意租界，在意租界朋友家住了兩天，幸好當時的房間比較多，大家可以分著住。兩天後又找車子，經過天津那時候的法國橋，最後進入英租界。

我們走的這一路都沒看到軍隊，也沒聽到槍聲，只在家裡沒打仗的時候，看到過中國的保安隊。路上的老百姓牽老帶小，穿的衣服都是零零碎碎，不是很整齊，弱小的孩子和生病的就互相攙著走的。

到英租界以後，家裡人口多，大家分批到不同的地方住，我父親被分配到四姑姑家住，祖父和另一部分人住到五姑姑家裡。

父親住了幾天後便出來找房子，先在順和裡租到一間房子，我們一家暫時先搬出來住。

不久，天津徹底淪陷，城里也不再打仗，家族中就有一部分人就回到河北和天津北站附近的家裡，大家便分散開了。

不過我們沒隨他們回去，繼續住在那邊。

我本來是在南開中學讀書，戰爭爆發後，南開中學就被炸了，後來工商學院附中招生，我就去報名，結果考進高中二年級讀書。

我姐姐那時候已由南開大學轉到清華讀書，到清華以後就跟著學校西遷到長沙，以後又從長沙到昆明，進到西南聯大讀書。

我弟弟祝宗權因為暫時沒找到合適的學校，一九三八年年初，他和同學偷跑到上海，再經過香港輾轉到越南河內，最後跑到昆明。那時候我父親住在英租界，我妹妹和兩個弟弟那時候都還小，就回到河北老家住。這是一九三七年暑假的事。

3

我有位朋友死了，可否為他拍張遺照？

祝宗梁三弟 祝宗權 圖片來源：張梅格

宗權比我小一歲，在家中排行老三，他離開天津時就已經參加了抗日殺奸團，我那時還不知有抗團這個組織，只知道每天上學。
一九三七年十二月，我那時正讀高二年級，有一天宗權忽然問我："我有位朋友死了，

你可否為他拍張遺照？"我聽完想都沒想就答應了，次日他說不用了，人已經抬走了。宗權告訴我，他的這位朋友是在研究製造一個比較大的燃燒彈時，燃燒彈突然在他身旁起火被燒死的，還有一兩個人被燒成重傷，已送馬大夫醫院治療。

宗權雖然比我年小一歲，但性格比我活躍，他交了許多朋友。而我性格比較內向，只愛好攝影和做礦石機，後又改成真空管的收音機。也就是說，我在眾人面前是個弱者，只知道每天上學。

聽宗權說，那個做燃燒彈被燒死的人，參加了一個叫"抗日殺奸團"的團體，他自己也參加了，還問我願不願意參加。

我當時吃了一驚，這事是有些嚇人的，而且眼前又是一死一傷，我問自己能行嗎？我有什麼本事？但又想，抗戰是義不容辭的事，我就這樣參加了抗日殺奸團。

答應參加後，宗權介紹沈棟給我認識，他是位熱情奔放的青年，跟我宣傳日本人正在對我們國家進行侵略，我們有必要對他們採取報復行動。

沈棟那股愛國熱忱和對敵人的憎恨深深感動

天津抗日殺奸團創建者之一　沈棟　圖片來源：祝宗梁

了我，我悔恨自己過去的麻木不仁。聽了他的介紹，我決定幹這個事情。

沈棟當時比我大兩歲，長得很高，在耀華中學的"特班"上課，比我高一班。

"特班"只有耀華中學有，因為當年失學的學生太多了，耀華中學就辦了個"特班"，主要是下午的時間上課，所以當年很多人都轉到租界來讀"特班"。

沈棟的身體很強壯，而且參加抗團比較早，參加的活動比我多，也知道不少抗日戰爭的情況。而且他所參加的活動都有保密性質，所以具體的工作他也不太談。

那時候誰也不知道沈棟在抗團具體負責什麼工作，沒有正式的職務和頭銜，大家都是同志。

沈棟為人比較熱情，但組織能力差一點，考慮事情比較沒那麼周全。

我們認識以後，沈棟便找我談話，主要是談一些工作和國家大事以及自己的責任。我們談了好幾次，每次都在馬路上邊散步邊談，有一次甚至談到了第二天。

一說起國家責任這些大家共同的話題，他就很有激情，對我的鼓舞和進步也有很大的幫助。

沈棟對抗戰的願望比我強烈得多，從他的言談舉止中，我發覺自己是落後的。因為性格的關係，我接觸社會不多，直到戰爭打到自己家門口了，才實際瞭解到一些情況。

我雖然也知道一些東西，但沒切身體會，接觸到抗團和沈棟以後我才知道，自己不像他們對敵人的憤恨那麼大，所以參加組織以後，我的精神方面有很大的進步，否則還是在家庭這個小圈子裡呆著，不瞭解外面抗戰的情況。

一九三七年末，我通過宗權的介紹加入抗團後，逐漸瞭解了當時的社會情況。

過去在天津讀小學時，雖然知道自己國家受到了外國人的侵略，但是並沒有真正瞭解，愛和恨很模糊。

天津真正淪陷後，看到自己國土被日本人佔領和老百姓受苦的樣子，才覺得愛恨比從前更深刻、更具體，所以那時候才覺得參加抗日團體是很榮幸的事情。

4

有侵略，我們就要反抗，我們一起工作，抗日殺敵！

天津抗日殺奸團創建人之一 王桂秋 郭兆和
圖片來源：天津市檔案館

正式加入抗團的時候是需要宣誓的，湊齊了幾個人以後，大家集體參加宣誓。

一九三八年一月，我們在天津松壽里一間小屋子裡集體宣誓。當時大概有十個像我一樣的年輕人，但大家互相都不認識。

現場主持宣誓的是曾澈，旁邊還有沈棟和其他抗團的老幹部，包括孫若愚（又稱孫大成）、郭兆和、王桂秋幾個人，不過這些人我是到後來才知道他們的名字。

宣誓的時候，有一個事先油印好的、很簡單的表格，大家都在表格上簽上自己的名字，然後拿著表格，跟中共入黨宣誓一樣舉起右手一起讀宣誓詞：余誓以至誠，參加抗日殺奸團，願在組織領導下積極工作，保守組織的秘密，如有違犯，願受嚴厲的制裁。

我們照著誓詞讀了一遍，讀完以後，宣誓書被收集起來，當著大家的面把它燒掉了。曾澈說這個東西丟了，就會洩漏秘密，會損失很大，所以要把它燒掉，不要保存。

燒完後曾澈做了個簡單的講話。內容是：有侵略，我們就要反抗，我們願意一起工作，為了抗日殺敵。大致就這個意思，宣誓完大家就散了。

並不是每個人加入抗團都會去宣誓，要看情況而定，有條件就進行宣誓手續，沒條件也就算了。抗團在一九三八年以後又發展到北平，在北平成立"北平抗日殺奸團"，再以後上海也有發展抗團，所以抗團的人數慢慢多起來，而且參加的大半都是中學生。

我參加抗團時家人並不知道此事，很多人的家裡也都不知道，我們有規定要保密。有的被家人知道了，就被強迫離開天津，沈元壽就是這樣，他存放在家裡的檔案被家人發現了，他父親就強迫他到南方去。

沈棟後來給我講，他們考慮到行動必須要用武器，用武器就必須要用燃燒彈和炸彈，當時抗團這些東西都沒有，他們就找劉福庚和李寶仁二人成立研究小組。

劉福庚設計用手錶來控制時間，而手錶其實是懷錶，表面錶蒙子上打個洞，裝上一個銅螺絲作為電池的一極，另外懷錶本身又是一極。當表走動時，時針或秒針移動；當與螺絲釘接觸的時候可以控制時間。用分針可以控制至少一個小時，用時針甚至控制可以控制幾個小時以上。

劉福庚就是安裝這個燃燒彈時，沒當心就在他們跟前燃燒了。他做的這燃燒彈有帽盒那麼大，燃燒溫度很高，可以有一兩千度。劉福庚當場就被燒死了，李寶仁也被燒傷，被送到馬大夫醫院去治療。

不過他們做的是一個很大的燃燒彈，說起來也沒什麼必要，燃燒彈的大小取決於燒什麼地方。

我知道沈棟和沈元壽他們曾經化妝成工人，等到晚上天黑時，鑽到存棉花的倉庫裡，把燃燒彈放到裡面，然後撤退，讓燃燒彈自己燃燒。棉花是易燃物，所以用小型的燃燒彈就夠了。

沈棟跟我提過，之所以成立抗團，是有些人感到戰爭爆發後，應該有一個新的組織，要為抗戰出一份力，於是就成立了"抗日殺奸團"。真正成立抗團的時間是"七七事變"以後，八月份他們就開始活動了。

我宣誓參加進入抗團的時候，抗團已經成立了好幾個月了。後來因為劉福庚的意外犧牲大家很悲傷，於是在工作方法上產生不同意見，有人只贊成宣傳抗日。

沈棟的觀點跟其他人不一樣，他認為宣傳是需要的，但也要行動，否則我們怎麼抗日？做出了行動，敵人在報紙上一登，就是最好的宣傳。

後來這個組織的有些人退出了，因為抗團應該有哪些做法、該做些什麼大家有不同的意見，有人只贊成宣傳抗日。

抗團的發起者就是沈棟和這些人，因為我參加了抗團以後，這些人都不見了。抗團的發起者都是學生，我們這些學生不是能自己獨立的，都靠著家庭，所以家裡有變動，我們也跟著變動；

再有就是換了學校的，比如中學畢業考了大學，就換了地方。像郭兆和、王桂秋這些人都到南方上學去了，具體去了南方什麼地方也不知道了，所以抗團就具有鬆散性。

我參加抗團的時候已經沒有這些人了，只知道沈棟。再有，成立抗日殺奸團跟軍統沒關係，曾澈參加抗團前，向陳恭澍 ❷ 請示要加入一個學生團體，後來由李寶琦介紹進的抗團，李寶琦跟沈棟之間也沒什麼來往。

我和沈棟也就是一般的朋友，沒什麼特別，所以我沒聽說過沈棟加入過什麼黨，他也從來沒跟我提過他加入國民黨或者過共產黨。在抗團裡從來沒有什麼黨爭，我們也從來不為哪個黨工作，所以我們加入抗團宣誓時也沒提過什麼黨，更沒提到國民黨。

在學校讀書的時候，有些同學參加國民黨，也有的參加共產黨或是"民先"，身份也都公開。我有一個同桌就告訴我他是民先的，我也告訴他我是抗團的，但我們從來沒有談各自的工作。

李寶仁後來傷好後，家裡人就把他送到南方讀書了，他就離開抗團了，他的哥哥李寶齊和抗團也有關係，但具體的我不是太清楚。

5

我的老丈人曾經是個大漢奸。

張弧 圖片來源：祝宗梁

"漢奸"這個身份和名頭不是抗團定的，是國家定的。我們開始是自己找漢奸，特別是那些有漢奸言論或做了壞事的人。國家後來不讓我們隨便抓漢奸或殺漢奸，因為有可能有些漢奸是假漢奸，但我們不知道。

當漢奸不是光榮的事，他們之所以當漢奸，基本都是為名為利，他們罵國民黨和中國政府，罵中國人，然後吹捧"皇軍"，對日本人卑躬屈膝，這種人不是漢奸是什麼？願意做這種壞事的人，誰還會冤枉他？不只是抗團的判定，任何人都可以判定他是漢奸。但是鄭統萬鄭昆侖這兩個大漢奸的孫子和孫女卻是抗團的成員。

我的丈人叫張弧，號岱杉，當時是漢奸，而且是大漢奸，我們原先都不知道。

滿清時期我丈人在蘭州管理財政，滿清倒臺以後在北洋政府當財政部長。北洋政府下臺後他就住在大連，後來在那裡跟日本人勾結上了，那時王克敏還沒出山，他被日本人作為備選的偽政府首腦。

他在東北做的這些勾當我們都不知道，只有他的大兒子知道。當時軍統還想殺張弧，但沒殺成，後來日本人籌備華北漢奸政府的時候，他生病沒到天津，在醫院就死了，死了就解脫了。解放後他兒子揭發了他，以後把他定性為漢奸，我們才知道這回事。

我聽說"九一八事變"後，曾有一個團體叫"抗日鋤奸團"，後來我們成立"抗日殺

13

奸團"時，是為了和他們有所區別，所以我們不叫"鋤奸團"，改叫"殺奸團"。

抗團成員多數是學生，社會上的成員也有，我認識很少，有的是做買賣的，也有沒工作的。我很少介紹什麼人加入抗團，一般都是學生多。

有人說抗團裡有"十兄弟"，也就是十個人結拜為兄弟，但其實這"十兄弟"是曾澈在軍統裡搞了個十人結拜，但他所有的師兄弟都是軍統的，跟抗團沒關係。

我們在學校讀書的時候沒有結拜，在一塊是好朋友，從來沒有稱兄道弟。

他們"軍統十兄弟"我知道幾個，李寶琦是老大，老二是曾澈，老三王文，老四大概姓王，老五李如鵬，老六是沈棟的哥哥沈樟，老七是王文的弟弟王文璧，老八記不清了，老九趙爾仁，老十是陳肇基。

這些人裡我認識不少，有來往的只有幾個，主要就是曾澈和李如鵬。

我跟陳肇基沒有來往，據說老七王文璧這個人很無聊，在天津整天泡妹子，在妓院裡來來往往的，沒有出息。老九趙爾仁做事沒有主見，沒有大脾氣，也沒有能力。老十陳肇基在抗團裡，也沒混出一點成績。

天津抗日殺奸團重要領導人之一　曾澈　　圖片來源：祝宗梁

這十兄弟多數跟抗團沒什麼關係，只有李如鵬和曾澈這兩人有關係。

趙爾仁也就跑跑腿伺候人，說不出一句完整的話，沒有什麼意思，給李如鵬幹些燒飯買菜的工作。

曾澈是有背景的，他是軍統人員。軍統是個秘密組織，不能暴露身份，所以當時我們都不知道他的身份。抗團在成立時沒有他，他是以後參加的。

曾澈年齡比較大，處事能力和經驗也強些，所以他就逐漸成為領導者，抗團發生的一些活動，通過他報告軍統。

軍統支援了抗團一些槍支，這些事當時我們都不知道，更不知道軍統是什麼性質，我們只認為它是政府的組織。

有本書上說"抗日除奸團"由一個叫王文的領導，根本沒有這回事，我也沒聽說過軍統還有另外的抗日除奸團，這是轉載資料時加以補充造成的錯誤。

例如：戴笠最後離開天津時，有個叫劉玉珠的人送他離津，某人轉載時就把劉玉珠說成女人等等。其實劉玉珠是個男的，他是馬漢三手下的工作人員，我還認識他呢！

一九四零年，孫若愚到了上海後，跟陳恭澍有直接聯繫。陳恭澍後來寫了本書，提到了上海抗團的事，他按規定每月給孫若愚幾百塊錢。

陳恭澍後來被日本人逮捕後投敵，他在上海出版了一本《藍衣社內幕》，在書裡他大罵戴笠，也提到抗團。

這本書我看過，陳恭澍提到跟孫若愚聯繫，還有跟孫若愚做的幾件事，也說送過兩個抗團女同志到重慶學習，然後再回上海工作。

日本人投降了以後，陳恭澍又回到軍統，最後還寫過幾本書。

軍統那時候是不公開的秘密組織，我們不知道軍統是什麼性質的單位，後來我只知道曾澈跟軍統有關係，我們通過他跟政府聯繫。以後到內地了才知道軍統，對他們的性質和內幕才瞭解了一些。

我們抗團和軍統是有區別的，我們有我們的責任，我們宣誓參加鬥爭，不用經過他們，因為我們的目標就是抗日。

雖然曾澈是軍統的人，並且帶領抗團活動，但沒聽說過抗團要服從軍統的領導，到後來抗團基本上和軍統斷了關係。

有些資料說抗團屬於軍統的週邊，但實際並非如此，關於這點我們曾經寫過一些文章澄清。而且不只是我們的人說，連軍統的人也承認，比如陳恭澍寫的文章也承認這一點。不過那時候有兩種人，只要挨著他們的邊，你就是他們的人，一種是共產黨，一種是國民黨，這是共產黨當時的看法，所以到了鎮壓反革命的時候，共產黨把很多抗團的人當軍統對待。

軍統跟我們斷了關係後，他們也沒回來拉我們，他們也曾經叫我去軍統報到，我不去他們也就算了。社會上有些人對抗團的瞭解認識，只知道表面，不知道這些內幕。

國共鬥爭時期，彼此仇殺，國民黨認為參加了共產黨就是敵人，共產黨對國民黨也是一樣極左的態度，這就缺乏理智。

極左的人我見過很多，共產黨那些極左的官員，其實就是無知，他以為自己是進步的，別人都是落後的，看不起別人，盲目提高自個，就脫離群眾。特別是有些中宣部的人說的都是謊話，誇大自個，貶低別人，純粹胡說八道，你宣傳鼓舞人心，煽動群眾起來跟你一塊鬧革命而說的謊話，但民眾卻當真理一樣看待。

我們抗團沒有活動經費，訂報紙的費用都是活動經費，據說抗團開始做炸彈的時候都是自己掏腰包。還有宣傳品的印刷、必要的物資、抗團租房子做據點處理任務也要經費，這些都由我們大家來出。

我聽說沈棟為了活動方便，自己租了一間房子，平常不在家住，免得受影響。不過他的房租有家裡給，不需要動用到抗團的經費。

那時候物價很便宜，據說戰爭時期，一塊錢可以買七八十個雞蛋，和平時期，一塊錢可以買一百多個雞蛋。

抗戰以前，我在南開中學學校包月吃飯，一天一頓飯，一週六天，一個月才三塊多錢費用。家裡一個保姆管吃管住，一個月的薪水只有五塊錢。保姆管吃管住不買東西，每個月幾塊錢工資寄到家裡，可以維持生活。那時候我還不大經手費用這些事，後來抗團租房子，一個月要一二十塊錢房租，如果是大屋子，就要四五十塊錢一個月。那時候一般的工薪階級家庭，每月最少有五六十塊錢收入，所以我父親每月兩百塊錢的工資算高的了，屬於好單位裡的待遇了。

抗戰前，學校最高的工資，一個大學教授不過八百塊錢，國家的部長、處長，每月也就是五六千塊錢❸。

抗團裡沒有等級之分，起初就是沈棟一個人擔任領導。袁漢俊幫他忙，他把抗團成員名字翻譯成密碼保存在銀行裡，後來天津抗團出事時，王文誠銜命回津領導，也是把抗團的人的名字、地址、門牌號碼也都翻譯成密碼保存在銀行，防止被日本人抄了去。

平常我們什麼事也都放在腦袋裡記，一般不帶身上，儘量不保存秘密的東西。

6

規定的時間不來站崗，卻跑來看戲？

加入抗團後，我被安排做交通員。那時我們入團宣誓的松壽里，是抗團的據點，松壽里是在英租界的一個胡同裡，一個胡同裡頭串著好幾個小胡同，一個小胡同裡又有很多戶人家，裡頭房子很多，有上百個號數。

抗團租的是兩層小樓，推門進去是個小院，這個小院的四周除了大門，就是東西北三間屋子，裡邊有廚房和廁所，像個小四合院，抗團就在這裡辦公、開會和印報紙。

那房子破舊得很，不過松壽里這個地點沒用多久就出事了。後來我們繼續租房子，也搬過幾次家，有的是找朋友家裡多餘的房子，也有在外面招租。像李如鵬後來就租了個比較大的小院子，他用家庭來做掩護。

抗團的胡希文在松壽里據點每天專門負責做新聞記錄，他每天晚上收聽中央廣播電臺的新聞，記錄完了以後用蠟版油印，報紙內容不多，也就兩張十六開的版面大小。

抗團的油印機很普通，學校也有很多，使用起來也很簡單，一推就是一張，學校考試的試卷都是這樣印刷的。

我們當時印的是《政治報》，這是抗團為十幾家訂戶而製作的，這是抗團其中一個工作內容，而我作為交通員，每天早上上學之前先去取報紙，送完報紙再去上課。

雖然每天都要早起，但我覺得這是個很神聖的事。大家都是學生，生活靠著父母，所以大家都是義務來做事，沒人拿工資。

這是一九三八年一月的事，我送報紙不到一個月，印報紙的地點就出事了。

抗團松壽里這個據點進出的人多，而且大家都是騎腳踏車，有時候車子在就放在門口，可能是車子太多暴露了，緊接著據點就被英國工部局破壞了，胡希文也因此被抓。

曾澈不知道出事，他到據點一看形勢不對，扭頭就要走，但埋伏在那裡的人追出來把他抓了。不過當時英國和中國還是同盟國，他們都想辦法花錢解決了。

他們被捕的時候我還不知道，後來沈棟找我告知此事，他怕再有人被捕，安排了專人在門口守著，把去松壽里的人攔住。

因為我上課的關係，所以規定我下課後的五點到七點負責守在門口攔人，七點鐘以後，由曹複生來接替我。

松壽里胡同有三個出口，我們得站在要道守著，但是待久了怕被識破，就得來回走。

結果那天晚上七點過後曹複生沒來接班，我又不能走，就繼續在那站崗，確保不讓別人進去。一直到九點多，沈棟來了，他問起曹複生，我倆就懷疑他是不是出事了。

沈棟說今天到此為止吧，咱們一塊去看看曹複生是不是出事了。

我們騎車趕到他家，曹複生家境不錯，家門是個大鐵門，他家裡的僕人說他到春合大戲院看戲去了。我們又跑到春合大戲院門口守著，到戲院時戲院還沒散戲。

十一點多散戲的時候，我們在人堆裡發現了曹複生，沈棟過去問他：「你沒事吧？怎麼規定的時間不來站崗卻跑來看戲？」曹複生無話可說，沈棟氣得說不出話來。曹複生是有錢人家的孩子，沈棟覺得他不吃苦耐勞，這種人不能留，從此和他斷絕了組織關係。那時候進出抗團的人很多，也有參加後離開的，大家各有各的情況，比如搬家、畢業、轉學等等的，曹複生就是一個例子。

後來抗團還出了一本雜誌《跋涉》，這個也是用來發表小文章的。這些雜誌發行的時間也不長，怎麼訂的不知道，我就按時發送。從加入抗團送報紙再到出事，大概一個月不到，胡希文被逮捕不放，報紙也就停了。

7

安放燃燒彈的時候，萬一出現意外，沈棟交代我引爆炸彈。

在抗戰爆發後，天津的國泰和光陸兩家電影院都被日本人收買了。日本人佔據天津後，除了軍事佔領以外，在經濟上也要佔領，有些日本商人還要來賺錢，光是鴉片館就出現了好多。

日本人用鴉片害中國人，一個胡同裡頭就有一間屋子能開鴉片館賺錢，電影院自然也不例外。

沈棟號召我們去破壞，他召集我們幾個人準備了兩個燃燒彈和做了一些佈置。那兩個燃燒彈不知誰做的，比劉福庚研究出來的還小，而且還做了兩個鞋盒大小的燃燒彈。那時候我知道做燃燒彈需要買什麼藥，也都要經過研磨等手續，我還參加過一次。那次看到有八九個人在那，大家誰也不說話，都各自做自己的任務，而且大家都是學生，做完就走人。

一九三八年六月，沈棟開始部署任務，他將我們分了兩個小組活動，一組燒國泰，一組燒光陸。

在耀華中學讀書的分到燒國泰那組裡面，我們在工商讀書的負責燒光陸，這是我第一次參加破壞活動。

光陸電影院在天津的"特一區"，國泰電影院就是天津現在的步行街，不過現在這家電影院老早就沒有了。

出發前，沈棟佈置給我們的任務，他負責把燃燒彈放在銀幕底下，等他放好後，他就用紅布包著的手電筒搖一搖，我們就知道他的任務已經完成。

這時我和袁克昌、羅烈勤三個人便在樓上前排把傳單撒出去，撒完傳單，大家就撤退。但同時我還兼管一個炸彈，那個炸彈

民國時期的國泰電影院海報　圖片來源：天津市檔案館

天津光陸電影院舊景　圖片來源：天津市檔案館

是用氯酸鉀和雄黃炸藥製造的，裡面沒有彈殼，沈棟用一個兩磅的奶粉盒裝將炸彈裝好，並給我一個電池，讓我將這個炸彈突出來兩根線。

沈棟交代我，萬一安放燃燒彈時出了意外，必定發生吵鬧聲，我就引爆這個炸彈，製造混亂以便於撤退。如果一切順利，就將炸彈丟棄掉。

一九三八年六月，沈棟開始部署任務，他將我們分了兩個小組活動，一組燒國泰，一組燒光陸。在耀華中學讀書的分到燒國泰那組裡面，我們在工商讀書的到負責燒光陸，這是我第一次參加破壞活動。

現場還有一個留守的女同志，叫呂乃樸，她負責看結果（觀察實際破壞效果，如有問題好做調整），所以我們那組一共有五個人參加這次任務。

我們三個人在樓上前排負責撒傳單，傳單的內容都是抗日的口號，字數不是很多，而且還在傳單上公開署名：抗日殺奸團。

另一邊的國泰電影院任務負責人是孫若愚，不過他當時沒有把燃燒彈放在銀幕底下，而是放在座位底下。

當時電影院裡有滿滿的觀眾，當年的電影院因為技術問題，電影播到中間的時候會休場十分鐘。

沈棟趁著播放電影現場黑燈的時候，偷偷跑上去放燃燒彈，沒人發現。

我們按計劃當手電筒亮了以後，就從樓上往下扔撒傳單，扔完發現樓下的觀眾都在看傳單。

十分鐘後電影開演了，大家往下扔完傳單後接著看電影。突然前方銀幕底下亮起一個亮光，隨後燃燒彈燒了起來，火勢越來越大，銀幕被燒得卷了起來了。

這時觀眾都亂了，紛紛起身逃離電影院。我按照計畫，把炸彈扔在電影院後跟著大家跑了出來，後來聽見一聲巨響，大概是炸彈爆炸了，炸彈一響，爆炸的威力把光陸電影院這個老樓震垮了。後來火勢越來越大，不好救火，整個電影院就被燒毀了，但沒聽說有人被燒死。

這是我第一次參加行動，雖然任務只是撒傳單，但我卻很緊張。在現場我看到沈棟沉著冷靜地工作，讓我佩服得五體投地。

大家按規定的地點回到集合的地方，在集合處，我看到呂乃樸也回來了。

她那時很緊張，喘氣都喘不過來，聽她說撒完傳單後，大家趁休息就找傳單看。等到後來燃燒彈燒起來了，把銀幕燒卷起來時才亂，大家才爭先恐後往出口跑。現場火燒起來後，呂乃樸也跟著撤退了。

呂乃樸後來嫁給張東蓀的三兒子，張東蓀是民盟黨派的負責人，中共建政初期，選舉毛澤東當國家主席的時候由大家投票，張東蓀也參加了。

最後毛幾乎全票當選國家主席，沒投的那張票最後有關部門查出是張東蓀的，本來共產黨很器重張東蓀，這之後就把他當敵人對待，文化大革命的時候，張東蓀被迫害致死❹。

一九三八年六月七日，《大公報》刊載天津光陸、國泰影院被炸的消息。　圖片來源：天津市檔案館

張東蓀育有三個兒子，長子張宗炳被關押鬥爭到精神失常，次子張宗燧和三子張宗穎最後自殺。張宗穎的太太就是呂乃樸，聽說呂乃樸也跟著丈夫自殺，一家子都死了。

火燒電影院的任務結束後，大家回到指定地點集合，看到大家都平安回來就解散了，各回各家。

第二天，天津報紙登載了此事，做了很多很詳細的報導，報導說銀幕著火後又引起放映室起火，後來一聲巨響，大樓也炸垮了，光陸電影院整個都燒垮了，國泰電影院停頓些日子後又繼續開張營業了。

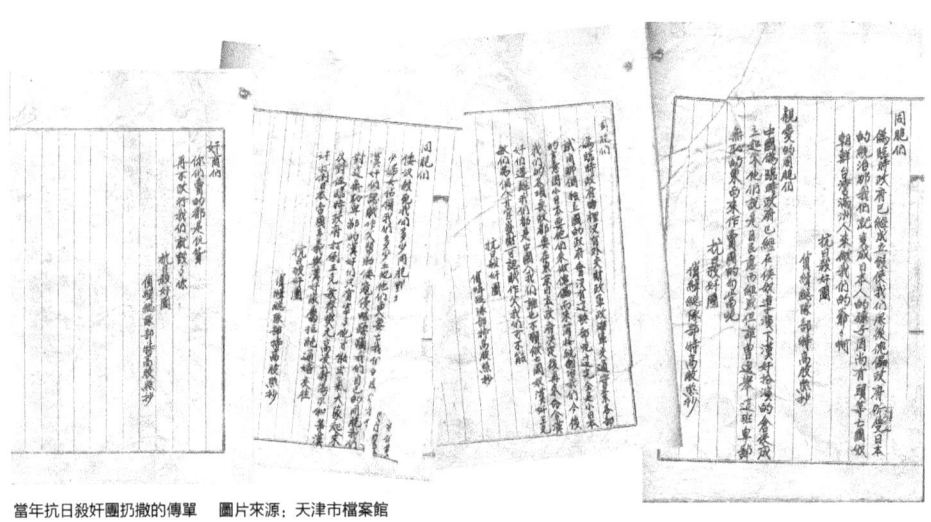

當年抗日殺奸團扔撒的傳單　圖片來源：天津市檔案館

抗日殺奸團的傳單內容：

第一張、奸商們，你們賣的都是仇貨，再不改行，我們就毀了你！--抗日殺奸團。

　　　　　　偵緝總隊部特高股照抄

第二張、同胞們，倭奴殺死我們多少同胞（此處破損），強姦（此處破損，按照語境猜測）我們多少婦女，佔領我們多少土地，他們更要亡我們的國家（此處破損，按語境猜測）！漢奸們認賊作父，幫助倭寇侵略踩躪我們自己的同胞，我們對這無恥卑鄙的漢奸們只有宰了他，才能出氣！大家起來反對偽臨時政府，打倒王克敏、齊燮元、高凌霨、湯爾和等漢奸，打倒日本帝國主義！與漢奸家屬拒絕通婚交往！--抗日殺奸團。

　　　　　　偵緝總隊部特高股照抄

左起第三張、同胞們,偽臨時政府裡沒有外交、財政、軍政、海軍、交通、實業各部,誠問哪個獨立國的政府會沒有這幾部呢?這完全是小日本的主意。

因小日本要他們來做傀儡,而來間接統治我們。今後我們的各項要政都要在東京日本政府決定後,再來命令漢奸們遵辦。我們都是中國人,誰也不願做亡國奴!漢奸王克敏們,為個人升官發財認賊作父,我們可不能!--抗日殺奸團。

　　　　　　　偵緝總隊部特高股照抄

左起第四張、同胞們,偽臨時政府已經成立,假使我們服從傀儡政府,聽受日本的統治,那我們就變成日本人的孫子。因尚有頭等亡國奴朝鮮、臺灣、滿洲人來做我們的爺爺呵!--抗日殺奸團。

　　　　　　　偵緝總隊部特高股照抄

親愛的同胞們,中國偽臨時政府已經在倭奴導演下,漢奸扮演(下而)的(地)倉促成立起來,他們說是因民意而組成,但誰曾選舉這班卑鄙無恥的東西來做賣國的勾當呢?--抗日殺奸團。

　　　　　　　偵緝總隊部特高股照抄

天津抗日殺奸團成員　錢致倫　圖片來源:祝宗梁

不久,抗團佈置燒毀光陸、國泰兩家日資電影院,在此分配任務後出發。我請求也去,曾澈不允許。最後,還是沈棟說情,讓我觀察現場的效果。

祝宗梁給了我一張國泰影院的電影票,我一路小跑,走得很熱。我買了兩根冰棒,從影院東口入場,看到孫大成坐在後排靠東邊的座位上,有說有笑,神態自然。看他若無其事的樣子,我也輕鬆了許多。給他遞上一根冰棒,意思是讓他解解渴。嚇!不得了,只見他橫眉、怒目斂容,呶嘴示意,像是在說:快走開!我頭也沒敢回,到前面找個靠通道的座位坐下。

上半場休息後,下半場開演約廿分鐘,此時,影院內的西北角約二三排的座位處,"轟"的一聲巨響,燃起一道"V"字形白色火光,直達房頂,瞬間即熄。

場內頓時大亂,人聲吵鬧,向外擁擠逃出影院。

我擠出來時,馬路上已經站滿了人,警笛聲,喧鬧聲,人群林立,交通阻塞。

不一會兒,警車、救火車趕到,救護人員從影院西過道的安全門裡攙出兩個燒傷的人去了醫院。我回去做了現場情況彙報。

　　　　--摘自抗團錢致倫回憶
　　　　資料來源《抗團人的博客》

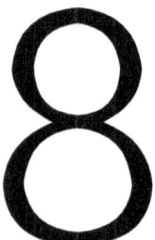

8 來自重慶的三千元獎勵。

燒完電影院之後，這件事被曾澈報到重慶，中央發了三千塊錢獎金，這是抗團第一次得到獎金，以後買材料做燃燒彈和炸彈和租房子什麼的大概都有花到這筆錢。

抗團由袁漢俊負責管錢，誰要用錢了就找組織，李如鵬有主要的支配權。

那時候袁漢俊負責總務保存，他把抗團的名單用電報翻譯成數位，而且數位以後還要加減數字進行保密，所以每個人都安排一個名冊。名冊裡的姓名、住址、年齡等都保密。袁漢俊把名冊保存在銀行的保險箱裡，連他自己家都不保存，所以說很安全。

重慶除了給錢也給了一些手槍和子彈，大概有六七支，都是左輪手槍。後來還聽王文誠說，以前北洋政府的黎元洪總統家裡頭有手槍（那時候好多人家裡有手槍），那些手槍是總統衛隊用的。他通過黎元洪的兒子，把這批手槍捐給了抗團。不過那些手槍比較老舊，還都是駁殼槍和小的勃朗寧，它子彈小打不遠，駁殼槍又太重，對我們都不合適。那時候我們比較喜歡用左輪手槍，當時抗團裡的左輪手槍我知道的就有六七支，都是那時候重慶給的。

我自己有一個手槍形狀的汽槍，誰買的我不知道，我只在屋子裡自己一直練習射擊，沒受過別的訓練。我想抗團其他人也不可能有機會訓練，在學校更不可能。

抗團小隊是根據團員在不同的學校來分配小組的，所以小組活動一般沒有什麼訓練，我自個還不知道怎麼訓練，也沒受過訓練，更不會訓練別人。

沈元壽說他接受過抗團的很多訓練，他說得有點過火，抗團哪有那麼多訓練，我們想都不可能想，我自從參加抗團就沒受過訓。

抗團平時沒有機會開槍，更別提訓練了，那些槍都在李如鵬那裡存著。我去過李如鵬那裡一兩次，見過許多槍，大的如駁殼小的如勃朗寧，都是舊的，可能是王文誠家捐的。後來李如鵬還從軍統找後來叛變的裴級三來教我們使用手槍，他教大家怎麼拆怎麼裝。不過當時我沒有去聽，我對槍支沒有興趣。我挑用的是新發下來的三號左輪，要用時在褲腰帶上一別，很方便，威力大、不卡子。

軍統那時沒有教我們如何盯梢，後來軍統在貴州息烽暑訓班教過我們行動學，負責教學的人，在抗團參加的行動次數還沒我多。

9

沈棟被捕，李如鵬改組抗團。

天津抗日殺奸團主要領導人之一 李如鵬　圖片來源：祝宗梁

火燒電影院以後不久，沈棟就出事了。他當時在外面租了一間房子，不知道什麼原因，可能是他的房東覺得他生活習慣特殊，被他告密了，隨後被英工部局搜查，聽說還被搜查出來一把手槍。

後來沈棟被關到英租界工部局一個類似警察局的行政部門，關進去後，他自己也承認他是抗日人員。這事一承認，他就變成妨害社會安定的嫌疑分子，不好釋放，但是又不好給他判罪，所以就關在那裡。

沈棟這個人天性很不安分，他在監獄裡閒來沒事，除了服刑以外，就是鍛煉身體，而且還在監獄裡發展組織。

監獄幾個看守都同情沈棟，有個叫馬從雲的員警，經過他的發展同意參加抗團，經過他的發展和介紹，最後竟有四五個工部局的員警加入抗團，所以他就通過馬從雲和袁漢俊聯繫。

沈棟雖然身在監獄，仍想方設法和抗團保持秘密聯繫。但出了這事以後，可以說抗團組織沒人領導了。

當時曾澈對抗團指導不多，但是起了一定的作用。這時候，有一個叫李如鵬的出來擔起領導抗團的重任。

李如鵬從前也是南開中學的，而且很早就參加政治活動，那時候就領導學生參加遊行，有點組織能力。

李如鵬也是軍統的人，後來軍統把他安排在山東打遊擊，這個遊擊隊的具體負責人叫李寶奇，也就是李寶仁他哥，他們幾個人都和軍統有關係。

後來這個遊擊隊被打垮了，一九三八年六七月份時，李如鵬撤回到天津，由曾澈介紹安排到抗團裡來。

李如鵬比較能幹，他比我們都大幾歲，比我們有經驗，而且把抗團零零散散的活都安排得有次序。

他根據暫時活動的情況，將抗團分成五個小隊，每個小隊裡有五個小組，每個小組裡有四五個人，每個小組有一個小組長，每個小隊有個小隊長，這樣就變成一個有系統的組織了。

除了這五個小隊外，他還成立了一個"幹事會"。幹事會的核心就由幾個小隊長擔任，分別是曾澈、李如鵬、袁漢俊、孫若愚、祝宗梁。

沈棟也算其中一個幹事，只是他被捕了，但仍保留他，所以總共就是六個人。

幹事會裡負責組織的是李如鵬，負責總務的是袁漢俊，負責行動幹事的是孫若愚，後來挑選我做技術幹事，因為我曾經學過做過收

天津抗日殺奸團成員　周慶涑　圖片來源：祝宗梁

音機，能搞技術活。另外，曾澈算其中一個負責人，但沒有叫"團長"這個說法。

抗團規定每週開一次幹事會，幹事會除了五個幹事參加，還有小隊長參加，小隊長和幹事有的是重複的人。最重要的是改變了過去紮堆一起走的方式，原來大家就像一個球隊一樣。

幹事會決議，為了要保守秘密，小隊和小隊之間不准來往，大家的名字都要用化名，不用真名。我們給自己取化名沒有什麼規律，隨便取一個就行了，我化名為"祝友樵"。這時候，抗團才開始正規起來。

幹事會開會的內容一般是由曾澈把當時國內的形勢綜合向大家介紹一下，接下來就是由大家談談組織活動的內容和情況，最後把活動的情況由小隊長傳達到小組裡，小組也是規定每週大家碰一次頭。

五個小隊長擔任如下：第一隊小隊長是孫若愚，小隊成員是耀華中學的同學；第二隊小隊長是劉友深，小隊成員有耀華中學和其他中學的同學；第三小隊長是中日中學的李振英，隊員是廣東中學的同學；第四小隊長是我，隊員是工商附中的同學；第五小隊長是耀華的周慶涑，隊員是其他中學的同學。

那時候規定隊與隊之間、小組與小組之間不准發生橫向關係。過去認識的，以後儘量能少聯繫就少聯繫。而且為避免暴露，以後都

用化名，這樣就成立一個比較正規的組織。我不知道我參加時抗團具體成員有多少，抗團也沒統計過。沈棟被捕後，李如鵬接手抗團並進行改組，改組完的抗團大致就有一百多人了。

從此組織情況定了，生活也固定，安排活動次序也定下來了。

天津定下來以後，差不多是夏天了，有一些天津的抗團同志考到北平讀大學了，就在燕京大學成立了一個小組，但只是一個組，由宋先勇負責。

後來抗團人越來越多了，都是小孩，小組就成立了個週邊。不過那時候不叫抗團了，因為抗團人發展太多了，就叫"學聯"，後來改叫"小學聯"。

小學聯的成員都是十二三歲的小孩，不能做什麼事，那時候外頭還有個公開的學生聯合會，後來這個小學聯就跟那些大一點的孩子分開。

不過他們也沒什麼工作做，因為這個時候在天津租界裡只有一個工商大學。工商大學裡頭有我們有幾個人，但是發展的這些人都是年紀比我輕許多的中學生。

抗團那時年紀比我大的比較少，我那個時候才十八歲，袁漢俊比我大兩歲，孫若愚跟我一樣大，沈棟時年廿二歲，曾澈和李如鵬也就廿五歲。

李如鵬初到抗團時，跟他一起來的還有趙爾仁、華道本、宋長富（宋長富不久便走了）三人，這些都是他們游擊隊裡沒去處的人。不過這些人過去在軍統跟著李如鵬做事，都不是學生。

他們的生活是根據在抗團的"工作"付他們生活費。華道本和趙爾仁在抗團跟著李如鵬並聽命於他，華道本主要是當交通員，趙爾仁則在廚房幫工，這是抗團兩個唯一領工資的人。

後來由抗團決定，經軍統批准，派孫若愚去上海參加活動，所以他也有一點生活和工作費，但只是一些很少的伙食費。

那時我們都離開家庭了，沒有家庭接濟，而且我們又都是被工作調動來的，所以我們撤退到重慶期間沒有工作，只有領些生活費，其他抗團人員一律沒有生活費。

我和李如鵬關係還好，但是我們只是工作關係，他性格不像沈棟那麼熱情，私人上從來沒有來往。大家就是除了工作以外，沒有生活的關係，就是工作關係。

因為他歲數比較大，而且是單身漢，那個時候如果單身，給人感覺是不安定的人。如果有工作那就還可以，他又沒有正當的職業，後來抗團給他組織了一個小家庭，算是成家立業吧。

李如鵬這個人各方面來說，很有條理，做事情很有次序，性格很沉著，按部就班。他不像沈棟，沈棟很熱情，但是有點粗糙。

李如鵬不是很愛多說話，但是該說的一句不少，所以，他是比較穩定的負責人，同時，他對抗團出的力量也很大。

10

因火燒中原公司效果不佳，我被罰站一小時。

天津日租界旭街中的高大建築為當年的天津中原公司
圖片來源：天津市檔案館

抗團組織安定了以後，一九三八年的夏天，李如鵬和孫若愚就籌備放火燒中原公司。中原公司是日本人在天津開得最大的公司，有七八層樓那麼高。

那次行動的炸彈和燃燒彈是我參與製作的，做燃燒彈還有好多人參與，各有各的安排，不是光我一個人做。

我當時負責做燃燒彈裡面燃燒控制這部分，就是在膠磨的表面打兩個洞，然後插個螺絲釘。錶針走的時候，碰到洞口這個螺絲釘，就接觸到這邊作為開關的螺絲釘。這個開關就串聯著一個電池，這個電池就可以把一段阻力絲燒紅、發熱，於是就引起燃燒。

我們當時總共做了七個燃燒彈，抗團計畫分為七個小組，每個小組兩個人，各帶一個燃燒彈，然後大家在規定的時間到中原公司。我和袁漢俊被安排到一個組去燒西裝部，我們將燃燒彈藏在橡膠鞋盒裡，又安排了些人在商業大樓幾層樓高的屋頂上往下撒傳單。大家都按照這個計畫進行，最後撤退到報到的地點，現場主持的人就是李如鵬。

我領著袁漢俊兩人到了中原公司西裝部，西裝部沒幾個人，客人就我們倆。現場我們商定由袁漢俊假裝去買西裝挑料子，我就趁著這個機會找個合適地方把燃燒彈放好，事情進展順利。

我們回來以後，燃燒彈就按設定的爆炸了，燃燒彈一炸，人群就慌亂起來，中原公司樓上樓下好多人都在跑，怕火燒到自己。

我們原本的計畫是等一著火，大家都撤退以後就開始撒傳單，不過此時火還沒燒起來，但撒傳單的人也不知道，大家是分散開的，不在同一個地方。

後來留在現場看結果的人回來說，火是燒起來了，不過，起火的時間不一樣，因為不是一個表同時控制的，所以一到時間就各自燒了起來。

中原公司是鋼筋水泥建起來的大樓，消防設備比較先進，雖然火是燒起來了，但是他們救火各方面也很及時。最後火勢還是被控制住了，那些燃燒彈沒有完全燒起來，燃燒過程也比較慢，甚至有的沒有燃燒，所以這個責任在我，我也說不清。大家會後檢討，我責任不小，所以我被罰站一小時，並由孫若愚監督執行。

後來又聽說負責傳單的人扔得太早，中原公司還沒著火呢，傳單就扔出去了。

那時候大家都有紀律，我們規定開會幾點鐘到，就必須幾點到，遲到幾分鐘，就罰站幾分鐘。當時有的人騎車，有的人走路，騎車的方便，走路就靠不住。

但不管是誰，連曾澈也是一樣，他要晚到幾分鐘就罰站幾分鐘，所以也和他帶頭執行紀律有很大的關係。

此次火燒中原公司對他們破壞不大，我們也沒有做什麼具體調查，反正隔了些日子，他們又恢復經營了。

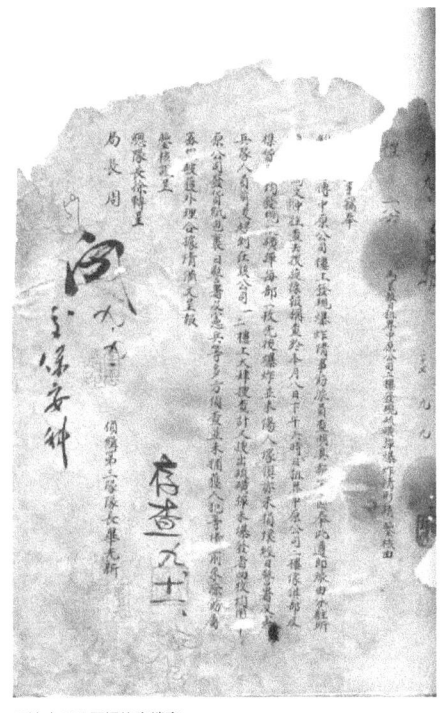

天津中原公司爆炸案檔案
這份檔案所記載的中原公司爆炸案，時間是一九三八年九月九日，因檔案破損難辨認，不知是否為祝宗梁所回憶的那次爆炸行動。
圖片來源：天津市檔案館

11

為了訓練打架，抗團棒打不知國難當頭的混混。

火燒中原公司後，抗團就成立了兩個組，一個是"行動組"，一個是"技術組"。

行動組由孫若愚負責，他找那些身體健壯的同志來參加。我負責技術組，喜歡玩無線電和那些零零碎碎的小東西，技術組裡有雷邦璽、水宗驥這幾個人，不過袁漢俊平常沒其他事，也會來技術組幫忙。

孫若愚負責行動組時，在抗團找了些身強力壯的人訓練打架。當時社會上有很多紈袴子弟，大多是有錢人家的孩子，當然也有些嘍囉，他們從不知國難當頭，終日混跡酒樓舞廳，壞事做絕，深為時人所痛恨。

孫若愚找了些棗木棒子，有兩尺左右長短，分發給行動組的組員，並叫李泉霖去調查這些流氓的行蹤，先掌握他們的行動規律。

有一天，倫敦道上有幾個流氓在散步，行動組的幾個行動員手拿著用報紙包著的木棒向他們每人的頭上就是一棒，那幾個流氓就像麵條一樣軟癱在地上。

還有一次在天祥市場的屋頂花園的書場裡，他們又向幾個流氓揮棒一頓亂打，然後趁亂離去，以此來達到訓練打架的目的。

了給大家練膽量，孫若愚編了十幾個小組，每組兩個人，晚上趁天黑時去偷汽車捐牌。那次行動他們偷了四五十塊捐牌，那些偷回來的捐牌在屋裡堆了一大堆，不知他後來是如何處理的。

那次我和抗團的呂迺綱編成一組也參加了，但打流氓的事我沒參加，我的身體還沒那麼棒。

有一天半夜我和劉潔去貼標語，我在前面拿漿糊刷牆，他在後面拿標語貼。結果等天快亮後我再去看，標語都被撕掉了。

有一次我在看電影時撒傳單，撒完我騎上腳踏車就跑，有個員警看見我了，扭頭假裝沒看見，當時抗團的名字太響，他們也知道，所以假裝看不見，說明當時人心所向。

關於我負責的技術組，我是壓根幫不上忙，這些東西都是技術活，我們沒做過，只能看看書學做炸彈。書是看得懂，但東西難做，最重要最困難的是燃燒彈的製作。

那時我曾想，過去燒中原公司用的燃燒彈，至少有一個軟鞋盒那麼大，不好攜帶。後來我去踩點抗團下一個準備要燒的地方，有些是棉花站。

棉花外運是資敵的事，中國盛產棉花，日本

国内没有棉花，他们在中国北方产棉花的地方搜集完运到天津，再把这些棉花一个个压成大概一米多宽、一米多高的大四方块，准备运到日本去做成衣服。抗团就打算烧日本人从中国掠夺来的棉花，既然中国得不到，日本也别想得到。

我觉得烧棉花站的燃烧弹不能做太大，那些堆放棉花的仓库有好多人守着，不易携带，也容易暴露。早先沈栋和沈元寿一块去烧棉花站时，当时储存棉花的动物园有维护不好的地方，沈栋和沈元寿从围墙洞里钻进去，把燃烧弹放在棉花底下，然后退出来。这种行动很危险，让人看见了马上会被抓住。

我们考虑做小型行动用的燃烧弹，燃烧弹的大小取决于烧什么。

后来我开始研究容易燃烧的燃烧弹，引爆材料我选用黄磷和二硫化碳这两种物质，黄磷是液体，可以溶解在二硫化碳里，二硫化碳很容易蒸发，蒸发了以后就剩下黄磷暴露在空气中。

黄磷在夏天气温达到三十度左右的时候就很容易自燃，所以我们就做了个香烟盒子大小的燃烧弹，里头装了燃烧剂，封口的地方我用的是剪碎的纸条。

我在一个小瓶子里装了二硫化碳和黄磷的溶液，封口时留下一小块地方露出外头，起先是用棉线引火，后来改用较易燃烧的纸条。用的时候，把它倒在纸条上，然后再把它丢出去燃烧，可以丢到一二十米远。

这样就简单了，不像从前他们还要化完妆钻进去，再把燃烧弹放到棉花旁。现在我老远就可以丢进去，行动员更有安全保障。

我参加抗团的时候还不认识袁汉俊，是后来才认识，认识以后我们就常在一起商量行动。制作这些炸弹也是我和袁汉俊两人在一块制作的，有些人比较负责任，偶尔需要他参加帮忙一块做。

有的固体要压成粉末，这很简单，又不是秘密，很多人可以一起做。但是混合配比还有个过程，人多了反而复杂，更何况不是大量生产。生产一两个炸弹时，宁可时间长一点也不要出事。这种需要严谨和细心研制燃烧弹的事，有的人就不适合参加，我们也不让他参加，比如李国材。

抗团改组后我们是第四小队，当时第五小队有一个人提出："大公报馆"有一个编辑给日本人做事，他提出来要暗杀这个编辑。

提议通过后，抗团派李国材去制裁，李国材跟我不在一队，我不大熟悉。后来我听说他去暗杀这个坐在黄包车上的汉奸时，开枪把拉车的打死了，汉奸却没死，成了笑话。

我是后来认识的李国材，他做事不沉着，毛毛糙糙的，很冲，我不喜欢和他合作，所以我也没找过他做事。

后来裴级三叛变，沈栋去了内地，把李国材派回来制裁这个叛徒，但他素来做事慌张，后来很容易就被人抓到。

李国材被抓到以后供出了六个人，这六个人因此也被抓。这些人里有张同珍（女）、谭国瑞、谭国华，还有三个想不起来。他还做了日本人的"嘱托"，就是给日本人跑腿，我们知道后很气愤。不过后来他从天津到济南的火车上逃跑，被日本人抓回去枪毙了。

抗团这些学生并没有多出众，除非特别突出能干的，不过大家还是纯洁的。华道本和赵尔仁在他们军统里混了几年以后，就沾了些坏习气，在做人做事上就不是很纯洁。

我跟王振鸿说过，我们与他们不是一路人。抗团的学生像王振鹄都是很单纯的学生，但是经过社会上的一些来往，人就变了，有些人變好，有的人就變壞了，所以我覺得軍統這些人也分兩樣。

後來抗團出事，很多人進了監獄，監獄裡也關著國共兩黨的人。

日本投降後，李振英跟我說起監獄裡的這些人，他說抗團跟軍統這些人合不來，跟他們聊不了，沒法交朋友，也沒法談，那些軍統很死板。反而跟有些共產黨人倒挺好，因為抗團同志大都沒什麼政治信仰，只是單純交朋友。

我瞭解軍統這些人，他們看見抗團都是些學生，恨不得把抗團當成他們的人，他們吸收一些到內地去的人，一看是學生就拉進去受訓後再派出去。

說實在的，軍統這些人很難交朋友，他們沒有什麼思想和抱負。

12

暑期四把火，
燒光日本人
幾百萬軍用物資。

一九三八年夏天，學校放暑假，一放假我們就在三天內放了三把火。

第一把火燒的是日軍的糧草。

從前在天津金鋼橋下來的大經路旁邊有一個舊式的大房子，是天津市政府所在地，後來被日本人轟炸過，一半的建築體都燒掉了，剩下的一半日本人拿它當倉庫。

我見過很多次，日本人用老百姓用的牛車，一車一車把稻草拉來送進倉庫。那些堆放的稻草大概是日軍用來給運輸騾馬吃的，也有鋪在地下當床鋪供他們睡覺用。後來稻草逐漸增高，足有兩層樓高，堆放稻草的院子有籃球場那麼大。

我做了十二個燃燒彈後，讓孫若愚和呂廼綱一起幹，每個人各帶四個，這次任務也是帶有試驗性質的。天津市政府被日本人炸掉以後，四周還有空房空院子，他們拿那空院子堆放稻草，屋子裡放的軍用物資，只是不知道具體是什麼東西。

那裡有兩個地方可以接近稻草，一個是大馬路，一個是小胡同。後來我把他倆領到小胡同裡，我自己到大馬路上。那時正值黃昏時分，我們把燃燒彈從南北兩個方向丟進去，丟完了以後，我們騎車就跑，大概走了一百米不到，就看裡頭燒了起來。

等他們進去救火時，我們早已離開，也沒時間去欣賞火焰的美景，這第一把火，把整個稻草都燒光了。

正常情況下，大的燃燒彈一兩分鐘內燒完，我改裝的那種比較小的幾秒鐘就燒完了。棉花和稻草都是易燃物質，有點星星之火就可以燒起來，要是燒固體就不夠了。

我在那些燃燒彈裡配了氯酸鉀和麵粉，麵粉是碳水化合物，但氯酸鉀是氧化劑，兩者一混合，只要有根火柴，"呼"就燒起來了。我後來將硫磺和高錳酸鉀混著，硫磺燒速較慢，高錳酸鉀是助燃劑，這樣燃燒的時間就長一點，不像麵粉一下就燒光。我同樣在燃燒彈封口處用紙條，然後在上面放上黃磷和二硫化碳的溶液，丟的時候，空氣一進去，二硫化碳就蒸發了。等燃燒彈落地時，二硫化碳蒸幹，黃磷就燒起來了。黃磷一燒，封口的紙頭就跟著燒，裡面的藥也就著了。這種燃燒彈很方便，丟出去不用管它自己就燒了，但丟的時候不能有火，不然會被發現，這也是對我們的行動起到保護作用。

小燃燒彈的體積大概有二十支裝的香煙盒那麼大，重量也差不多跟二十支香煙一樣，而且香煙盒是紙頭做的，很容易燒。

大的燃燒彈用的是鞋盒，有時候是皮鞋盒，有的是膠鞋的鞋盒。鞋盒體積太大不好拿，而且鞋盒是軟的，手拿起來，裡頭的藥就會移動。移動不要緊，但裡頭的電阻絲也就跟著移動了，碰不到螺絲釘就燒不著了。我燒中原公司的時候，就是用軟的鞋盒，當時就覺得鞋盒不太好，有這個缺點。

燒完糧草庫的第二天傍晚，我們趕到天津火車站附近，那裡是一片大庫場，裡面有個棉花站，這個棉花站是他們臨時做的，大概有兩個籃球場那麼大，堆了兩三層壓緊過的棉花包，準備裝貨運到日本。

棉花站來來往往很多人，我和孫若愚、葉綱騫每人丟了四個燃燒彈，丟完騎上自行車就跑。天津火車站挨著萬國橋，那時候叫"法國橋"，過去就是英租界。

我們還沒跑過橋，那邊就燒起來了，然後我們進到租界，在租界裡觀看橋對面的火景。那堆棉花也不容易燒，我們三人丟了十二個燃燒彈才引起火災，後來看到十幾個水龍頭往裡頭澆水滅火。

我們就在租界看著他們燒，一直到天快黑了還在燒，棉花很容易著，一旦燒起來就沒那麼容易救的。

第二天再去看，整個棉花站燒了個精光。

第三把火是燒工商學院後面的大棉花站，為了燒這個大棉花站，我足足做了二十個燃燒彈。不光這些，為了能起到更好的效果，我還研製過"彈弓"燃燒彈，使之可以彈得更遠，但是後來沒用上。

那時候工商學院的大門在馬場道，屬於英租界，校舍在"特一區"，這是屬於中國的地方。學校後面是一片很大的空場，裡面堆了很多棉花，面積比上次燒的那個大了不知多少倍，所以我那次做了二十個燃燒彈。

行動的計畫是讓劉友深的第二小隊去燒，我就和袁漢俊去破壞消防，不讓他們去救火。

我做了一瓶王水，三份濃鹽酸加一份濃硝酸的王水，腐蝕性很強，金子都能腐蝕。我們選在傍晚五點多去，那時候正是吃飯時間。

袁漢俊和我一起到門衛那裡，正巧那時只有一個人。袁漢俊就以打聽什麼地方的事與他胡扯，那門衛還走出屋子給他指方向。

那個屋裡有一個直徑約一米多的大圓盤，那個大圓盤是可以活動的，上面纏著十幾條水龍帶，拉起來救火很方便。

我趁著他們在外面說話的時候，把王水撒在水龍帆布上，那些帆布都是白色的，王水一倒立馬變黑。為了避免被發現，我把變黑的地方轉到後面去，倒完王水我倆就走了。

後來劉友深他們把二十個燃燒彈全都丟了進去，大火燒起來的面積比上次還要大。

後來我聽他們說，有個燃燒彈丟出去正巧打到一個電線杆上，這燃燒彈馬上就著火了。我沒有實地去看結果，那天是陰天，天上雲很多，火光把天空都照紅了。

次日早晨我跑去看，整個棉花站都燒光了，現場一片狼藉，大概是半夜又著了一次。

第四次還是在這個地方放火，當時孫若愚安排好多人從各個方向一起丟，一共丟了三十個燃燒彈。當時的媒體都有刊登此事件，但登的不是很大，對他們來說損失很大，他們吃啞巴虧，所以不敢大面積登。

我不知被我們燒掉的棉花值多少錢，有人說至少值幾百萬，那些被壓得很緊很重、每個一人多高的棉花包，不知道日本人要搜刮多少棉花才能壓成這樣。

13

這是對皇軍最嚴重的侵犯！

講述中的祝宗梁

六月份學校開始放暑假，七月我就開始研究炸彈了。從前他們用的炸藥不好，因為他們用雄黃和硫酸鉀做炸藥，雄黃就是過五月節喝雄黃酒的那個雄黃，到處有賣。雄黃和硫酸鉀混合時不能讓它們摩擦，一摩擦就炸。這種炸藥很敏感，之前他們曾為此吃了不少虧。小孩玩的炸炮就是這種藥混合沙子，然後摔到地上就炸。後來我看書上說有一些苦味酸可以買，但沒說在什麼條件下才可以爆炸，不過苦味酸是印染衣服顏色用的。

苦味酸很容易買到，我把一些等量的苦味酸和氯酸鉀混合好後，拿出約一小調羹的量放在水泥地上，用榔頭一砸，居然爆炸了。

我通過德國洋行一個認識的人買到苦味酸，德國洋行這個人也知道我買了幹什麼用，但他也不問我是哪的，叫什麼名字，我也不問他姓甚名誰，反正我可以在他那隨意買任何藥，且兩人都心照不宣。

買到以後我就開始研究，如果炸彈摻著混合用，配到一定的比例也是可以炸的。我和袁漢俊商量，雖然可以爆炸，但需要做出幾個來試驗看看。

我設計了兩個用時間控制的炸彈，又做了兩個不是時間控制的炸彈，把它裝在罐頭裡，蓋的時候蓋子要蓋好，因為開蓋就炸。

當時有趟公共汽車從天津北站開到南站，這趟公車都是日本兵乘坐，中國人也可以坐，不過誰也不願意去跟日本兵打交道，惹了他們弄不好還吃虧，所以中國人不大坐。

我和袁漢俊決定炸這輛公共汽車。這個汽車當年的路線是從北站出發，經過大經路、東馬路、日租界、法租界和英租界，最後到南站。這車經過法租界時有兩個站，我和袁漢俊規定好時間，我倆各拿一個定時炸彈，在同一時間不同方向上同一輛公共汽車，一站路就下車，都把炸彈留在車上。

當年那個炸彈我是用奶粉罐頭做的，重量大概有1磅奶粉那麼重，個頭有罐頭那麼大，中間用的炸藥，在它四周用鐵砂包起來，然後擱上炸藥，再擱上鐵砂子，鐵砂上面再放上兩節電池，再將一個鐘錶放進去蓋好蓋。上車前我們定好時間，我上車的時候坐在車後頭，車上的座位是一排一排分兩邊坐的，我趁他們沒注意，把炸彈擱在座位底下。袁漢俊上車後坐在車頭，把炸彈放在司機旁，後來爆炸的時候那邊都炸掉了，但是司機下車了沒炸到，就只是炸傷六七個日本兵。這倆炸彈其中一個在天津東南城角的東馬路爆炸，後來報紙上說，爆炸的力量很大，那輛公車的鐵皮像棉花一樣軟了並掉下來。爆炸以後，從車上抬下來六七個日本兵。

另外一個炸彈雖然也在車上爆炸了，但是那輛車已經走到終點站，車上的人都下來了才爆炸，結果只有汽車炸壞了，沒有傷人。

報紙上還說：這是對皇軍最嚴重的侵犯。

那兩個開蓋就炸的炸彈，是由周慶涑和一個人負責帶到車上去的，我們的目的是想炸日本憲兵，他要檢查的話，一開蓋就炸。

後來曾澈得到情報：日本憲兵發現周慶涑他們放的那兩個炸彈，他們以為一個小時就會爆炸，把炸彈就擱在空場子上，他們離得遠遠的等著看。等了一個小時沒炸，又等了許久還不炸，他們就拿走丟到水坑裡頭了。

那時候我不會做澆築的炸彈，那是密封的，力量很大。鐵砂子的力量不大，是靠炸藥把它散出去，所以鐵砂傷人不重。炸彈爆炸的時候，四周、上下都開炸，所以它的威力不大，不如手榴彈的威力。因為手榴彈是封閉且固定的，越堅固的東西，爆炸力就越大，我做的這個比較鬆散，傷人不是很厲害。

14

政治活動生死攸關，沒考慮明白，最後怎麼死都不知道。

在這期間，第五小隊出了事，小隊長本來是周慶涑，因為他要進出租界，不方便，後來他不幹了，換了一個人當小隊長。

這時第五小隊的隊員朱國鈞向上越級彙報，說他們副隊長劉富川召集小組長會議，會議現場還有個陌生人參加，此人名叫陳慕賢。這兩人說的語調跟抗團不一樣，極力貶低曾澈和李如鵬，還罵出難聽的話。

他們說抗團這個組織不好，他們要另外組織團隊，不叫"抗日殺奸團"，號召大家脫離抗團另立組織。

朱國鈞報告完，幹事會馬上討論此事。當時大家都不知道這個陳慕賢是什麼背景，擔心如果他在敵人的範圍裡頭，這個事會引起很大的麻煩。

陳慕賢是外面來的人，劉富川讓他到小組參加開會，而且沒有找隊長，由他領頭去開會反對抗團。

他號召小隊成員離開抗團，另外組織團隊，這根本就是在破壞抗團。不過當時這種破壞還只是在口頭上說說，沒有實施具體行動。

劉富川我沒見過，那時候我們也沒有處理這個事的經驗，只想到後果很嚴重。

那時候大家都是地下活動，共產黨是地下，抗團也是地下，都存在很大的危險性，只有保護秘密，才能生存和鬥爭。

破壞秘密就是破壞組織，這是生死的問題。劉富川這種做法就是不知道厲害，政治活動是很嚴肅的事，他沒有考慮這樣做會造成什麼，到最後死都不知道為什麼死。

隱蔽的政治活動和公開的政治活動其實也沒多大區別，說起來都是生命攸關的事。成功了就頂住，失敗就死亡，我覺得沒什麼，只要懂得結果，該不該死我也沒話說。

後來曾澈說不管陳慕賢是什麼人，無論他是不是共產黨，或者他破不破壞抗團，我們對他都不能採取任何不適的手段。但是劉富川是向組織宣誓過的，他應該有所把持，不能背叛組織。

最後大家決定隔離陳慕賢並制裁劉富川。當時幹事會五個人參加討論此事，孫若愚認為劉富川是個慫貨，每次行動都退到後邊，不太積極，他同意制裁劉富川。

說實在的，我根本不懂這些事，也不懂怎麼處理，所以五人中就我和袁漢俊沒舉手，曾澈、李如鵬和孫若愚三個人舉手贊成，三票就算通過了，這是抗團內部決定的。會議決定先讓孫若愚到志達中學去，李如鵬到第五小隊找到劉富川，謊稱有任務，派他去志達中學去找孫若愚，身上不要帶任何證件。劉富川一到志達中學見到孫若愚，孫若愚對著他就開槍。

劉富川一看嚇壞了，但是孫若愚第一槍沒打中要害，劉富川拔腿就跑。當時和孫若愚一起去的還有李國材和宋長富，他們倆隨後追了上去，李國材又補了幾槍才把他打死。

此事在抗團內部引起爭議，有人說處理得太狠了。但此事曾澈的決定是正確的，如果不制裁他，必定出亂子到不可收拾。

後來陳慕賢到內地投考軍校，被軍統逮捕，經查他根本不是共產黨，而且還跟軍統下面的組織有關係，以後陳慕賢怎麼處理的我就不知道了。

劉富川之死是意外事件，是很令人不愉快的事，但不屬於抗團的工作範圍。

15

日本憲兵把他吊起來，打他大腿根，讓他精液流出來。

天津抗日毅奸團成員之一　趙恩波
圖片來源：天津市檔案館

一九三八年暑假過後，中日中學到我們學校招生，中日中學是日本人企圖培養漢奸的地方，而且校方聲稱：將對學習優良的學生保送去日本留學。

此時，趙恩波就和李如鵬商量怎麼破壞這場招生考試，他們認為最好不要用中日中學的學生擔任這次任務。

李如鵬找到我，跟我商量做個小炸彈，到現場嚇唬一下，我二話沒說就承擔了下來。

現場考試的都是中國學生，所以我只做了個手電筒大小的炸彈，主要是起嚇唬作用，因此炸彈裡只有炸藥，沒有鐵砂，鐵殼也不是很厲害。我用手電筒的外觀來做炸彈的偽裝，另外，也在手電筒的燈裡頭擱了鐘錶。

考試那天我也去報了名，但我沒用真名，而且我那天一大早上七點不到就去了。那時候現場還沒人，我進到教室裡把講臺抬起來，將兩個炸彈擱到講臺底下。

李如鵬那天安排趙恩波與我會面，規定我們七點在校門口見面，結果他去晚了，所以我也沒碰到他。

開考後，卷子一發下來，炸彈就爆炸了，現場一爆炸，考試就泡湯了。

學校覺得趙恩波有嫌疑，把他抓到憲兵隊關了三個月。後來他回憶在憲兵隊吃了不少苦頭，日本憲兵很缺德，把他吊起來，把他褲子脫了，打他的大腿根，使他的精液都往外流。趙恩波在憲兵隊被關了三個月，他咬死不承認爆炸案與他有關，日本人無可奈何，只好把他放了，但他也因此吃了不少苦頭。

抗團的第三小隊長先是李振英擔任，後改由趙恩波擔任，李趙二人出事後，抗團把第三小隊改為第六小隊，由王君武擔任小隊長。

趙恩波詢問筆錄　圖片來源：天津市檔案館

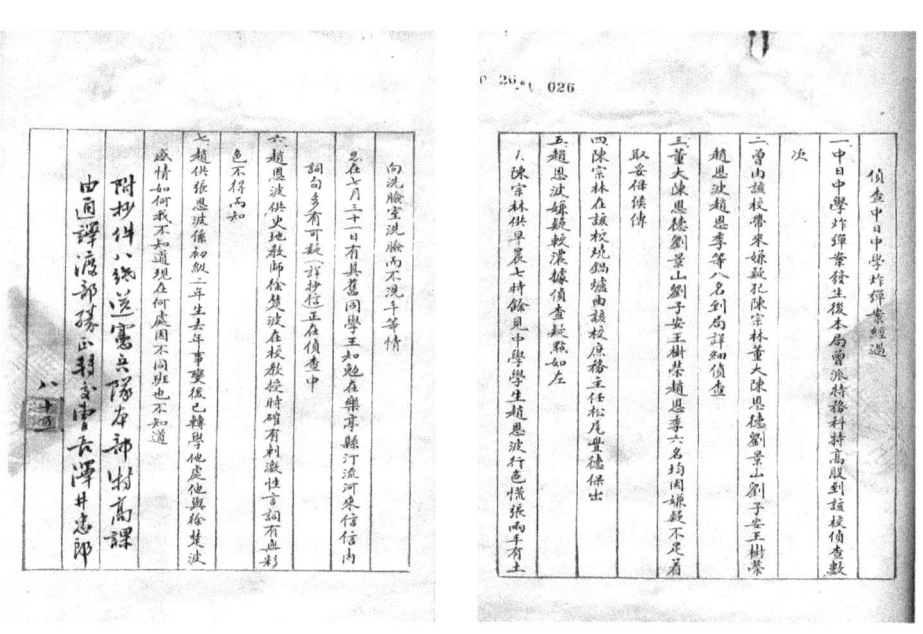

偵查中日中學炸彈案經過　圖片來源：天津市檔案館

開學後,學校的教科書都換了,完全是漢奸的口吻!我們氣壞了。而且學校還開設了日文課,一翻書,發現是鴻圖書局印刷的,於是我們就去找,最後在天津北馬路那找到了鴻圖書局❺。後來我做了個燃燒彈,把跟著李如鵬一塊兒來的華道本和趙爾仁倆人找來一塊去燒鴻圖書局。

那時候看見誰就找誰幫忙,我就找了華道本和趙爾仁。我雖然不喜歡這兩個人,但當時就這兩個人沒事,其他人還在讀書,所以只能找他們一起。

鴻圖書局很大,是賣教科書的,但是裡頭沒客人,而且書又不多,只有三個服務員,誰進去他都看得見。我們帶過去的燃燒彈像鞋盒那麼大,藏起來很困難,書店裡又沒有生意。我叫他們倆進去假裝找人,華道本假裝不當心踩了趙爾仁一腳,兩人就打架,這一下那幾個服務員就被吸引了過去,我就趁此機會把燃燒彈偷偷放到書架下面。

任務完成,我走後華趙二人也不打了。

後來燃燒彈起火後也沒燒掉多少書,救火車也趕來救火,水一澆就滅了,損失不大。再說大家都是中國人,說實在的,燒書也解決不了根本性問題。

天津日租界舊影　圖片來源:天津市檔案館

抗團最早燒棉花、燒稻草、炸公共汽車的任務,都不是發生在租界裡的,炸中日中學時的招生站也都在租界外面。日本人自己也心知肚明,一出這種事都是沖他們來的,後來他們就開始封鎖租界❻。

第一天封鎖租界時,孫若愚當天晚上便來告知我這個情況。

我們跑去一看,法租界和日租界地交界處有好多人,只留了個小口供人出入,好多出來應急的、想回家的人都被堵在那,乘電車的人經過那也要下來檢查,只有空電車可以過去,所以慢得不得了,給人帶來不少麻煩。

孫若愚說搞他們,我說怎麼搞?他說先從電車下手。

當時的電車是有軌電車,等有軌電車到了封鎖口後,車上的乘客都下來檢查,電車不用檢查,可以空車過去。

我就回去找了個現成的炸彈,個不小,有兩磅重,用奶粉盒子裝著,裡面沒有炸彈殼,也不會傷人。

我把炸彈的爆炸時間設置為一個小時後,然後放在電車底下一個空箱上。一個小時後,那個電車走到東馬路時,炸彈就爆炸了,不過我們沒看到,但是爆炸聲很響,我們只聽到"嘣"的一聲巨響,也不知炸死人沒有,但是那麼大一個炸彈,電車肯定是炸壞了。那個炸彈沒有多少彈片,我的目的不是炸死人。爆炸過後沒多久,我又聽到遠處有連續不斷的炮聲,不知是何故。

16

抗團首次刺殺，打瞎漢奸一隻眼。

陶尚銘當年乘坐的汽車　圖片來源：天津市檔案館

開學後，我們的活動就比較受限制了，但是因為教育局修改了教科書，要求學生學習日語，幫助日本人和偽政府推行奴化教育，而當時的天津偽教育局局長是陶尚銘，他住在馬場道西湖飯店，所以我們決定暗殺他。

此事由孫若愚策劃和實施，抗團的人從陶尚銘的親信處得到他的資訊，不過提供的人要我們保密，他也不准許我們說出他的名字，如果被知道他給了我們消息，他就會受到譴責，所以我們一直給他保密到現在。

經過抗團調查得知，陶尚銘每天下午兩點準時從西湖飯店上車去上班，他的汽車號碼是"76號" ❼，車就停在西湖飯店的門口。孫若愚找到孫湘德，由他們二人負責執行，另外找了我和宋長富帶著槍在遠處作掩護，如果順利則罷，一旦有事我們也得參戰。當時我們統統都是穿最普通的學生裝去參加行動，如果化了妝就會特別顯眼，好好的學生化了妝穿個長袍幹什麼？沒有必要。孫若愚建議戴個黑眼鏡，學生有見過戴黑眼鏡的，但沒人穿西裝打領帶，都是最普通的衣服。如果有人褲子燙得平平的就特別了，一般不出門不做客，穿個燙平的西裝幹啥？太顯眼，所以大家都是穿最普通的行裝。

一九三八年十一月四日下午，孫若愚和孫湘德按照規定的時間把自行車停在西湖飯店門口，不久，陶尚銘出門上車，他們便跟上去對著汽車開槍。但是那汽車是一鐵皮，還有玻璃，也不知道兩個人怎麼打的，他倆每人

民國時期的天津西湖飯店，當年孫若愚和孫湘德刺殺陶尚銘的所在地。　圖片來源：天津市檔案館

兩把手槍，每把手槍有六顆子彈，倆人開了差不多有八九槍，打完他們就走了。

我們開槍的地點是在馬場道西湖飯店門口，那個時候飯店門口人並不多，也沒員警，所以他們打完之後騎上自行車就走了。

當年孫若愚和孫湘德用的是左輪手槍，但是說實在，我也外行得很，誰也沒教過我們，不知道它的具體口徑、射程等等。

不過左輪手槍厲害在它的子彈是鉛頭，鉛在遇到發熱的時候會軟化，受力會變形，當子彈一發射出來它就會變軟，碰到人的身體它就變形，所以殺傷力比較強。

天津抗日殺奸團成員　孫湘德、宋景憲夫婦。
宋景憲為國民革命軍陸軍第二十九軍軍長宋哲元女兒。
圖片來源：祝宗梁

一般銅子彈它不會變形，所以打到人身上傷口也就一個洞口一小塊。這個鉛彈，如果一變形的話，傷口的面積就會增大，所以左輪手槍好用，而且殺傷力強。

左輪手槍還有一個好處，它不會卡殼，有的手槍會卡殼，再開，沒子彈了。但左輪它只用撞針撞，撞了以後又有一個子彈，一共有六顆子彈，用來工作也很夠用了，所以刺殺陶尚銘的時候，孫若愚他們兩個人都選用了左輪手槍。

這個汽車的鐵皮，一般來說，子彈打個洞穿過去還會傷人，玻璃也可以傷人。因為玻璃會變形，可能使子彈方向改變，所以他們打人沖著打，有時會打不到人。

孫若愚和孫湘德他們開槍的時候，現場沒發生其他事，所以他們打完後走了，我們在遠處觀看的也走了，沒有去看到結果。

後來才知道，這次行動只打瞎了陶尚銘一隻眼睛，人並沒有沒死，當時跟陶尚銘在同一輛車上的司機卻沒事，孫若愚和孫湘德在車外面沖著陶逆坐的車後座打，所以司機倖免無事。

不過這也是我們抗團第一次殺人，緊張是難免的，其實當時我就在旁邊做掩護作用，我也帶著槍，看到他們打完了現場沒發生別的事，所以我和宋長富就撤退了。

17

我們朝他開了七槍，然後騎上自行車撤退。

天津偽商會會長　王竹林　圖片來源：祝宗梁

這個事情結束以後，抗團開始進行兩進兵，北平的抗團準備刺殺周作人，天津抗團準備殺天津偽商會會長王竹林。

那時候我們制裁漢奸，沒有收到什麼具體命令，也沒有特別的情報，想殺誰就殺誰，包括殺陶尚銘也是我們自己找的，情報的來源就是抗團內部陶尚銘的親信。

北平抗團那時候還沒有完全成立，只有一個小組，負責人叫宋先勇，葉于良和孟慶時是後來在北平參加的抗團，那都是一九三九年以後的事。

王竹林的情報是我找的，我有一天看報紙，新聞上報導日本人在"七七事變"周年開慶祝大會，王竹林在大會上講話，講的那些話漢奸味十足，而且還大罵國民黨和中國人，稱頌日本人。我們當時就覺得此逆該殺，但是一直沒他的線索。

正好我父親認識王竹林，我父親這個人很無所謂，沒注意王竹林的身份，更不曉得我知道王竹林當漢奸的事。

到了這年的十二月，正好有一天我父親在下班回家的路上碰到王竹林，因為他們倆過去認識，他就約我父親見面。

王竹林說他住在英租界四十四號路二號，我父親應約去找他，結果卻沒有找到，後來父親問員警才知道他住在四十四號路寧靜里二號，王竹林只跟他說四十四號路二號，沒卻說"寧靜里"三個字。

當時王竹林在練氣功，出了一本書教人怎麼練氣功，還送了我父親一本。恰巧那書上還印著他的照片，父親將此書拿回來給我看，並告訴我他家的具體地址。

正好，這本書讓我記住了王竹林的樣子。

北平那邊則發現周作人住在燕京大學，他們就研究怎麼制裁周作人。為了這事，天津還送了幾支槍到北平去支援。

這時候我就跟孫若愚到王竹林家門口去看，他家在一個胡同裡頭，胡同裡也沒什麼人，我們倆帶著槍等了他半天也沒等到。後來有一次我經過那裡，看見他汽車出來，汽車號碼是"423號"，我看到他汽車出來便跟上去，但他汽車比我腳踏車快，跟他走了一段就追不上他了。

一九三八年十二月廿七日晚上六七點鐘，我吃完晚飯在家呆著，孫若愚突然來找我，他發現王竹林汽車在豐澤園門口。事後我們才知道，那天是天津商界集體在豐澤園（今山東路狗不理包子舖）宴請王竹林。

我們立即準備並約了孫湘德，三人一起到了現場後，孫若愚把那裡的地形給我們介紹了一下，包括怎麼打、打完怎麼撤退。

當年孫若愚他家就住在豐澤園對面，他父親在那裡開了一家飯店，叫"永安飯店"，離著不遠。孫若愚說這是在他家門口，容易碰到熟人，他父親可能也在裡面坐著，他不太好下手，所以就由我和孫湘德主裁，他做我們的掩護。

我們守在胡同口等王竹林出來，他的汽車距離我們不遠。現場那些黃包車去得早，門口馬路兩邊都停滿了，王竹林是客人，有汽車的只有他，去晚了他的汽車沒地方停了，只能停到十字路口。

當晚我們七點鐘去的，等了一個多鐘頭後，看到他汽車一動，開往豐澤園去接他，我們就跟著他的車往豐澤園門口走，此時豐澤園門口站了好多人，都是送客的。

王竹林是偽天津商會會長，送客的一二十人都是商家，他走出來的時候，汽車已經停在馬路中間並把車門打開，他一邊上車一邊跟大家告別。

我們一看到王竹林立馬就行動了，現場人多得不得了，我就擠到離他最近的地方。那時候王竹林和我們距離差不多四五米遠，我拿起槍也沒法瞄準，飯店門口兩邊都是人，我們擠不到前頭去，只能站在距離他兩三排人遠的地方。

現場嘈雜不堪，但機不可失，我掏出槍來，從下往上"叭"朝他開了一槍。

王竹林看有人朝他開槍就驚了，他"呀"了一聲，兩隻眼睛看著我這個方向。因為沒有經驗，我還沒意識再開第二槍，這時孫湘德立馬開了兩槍，我反應過來後才想起還可以再開槍，緊接著又連開了四槍。

兩人"劈裡啪啦"一共開了七槍，開完槍看他倒地上，然後我們按照計畫趕緊騎上自行車撤退。

從開槍到離開不過一分鐘，現場人很多，都沒什麼反應，只有一個人癱在地上，我一直疑惑。回來後我問孫湘德，我身邊的那個人怎麼癱地上了？他說，他沒打他，他自己軟了，嚇壞了。

據孫若愚說他自己那時也跟著開槍湊熱鬧，也算是給我們助威。

後來聽說王竹林的兩個保鏢嚇得往飯店裡頭跑，但我沒見著，也不知道他有保鏢。

人碰見突發情況時的反應，不是馬上就有動作，可能得在腦子裡先有辨別，再有反應，等到有反應的時候，經過腦子思索後才有活動，所以槍聲一響，現場的人還不知道怎麼回事呢。等到槍聲完了，一切都結束了，所

一九三八年十二月卅一日，偽《庸報》刊載王竹林遇刺案專版文章。 圖片來源：祝宗梁

以當時在場的人都沒反應，也沒人注意看，除了漢奸王竹林看了我一眼以外，其他沒人看我，他們都不知道怎麼回事。

第二天通過報紙報導，我們才知道王竹林現場是受了傷。報紙還登出王竹林的相片，七槍裡中了三槍，一槍打中頭部額骨，一槍打中胸部，一槍打中腿部，他在去醫院的半路上就死掉了。

我們總算沒白開槍，如果七槍都沒中，那就又完了，但這三槍是誰打的就不知道了。

這是我第一次開槍殺人，當時我並不覺得是在殺人，只覺得他是漢奸，該殺。

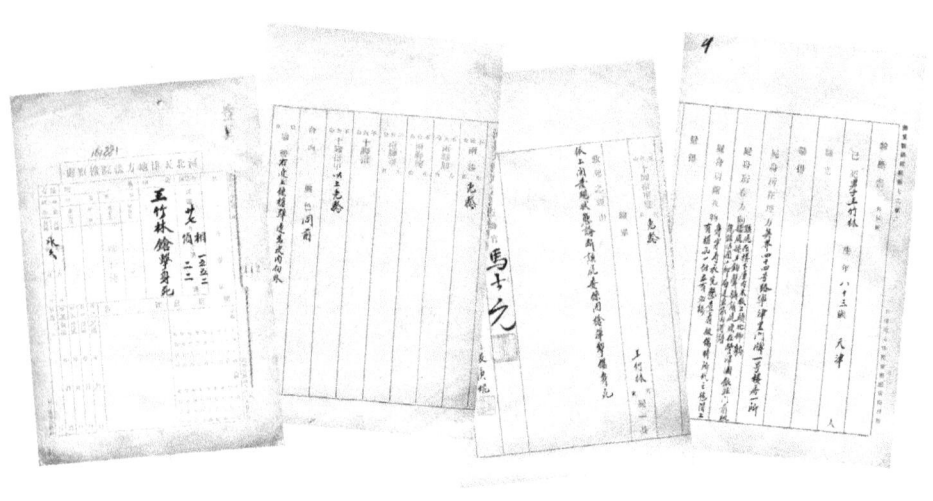

王竹林的屍檢報告　圖片來源：天津市檔案館

我與他無仇，也不恨他，我恨的是漢奸。如果是平常，也許我還會覺得老頭有點可憐。我父親不知道我刺殺王竹林的事，他也無所謂，他們倆也沒什麼感情，他也沒跟我說誰誰死了，更沒和我談過這事。

在現場開槍的是我，我不害怕是因為我做過好多次行動，膽子也練出來了，不覺得有心驚肉跳之感。不過第一次殺人倒是很緊張，後來就不怕了，事後也不去回想。

上次有人問我膽子是怎麼練出來的，我說這和貪官貪錢的性質差不多，第一次貪幾塊錢他也挺害怕的，以後老貪就不在乎了。

我參加抗團不久，弟弟宗權就到南方讀書去了，沒跟我在一塊，我的事他也不知道。

18

魯迅說：這對夫妻一路貨色。

文化漢奸周作人（前排中） 圖片來源：天津市檔案館

制裁王竹林後，這事由曾澈報到重慶，一個月後，重慶回電獎勵三千塊，這是抗團第二次得到獎金。

曾澈領回來錢後，我們說這錢不能要，他說重慶發來的是法幣，但領來的卻是"偽幣"（日本人在天津淪陷區發行的"國幣"）。當時偽幣和法幣的比值是10：9，我們辛辛苦苦拿命做事，會計在裡頭揩油，所以我們不要。軍統管財務的沒辦法，不得已只好給我們法幣，這是一個插曲。

除了獎金外，重慶還給了一個附帶的命令，規定抗團不准隨便殺人，要殺的話，得經過批准才可以，也不准在租界裡殺人。同時他們提供了一個刺殺名單，這個名單還很全，裡面都是大漢奸的名字，有些名字我還不認識，但也只聽說過，這裡頭就包含了程錫庚這個大漢奸。

北平在暑假開學不久，當地抗團已經有了宋顯勇組建的小組，方圻和范旭就是這個小組的人。天津抗團在刺殺陶尚銘和王竹林的時候，北平抗團小組查到了周作人的住址，刺殺用的槍也準備好了。

"刺周"行動由曾澈策劃，我沒參加此事。曾澈說鐵路上有人協助，所以孫若愚把槍放在汽車上，開著汽車把槍送到天津火車站附近，北平就由宋顯勇負責接收。

我們那時候暗殺漢奸沒有指定或者命令誰去

執行，大家都有責任，也都願意參加，沒有推辭不幹的，所以李如鵬自告奮勇帶著趙爾仁去。

那個時期的周作人很活躍，周此前到日本留學回來，並娶了日本太太，回國投奔魯迅。魯迅的房子是個很大的四合院，魯迅後來的日記記載，他不願意跟他們倆一塊住。他的原話是：這夫妻倆一路貨色。

儘管如此，魯迅後來還是給周作人居住。

抗團一看周作人跟著日本人來來往往的，報紙上還常常看到他的名字，不是漢奸也是漢奸了。不過周作人是名人，還是魯迅胞弟，不應該是漢奸，他只是一個學者，但是他跟日本人有來往，也不是什麼好東西。

李如鵬到北平後，由北平小組的范旭帶他去周作人家裡，當時李如鵬身上佩戴有槍，范旭則空手。

那時周作人正在會客，李如鵬佯裝是天津中日中學畢業的，預備被派到日本留學，請周作人給他一些忠告。

周作人因此被騙出來談話，李如鵬掏出手槍對著他肚子開了一槍，周中槍遂趴於地下。李如鵬以為一槍把他打死了，但沒想到這一槍打在他腰帶的銅彈簧上，子彈彈了出去。

正好這時候周作人家裡的僕人把李如鵬給抱住了，范旭身上沒有槍，就跑出來向趙爾仁求助。

趙爾仁進來對著這個僕人開了兩槍，把李如鵬救了出來。後來聽說這僕人死掉了，周作人卻只受了一點傷。

不久，周作人便當了日本人的教育總監。此次刺殺雖然沒能殺死他，但至少能給他一個警告。

日本投降後，周作人被以漢奸罪被國民政府判刑十四年。

刺殺周作人是一九三九年一月四日的事，刺殺王竹林是一九三八年十二月廿七日，兩件事前後僅隔一個禮拜左右。

一九三九年一月四日，《大公報》刊載"平津槍聲，周作人遇刺身死，川島芳子亦斃命"消息。
圖片來源：天津市檔案館

一九三九年一月五日，《申報》刊載《周作人遇刺未中》消息
圖片來源：天津市檔案館

19

令他致命的『程經理外找』。

程錫庚　圖片來源：祝宗梁

抗團刺殺完王竹林和周作人後，按照重慶提供給我們的漢奸名單，下一步的計畫，抗團選定了程錫庚這個目標。

程錫庚時任天津儲備銀行經理和海關督查，當年日本人採用他的建議，回收法幣，強迫中國人改用他們發行的"國幣"（我們稱之為"偽幣"），並用極低的價格折算，使老百姓蒙受巨大的經濟損失。

孫若愚時任抗團行動幹事，抗團指定由他負責此事。孫若愚通過耀華中學登記他女兒的地址找到了他的住處（程錫庚女兒當年跟我是同學關係）。

孫若愚在天津對程錫庚的調查是：程錫庚住在英租界一個花園洋房裡，這個花園很大，中間有一幢樓房，門口有警衛，四周的牆高達近兩米，還有很多鐵絲網。換句話說，保護得很嚴密，而且還是英國員警保衛，根本沒辦法動他。所能調查出來的消息就是程錫庚現年五十幾歲、禿頂、戴金絲邊眼鏡、他的汽車號牌是"1657"。

說來也巧，負責保衛他的英國工部局員警換人了，而換的這個員警是抗團的人（此前孫若愚曾告訴我，英工部局員警也有抗團的成員）。孫若愚跟他建議，讓他假裝把抗團執行任務的人捆進程錫庚住的洋房裡，然後趁機制裁。

這個員警覺得不好，他提出一個想法：程錫庚平常喜歡看電影，不如到電影院去打他。

孫若愚覺得此法不錯，就開始想辦法到電影院制裁他。

此事調查到三月份的時候，軍統在北平另外成了一個行動組，這個行動組軍統沒叫自己人帶，覺得自己人沒幹勁。那時曾澈已調任天津軍統局書記，他覺得孫若愚能力不錯，就讓他去領導北平的行動小組。

孫若愚臨走前讓我接手此事，並跟我交代了具體情況，此事就由我負擔起來了。孫若愚去北平後，我有時下課沒事就到電影院轉一轉，但始終沒看到"1657"號的汽車。

正巧，四月九號那天是星期天，當時我住的地方是英租界的香港道，這是我們租的一個房子，我在這個地點存了武器，也在那裡做技術組的實驗，一些實驗用的藥品都放在那裡。這個地點本來是我跟孫若愚住在那裡，孫若愚走後就我一個人住。

四月九號那天吃完午飯後，袁漢俊來找我玩聊聊天，後來孫惠書和馮健美也來了，兩個女孩也是沒事來找我聊天湊熱鬧。

孫惠書回憶說，我跟孫若愚曾經在那教她跟馮健美打槍❽，但她倆力氣不夠沒學會，但我不記得此事。我住的地方就是技術組，我擱了幾把槍在那，但我沒教她用槍，她只是拿著玩。如果有，那就是孫若愚教的。按理說，她們來找我們玩，我和孫若愚也許會拿槍給她們看，但說實在的，那時孫惠書和馮健美才十六七歲，也沒參加什麼行動，她們就喜歡跟男孩子玩，一塊熱鬧熱鬧。

我和孫若愚住在那裡，兩個男孩子邋裡邋遢的，不太會照顧自己，她們時常拉開抽屜櫃子就翻，看到有臭襪子沒洗就拿去洗洗，所以我們住處平時也還挺熱鬧的。

袁漢俊當時比我們大幾歲，他喜歡孫惠書，但我不知道那種喜歡是朋友之間還是帶有感情的，後來孫惠書自己說袁漢俊是真的喜歡她。袁漢俊也沒跟我說過這事，他們都是自己來往，我們也不理會，這是他們的私事。

抗團原則上是不能橫向聯繫的，只能縱向聯繫，但原則是原則，有些是例外，而且大家已經認識了，關係也比較近了，你當做不認識也不好，這已經超出原則範圍了。

下午五點鐘的時候，他們說要回家吃晚飯，我送他們出門時，順便約他們到大光明和平安電影院，看有沒有"1657"的車牌號汽車，他們也知道我有這個任務。結果巧了，大光明電影院門口真停著那輛汽車，那時已是五點半，電影也已經開演了，機會難得。

我跟袁漢俊商量，這個機會不容易，我回去拿槍，他去找幫手，畢竟兩個女孩子還是不行。隨後，袁漢俊找到擔任抗團第二小隊隊長的劉友深來一起執行任務。

我回去取了四支手槍，我倆各用一支，給劉友深兩支，目的是讓他做我的護衛，但我沒跟他明說，他也沒多問。另外我還帶了兩個摔在地上就炸的炸炮，只是嚇唬人，不會炸死人。我把炸炮給兩個女孩，讓她們在現場製造混亂。

等我拿完槍再回來時已經快六點鐘了，我們買了票分頭進去，等電影中場休息的時候，大家分頭找程錫庚。

那時候所有的電影院都会中場休息幾分鐘，大概是因為技術限制的原因吧。當年那種電影院座位一排坐二十個，十排就能坐兩百多人，而且樓上還有座位。

我們樓上樓下找了一遍，最後看見在樓上前排坐著一家五口人，夫婦倆帶兩個男孩和一個女孩，女孩的模樣正好是初中生的年齡，但這些人我們都沒有見過，也沒見過程錫庚的相片，所以我不敢確定他是我們的目標。

此時電影又開演了，我心裡沒有把握，擔心打錯人，便跟劉友深說，我去打一個尋人廣告，把他引出來，他一出來我們就打他。

我到電影放映的玻璃板上用毛筆寫上"程經理外找"，並由電影院用幻光燈投放出去，照在銀幕旁邊一個小的字幕上。

早些時候的電影是無聲電影，沒有聲音，臺詞對白就打在字幕上，後來電影有聲音了，這個字幕的功能就主要變成用來找人。

等我返回來的時候字幕已經打完了，劉友深說尋人廣告出現的時候，有個人要站起來，不過又被他老婆按下去了。

有了這個動作，我們可以判斷這個人就是我們的目標。

我讓劉友深在路口等我，我從另外一個方向過去，穿到離程錫庚只兩個位子的後排。那裡僅隔著兩個位置的地方有個空椅子，我就坐在那裡看電影。我一方面安定一下我的情緒，免得做事情慌張，也在等機會。

這個英國電影中譯名叫《衛國干城》，英國名叫《貢格丁大血戰》，是描寫英國侵略印度遭到當地人反抗時，一個印度小男孩幫英國人，偷偷地把他們大寨的門打開讓英國人進去，這是個印奸，然後雙方開戰。

十九歲的祝宗梁，身上穿的正是他刺殺程錫庚時所穿的衣著。
圖片來源：祝宗梁

等電影演到雙方開戰時，時機來臨，我趁電影槍聲大作時站起身來，拿起槍對著程錫庚後腦勺約一尺遠的地方連開了四槍。

開槍以前看見程錫庚坐在位子上，一開槍就因為槍的火光反射刺激到眼睛，什麼都看不見，幾秒鐘打完槍我就跑了出來。

其實當時開一槍就夠了，我一下子連開了四槍，主要是怕打不准。我的槍一響，四周的群眾看到有火光出現，發現有特殊情況，紛紛驚叫著站了起來。

他們看見我從裡面跑出來，一看就知道我是行動人員，趕快讓開座位讓我先走。

殺程錫庚的位置在三樓，開槍出來後碰見劉友深，他扶著我跑，舉動像是在保護我。

我們兩個人一起從三樓下到二樓門口，這時候有人突然從我身後把我抱住了，什麼人我不知道，也看不見這個人，又不能動。我伸手拿槍，側身對著他肚子開了兩槍，這個人一下就軟下去了。

他一軟，我就掙扎出來，剛要走，又一個人把我抱住，這個人塊頭比較大。等我再回頭開槍打他的時候，沒有子彈了。

我們隨即掙扎了起來，我的手槍也掉了，那個地方正好在樓梯口，我們兩個人抱著從樓梯滾了下去，我在下面他在上面，他抱著我的腰，我左手圍著他的頭躺在那。

他半個身體壓著我的身體，我的一個手圍著他的腦袋，他看我的手就在他的嘴巴旁邊，就趁機狠狠咬了我右手食指一口，那一口力道極大，幾乎是咬到骨頭了。正在這個關鍵的時刻，我聽到一聲槍響，原來是袁漢俊上來給了他一槍，他的身體馬上就軟了。

袁漢俊把我扶起來後，我們從二樓轉彎到了底樓，出了電影院。

我們掙扎的時間很短，也就一兩分鐘，電影院裡的觀眾本來很多，這時候差不多都跑光了，等袁漢俊把我扶起來的時候，四周已經沒有觀眾了。

我和袁漢俊走到電影院門口時，看到一個巡捕握著手槍，他正在聽從影院跑出來的觀眾跟他描述裡面的情況，他瞟了我們一眼又扭過頭和他們講話，並不理會我們，我和袁漢俊就混在人群裡撤退了。這時候大家都分散開了，我和袁漢俊一塊，孫惠書和馮健美一塊，劉友深自個走。

少年袁漢俊　圖片來源：袁永健

我們出了影院以後，跟著人群離開電影院，暫時沒有機會去取腳踏車。這時候我還丟了一隻鞋，連手槍也掉了，鞋沒了一隻，跑路都不好跑，後來我們遇上膠皮（天津人喊人力車為"膠皮"，因車輪外胎是橡膠制），趕緊坐上溜之大吉。

我們兩人回到英租界香港道卅一號，孫惠書和馮健美也騎著車到了。袁漢俊安排了個抗團的小孩把我的腳踏車取回來，那個小孩叫林葆惠，當時才十二歲。

至此，刺殺程錫庚雖有波折，但成功執行刺殺任務，大家總算也都安全撤退。

我開槍後，程錫庚的情況怎麼樣我看不到，因為電影院全是黑的。雖然我的槍對著他的腦袋，最後他的腦袋被打成什麼樣我也不知道，啥也看不見，我只顧打槍，然後跟著人群就撤退，現場有沒有人受傷我也不知道。回來以後，大家安定下來，我的手被人咬了一口受傷，也沒去醫院處理，只是孫惠書幫我簡單消毒並包紮起來。

當時分配給馮健美和孫惠書一人一個用來搗搗亂的炸炮，事後聽孫惠書說沒摔響它。

這時候消息傳得很快，不久李如鵬聞訊趕來看我。我跟他講了整個過程，他聽到我們這些經過以後，知道我們都還沒吃飯，馬上出去買了很多好吃的回來慰勞我們，反正是什麼好吃買什麼。

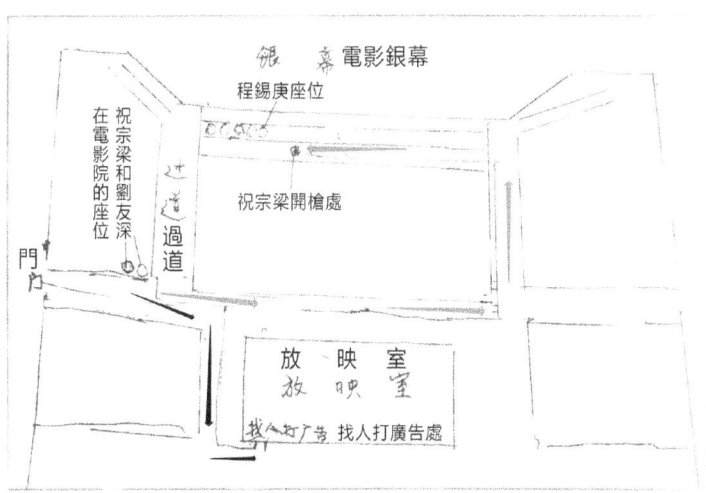

祝宗梁手繪刺程路線圖。
其中，黑色路線為祝宗梁去打廣告"程經理外找"的路線圖。
灰色箭頭為確定程錫庚座位後，走去程錫庚旁邊的路線圖。

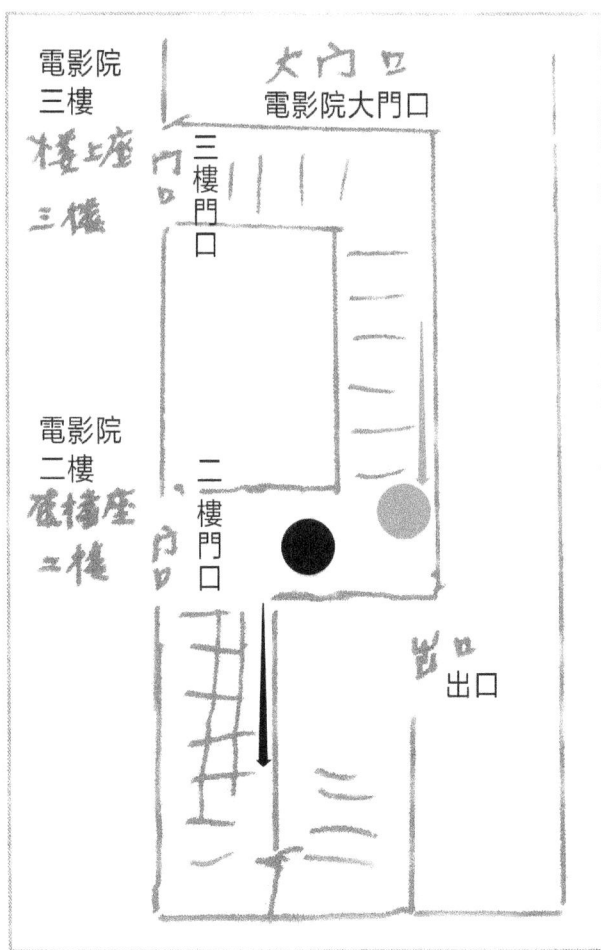

祝宗梁手繪刺程後撤退路線圖。
其中，灰色圓圈處為劉友深扶祝宗梁到二樓門口處時，祝宗梁被白俄抱住，他在那裡開槍將白俄的腸子打穿了八個洞。
黑色圓圈處為祝宗梁剛脫險，又被一個瑞士人抱住，與那個人同時滾下樓梯，並被他咬了一口，袁漢俊趕來槍殺那個瑞士人，使祝宗梁脫險，兩人得以安全撤退。

正吃的時候，曾澈聽到消息也趕來了，聽完我們的敘述，他就跑去打聽現場消息了。
第二天一早，上學前我騎車先到程錫庚家門口打探究竟，結果看到他們家掛著白條，白條就是報喪的意思，這就說明暗殺成功了。
到學校後我照常上課，後來報紙把當時的情況登了一遍，我才知道程錫庚在我槍下當場斃命！而我在撤退中，第一個抱我的人是個白俄，中了我兩槍，腸子被打穿了八個洞，後來被送去了醫院。
第二個抱我的是個瑞士人，中了袁漢俊的槍後當場死亡，聽說他剛買好票準備回國。

報紙一出來，社會上反響很大，他們對此事破口大罵，不過他們越罵我們越開心。報紙上面還說給他弔喪和安慰什麼的，我們當時在學校不知道，但是同學之間互相傳，特別是老師在課堂上都作為談資，畢竟打死一個漢奸，這也是大快人心的事。
大家都興奮得的很，我作為一個觀眾，一樣很開心。
我很幸運有位語文老師王則民，我們在這淪陷區，很難知道正面的消息。老師在課餘總和我們聊時事，比如南京大屠殺、台兒莊大會戰等，所以我們每當課餘時，大家就會一

祝宗梁的語文老師王則民　圖片來源：天津市檔案館

一九三九年四月十一日，《庸報》刊載程錫庚遇刺文章。
圖片來源：天津市檔案館

起向他低聲喊"news news"。
這天一上課，同學又喊起"news"，老師很高興，用他的好口才把暗殺程錫庚的消息完整、稍加渲染地講給全班同學聽。
同學們都聽得津津有味，有的同學甚至還拍起手來，我聽了心情也很激動，這對我也是最好的獎勵，只是當時我不能說出來。

一九三九年四月十二日，《大公報》刊載"津除一巨奸，程逆錫庚死于影院"文章。
圖片來源：天津市檔案館

20

我殺了程錫庚，卻導致英日外交糾紛。

位於天津和平區曲阜道一號的大光明電影院現狀

回想刺程經過，有個細節至今仍令我疑惑。當時開完槍撤退時，劉友深扶著我從三樓到二樓門口，我被白俄抱住以後，此時劉友深去了哪裡、做了什麼我一概不知。劉友深後來也沒說起此事，我也不願意問，我知道他有點心虛。

按理說他見我有難，應該馬上出手救我，但是大家都是年輕人，沒多少經驗，不能指望他反應非常快、且做出很英勇的事。同時，我也沒權力要求他這麼做，他能做就做，不能做我也不能怪罪他。

此事到最後他都沒解釋，我跟袁漢俊也都沒有問他。也許劉友深會自責，如果我一問，那就是在質問他，大家都是朋友，那麼問就有點太過了。

我當時心裡也很緊張，但我知道要沉著，每次參加行動對自己都是鍛煉。我的經驗是，如果現場緊張，思維和反應速度也就遲鈍，平常可以想出來的事也會想不出來，所以我每有要思考的事前，就要鎮定自己的情緒。後來我不去想生死，成功就成功，不成功就失敗，要想就做不出來了，沒勇氣了。

抗團還有好多讓人不愉快的事，比如劉潔有事讓女孩子去做，自己不去做，行動時自己不上前，推給別人做，但他不會表明自己錯了，他就想當英雄。

他做的事讓我很生氣，王文誠讓我別生氣，說就這點事，能過就過，事後再責備，沒有必要。除非有規定要法辦他，沒有規定，不用法辦的事何必得罪人呢？

其實沒有人是天生的英雄好漢，除非有點經驗，然後慢慢積累起來。後來好多英雄做出壯烈的事，也不是天生的。

有時候人的成功也是鍛煉出來的，一個士兵剛剛當兵上戰場，沒有經過鍛煉，你讓他們怎麼辦？等到敵人拿著刺刀來拼了，那也是沒辦法，只能硬拼，拼不過就死。

一九三九年五月十一日,《新民報》刊載"程錫庚被狙擊案,引渡犯人問題,英總領懇請暫緩時日"消息
圖片來源:中國第一歷史檔案館

一九三九年六月二日,《新民報》刊載"狙擊程錫庚氏人犯,津市長促英領速予印度,英界無線電臺應即停止播發"消息
圖片來源:中國第一歷史檔案館

一九三九年六月二日,《新民報》刊載"英方拒絕引渡犯人,日決堅持自主態度,津暗殺程錫庚案仍未見開展"消息
圖片來源:中國第一歷史檔案館

刺程成功以後,此事被報到重慶,一個多月後,重慶發了六千塊獎金給抗團,這些錢我們個人都沒要,全部用做活動經費。

我們當時以為此事就這樣過了,但其實這時候英國和日本已經開始有些外交問題了。

程錫庚一死,日本人不答應了,立馬要求英國工部局捉拿兇手,英國工部局也沒辦法阻止,工部局員警就帶人查旅館,結果抓了四個嫌疑犯。

這四個人都有家室,看他們住在旅館裡沒有什麼正當職業,就把他們抓走了,後來才知道他們是軍統的人。

日本人跟英國工部局商量,由日方去審,審完了第二天還人,結果日本人拖到第三天才還。這四個人經不住日本人的刑罰,全都屈打成招,但一回來就又否認。

日本人就要求引渡這四個人過去,英國工部局因為這四個人否認不允引渡,於是事情就鬧僵了,後來越鬧越大。

這時英國首相張伯倫為了安撫希特勒,跟希特勒簽訂了"慕尼克"協定。"慕尼克"協定就是一個屈辱的協定,在英國看來,就是安撫希特勒的,也希望希特勒別打他,但這等於縱容希特勒這種侵略行為。所以希特勒沒有直接對英國人打仗,先跟法國人打,把法國佔領完,跟著就打向英國。

所以英國在歐洲受到德國威脅,在遠東又受到日本這樣的欺負,沒辦法,只好妥協承認日本的利益，屈服了日本的要求，要把軍統那四個人引渡過去。

到了六月的時候，曾澈要我們到重慶去，這時候還有幾天我們高三就要畢業了。也就是在此之前沈棟被英工部局抓去，關了差不多有一年了，後來有一天他在放風的時候練雙槓，雙槓離牆不遠，他站上去一個跟頭就翻過了牆，跳到牆外後撒腿就跑，員警旋即開槍也沒打著他。

沈棟認識沈元壽的家，沈元壽此時已去了內地，但沈棟也認識沈元壽父母。沈家父母就把他藏了起來，英工部局查了半天沒查到。

沈棟越獄後，身份也暴露了，在天津已經不安全了，曾澈就把他送到北平去。後來因為我們要去重慶，考試完了以後大家就去買船票，坐船離開天津到上海。

我們原定我和袁漢俊、劉友深、馮健美及她母親一起去重慶，因孫惠書家中只有她媽媽一個人，她需要照顧母親離不開，就變成沈棟跟著我們一塊走。

七月初離津前，我在報紙上得悉那個被我打了兩槍、腸子穿了八個洞的白俄傷癒出院，他受雇于英租界巡捕房，隨同警探大街小巷尋覓指認刺殺兇手。

上船後沈棟告訴我們他去北平的時候，曾在火車上踢下一名日本軍官。從前的火車一上車就是樓梯，走到中間有道門，沈棟說他一上火車，看見一個日本軍官站在樓梯處欣賞風景。他見四下無人，對著日本軍官背上用力踹揣了一腳，日本軍官旋即摔下火車。我們相信沈棟的脾氣很火爆，所以這種事絕對他幹得出來。

沈棟學生味比較足，人很熱情，但處事能力稍差一點。他最喜歡大家嘻嘻哈哈在一起熱鬧，跟我們大家約會見面，不論颱風下雨風雪天，規定時間內他必到，非常準時。

我深受他的感染，我早些年間與人交往有點閉塞，不大跟人家來往，跟朋友聊天時也是聽得多，想得多，說得少，但沈棟是說得多也想得多。

抗團剛開始時，抗團的活動就像學校組織活動一樣，大家沒事時，沈棟就把大家拉到一個小花園去鍛煉身體，如果人叫我去的話，我偶爾也會去一趟，大家什麼活動都拉到一塊，所以湊熱鬧的多。

後來李如鵬禁止這樣的活動，這不像個秘密團體，卻像個球隊一樣，不符合要求。

沈棟後來也改了不少，但大家都喜歡跟他一塊玩，有他在就很熱鬧。後來他被抓了，在監獄天天鍛煉身體，他父親遍施渾身解數，也保不出來他。

關押沈棟的警察局，是由天津英租界工部局警務處長李漢元所負責，李漢元對抗團很瞭解，他給沈棟調換了個地方關押，那裡的操場有個雙槓離牆很近，李漢元是存心想讓沈棟逃跑。

沈棟後來在界首建了抗團的聯絡站，租房的人問他身份，他跟對方謊稱是稅務局的，人家一聽稅務局，有些商人就巴結他，把房子裝修乾乾淨淨，把書桌都弄好租給他。

後來他被識破身份，商人就告他招搖撞騙，他一氣，在抗團解散後回學校讀書去了。

沈棟到學校後喜歡上一個女孩子，這個女孩子信天主教，所以後來沈棟也信了天主教。沈棟在學校跟我通信時，信裡頭還向我宣傳天主教。我說你別跟我宣傳，我不信。

剛剛解放的時候，沈棟被關起來判刑六年，釋放以後把他送去修川藏公路。後來他在工地上得了肺病，但他拒絕醫治，死在修路的地方了。

我們一行六人從天津出發到上海，再從上海坐船去香港。

往香港的輪船足足開了七天，有一天路過臺灣海峽的時候，正好碰到颱風，大浪比船都高，連船上的海員和大副都被顛吐了，我們更是膽汁都吐出來了。

我們到香港後，香港軍統的王新衡在那裡負責，他派人把我們安排在六合飯店開了房間住，也好吃好喝招待。第二天，軍統就安排機票給我們飛到重慶。

抗戰時期，重慶常被日軍飛機轟炸，總體比較艱難，大家生活也很簡單，重慶還保持應有的秩序。

重慶是戰時的首都，它代表國家和政府，沒有第二個政府。共產黨那時還沒成氣候，只是個遊擊隊，我們只知道蔣委員長是國家的領袖。

到重慶後，戴笠在海關巷一號接見了我們，他對我們挺好，很熱情。我們在天津的事他基本都知道，他認為我們在前方淪陷區拿命工作，是有功的人。

跟戴笠見面後，我們才知道天津英日的外交問題和矛盾是因為那四位軍統人員。戴笠跟我們講了很多大道理，其實我們抗團這些

年輕的祝宗梁與姐姐祝宗嶺泛舟時合影　圖片來源：張梅格

都有他們的負責人。我們被分開幾桌落坐，他們好酒好菜招待我們，結果酒喝大了，把吃完的好菜都吐掉了。

我們到了重慶以後，八月初戴笠領著去我們見蔣介石。臨行前，戴笠囑咐了一下，他說如果蔣介石問我們有什麼打算，讓我們回答想回到前方去抗敵。

蔣介石在他的曾家岩住處接見了我們，戴笠把我和袁漢俊、沈棟、劉友深、馮健美介紹了一下，蔣介石對我們鼓勵了一番，大概就是補助、安慰、鼓勵我們之類的。

人用不著講這些大道理，我們從感情上就痛恨日本鬼子。

軍統安排我們住下後，晚上在局本部一個大機關請客吃飯，熱烈歡迎我們，幾桌酒席上

21

戴笠讓我們到香港自首，並保證救我們出來。

一九三九年八月中旬，天津那四個軍統的人後來被日本人引渡過去判了死刑，軍統想要解救他們，所以戴笠找我們談話，叫我跟袁漢俊兩個人到香港去自首。

戴笠跟我說，我們到香港自首，他跟外交部長郭泰祺研究，英國人頂多把我們關起來，也許關在香港，也許關在中國，他保證一定想辦法把我們救出來。

既然戴老闆這麼說了，我們就義不容辭，緊接著我和袁漢俊就開始做去香港的準備。

臨走時戴笠跟我們說，怕日本人對我和袁漢俊的父親採取報復，把我們倆的父親都接到了重慶。

到香港自首之前，軍統讓我寫一個暗殺程錫庚的過程，我頭頭尾尾寫得很詳細。戴笠看完還提出說有把手槍丟在電影院裡，這把手槍是新手槍，裡頭有六顆子彈殼，打過的槍上一定有指紋，這就是證據。另外，我在電影院的玻璃板寫了個"程經理外找"的尋人廣告，玻璃板上一定有筆跡，可以查筆跡來證明。

還有，我那天掙扎時丟掉的那只右腳皮鞋，鞋裡有我的氣味，這也是證據之一。

我們到香港自首的時間是八月十五號，各個報紙都登了頭版，重慶報紙登，淪陷區的報紙也登。

在香港自首的手續都是軍統辦的，但這個案件英國工部局不受理，受理了他也沒好處，因為英國工部局在天津租界是受日本人壓迫的，他們跟日本人糾紛很多，其中一方面應該就是錢的問題。

在英國租界有些中國人在銀行存了好多錢，那時用的是法幣，老百姓為了以後的生活，家家戶戶多少都有點存款，後來改用偽幣，大家紛紛想要領錢出來。當年大家存的錢是袁大頭❾，而且聽說存了很多，日本人非要這筆錢，後來英國給沒給就不知道了。

在天津，日本對租界一直封鎖著，對英國的壓迫也持續不斷。後來日本要求英國撤職李漢元，因為李一直反對引渡這四個人，英國只好讓李漢元以去英國留學為名離職。

在英租界的銀行裡存的那一大筆銀元，日本硬要英租界交給他們。這些錢都是72%銀的現錢，都是可以變成外匯的，後來的滇緬公路❿也有他們的份，中國唯一對外獲取援助的滇緬公路被英國人封鎖了。

從前英國人作為第一帝國自吹自己是"日不落帝國",一年四季、一天二十四小時,太陽底下的英國國旗永不落,日本人把英國打屈服了,英國人一屈服,日本舉國振奮。一九四一年冬,日本就進入了英租界。

還有件事,當時中國後方所有沿海出口,包括香港和上海都被日本人佔領了。中國內地的重慶沒法對外聯絡,只靠滇緬公路運送英美援華物資,也靠這條路對外進行聯絡。

日本要求英國封鎖滇緬公路,緬甸淪陷後,援華物資改由"駝峰航線"❶ 進行空中運輸,但運輸量少了很多,物資就缺乏了。

我和袁漢俊經軍統安排,住在香港一個小房子裡,軍統還找了保姆為我們燒飯。軍統有事了就找我們,沒事我們自己休息,要出門也都自由隨意。

我們在香港呆了三個月以後,英國工部局一直不予受理,我們只好離港回到成都。

回成都後我就想辦法回學校讀書,但我沒有文憑,後來戴笠寫封信給教育部,要保送我到重慶大學,但軍統跟教育部是兩個派系,戴笠的話在教育部不靈,沒有文憑,我還是不能上學。

後來我在一九四零年考上了金陵大學。

22

> 好不容易抓了四個人都跑了，還丟了兩副手銬，日本憲兵很惱火。

一九三九年八月，天津發大水，圖為水災中的馬大夫醫院。
圖片來源：天津市檔案館

我們離開天津後不久，天津就發大水了。我們還在天津時，海河的水離岸只有一寸多，再高一點就溢出來了。

天津的英法租界地勢比較低，所以天津一發大水，英法租界的水有一人高，那時候老百姓都很苦，住平房的都被水淹了，他們進進出出的都是坐船。

當時日本人抓了軍統四個人以後，都是用船送他們回的英租界。

天津發大水期間，抗團暫時還沒出事。

軍統局督察喬家才回憶他當年到天津時正好趕上發大水，見到曾澈後，他們預感天津要出事，懷疑裴級三（代號吉珊）要叛變。裴級三叛變前，喬家才曾勸過曾澈回重慶，但曾澈說他捨不得離開抗團，因為抗團是他一手培養起來的，他很喜歡這些年輕人，他說自己做出這些成績夠本了，死也無所謂。一九三九年九月底，天津洪水退去，裴級三叛變，把軍統全體都出賣了。

李如鵬曾找過裴級三講拆解手槍，所以裴級三認識李如鵬。裴級三一叛變，便領著日本憲兵到李如鵬家裡去抓他。

李如鵬家樓上樓下一共有兩層，日本憲兵一進門就看到劉永康、華道本、張樹林、陳肇基四個人在那裡，日本人就兩人一副銬子把他們四個人銬起來。

銬完幾個憲兵上樓去抓李如鵬。曾澈事先曾警告李如鵬裴級三靠不住，要出事。八月節過後沒幾天，李如鵬把抗團所有的檔案統統給處理了，但沒及時離開。結果第二天，裴級三就帶著日本憲兵到李如鵬家抓人了。

李如鵬當年住的地方是在城樓那裡，出事那天，他家裡還有妻子童瑛和姐姐李蓀雲。樓下那四個人一看沒人管他們,帶著手銬就跑了,找到熟人把手銬打開,逃過一劫。

李如鵬這次雖然出事,但他的姐姐和老婆啥事也不知道,所有的事都在李如鵬腦子裡,而且日本人一張紙頭的證據都找不到。憲兵審問李如鵬,他死活不開口。好不容易抓了四個人還都跑了,還因此丟了兩副手銬,這讓憲兵很惱火。

抗團所有的事、所有人的姓名、住址他全知道,但他沒有透露一點消息。可以想像,他在憲兵隊裡肯定受了不少罪。

日本投降後,抗團成員馬上去找他們審問李如鵬的口供,但無論如何也找不到李如鵬的任何口供。抗團其他同志被審的口供,比如曾澈,他說的話都有記錄,但沒有一張紙是李如鵬的口供,我很佩服這個人!

有人反映說,李如鵬被審訊完以後,白天就在那裡昏睡。換句話說,他被審問的時候,不知道受了多少罪,連覺都沒得睡。但他受了多少苦、挨了多少打、怎麼挨的,沒人知道,而且沒有任何口供,真是硬骨頭!

後來李如鵬犧牲殉國,但究竟怎麼死的不知道,甚至有人說他是被刺刀挑死的,但這些都沒有證據。

曾澈遺像 圖片來源:祝宗梁

李如鵬的個性正直得很,絕不會屈服刑罰,其實如果他要交代,他可以交代幾百個人出來,但抗團沒有一人因他出事被牽連。

曾澈預感要出事,先是跑了,後來又被逮捕了。曾澈被捕時,所有人都撤離了,這些地區的軍統組織全被端掉。曾澈就是這些地區的負責人,他不招供也沒關係,日本人要曾澈再組織一個團體,聽日本人的指揮,一切經費由日本人出。

曾澈很能幹,大學畢業不久就當了特務,聽說給戴笠當過秘書,但他在抗團從沒講他過去的事。

抗戰時期,國共合作,做為軍統的成員,他在抗團裡從沒說過一句共產黨壞話,或反對共產黨,只說要"共同抗敵"。有些涉及軍統的書都有曾澈的記載,沈醉和喬家才都在自己寫的書裡提到他,並記載他的事。

曾澈很忠誠,對人也很誠懇,說話隨和,精明不草率,的確值得尊敬。

他在抗團接觸的人不多,主要就我們幾個負責人,尤其李如鵬跟他接觸最多。孫若愚、袁漢俊和我有事沒事就一起玩,但曾澈從來不會。

曾李二人被捕後,軍統有沒有去營救我不知道,但那時的抗團沒有能力營救,而且那時我們幾個人都已撤退到重慶了。

二零一六年四月二十九日，筆者陪同抗團同志王文誠到天津南開中學英烈紀念園祭拜抗團英烈李如鵬、袁漢俊、劉福庚。

南開中學英烈紀念園上李如鵬烈士的碑文

曾澈拒絕和日本人合作，後來聽說曾澈和李如鵬殉國了。曾澈犧牲時，年僅二十七歲，遺體埋在哪我們都不知道。

當時天津抗團就他們兩個是最高負責人，他們出了事，底下的人就傻了。還有幾個人繼續行動，也沒有搞出什麼東西來，更別說營救了，自己都泥菩薩過江，自身難保了。

這時的抗團沒了主心骨，大家也都是孩子，都在等上級的安排。李如鵬可以說是最讓我佩服的人，抗團換了他就領導不起來，自他被捕以後，天津抗團再也沒有做出一點反抗日本人的事，以後就是北平抗團在做了。

抗戰時期，祝宗桐（左）與友人合影。　圖片來源：張梅格

華道本原來是給李如鵬當交通員的，掌握不少關係和資源。曾李二人殉國後，華道本和劉潔要為他們報仇，於是，華劉開始計畫燒中原公司電影院和國泰電影院。

劉潔的行動組有兩男兩女四人，其中一個就是我妹妹祝宗桐。其實妹妹參加抗團並不是我介紹的，我離開天津時她才十六歲。

有一次，我朋友到家裡來找我玩，認識了我妹妹，我離開天津後他們還常來帶她去玩。他們那些人後來參加了抗團的行動，她也跟著劉潔參加行動，結果出事了。那倆參加燒電影院的男團員與我年紀相仿，還有一個是華道本，這是我妹妹很討厭的一個人，還有一個我想不起來。

他們帶了定時燃燒彈去燒中原公司，結果三個男人不去做，叫我妹妹去做。劉潔對好燃燒彈的時間，交給我妹妹去放在銀幕底下，她剛剛接過去沒幾分鐘就燒起來了。

燃燒彈一燒起來，現場立馬就亂了，我妹妹被燒傷，他們幾個男的此時竟不管我妹妹死活，自個跑了。

我恨劉潔這樣沒計畫沒安排的亂來，事後我曾質問他，為什麼你們三個男的不去做，反叫一個十七歲的女孩子去做？劉潔回答說：因為她哥哥那麼能幹，會做事，他的妹妹一定也能做事。

這簡直是胡說八道！

劉潔這個人我一點不喜歡他，做事情沒有計劃，亂來，到最後還往自個臉上貼金。

我妹妹燒傷以後自己跑出電影院叫了輛黃包車回家，我姑姑看到她傷得很厲害，把她送到醫院去救治，結果醫院怕連累不收，後來總算在醫院後邊找了個空房子給她救治。

回到家後，鄰里四周都知道妹妹去燒電影院的事，結果我妹妹就被捕了。但她在日本憲兵隊咬牙不承認，抗團也沒人因她被捕。

後來我叔叔托一個在我家租房住的日本憲兵保她出來，妹妹出來時，父母已到了重慶。此時她碰到軍統一個姓徐的女士，徐女士把她帶到重慶，她這才跟我見到面。

我把她送到學校讀書，她就自由了，後來我妹妹認識了一個國民黨空軍修飛機的地勤人員並跟他結婚，四九年以後去了臺灣，最後到了美國。後來天津抗團被華道本變相地控制了，並拉攏了一些人組織起來，而且他物色的人很不像樣，比如有一個人名字叫趙廣祿化名"王鋼"的。

華道本派他負責組織工作，後來他要求租房子做為辦公的地點，華道本就給他租了一個房子，接著他又提出找個女同志做掩護，華道本就又找了個女孩給當他掩護。

結果他的生活亂七八糟，什麼事都有，聽說後來還把這女孩搞到去打胎。這都怪華道本招了些不三不四的人，比如鄭有溥。

華道本到重慶後還特別誇鄭有溥很忠誠很能幹，結果後來叛變當叛徒的人就是鄭有溥。

23

群龍無首的天津抗團。

曾澈和李如鵬被逮捕以後，天津抗團可以說是遭受徹底破壞，沒有領導。有幾個人想出來領導，但他們能力太差，工作抓不起來，所以說天津抗團基本上是一盤散沙。

華道本、趙爾仁他們雖然接觸過抗團，想來組織，但抗團的人對他們不服氣，他們也沒那個本事。華道本後來跟我說，他聯絡了好多人，包括鄭有溥，他認為這些都是好人，都很能幹，結果後來叛變的就是鄭有溥。

北平抗團那時候由孫若愚領導，剛開始只有一個小組，後來又發展了幾個。孫若愚一直領導北平抗團到他說敵人要抓他，也沒人跟他一塊合作，所以他才到南方去。

孫若愚在北平擔任軍統行動組的一個領導，他在天津失去了重心。天津抗團過去的獎金本由袁漢俊保管，後來袁漢俊跟我去重慶，就改成李如鵬保管。

李如鵬一出事，這些錢就落到華道本手上，孫若愚沒錢用了，就到天津找華道本，華不接待他，要麼假裝不知道，或者避而不見。即便找到人了也不合作，什麼事都不跟孫若愚說，孫若愚一氣之下就到了重慶，這是一九四零年春天的事。

華道本貪了錢，還使用了一些不可靠的人，他用的人與抗團其他人志不同又道不和，所以孫若愚不同意，他步子走得太快了。孫若愚認識的人很多，華道本瞭解到的只是他的一小部分。

後來華道本把抗團所有的經費統統移到他姐姐華道永那裡，華道永後來經商很有錢，抗團的經費都被他們沒收了去。

孫若愚在重慶跟我們說起華道本和天津抗團的情況，火冒三丈，異常憤怒。天津抗團亂做一團，我們也沒辦法干涉，只好擬定了一個計畫，把華道永還有跟他一起的幾個人調離天津。

我把他們幾個人的事用書面檔彙報軍統，要求軍統處理這件事。後來根據我們的意見，軍統就把華道永（華道永華道本姐弟為李如鵬帶進抗團的，隸屬軍統）還有幾個人關起來，把天津抗團部分成員處理掉了。

日本投降以後，天津原英租界的公園有個日本的神社，佈置得很好，他們後來就把這個神社改成烈士陵園。這裡有一百多個抗日烈士的牌位，包括張自忠，其中抗團犧牲的烈士就有一二十個。

24 日本偷襲珍珠港的當天，從海陸兩進偷襲了香港。

晚年在臺北的孫若愚，照片可見他左臂斷缺。
圖片來源：王振鴻

一九四一年，天津和上海兩地的抗團相繼出事，孫若愚被自製的炸彈炸傷，當場被捕。
消息傳到成都（我那時在成都金陵大學讀書），袁漢俊跟我商量應對之策，我建議即離校到重慶去。
後來上級決定我和袁漢俊到上海，一起把抗團組織起來。那時，上海抗團的兩個女孩方佩仙和石月珍，她們到重慶受訓後預備回上海工作，於是她們倆跟著我們一塊到的上海。

沈棟那時在成都上金陵大學，他介紹了向傳緯和申質文兩個人跟我們一塊去。我們六個人在一九四一年十月份坐飛機到香港，然後再買船票去上海，結果一直沒船去。等了半個月，日本偷襲珍珠港，太平洋戰爭爆發。

日本在偷襲珍珠港的同一天也偷襲了香港，日本的陸軍從廣州出發，從陸地上向香港進攻，海軍從海上向香港進發。英國人讓馬來西亞人打第一線，讓印度人打第二線，他們怕死打第三線。結果前頭一退，後頭便跟著退，沒有多少人上前線抗日。

十二月八號日本人偷襲珍珠港，十二月二十幾號香港就淪陷了，只剩一個孤島，我們沒辦法，只能住在旅館裡等船票。

香港打起來後，軍統告知我們有飛機撤回重慶，行李只需準備個小包，不准多帶，隨時準備隨時走，結果一直等不到飛機。不但我們等不到，還有很多要到重慶的大人物也沒等到飛機。後來聽說飛機被孔祥熙包了，孔祥熙把他家裡頭的人，連狗都用飛機弄到重慶去了。這下子後方大遊行反對孔祥熙，遊行隊伍喊出"打倒孔祥熙"的口號。

我們在香港的時候，起初住在九龍一個旅館裡，後來我看情況不好，就改在外頭租房。開始也沒地方租，正好有個英國人，他們全家被集中起來，家就交給保姆看管，保姆趁機出租房子，搞點收入。

我租下那個房子，把那兩個女孩子安排在英國人家裡住，我們幾個男人跟著他們工人搬出來住到大雜院，只要有床鋪就行。

當時香港碼頭附近有幾個大圓鐵蓋蓋著的大汽油罐，都是戰略物資。日本人進攻香港的最後幾天，英國人退卻時來不及破壞，怕被日本人拿去用做戰略物資，英軍從香港就開炮打這個汽油罐，結果就把汽油罐點著了，這個汽油罐上的火白天黑夜不停地燒，火光照到天上，黑夜如晝，白天是滾滾黑煙遮天蔽日，白晝如夜，這是一個奇怪的現象。我過去看到英國人很耀武揚威的，後來英國人沒辦法都投降了，個個耷拉著腦袋被送到集中營裡。

英國投降後，日本人在香港放假三天，這三天不知有多少中國婦女遭殃。那時的社會秩序很亂，我們吃的最寶貴的東西是大米。食物價格飛漲，工業品不是很重要就很便宜，日子極其難過。

息烽暑期訓練班成員之一 盧旭 圖片來源：天津市檔案館

這時候軍統發給我們一些路費，讓我們在最後幾天自己想辦法離開。碰巧有個機會，當時的香港有中國土匪，他們有逃跑路線。機會很難得，最後大家商量好決定走。雖然也有人不同意，擔心女孩子走不動，路上不知道會有多辛苦，但也別無他法。

我們走的時候還另外帶了四個抗團的人，他們有兩人想到內地去，有兩人要回上海。

一路上倒還安全，嚮導保護我們，指導我們分開不要紮堆。我們的行李打包好，由他們負責運送。

晚上走到能睡的地方就睡，沒地方睡就在路上趴著打個盹。走了八天，才從香港九龍走到惠州。到了惠州正好過陰曆新年，吃了年夜飯，坐了兩天船到河源，到河源再坐兩天公共汽車到江西贛江，總算是到了內地。

到贛江後，我們和軍統聯繫，兩個女同志的姓名暴露了，不得已與我們分開走。我們四個人決定繼續從江西往金華走，到了金華以後，他們有幾個人決定跟我們一塊到上海，另兩個到內地讀書去了。

戴笠聽說我們到金華了，讓我等他，袁漢俊他們幾個先行去了上海。

這時候抗團有幾十人到重慶、成都和昆明讀書。天津的抗團一出事，北平上海也出事，我們就想辦法補充成員。抗團開會研究後，由軍統幫我找地方舉辦一個訓練班。

沈棟和楊國棟後來舉辦了個夏令營，想找個地方大家湊在一塊訓練，但這需要花錢，我們也沒地方用，後來和軍統商量，就由軍統出錢安排跟正常夏令營差不多的暑訓班。

這時戴笠提議由我來主持這個訓練班,我就從金華返回重慶。

一九四二年八月,抗團暑期訓練班在貴州息烽正式開班,參加訓練的人是:沈棟、楊國棟、沈元壽、祝宗梁、張允孚、張仁恩、雷邦璽、方甫、董言清、莊瀛、俞勤康、夏逸農、陳雲標、左豹章、葉綱鷔、黎大展、郭卜嶼、王德馨、沈安俊、韋國濤、錢致倫、孫思龍、馮健美(女)、石月珍(女)、喻嫻才(女)、盧旭(女)。

訓練班為時四週,軍統的息烽訓練班副主任徐亮兼抗團暑訓班主任,另有一位中隊長和兩位小隊長負責軍事訓練和生活管理。

訓練班還開設了三門課程:三民主義、情報學、行動學,教員也是軍統派來的。每天的課程安排是早上升完旗後由暑訓班負責人談話,然後做體操,八點開始上那三門課程。這個暑訓班沒什麼特殊訓練,也沒學什麼實際的東西。總共四個星期的訓練時間很短,實際上大家就湊湊熱鬧,實用的東西很少,實際操作一點也沒有。

暑訓班到最後有安排一次手槍打靶,一人打十幾槍,這個誰都會玩,兩槍三槍打不准的人,打十槍也打不准。

暑訓班也教了一些特別的知識,比如人死了屍體怎麼處理,據暑訓班那些人說,可以把人埋在屋子裡,如地板底下的地裡,為了怕屍臭味出來,可以買些鹽撒上,再埋起來。這也是常識,不是很特別,他們還說用糖也可以處理,如此而已。

暑訓班結束後,抗團決定成立總部,在抗團內部有個領導小組,由沈棟、祝宗梁、沈元壽、楊國棟、張允孚組成。

在此期間,大家共同擬訂了一個抗團規劃,內容如下:

(1)建立抗團總部,地點設在重慶,負責抗團全面聯繫,事暫由祝宗梁負責。

(2)建立一個聯絡站,地點在安徽界首,負責聯絡淪陷區的抗團組織與支援工作。由沈棟負責,董言清(後改為錢宇年)協助。

(3)派張允孚、葉綱鷔、陳雲標、孫思龍和韋國濤去天津工作,由張允孚負責。

(4)派楊國棟、夏逸農去北平工作,由楊國棟負責。

(5)派左豹章去東北長春建立抗團組織。(其實當時我們在東北沒有什麼抗團,只是派左豹章去東北發展,不過去了以後也沒有發展起來。)

(6)在內地建立三個聯絡區,昆明聯絡區由沈元壽負責,成都聯絡區由俞勤康負責,重慶聯絡區由總部兼。

各聯絡區只保持抗團成員的聯繫,不再發展組織,也沒有工作任務,抗團工作任務只在敵後的淪陷區。

這份抗團規劃在暑訓班結束後帶到重慶交給軍統,並得到毛人鳳的批准。但他在後面加了一條:昆明、成都聯絡區與當地軍統組織取得聯繫,在重慶贛江街八十二號萬壽宮內撥出一間屋子做為抗團總部的工作地點。

因為抗團的人來到內地就分散了,大家就靠著感情聯繫。抗團在內地也有組織,主要在成都、昆明和重慶這三個大城市,學校也集中在這些地方。

抗團總部成立了三個聯絡區,總部負責向天津上海派出幾個人去重新組建抗團。

25

上海偽市長在我家，趕快去拿槍！

"刺程"案以後，我和袁漢俊就暴露了，不能回天津工作。後來我們建議孫若愚到上海再發展，所以後來上海去了好多抗團同志，比如宋顯勇、孫惠書他們就都到了上海，包括向傳緯他們，這些湊起來也才十幾人。

孫若愚確實很有工作能力，他做的第一件事就是破壞舞場。上海歌舞昇平，其它的地方是戰爭，跟長沙完全是兩樣。

孫若愚找到向傳緯經商的哥哥向傳經，兩人合開了個水電行，他們就在那裡邊做炸彈，炸彈的品質比我在天津做的還好。後來他們聯絡了很多人，這些人裡頭有葉綱騫、陳澤永、呂廼綱、向傳緯、水宗冀、葉以昌（葉綿）。

孫若愚安排孫惠書跟宋顯勇兩人假扮情侶去百樂門舞場，他們把炸彈放在日本人沙發底下，炸彈雖然爆炸了，但並沒有對敵人有什麼破壞。這個算第一件工作，我聽說過知道一些，還有其它情況我都不知道情況了。

孫若愚到了上海以後跟軍統聯繫，因為他離了家，生活有點困難，軍統就給他一些生活費。聽說也算他的經費，不過不多，除了他們幾個買炸藥做炸彈以外，平常生活還得靠自己家庭，也沒什麼人從軍統領過生活費。

他做的第二件事是爆炸電影院，一個叫東光電影院，一個叫融和電影院。這兩家電影院去調查的時候，發現有好多日本人，中國人也有。

後來抗團的羅長光、方警華（劉世華）和黃瑞堂（黃克忠）就帶著這個炸彈到電影院去炸日本人。他們說這日本人有些是軍人，穿軍裝的很少，不過在休息的時候去換衣服的也很多。任務執行完他們回來報告，現場死傷了二三十個人。

上海法租界有個花園洋房，這洋房的花園很大，他們調查發現出來進去的日本人很多，這就是日本安排在法租界的秘密機關。

有一天晚上，孫克敏他們三人就去放炸彈，這個花園洋房有一道不太高的牆，上面有電網。孫克敏帶著一個炸彈翻牆鑽進去，門口由李鑫守衛。

那時候晚上也沒有什麼人，孫克敏穿過花園跑到房子裡，開門進去把炸彈擱在走廊上人就出來了。李鑫在外頭看他回來了，做一個暗號表示平安無事就翻牆跳出來，兩人旋即撤退了，這個炸彈後來就爆炸了。

後來還發生一件事,孫若愚在上海調查印刷敵偽教科書的地方,這個書局在蘇州路上,外頭有鐵欄杆,孫若愚調查完以後第一個上去,拿了一把大鎖把欄杆鎖上,再加上一道鎖,然後撤退。第二個人拿一個竹竿頂著書店的門,另一頭就撐在鐵欄杆上。第三個人拿了一桶煤油往書局裡頭一潑,第四個人馬上把火一投,現場"嗚"就燒起來了。

火一著消防就來了,消防一看大鎖鎖著,沒辦法,用一個鐵鍊子拉著這個栓在鐵欄杆的門,三輛汽車同時開起來一拉,就把這個鐵欄杆拉掉了,然後再進去救火。

這時期抗團在上海發展了不少小青年,其中一個小組有幾個女同志,我認識的有何敏信和李宗英。她們小組跟我們當時天津抗團的小組一樣,每個星期都聚會談談抗團的事。有一天,一個組員何勉志突然找孫若愚要手槍,她說上海偽市長在她家,跟她父親是朋友,要孫若愚趕快拿槍去殺漢奸。

孫若愚一聽,這太突然了,他身邊也沒有槍(當時軍統沒給他槍),考慮即便去了,她一家子都要遭殃。孫若愚不做沒有把握和沒有計劃的事,便沒有同意。

再後來,他們調查到上海的四川路有個虹口

譚國瑞、李宗英全家　圖片來源:天津市檔案館

公園,這個公園裡有塊地方日本軍隊經常到這裡訓練,他們就準備安排兩個人過去安定時炸彈。

安排放定時炸彈的這兩個孩子一個叫繆維,一個叫黃瑞堂,和他們在一起的還有個賣香煙的,他在裡頭有個小房子。

他們陸陸繼繼帶著東西進去,然後在那裡組裝起來一個炸彈,並設定了時間爆炸。結果他們倆對這個炸彈的性能沒掌握好,炸彈突然在他們身邊爆炸,兩個孩子都犧牲了。

後來推測,也許是他們帶著炸彈遇著日本人檢查,他們就引爆了炸彈,連日本人一塊炸死,這是推測,沒法證實。

過了不久,汪精衛成立的偽政府得到日本人的盟國德國和義大利的承認,於是他們舉行提燈遊行大會慶祝。

孫若愚計畫破壞這個提燈會,他做了一個炸彈,讓李鑫、張仲華和黃坤三個人帶一個炸彈,安放在遊行路上,等遊行路過的時候引爆。結果炸彈在李鑫身上爆炸,李鑫犧牲,據說李鑫在還沒有斷氣的時候高喊"打倒日本帝國主義"。這件事報紙上有登,也報導了他們喊的口號,另外兩個人也犧牲,三個人都沒活著回來。

這個任務孫若愚安排得不妥,主要技術力量太差,為此他很煩惱。有一次他在工作據點裡,拿出填充在炸彈裡的炸藥,看看為何沒爆炸(孫若愚曾把這個炸彈安在電車行進的路上,電車經過時壓到就會爆炸,結果這個炸彈沒有炸),他拿鉛筆隨便敲了一下那塊炸藥,炸彈突然爆炸,把他的左胳膊炸斷,旁邊的錢致倫兩眼炸傷,葉綿則腿部負傷。

爆炸以後,附近馬上就亂了,巡捕房趕來把他們三個人抓了。

據孫若愚自己說，他躲在樓梯口轉彎的小黑屋裡，一條胳膊炸沒了，但人還有意識，沒昏過去，結果還是被發現。

巡捕房把他們三人送到監獄醫院治療，他們在醫院裡統一口徑：假裝是補習功課到那裡找老師上課，這些都是老師的東西，但是老師跑了，他們不知道這個東西會爆炸。

他們傷好後被轉移到日本憲兵隊嚴刑拷打，孫若愚還被扔到臭水坑裡。日本憲兵拿繩子拴著他，讓他在臭水坑裡泡著，不說就一直泡著，還拷打他，刑訊一樣少不了。後來有個陸老太太保他，三個月後就結案了。

陸老太太的兒子女兒後來都參加了抗團，女的叫陸子英，兒子叫陸子亮。我不知道誰介紹他倆加入上海抗團的，不過抗團進進出出的很多人，有不少人我也沒見過。

陸老太太的丈夫是個漢奸，軍統曾制裁他沒能成功。這陸老太太手裡有點錢，她很喜歡孫若愚，花了兩百兩黃金把他救了出來。

救出來當天，陸老太太帶著他到一個廟裡頭去磕頭，磕頭謝謝菩薩，他只好跟著去，以後這些人就回到了重慶。

我和陸子英還見過一面，她哥哥陸子亮沒見到，後來日本人一投降他們就去了美國。

26

> 日本人給我吃的湯裡，
> 米粒屈指可數，
> 裡面還飄著老鼠屎。

前左向传纬、右申质文、后左马树棠、右祝宗梁。
图片来源：祝宗梁

一九四二年冬天，孫若愚出獄後回到重慶負責抗團總部。此時軍統跟我說，他們有一筆要發給前方工作的經費在上海，讓我取了錢以後，把錢分筆存在不同的銀行裡，然後把存款的單據還有證件印章帶回重慶。但那筆錢一共有多少，他們心裡也沒數，他們讓我帶上陸京士 ❷ 寫的信到那去取錢，等孫若愚到了上海，再電報通知我。

這件事並不複雜，不過責任挺大，既然他們托我辦，也就是相信我能夠做到，我覺得也不是難事，就同意了。

我離開重慶經西安到了河南，通過界首到了上海，時間是一九四三年一月八日。

當我離開界首進入淪陷區後，軍統打電報到界首說，上海電臺出事了，可是已經來不及了，那時我已快到上海了。

到上海我聯繫上抗團，並通過李宗英找到申質文和向傳緯，他們那時候住在上海襄陽南路。見面後，申質文告訴我電臺已被破壞，無法與重慶取得聯繫。

我聽沈棟講，陳肇基先從獄裡出來，到界首跟沈棟聯繫上，沈棟讓他到上海找袁漢俊。袁漢俊想恢復天津抗團，陳肇基就跟著他去了天津，我到上海時正好他去了天津。

在上海見不到袁漢俊，我就給他寫了封信，告知他我已經到上海，希望見見面。我用的是我和他兩人知道的名字——"蔡世光"，這個名字我之前從沒用過。

過了幾天，天津來人了，稱要我和見面，天津來的這個人叫鄭有溥。

我從前聽說過此人，他是個混血兒，母親是

俄國人，父親中國人，但我從未見過他。他之前曾在天津工商中學讀書，華道本離開天津時，曾把工作移交給齊文宏和鄭有溥。鄭有溥認識羅長光和向傳緯，他到上海先找了羅向二人，然後約我跟他見面。

一九四三年一月二十八日中午，我們約在上海國泰電影院見面，然後到附近的遠東餐館午餐，一起吃飯的還有申質文和向傳緯，現場只有向傳緯認識他。

正吃飯時，外面上來六七個穿便衣的憲兵，把我們的桌子一圍，拿出手銬將我們兩兩銬在一起，把我們推上汽車，駛往四川北路的日本憲兵隊本部，我們就這樣被抓了。

我以前沒考慮過會被捕，天天考慮被捕，這不是工作中要考慮的。平常也會擔心被捕，被捕後要如何對付審訊，大家都心知肚明，大家各有各的路子，平時業務上儘量少交叉到一起，這個都知道。

到了憲兵隊我們被分開審訊，憲兵問我的名字，我就琢磨這事不妙，他們怎麼知道那麼清楚？過界首的時候，我在商丘買了一張良民證，這個良民證上的名字叫"張志宏"。我想他有可能知道我真名實姓，也可能不知道，我就假裝另外一個人來應付這個事。

這個經驗是孫若愚教我的，他們曾用假名字和假故事蒙混過關。

日本人不像中國人還要仔細調查清楚，他們就相信刑法，認為靠打就能讓人老老實實交待。我咬定了我不是祝宗梁，那天在路上遇到他們，因為大家都認識，就在一起吃飯，他們的事一概不知。

審問我的日本憲兵還把鄭有溥寫的交代材料給我看，讓我看到上面寫著我的名字。我一看上面有"蔡世光"，就知道天津抗團出事了，來的這個鄭有溥叛變了。

此時，我只有一個辦法，就是死不承認。

進憲兵隊的時候，憲兵已搜查過我所有的東西，良民證等都被拿走。即便如此，他們還問我姓什麼？我堅稱自己姓張。

憲兵見我不說，就馬上開打，而且是剝光衣服用竹條抽，還用木棍在我身上亂戳。一邊打還一邊問我姓什麼？我咬死姓張。

憲兵從中午一直打到傍晚，他們累了，我更是被折磨得疲憊不堪。那竹條打在身上，只是皮肉之苦，但木棍戳到肚子上，感覺五臟六腑都在被翻動一樣。

第一天被折磨完後，我被送進監獄，大家都睡在地板上，每人分了兩條比布厚一些的毯子，一條鋪一條蓋，躺在地板上。

那天上海正好下起了大雪。

當時抗團的機關在襄陽南路，不過我對憲兵謊稱我住在朋友臧建申的家裡，正好我去過他家，但他和抗團沒關係。去看臧建申時，他姨母覺得我這個人很好親近。

被審訊時，憲兵問我在上海的住址，我當然不能暴露襄陽南路這地方，無可奈何之下，我就說了臧建申的家。

就在第一天晚上，我又被叫出去核對住址，臧建申的姨母看見我被打成這樣子，真嚇壞了。她聽我跟憲兵說我是住在她家的，她也應聲說是。

我的第一個難關算是過了，但給她帶來極大的麻煩。以後敵人派了兩個人住在她家，吃喝都得她來應付。有人來，只准進不准出，差不多一個多月，這兩個特務才走。

申質文和向傳緯沒有辦法，他們一直挨打，打了一個下午。

晚上的時候去對住址，申質文剛開始也是胡說一通，但都對不上號，回到憲兵隊又被一頓毒刑。

第一天就這樣挺過去，第二天日本人給我吃了一碗米湯，米湯裡擱上一小撮鹽，不至於沒味道。湯裡的米粒屈指可數，跟喝涼水一樣，還可以看得見裡面漂著的老鼠屎。

午後繼續被提審，還是跟昨天一樣問，我也堅持那一套。憲兵見我還是不招，拿了一張筆錄給我看，告訴我說別人都招供了。

那張筆錄雖然寫的是日文，但上面有不少漢字，我的名字"祝宗梁"三個字被寫成是諧音，音同字不同。另一個是"蔡世光"，這個名字是我和袁漢俊特別約定的，只有我們倆知道。

因此，我斷定鄭有漙叛變，將津滬兩處的抗團都出賣了。

當時我們的通信地址是鄭有漙轉的，鄭有漙從前不認識我，關於我的資訊也知道不多，所以把我的名字寫錯了。

憲兵見訊問無用，又開始用刑，他們剝光我衣服，把我綁在一個長條桌上，人躺那裡，胳膊和腿都綁在桌子腿上不能動，嘴裡塞上一塊布頭，塞得滿滿的，頂也頂不出來。

憲兵拿自來水龍頭對著我鼻孔沖，這一沖立馬讓人無法呼吸，一呼吸水就從鼻子裡進到肺裡，難受至極。

我用舌頭頂著這塊塞在嘴裡頭的布，在嘴角邊上頂出一點小縫，掙開一個小氣口，我就利用這個小氣口呼吸，沒有水的時候吸一口氣，水來了馬上閉起來。

他們看不出來我用這個小氣口呼吸，灌了半天，實在頂不住就招招手，他們就停下來審問，但我還是那句老話，堅持說我不是祝宗梁。

灌了半天沒結果，他們換了個刑罰，拿了張報紙點著了燒我的大腿。我整個人躺在桌子上，腿在下面燒，兩條腿都燒爛了，一邊燒還一邊問：你是怎麼殺程錫庚的？

我辯稱你們抓錯了，我姓張，你們說的事我都不知道等等。那次審訊我的人，一個是日本憲兵，一個高麗棒子。

說實在的，那個高麗人下手比日本人還狠，但是這種燒法燒不死人，只要硬撐暈過去就沒事了。結果還是一樣，兩條腿差不多都燒完了，我仍堅稱：我姓張，不是祝宗梁。

我的兩條腿後面被大面積燒傷，日本憲兵拿打人的竹條，捅破我受傷的皮膚，然後把一瓶碘酒都倒了下去。雖然又痛一下，但這樣我的腿才沒有腐爛。

第三天，日本憲兵在洗澡盆裡放滿了涼水，把我脫光了到澡盆裡泡著。那時外頭正下著雪，雪天水更冷，我被凍得完全沒了知覺。

憲兵還不解氣，又找了個繩子，把我兩腿捆起來，頭朝下腳朝上吊在自來水管上，整個頭就擱在水裡泡著，接著我就不知道了。

後來我稍稍有點意識了，感覺身上還有點暖和，清醒後發現我光著身體躺在水泥地上，身體的溫度跟地板一樣。

他們叫我穿上衣服坐起來，他們兩人在那邊抽煙邊商量什麼，還遞給我一支，我不要。這時候他們繼續問我，我還是老話：你們弄錯了，我不是祝宗梁。

他們沒辦法，這個日本憲兵和朝鮮翻譯就把我脖子就當煙灰缸，往我脖子掐煙頭。後來他們點著香煙要我抽，不抽也得抽，點著了兩根香煙插在鼻孔裡頭，嘴還是堵起來的，我也沒辦法就抽了。

抽煙倒沒關係，我平常偶爾也抽，但那種老式香煙沒有過濾嘴，很快就燒到鼻子和嘴唇上面，最後燒到鼻子裡，把鼻子燒爛了。

我被逼著燒了四支香煙，整個鼻子都燒爛掉了，到現在我的鼻子還是一個洞，特別小。

這三天的刑罰就這樣熬過去了。

放風的時候，我見申質文也一樣被他們用火燒，有個日本憲兵把我破的皮膚捅爛，然後把一整瓶碘酒澆在大腿上，碰到爛肉只是痛一下，幸虧沒臭。申質文就沒那麼幸運，到後來都腐爛發出臭味了，才給他治療。

有一天他們對我說，實在不行就把我引渡到天津，到了天津，我有底案有相片，不承認也得承認。聽他們這麼一說，我感覺是熬不過去了。

回監牢後，我見我穿的西服馬甲後面有個長方形的鐵片，中間有兩個活動的尖鐵片，那玩意兒叫"搭襻"。我把搭襻掰成三段，有八個尖露在外頭，我把它整個吞下去，計畫用這個鐵尖刺破腸子自殺。

結果吃完後十天沒大便，我們也沒吃東西，後來拉出來個硬得不得了的東西，吃進去的那個搭襻也被拉了出來，我沒死成。

一兩個月後，申質文挨不住了，承認他是負責人。向傳緯起先交代了一下，再問就說不知道，日本人說他怕吃苦頭，再給他吃點苦頭，他就又交代一點，不說再吃苦頭，結果他吃的苦頭最多。

向傳緯招出了襄陽南路的住址，陳澤永、李道義、石厚瑛（女）、陳連珍（女）、馬樹棠、羅長光、向傳緯、申質文和我共九人因而受到牽連。

日本人在襄陽南路還搜查出一份名單，這份名單是袁漢俊寫的。

他們按著名單又抓了一二十人，後來弄清才發現都不是，就都給放了。這些人其實是袁漢俊按著他自己的密碼編寫的，人名、位址都變了。

陳澤永是到襄陽南路去而被捕的，他被帶到日本憲兵隊後，敵人把他打倒在地，陳澤永年紀較大，他跳起來反問："你們是這樣對待俘虜的嗎？"

憲兵問他是否參加抗團，他直認不諱，接著反問：為什麼欺負我們？為什麼侵略我們的國家？你們要侵略我們就要反侵略。

日本人一聽，傻了，他們還沒有碰到過這樣的人，結果這樣一來反而不打他了，把他當一個重要人物看待。

幾個星期後，我們都被剃了光頭，還拍了合照，拍照的時候，我們的面前還擺著被抄出來的東西。

我們以為會被送到北方去處理，可是遲遲沒有動靜。

直到四月二十日那天，申質文、向傳緯、陳澤永三人被保釋出去，我和其他人被以"教育"為由釋放，我們的案子就這樣結了。

27

抗團的目的只是抗日，不願參與黨派鬥爭。

從憲兵隊出來以後，我與申質文又恢復了聯繫，這才知道他們是被毛森保釋的。

我從申質文那裡得知，毛森過去是軍統在上海的地下工作人員，被捕後就當了日本憲兵隊的特務隊隊長，他們的任務是專門幫助日本人破壞共產黨。

申質文跟我說，毛森可能與重慶仍有聯繫，他的小姨子就是報務員。我告訴申質文千萬不要參與他們的特務活動，至於他與重慶的關係，假裝不知道就好了。

後來我在重慶聽軍統局說，軍統打電報讓毛森救我，毛森說這裡沒有姓祝的，結果軍統以為被捕的人沒有我，毛森也不知道到底誰是負責人。

我們九個人出來以後，有一天毛森請我們吃飯，要了不少小菜吃酒。他看我比較特別，就坐在我旁邊勸我吃酒，什麼酒都有，反正不讓我們閒著。菜很好，我也喝了不少酒。中間毛森突然問我父親叫什麼名字？我一下沒反應過來，也疏於思考，更疏於世故，直接回答說父親叫祝毓瑛。

第二天毛森找我單獨談話，我就承認我是祝宗梁，毛森提出讓我幫他工作，我堅決不同意，我得先把其他抗團同志送回重慶，他同意了。後來我陸陸續續把出事的這些人送出上海，期間毛森和我也有聯繫，但不多。

那時候的地下工作就靠電臺，但電臺都被日本人控制著，他可以在空中測量你的信號地點，然後跟著波長就可以找到這個電臺的位址，他們用這種方式破壞了好多電臺。

後來毛森要幫我他做一個可以變換頻道的電臺，電報打到一半停住，換一個頻道再繼續打，這樣日本人就找不到波長，到了規定時間又停又換，這樣子電臺可以避免被日本人破壞。

毛森在鄉下還有一個遊擊隊，就是軍統下轄的"忠義救國軍"，那時候他需要跟美國人聯繫，請美軍派人到忠義救國軍，但是語言溝通困難，毛森讓我派兩個會英文的同志給他，我就派譚國瑞和趙世緒兩個同志去幫助他翻譯。

一九四四年年初，毛森告訴我說，戴笠要我回重慶。楊國棟、夏逸農奉命到上海後，我將上海抗團移交給楊國棟便回到重慶。

到重慶後因為這個結款沒交代，我取款的事就等於沒做，接下來還讓我負責抗團。

年輕時的馬桂官夫婦　圖片來源：祝宗梁

此時，孫若愚到界首取代沈棟，本來是沈棟在界首，但他不會應酬，有點學生派頭。他租了房子在外面住，別人問他什麼單位，他就說是稅務局。有些商人信以為真，就把租的房子收拾好，還擺了辦公桌，床鋪什麼都有，安排得好好的。

沈棟後來被發現不是稅務局的，商人就狀告沈棟招搖撞騙，還把官司打到了軍統，沈棟有苦說不出，軍統只好派他回來了事。

一九四四年夏，左豹章從長春回重慶報告，說他在那裡可以立足，但通信無法解決。後來他帶去一部電臺和密碼本，約好等電臺安置妥當後，抗團總部即派報務員去幫忙。那時楊國棟在上海的電臺剛通報就遭破壞，夏逸農和鄭素雲（女）被捕。抗團總部又派黎大展、陳澤永、楊國梁到上海去工作。

當時還在重慶上交通大學的許岳宗願意去廣州建立抗團，他挑選了嚴啟楞、許崇懋二人協助工作，還帶了電臺和報務員在一九四四年的冬天出發去廣州。

當初我們參加抗團的時候，沒人知道抗團後面還有個軍統，更不知軍統是什麼機構，直到後來到了內地才有所瞭解。

抗團人員那時候的成員還都是在校的學生，內地各學校政治氛圍相當活躍，對當局的獨裁統治，經濟上的四大家族，以及社會上的特務橫行都相當不滿，尤其是軍統在社會上的名聲極差。

軍統那時提出要抗團調查學生運動和共產黨活動，抗團就使馬桂官、田鵬、張啟明等團員自動與抗團斷絕聯繫。

一九四二年暑訓班時，抗團在規劃中針對這種情況就明確強調："在內地，沒有工作任務時，抗團工作任務只在敵後的淪陷區。"抗團的目的只是抗日，不願參與黨派鬥爭。

一九四五年春，軍統來公文要抗團調查進步人士的事，公文上說：北平志成中學校長吳葆三的侄子吳富恒是否共產黨員，立即查明報復。

我認識吳富恒，後來還是我的連襟，他也是陳澤永的好友，對這公文我們沒有做任何答覆。後來又重複來過兩次公文，我們都置之不理。

戴笠還曾親口對我說：抗日殺奸團應改名為抗日鋤（或"除"）奸團，這"奸"也應包括內奸。

這明確就是要抗團從事國內的黨派鬥爭，所以這件事我根本就沒有傳達出來。改個名字不是說改就改的，更何況這違背了抗團的初衷，如果硬要這樣做，必定遭到抗團全體同志的反對。

一九四五年春，軍統又要全體抗團同志加入國民黨，並要我們把名冊造好後送到第六處辦理。我們就以"名冊不齊，無法辦理"為由，拒絕辦理。

28

我寧肯做個自由人。

─ 逆流者 ─

第二次世界大戰末期，美國、英國和蘇聯把德國打敗了，打敗德國主要靠蘇聯，蘇聯那個時候很有實力。

日本快投降的時候開了個雅爾達會議，也邀請蔣介石參加。會議要求蘇聯出兵打日本，史達林就提出讓外蒙古獨立，實際上就割讓給蘇聯，蔣介石沒辦法就只好簽字。

一九四五年八月八日，日本都快要投降了，這時候蘇聯才出兵，佔領了中國的東北，日本向蘇聯投降。結果蘇聯把日本在東北十幾年來的建設，特別是工廠，能拆的都拆，能運的就運，全部裝車運回蘇聯，只把空殼交給我國。

韓戰的時候，蘇聯也把朝鮮三八線以北佔領了，所以這個國家很壞。但是美國卻為中國做過好事，因為義和團鬧事，八國聯軍到了北京，後來中國也向美國賠款。美國又沒什麼損失，也沒有出什麼力，接受賠款覺得不好意思，後來就援建了清華大學。

一九四五年八月十五日，日本宣佈無條件投降，我旋即通知界首的孫若愚和錢宇年去平津，營救獄中的抗團同志並同時尋找抗團的叛徒。

羅長光向毛森提建議逮捕鄭有溥，鄭有溥在天津被抓後移交給軍統，但後來不知何故被軍統釋放了，而且也沒通知我們。

抗戰勝利後，時任毛森英文秘書的羅長光再去找毛森，請他再次逮捕鄭有溥。

那時我正在上海候船去美國，因為抓捕他的時候沒人認識他，所以他們找我一起去。我們在鄭有溥家逮捕了他，那時候是傍晚，他們家的小孩卻已經睡覺了。

我問他怎麼出的事？他承認自己叛變了，他告訴我是受齊文宏（齊大頭）的影響。

齊文宏有個妹妹叫齊文英，鄭有溥跟她結了婚，齊文宏後來受過日本訓練，當了日本特務，就拉了鄭有溥一塊叛變。

鄭有溥把天津抗團出賣後，又來破壞上海抗團，這個時候他們夫妻結婚都生孩子了。

他們家當時還有一個人是鄭有溥的母親，是個俄國老太婆。看到鄭有溥被抓走，這兩個女人什麼話都沒說，沒有哭也沒有鬧。鄭有溥被押去上海公安局的時候，臨走也沒對他家說一句話，很是淒涼。

內戰後期，國民黨快撤退的時候，時任上海公安局長的毛森把鄭有溥擱在一個小船上，送到公海，扔海裡淹死了。這事不是羅長光做的，羅長光那時已經去美國了。我聽說齊文宏在天津後來被軍統放了，日本投降後也沒人再理會他。

一九四六年春，我請求軍統同意將孫若愚、楊國棟調來重慶研究抗團的去向問題。最後會議決定抗團解散，這時戴笠乘飛機失事，這對解決抗團去向等於開放了一條大路。這個時期抗團的最高負責人除了沈棟，就是我、孫若愚和楊國棟。

孫楊二人還沒到齊的時候，軍統就通知我去美國深造。

此前軍統局曾跟中美合作所有協定：日本投降後，由軍統指派四十個有功的人去美國深造，由軍統出人美國出錢。

因為我不是中美合作所的人，軍統就假造了一個報表，要我照抄，我就這樣跟著第一批的二十個人到了美國。

這二十個人有的去受訓，有的什麼也沒做，而我選擇去美國讀書，學校是坎薩斯城大學（Kansas City University）。

一九四六年夏天，我出發去美國。後來孫若愚和楊國棟跟軍統局商量，決定解散抗團，解散條件如下：

（1）以後不得有任何人以抗團的名義進行活動；
（2）為解決暫時找不到公職的人的生活，在北平暫發十八人的工資，在上海六人。

這兩個地方的經費由孫楊兩人負責。

抗團解散後，大家也就散了，沒有什麼遣散費，只是有一些無業人員需要維持生活，組織給他們點生活費。參加抗團都是自願的，沒有人拿工資，怎麼會有遣散費呢？後來我到美國去，抗團解散由楊國棟和孫若愚兩人負責，所以沒有我的份。

抗團活動剩下的經費都被孫若愚和楊國棟兩人收到北方去，多少錢我沒有經手，也不過問。大家分手了何必管這些錢，個別人貪心肯定有的，孫若愚多少也貪了點。我就沒去貪，我有工作有收入，不跟他們同流合污。我也不再跟軍統來往，跟他們劃清界線，這筆錢從軍統發下來，也是國家的錢。

快解放時，孫若愚跑香港去就為這個，他帶著這些金子，怕丟掉或是不方便，找軍統的人幫他換美金，結果人家說丟了也沒給他。

日本投降後，淪陷區剛剛光復，國民政府要抓漢奸審漢奸，還要把他們調查清楚。地方太大了，國民黨暫時沒人可用，抗團在天津原來那些成員還有不少，軍統就借用這些原抗團成員參加他們的工作。王文誠就被借用了，讓他們審訊漢奸查漢奸，時間也不長，等以後軍統的人多了夠用，他們就離職了，不過這時候我跟王文誠沒有聯繫。

我一個人在美國讀書，學的是化學專業，但大學沒有完成，主要學英語對話，到後來英語的水準都可以，說話馬馬虎虎。

美國人本來規定每月給我們提供兩百多塊錢的生活費，但這筆錢被軍統扣了一半。我在美國只讀了一年，於一九四七年夏回國。

一九四零年我在成都金陵大學讀了一年多的書，在美國又上了一年大學，說實在都不知道我算讀的什麼系，大學沒畢業就被叫回來了。此時我父親病重，得了食道癌，他臨終時家中比較貧困，不可能再供我讀書了。

我回上海後，正好陳澤永在上海國立高級機械職業學校教書，我找他幫我介紹在學校教書，學校的地點在上海復興中路1195號。

由於陳澤永的介紹，學校同意我去任職，隨後我到南京找毛人鳳要求去上海教書，毛人鳳同意我的請求。

我出來的時候碰到軍統的潘其武，潘其武這時是員警總監，叫我到員警總局監做事，我還是拒絕了。

到學校以後，我和軍統的關係就斷了。我認為，在抗戰期間我參加抗日工作是應盡的義務，現在抗戰勝利了，軍統這種工作不適合我，何況它的名聲還那麼糟糕，國民黨又很腐敗無能，所以我必須在此時激流勇退。

我最後收過軍統（此時已改為"保密局"）的三封信，第一封信是叫我到上海調查室去報到，可以領份差事，我沒去；第二封信要給我中校軍銜，他把申請中校的表格填好，叫我照著抄著一遍就行，我沒抄也沒有回；第三封信給我寄來一個紀念章和中正獎章，還有一枚忘了是六級還是七級的雲麾勳章。收了這三個軍章我就跟軍統斷了，我不適合做軍統的工作，如果叫我繼續殺人放火，我覺得這不是正常工作，我當時做這些是因為抗日需要沒辦法。

我對共產黨也沒有好感，也從來沒靠過它，更沒有這個信仰。我喜歡科學的一些東西，喜歡科學書籍，比如數理化這些。

我寧肯做一個自由人。

29

共產黨說是他們打敗的日本，胡說八道！

回國以後，我父親生病沒錢了，我以教書維持生活，自己學習學校的功課，一邊教，一邊自學，下來同事互相學習。後來做到上海中學高中數學教師，工作很辛苦，混日子不丟人就是了。

內戰開始時，國民黨還有幾百萬軍隊，但是人心壞了。從前的中國老百姓有點錢就存在銀行裡，有安全保證又可以有點利息，為了後半輩子的生活存點錢，所以中國銀行裡就有不少錢。

那時候銀元法幣可以一起用，銀元一塊抵法幣一塊。日本人來了變成用偽幣（日偽稱為"國幣"）了，一塊偽幣兌一塊法幣。

老百姓不吃這一套，所以偽幣一塊頂法幣九毛錢，銀元就存起來，市面還有些銀元。

日本一投降，國民黨管財政的孔祥熙規定一塊法幣頂二百塊偽幣，老百姓存在著銀行裡的錢一下就被國民黨吃了，淪陷區裡那麼多人的錢就這樣沒了。

後來國民黨經濟崩潰，法幣也不用了，改發行金元券，市面上流通金元券、法幣、偽幣和袁大頭，還有美金。

物價一天幾個變化，老百姓有點錢趕快買東西，上午下午的價錢都不同。發展到後來，老百姓買東西得用大麻袋裝著鈔票去買，國民黨就這樣失掉民心。

國民黨的兵都是當年那些無業遊民、沒工作的都拉去當兵，叫他送死，所以國民黨亡國跑到台灣去。

國民黨人的背景當時說起來都是有產階級，開工廠開礦的都是有錢人，就是這些有錢的人和當官的互相勾結。

當時國民政府沒有教我們愛國，愛國這還用教嗎？我們抗日還用國民黨教？日本人打進來以後，我們就想到要去抗日，我教他們還差不多。不過，如果國民黨沒有抗日，抗戰也堅持不到最後勝利。

解放後，共產黨說抗戰都是他們的功勞，是他們打敗的日本，簡直胡說八道！共產黨不光謊話連篇，還空話連篇，共產黨那些當官的原先是窮人，上了臺就變成有產階級了，還自稱是無產階級專政，這都是空話。

一九四九年，我廿九歲，以後我看慣了那些當官的極左面孔，他們空話連篇，認為自己高人一等就是革命，脫離群眾，我們有知識的都是反動的。

解放後我被打成歷史反革命，判刑十五年。剛開始先是調查我，看我講的話是真是假，對個人歷史是否有隱瞞。後來把我抓起來審問，結果鬧了半天沒有證據，對我的懷疑都落空了，但即便如此也不釋放我。

後來共產黨內部也有矛盾，這批人下去，另外一批人上來，最後是江青上來，她最怕過去的醜事被人知道，那些知道她醜事的人都是她的敵人。

文化大革命開始時，那邊還在調查我，但調查不出罪行，又不肯放，我被關押了九年才被正式判刑十五年，把我送到提籃橋監獄。

十五年刑滿了放回家還不放心，又把我送去農場勞改。後來特赦，關押的國民黨舊軍政人員都釋放，以示他們的寬大為懷。我被寬大回家後，"歷史反革命尾巴"也沒割斷，還留在檔案裡，我也懶得去管了。

我老婆那時在學校教書，文化大革命一來，每天這個會那個鬥，社會很亂。有個共產黨員到我家去調查，發現我家裡的毛澤東石膏像有的地方破了，就以"破壞毛像"的罪名把我老婆關了十年。當時兩個孩子沒人管，我的兄弟姐妹有的還比較好，幫忙維持孩子的生活，後來兩個孩子也找對象結婚。

上世紀七零年代末，祝宗梁被特赦後在上海環保設備廠上課。
圖片來源：祝宗梁

我女兒初中畢業以後就沒讀書，沒有受過什麼大的教育，後來參加工作，她先當小工扛活，以後就當臨時工，每天把貨從船上背到倉庫裡，沒有比這再苦的工作了。

後來又因為她讀過書，有一些知識，化驗室裡頭缺人，把她調到化驗室。但她的工資也還是最低的，一直到退休。現在生活上全靠她照顧我。

我的兒子小學就開始下鄉勞動，他連初中都沒上。我老婆就找學校解決就業問題，當時規定父母親的工作，退休了孩子可以頂替，於是我老婆退休，兒子頂替。

我兒子靠他自己的努力，自學到大專文憑，後來也當了教師，現在也退休了。

我本來是在學校工作，學校每個月發了十幾塊錢給我吃飯，後來分配到工廠也是最低的十幾塊錢。

文革後給我平反，恢復原工資，結果我比廠長工資還高。但是物價飛漲，他們便開始加工資，但沒我的份，因為我工資最高。後來退休了按退休工資，每月四千，我女兒才兩千，是最低的。

現在好一點了，我看新聞裡報導，上海最低工資有四千多塊錢，全市最低工資四五千塊錢，我一個月四五千塊錢，一年不到五萬，上海的公務員一個月都有八九千。

後來對政治問題稍為放寬了，讓我當了政協委員，不過沒有薪水，唯一的好處是一年可以公費旅遊一次。

我參加抗團的事過去沒人知道，一九九七年我寫了本書《抗日殺奸團回憶錄》，但我不想宣傳，就為了讓當年一塊的人和後輩知道這個事，印給自個看就好了。

關愛抗戰老兵志願者李豔秋和盧旭（中）、梁家佑（右一）。
圖片來源：李豔秋

二零零九年秋，關愛抗戰老兵網的志願者楊琦和李豔秋尋訪抗戰老兵的時候，在無錫尋訪到一個從前讀西南聯大的時候去當駐印軍翻譯官的老兵。這個抗戰老兵叫梁家佑，恰好他的老婆是抗團成員，名字叫盧旭，旋即跟她提起從前有一個"抗日殺奸團"。

二零一零年初，楊琦由盧旭介紹尋訪到我，然後就把我的事發到網上，接著上海電視臺和天津電視臺都來採訪，節目也都在電視裡播放了，抗團的故事就這樣傳了出去。

二零一八年五月，筆者第二次為祝宗梁先生錄製口述歷史時的拍攝現場。　照片拍攝：魏舒歌

①	鴻翔傘兵部隊	太平洋戰爭爆發後，中華民國政府基於盟軍戰略反攻的需要，於1944年1月1日，在雲南昆明崗頭村正式成立傘兵第一團，為保密起見，對外代號稱為"鴻翔部隊"，後改編為"中美突擊隊"。
②	陳恭澍	陳恭澍（1907年—？），河北寧河人，綽號辣手書生。黃埔軍校第五期警政科畢業。抗戰爆發後，歷任軍統局天津站站長、華北區區長、上海特二區區長等職，先後策劃刺殺張敬堯、石友三、王克敏、張嘯林、傅筱庵、汪精衛等漢奸，一度令日偽聞風喪膽，號稱軍統第一殺手。1949年赴臺灣，任國防部情報局第二處少將處長，1969年退休，晚年出版回憶錄"英雄無名"系列，因深入揭露軍統內幕，一度成為臺灣出版界的搶手貨。
③	國家部長每月也就是五六千塊錢工資。	根據1933年南京國民政府頒佈的《文官官等官俸》，時任國家最高領導人與部長級官員的待遇都是每月800大洋，副部級和省長級別為680左右。
④	文革時，張東蓀被迫害致死。	關於張東蓀之死，還有一種說法，張東蓀在朝鮮戰爭期間曾向美國提供朝鮮出兵的情報，試圖以第三方勢力調解中美矛盾，本是好意，但兩方都不領情。後張東蓀被涉嫌出賣情報，最後按內部矛盾處理。
⑤	鴻圖書局	同《王振鴻口述歷史》第337頁。
⑥	封鎖租界	同《王振鴻口述歷史》第329頁。
⑦	陶尚銘的汽車號碼是"76號"	根據祝宗梁的回憶，陶尚銘當年的汽車號碼為"76號"，而根據天津市檔案館的資料顯示，陶尚銘當年的汽車號碼則為"551號"。
⑧	孫若愚曾在那教孫惠書和馮健美打槍。	同《孫惠書口述歷史》第092頁。
⑨	袁大頭	袁大頭是民國時期主要流通貨幣之一，"袁大頭"是對袁世凱像系列硬幣的口語俗稱，嚴謹點說叫"袁世凱像背嘉禾銀幣"。 北洋政府為了整頓幣制，劃一銀幣，於民國三年1914年2月，頒佈《國幣條例》十三條，決定實行銀本位制度。 《國幣條例》規定："以庫平純銀六錢四分八厘為價格之單位，定名為圓"，"一圓銀幣，總重七錢二分"，"一圓銀幣用數無限制"，即以一圓銀幣為無限法償的本位貨幣。根據這一規定，於1914年12月及1915年2月，先後由造幣總廠及江南造幣廠開鑄一圓銀幣，幣面鐫刻袁世凱頭像，俗稱"袁頭幣"或"袁大頭"。

⑩ 滇緬公路	滇緬公路,即中國雲南省到緬甸的公路。公路於1938年8月開始修建,動用民工20萬人,工程師200人,歷時九個月竣工通車。滇緬公路起于昆明止於緬甸臘戌,全長1146.1公里,雲南段全長959.6公里,緬甸段186.7公里。 公路與緬甸的中央鐵路連接,直接貫通緬甸原首都仰光港。 隨著日軍進佔越南,滇越鐵路中斷,滇緬公路竣工不久就成為了中國與外部世界聯繫、以及運輸英美援華物資的唯一運輸通道,被譽為"抗日輸血管"。 據《中華民國統計提綱》記載:滇緬公路三年運輸物資45.2萬噸,而當時所有的國際援助約50多萬噸,九成以上都由南僑機工運到中國國內。
⑪ 駝峰航綫	"駝峰航線"是二戰時期中國和盟軍一條主要的空中通道,始於1942年,終於二戰結束,為打擊日本法西斯作出了重要貢獻。 "駝峰"位於喜馬拉雅山脈南麓一個形似駱駝背脊凹處的山口,海拔高度高於當時美國主要裝備機型(DC-3、C-46、C-47)最大爬行高度,這是中國至印度航線的必經之處。 通過這條運輸航線,中國向印度運送對日作戰的士兵,再從印度運回汽油、器械等戰爭物資。 "駝峰航線"西起印度阿薩姆邦,向東橫跨喜馬拉雅山脈、高黎貢山、橫斷山、薩爾溫江、怒江、瀾滄江、金沙江、麗江白沙機場,進入中國的雲南高原和四川省。航線全長500英里,地勢海拔均在4500-5500米上下,最高海拔達7000米,山峰起伏連綿,猶如駱駝的峰背,故而得名"駝峰航線"。
⑫ 陸京士	陸京士(1907年~1983年12月),名之鎬,字京士,江蘇太倉人。 民國十八年發起組織全國郵務總工會,曾任國民黨上海特別市黨部執行委員,與青幫關係深厚。

一 逆流者 一

孫惠書（1923年9月14日-2020年7月17日）
出生于河北雄縣。
一九三八年，加入天津抗日殺奸團；
一九三九年四月九日，配合祝宗梁在天津大光明電影院制裁時任偽中國聯合準備銀行天津分行經理、海關監督程錫庚。
一九四零年，與宋顯勇假扮情侶，在上海百樂門大舞廳放置定時炸彈，炸傷日本軍官一名。
一九四五年，任教於北平125中，退休後移居美國洛杉磯。
二零二零年七月十七日，在洛杉磯去世，享年九十八歲。

一別四十年,父親躺在病床上,
我喊完"爸爸"後眼淚啪啪往下掉,
他睜著眼睛看我,
不知道有沒有認出我來。

賴恩典 錄製
賴恩典 聽打
阿　炳 整理 校對
賴恩典 編輯

1

我二媽是末代皇帝溥儀的本家。

孫惠書與母親蘇氏（右一）、哥哥孫湘德（后排右一）、
嫂嫂宋景憲（后排左一）。　圖片來源：袁健

我父親孫連仲，號仿魯，是個軍人，他在前線的時候，留給我母親一部分錢，所以我們就一直跟著母親長大。

我有兩個母親，我的親生母親只生育了我和哥哥孫湘德，哥哥雖然大我三歲，但我們卻十分友愛，我對他也很崇敬，常常一起說笑玩鬧。

哥哥後來娶的太太是宋哲元的女兒宋景憲，結果我有個同父異母的妹妹又嫁給了宋哲元的兒子，這個關係梳理起來比較複雜。最近我那個妹夫才去世，他們一共生了六個女兒和一個兒子，都住在拉斯維加斯。

我哥哥後來考取了黃埔十七期，畢業後在胡宗南的部下做過排長，現在我哥哥和嫂子也不在了。

我第二個母親叫羅毓鳳，她和父親一共生育了六個孩子，所以我也就有了三個妹妹和三個弟弟，他們分別叫孫鵬九、孫鵬程、孫鵬萬、孫少茹、孫幼茹、孫小茹。這些弟弟妹妹現在只剩兩個弟弟和一個妹妹了。他們有一個住在臺灣，兩個在美國拉斯維加斯賭城附近。小弟弟有時候過來還來看看我，我們關係還不錯。

一九二三年九月十四日，我出生在河北省雄縣龍灣村。小時候家境情況不錯，父親是國民革命軍二級上將孫連仲，抗戰時一直在前線指揮作戰，我跟母親和哥哥住在天津法租界，并在那裡讀完廣東小學和耀華中學。

孫惠書父親 孫連仲將軍　圖片來源：孫惠書

我老家在河北雄縣、保定和天津這個三角地帶中。當年馮玉祥的部隊在保定招兵，父親二十歲就去了保定投軍，一直跟著馮玉祥，從班長到排長到連長，後來做到總司令。

父親脾氣不錯，性情不是太暴烈，比較善良的一個人。

我跟父親沒在一起生活過，但我常去看他。抗戰期間，父親在河南南陽抗日前線打仗，我去待了整個暑假。

父親跟那些所謂的大官們不一樣，他不抽煙也不喝酒，唯一的嗜好就是打網球，走到哪都要修個網球場打網球。

孫惠書二媽　羅毓鳳　圖片來源：孫惠書

父親又娶了這個姓羅的太太。

我第二個母親羅毓鳳跟末代皇帝愛新覺羅・溥儀是本家，她那時辦了個兒童教養院，大家都叫她"羅院長"。

後來父親去臺灣時，讓我叫她"二媽"，並叫她一起去臺灣。

因為我母親是老式婦女，不可能和父親出去應酬，我這個二媽是個有文化的人，她開辦過兒童福利院，可以做我父親的內助，所以我對父親娶二房比較理解。

後來父親在北平北總布胡同，我在天津，禮拜六禮拜天我就去北平跟那幾個弟弟妹妹們玩，然後再回天津，那時候我已經在天津女青年會工作。

因為我母親的關係，父親又娶了個太太。母親是個老式的家庭婦女，經歷過纏足放足，也沒認識幾個字。也因為這些原因，

一九四三年六月十六日，羅毓鳳與自己創建的河南兒童教養院同學在羅東聚會留念。　圖片來源：孫惠書

2

哥哥介紹入我抗團，圓了我抗日的夢想。

學生時代的孫惠書（左）和張同珍（右）　圖片來源：孫惠書

一九三七年，抗戰爆發的時候，我在天津耀華中學讀初三。哥哥原本在北平匯文中學讀高中，戰事爆發後也回到耀華讀書。

抗戰一爆發，大家的抗日情緒就很濃厚，特別是我們耀華中學的趙君達校長。

南開一被日本人炸毀，校長就把南開失學的學生都收到耀華來，但是耀華沒有那麼多教室，所以校長就成立了讓學生分成早中晚三個時段上課的"特班"。我哥哥和表哥李生泉也都是在那個轉到特班來就讀的。

我那時候在天津的住家，地上的樓層加上地下室共有四層，最高的那層只有一間屋子，外面是個大涼臺。夏天大家吃完晚飯，都會去陽臺乘涼，秋冬季節太冷，沒人願意去。一九三七年年底那段時間，哥哥與表哥常常不在家中，問他們也不說，兩個人神神秘秘的，於是我就長了心眼想弄明白。

有一天，我閒來無事跑到四樓，一進那間獨屋就看見房間裡堆著一些紙張、油印機和蠟紙等物。

哥哥和表哥在裡面不知道忙些什麼，他們見到我便告訴我這是油印抗日傳單和雜誌的材料，然後遞我一本訂好的薄薄冊子，封面印著醒目的兩個藝術體大字──《怒吼》，我這才明白他們在做什麼神秘兮兮的事情。

他們發現瞞不住我，便囑咐我不要聲張，並介紹我參加"抗日殺奸團"，也讓我找幾個有愛國心的同學一起參加。於是我就將平常處得比較好的馮健美、張同珍（後來祝宗梁的妻子）、夏志德拉進了抗團。

那時我們四人的關係就跟現在的閨蜜死黨一樣親密無間，抗戰爆發後，我們更是團結。天津淪陷後，學校課程中加了日文課，我們便帶頭曠課，以此抵抗日文課和反教育。

加入抗團之前，我們四人就曾商量以後找機會到抗日前線去救護傷患，為抗戰效力，還買了護理的書，並在張同珍的家裡用繃帶做實際操作演練。

加入抗團後，哥哥給我們介紹了抗團得力幹將孫大成（孫若愚）。認識後，孫大成便開始約我們個別談話，談話的內容不外乎是：抗日是危險的，要有無畏的犧牲精神等語。談完話孫大成帶我們四個參加宣誓會。那天我們跟著他騎車到一個不知何處的、有玻璃大窗的大屋子裡，屋子裡有許多不認識的青年人，大家聚集在一起宣誓："抗日殺奸，復仇雪恥，同心一德，克敵致果。"

誓畢，我們四人便由孫大成領導，他是大組長，張同珍任我們"四人小組"的小組長。哥哥幫我們介紹入抗團，也算是圓了我們抗日報國的夢想。但是哥哥在抗團沒呆多久就去去成都投考黃埔軍校十七期，不過他在天津抗團的數月中，還是英勇地做了不少抗日殺奸的工作。

他每次行動後回家都興奮地告訴我："今天炸了日商的電影院了"、"今天我們拿大棒子騎著車，打了小流氓，警告他們國難當頭，不要醉生夢死"等等。

有一段時間，祝宗梁跟我哥哥他們要去殺漢奸，但是他們不敢把手槍帶在身上，就把手槍放到我書包裡頭，讓我給他們送手槍。

祝宗梁他們調查到大漢奸王竹林汽車的號碼，後來正好在一個餐館門口碰上掛這個號碼的汽車，就趕快通知我哥哥。因為祝宗梁事先把地形瞭解好了，所以等著王竹林吃完宴席一出來，祝宗梁和我哥哥當場就把這個大漢奸打死了。

哥哥當時第一次殺人，臉都嚇白了。刺殺完王竹林後，哥哥騎著自行車匆匆趕回來，只見他臉色煞白，握著他的手還有些顫抖。

我問他怎麼啦？他說他們剛幹掉了一個大漢奸，那個漢奸參加完酒宴，一出門就被他和祝宗梁用槍幹掉了！

第二天媒體一報導王竹林遇刺的死訊，便有人傳說開槍刺殺漢奸的人臉特別白，現在日偽正在滿城逮"白臉"呢！

往後我們又認識了曾澈和李485鵬，他倆的年齡都在二十歲以上，都是抗團的領導。還認識了袁漢俊和祝宗梁等等，他們與我哥都是十八九歲左右的高中生。

袁漢俊，又名袁志清，就讀于工商學院，浙江人。個子不高，長臉清瘦，為人沉默寡言卻很和善，性格剛烈但做事卻很謹慎。

袁漢俊人很好相處，他那時跟祝宗梁和我們都是好朋友。他在抗團掌管許多事，比如購買物品、保管、運輸等。我和他經常合作，比如每次有什麼需要，他總是非常隱蔽地通知我。在路上遇到也不說話，把一個小包塞在我書包內，騎上車就走，我就緊跟著他。

那時我年幼，再加上剛學會騎自行車，摔了許多次，但也不敢聲張。跟著漢俊走的次數多了，瞭解他的做事風格，也有了默契。每次到了指定地點，他拿起"小包"就走，頭也不回，然後我再慢慢騎車回家。

袁漢俊家住法租界菜市場附近，他每天中午放學回家必經一個十字路口，我中午放學回家也需經此路口，我倆經常在此處相遇。只要有事，他便示意我到路邊僻靜處說幾句話，大半是在何處幾點鐘等他之類的。如無事，常常是四目相望一下，就分道而行。

沈棟一度是抗團最重要的成員和領導人之一。我剛加入抗團就聽說沈棟的大名，他是南開中學的高中生，大家都說他神出鬼沒，辦法特別多,參加過多次行動,使我們四個幼稚的女孩崇拜莫名。雖然如此,他還是不慎被英租界工部局逮捕了。

沈棟生性機警,體格很強壯,但有些憨勁。自他被捕起就裝作身體不好,所以每天放風時,他就去院中高牆附近的雙杠上健身,每次他都表現得很笨拙,一上雙杠就故意摔下來,看押他的巡捕紛紛譏笑於他的笨態,自此對他練雙杠也就不在意了。

有一天放風時,沈棟趁監視者不注意,站在雙杠上飛身翻上牆頭,從丈八高的磚牆跳下後拔腿就跑,並在巡捕的槍聲中逃脫成功。

當孫大成告訴我們這個好消息時,我們四個人都異常高興,紛紛要求孫大成帶我們去看他。但大成擔心他的住處洩露,一直拒絕,後經不住我們誠摯懇求,他便帶著我們到英租界極偏遠的一個小屋去見他。

當天沈棟穿一件黑衣服,面孔黑黑的,見到我們他笑容可掬地站起來,我們很激動,向沈棟深深鞠了一大躬。

因為他是因雙杠而逃生的,自此他的綽號便為"杠子"。後來他到成都就讀金陵大學,擔任抗團夥伴們回到後方的聯絡者,直到一九四九年後在四川因肺結核辭世。

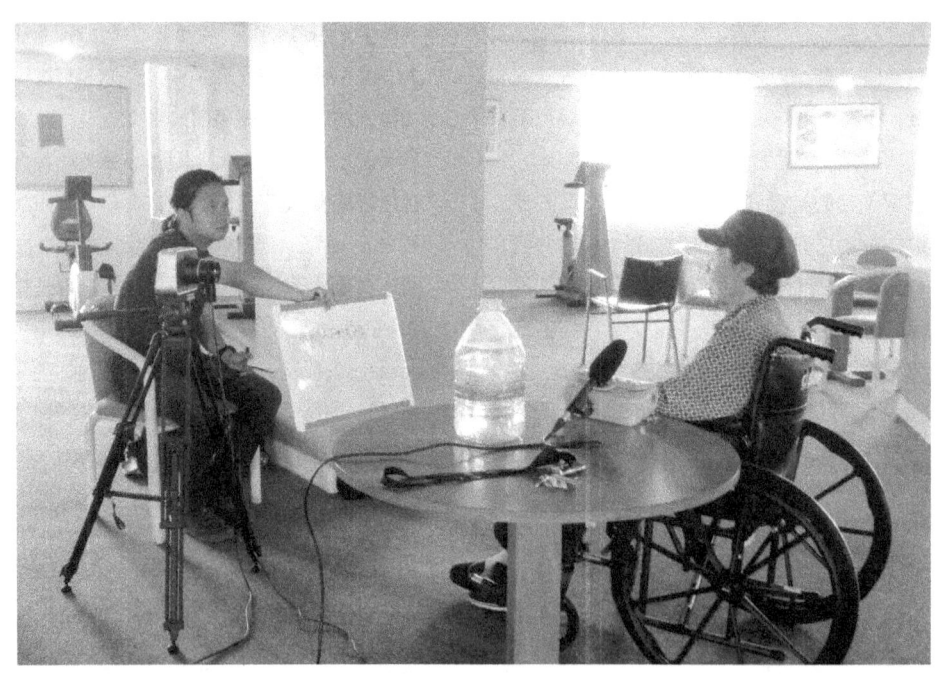

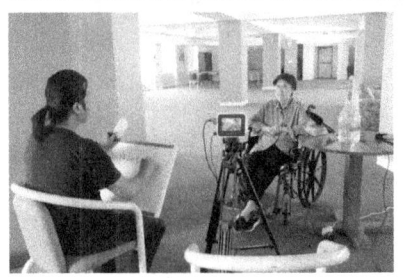 

二零一六年六月,筆者飛赴洛杉磯給孫惠書奶奶錄製口述歷史。因為孫奶奶聽力不好,提問時便在白板上寫問題給她看。

3

同珍一急，用拳頭砸碎玻璃。

晚年"四人小組"，左起：夏志德、張同珍、孫惠書。
圖片來源：張梅格

不久，孫大成給我們"四人小組"安排了一項任務。

為了抗日行動便於開展，孫大成讓我們分別調查法租界的地理分佈情況，比如大街小巷的排布、何處通大道、何處死胡同等等，並讓我們畫個圖示給他。

這很讓我們四個人為難，那麼大的法租界不知如何調查才好。幸好我家住在法國公園後面，我常常穿過公園回家，想起公園內有個玻璃框架佈告牌，裡面鑲著的正是法租界的地圖。

一天傍晚，天還沒完全黑透，我們四人就跑到公園外面，由四人中個子最小的張同珍鑽進鐵欄杆，我們三個分別在不同的方向放哨。

同珍用準備好的玻璃刀劃了幾刀，但玻璃並未破裂落下，同珍一急，用拳頭砸碎玻璃，將地圖扯下，再又從鐵欄杆鑽出。

這時便聽到巡捕大聲喊："什麼人？"我們趕緊分散開，從不同道路跑回我家。

回到家將同珍的手包紮好，把破碎的地圖粘起來，第一次任務便在有驚無險中完成了。

4

槍響之後，程錫庚當場斃命！

程錫庚（右一）　圖片來源：天津市檔案館

程錫庚是當年日本侵華時天津的儲備銀行經理，當年他與日本人同流合污，搞亂天津的金融市場，讓老百姓經濟損失巨大，抗團也因此盯上了這個大漢奸。

早在行動以前，孫大成就約馮健美和我去了某處樓上的一間屋子裡，屋裡有一張單人床和一張大書桌，上面擺滿了各樣器材、電線等物，還擺著十分耀眼的新手槍。

祝宗梁坐在書桌前正在倒騰什麼，大成拿起一把左輪手槍讓我倆試試開槍，我拿起槍，感覺很重，怎麼也端不平，用兩只手握住也勾不動扳機，健美比我也好不了多少。

起初抗團計畫刺杀程錫庚的時候，本來是要我們女孩子去做的，如果由女生刺殺並成功的話，可以引起更多的關注。但是當時我才有十四五歲，那左輪槍太重了，馮健美跟我一樣，槍端都端不起來，更別提開槍了，只能遺憾作罷。

當年我们刺杀程錫庚是臨時起意的。

那天我們去找祝宗梁玩，結果在大光明電影院看到了程錫庚的車。此前抗團早已派人調查清楚程錫庚的車牌，於是我們分成三個小組行動起來。

我和健美、袁漢俊一起在三樓，用宗梁分給我們的炸炮在現場製造混亂做準備，便於行動後趁混乱逃脫。

當年大光明電影院的票價不菲，能去大光明電影院看電影的都是有錢人，一般是外國人和有錢的中國人去的比較多。

大光明影院沒有一樓，進門就是樓梯，再拐上去有個休息處，進門就是正式影廳了，再往上便是三樓，也就是影院的樓上座位。

宗梁在電影院找他的時候，沒見過程錫庚，

袁漢俊 圖片來源：孫惠書

不知道程錫庚的長相，更不知道他坐在何處。於是電影開始時，宗梁就請影院的工作人員在銀幕的一側打出"程經理外找"的字幕。

程錫庚當時看到字幕就站了起來，但馬上被他旁邊的太太按了下去。宗梁就往他的座位方向偷偷跑過去，坐在他的後排。不多时，槍響了，程錫庚當場斃命。

宗梁的槍一響，袁漢俊和我立即從三樓往下跑。此时，好多外國人站起來對現場觀影的觀眾說：大家安靜大家安靜。所以當時並沒有亂擠亂跑的情景。

漢俊的任務是保護宗梁，我和馮健美的任務是把炸炮摔響，製造混亂好撤退。結果我拿的那個自製的圓滾滾大炸炮摔出去居然沒響，我拿腳用力踩也踩不響，最後我只好放棄跑了出來。

當我沖下二樓轉到與地面中間的拐角四方處時，見一個年輕的外國人趴在地上，身邊全是血跡，我從他身上匆匆邁過去，心裡很慌。

跑到影院出口時，見那些中國巡捕正在"嘩啦啦"地拉槍栓，但他們只是拉槍栓，並沒有對我們動手，估計他們是有意放我離開。

我騎車回到指定地點時，警報器這才"嗚嗚"地響起來。因我當時在影院三樓，又是踩炸炮耽誤時間，所以最後一個到達。

大家見我安全了才放下心來，我看到宗梁的手破了，他說是在撤退的時候被那外國人攔腰抱住，二人掙扎著從樓梯滾下，此時漢俊趕到，給那管閒事的白人一槍，宗梁才得以脫身，二人搏鬥時宗梁被那人咬了一口。

"殺程"事件後，天津抗團起巨變，因涉及外國人的命案，引起國際交涉，於是所有參加程案的同志都乘船到香港轉重慶。我本想一起走，但被母親和伯父攔阻，仍滯留天津。

這年暑假，天津發了一場大水，大水淹到我家的二層樓上，等大水退後，母親才帶著我離開天津去重慶。這時天津抗團的活動也因英、法工部局的加緊防範，行動變得異常難以展開，所以，抗日殺奸的活動逐漸轉到了北平。

程案以後，袁漢俊去重慶大學讀土木工程系，我隨母親離津去重慶時轉道香港，等待飛往重慶去找父親。在香港的半年時間，漢俊常與我通信，他在信中告訴我，他雖然身在讀書，但心仍在抗日。

一九四一年的後半年，袁漢俊放棄學業，從重慶來到成都，和往日的抗團同志一起來家裡來看我。

昔日好友出現在眼前，高興之情，無以言表。但漢俊仍是少言寡語，他告訴我他要去北平，再以行動打擊侵略者和漢奸。

我勸他再過一年大學畢業了再回去，不差這一年，他只笑了笑沒說話。沒幾天他返回重慶，自此再無漢俊的消息，後來就收到他犧牲的噩耗。

我和漢俊生死之別已有六十多年，這一個多甲子來，心中常常想念起他。

5

報紙將我形容成「江洋大盜」。

到香港後，我們等著坐飛機去重慶，那時候飛機票很難買，无奈之下，我又回到上海我嫂子的娘家住了一段時間。

一九四一年除夕那天，我分到一項任務：到上海燈紅酒綠的十裡洋場放置定時炸彈，警告他們國難當頭，別再花天酒地，應投身到抗日的潮流中去。

當時抗團所安排的舞場都在法租界管轄區內，那天與我合作的是宋顯勇，因為抗團的人事組織是不能橫向聯繫，只能縱向聯繫，所以我和宋顯勇在合作前從未相識。

宋顯勇身材高挑，那天還西裝革履的打扮，風度翩翩，頗有公子哥的風範。而那時我已十七歲，也盡其量打扮得亭亭玉立。

孫若愚分配我們去的舞場在法租界內，並告訴我們，各舞廳起爆時間統一為晚上八點半。

結果等我和宋顯勇到了分給我們安放炸彈的那個舞場後，才發現因為缺少調查，八點半那舞場根本就沒人。

宋顯勇說這炸給誰聽響啊？能起什麼作用？

接著他提議：改炸百樂門！

但是想要去百樂門舞廳得經過日本人的關卡，他們在馬路中間佈滿鐵絲網，只留個進口，日本憲兵在那裡逐個檢查。

宋顯勇拿了一個很漂亮、很講究的蛋糕盒子，蛋糕盒子裡面裝著定時炸彈，我則挽著他的手臂，假裝成情侶。

百樂門大舞廳很近，不到十分鐘就到了，過日本人關卡被搜身的時候，宋顯勇將藏有定時炸彈的蛋糕高高托起，所以他們沒搜出什麼來。我們就這樣假扮男女朋友，順利通過日本的檢查到了百樂門。

誰知百樂門舞場也沒什麼人，頗感失望的我們坐在大廳外休息處的長椅上想對策。

這時來了疑似軍官的日本人坐在我身旁，顯勇

口述中的孫惠書

孫惠書大學畢業照　圖片來源：祝宗梁

看看表，碰了我一下，意思是不能再等了，我也回之一笑，點了一下頭。

顯勇悄悄在盒子上撥了時間，然後將蛋糕盒子神不知鬼不覺地放在椅子下面。

我們倆通過日本人的檢查順利回到法租界指定的集合地點時，法租界的警報器已響過很久，其他行動小組同學已回來了。

孫大成聽了我們得意洋洋的彙報，既高興又生氣地對我們說："你們兩個自作主張、不聽指揮，擅自跑到百樂門，這邊八點半炸彈就響了，假如日本人警惕的話，你們絕過不了那個檢查站！你們怎能如此大膽不顧安危呢？"

為此，我們還被大成象徵性罰站了五分鐘。

第二天報紙上登了此事，把我跟宋顯勇兩個人形容成兩個"江洋大盜"。

那次的"投炸"事件也因為百樂門舞場那個時間點沒人，外頭只有個日本軍官，我們把炸彈放在那個日本軍官的沙發底下，報紙登說只有他受重傷了，沒說被炸死。

我離開上海到重慶時，父親正在恩施指揮作戰，他還為此趕到重慶跟我見了面。後來父親托人把我們

送到了成都，讓我在成都就讀從山東撤到成都的齊魯大學。

那時候成都有幾所大學，分別是華西大學、齊魯大學、金陵大學、還有金陵女子文理學院，包括當地的一所大學，號稱"五大學院"。

後來嫂子懷孕有了寶寶，母親跟著我嫂子回到了西安，我就住在學校裡。父親認識齊魯大學管宿舍的舍監劉蘭華，就托她照顧我。

讀了四年大學后，我到西安女青年會工作了一階段。

抗戰勝利時我在成都，勝利的消息傳來時，成都百姓高興壞了，很多人不管認不認識都相擁而慶，很多人哭得一塌糊塗。

日本投降以後我們就又回到了天津。

在齊魯大學讀書的時候我認識了我先生，他是醫學院的學生，讀的是八年制的醫學院，我讀四年的文學院，剛好我們一起畢的業。

年輕時的孫惠書

孫惠書口述歷史

95

6

因為父親是國府高官，
我得以『統戰』之名
到臺灣奔喪。

孫連仲與蔣介石　圖片來源：孫惠書

一九四五年後，我在北京125中教書，並在這時認識了鄰居李智楠，通過他和地下黨有了一些聯繫。

一九四九年，父親去臺灣前給我和母親留了一筆生活費，讓我母親跟著我，還囑咐給母親養老。我跟先生在山東青島結婚時就母親參加，哥哥嫂子那時候也去臺灣了。

"文化大革命"的時候，因為父親的關係，我被關在學校裡頭十個月，關我的那個小屋很小，只能放下一個木板床外加床頭一個小茶几，每天只給吃兩個餓不死人的窩頭，天天讓我在小屋裡寫檢查，今天寫完一篇明天再寫一篇，什麼亂七八糟事都得寫，以至于後來把我放出來的時候，人瘦得不行。

那十個月裡，他們不許家裡人看望我，那時候我女兒和兩個兒子也都長得很高了。

我被關起來以後，先生很著急，他那時候在北京人民醫院任兒科主任，因為我被關起來了，他騎著車子上班的時候走神，被汽車撞傷了腿。

孫惠書夫婦在北京　圖片來源：袁健

孫惠書夫婦在洛杉磯　圖片來源：袁健

放出來后，我回到家看到先生床上躺著，才知道他被車撞了，他也瘦得不行，兩個人都快不認識了，那段時期过得很慘。

父親晚年在臺灣生病時，因為他是國府高官的關係，他們（中共統戰人員）允許我到臺灣探視，幷派人送我到羅湖口岸，抗團的孫大成在那邊接我，什么手續都不用辦我就去臺灣了。

一別四十年，再見到父親時，父親躺在病床上，蒼老極了，我喊完他"爸爸"後眼淚啪啪往下掉，他睜著眼睛看我，不知道有沒有認出我來。

一九九零年八月十四日，父親病故，我又以"統戰"之名到臺北奔喪。

我跟先生生活了六十二年，之前我們一直生活在北京，他也在北京做了四十年的兒科主任醫生。我兩個兒子後來到美國留完學就在這邊安家了，我們兩個退了休也到美國來陪兒子。

如今我已經到洛杉磯生活了二十多年，來美國時我与先生一同來，如今先生作古了，現在就我一人還生活在當年與先生生活的公寓裡，唯一不同的是，先生走了，換成保姆照顧我。

我有兩個兒子在洛杉磯，時常來看我，一個女兒在俄亥俄州，他們一年來看我幾次。

現在生活得很輕鬆，偶爾寫寫字畫個畫，該做禮拜時就做禮拜，日子倒也無憂，只是偶爾想起從前，頗為感慨。

孫惠書全家福，左起：袁健（老三）、孫惠書、袁援（老大）、袁承文、袁征（老二）。　圖片來源：袁健

口述結束後，筆者與孫惠書奶奶在其洛杉磯的養老院合影。

葉于良（1922年4月10日-2018年8月17日）
出生于北京，祖籍福建福州。

一九三九年七月，經北平抗團成員鄭統萬和鄭昆侖的介紹加入北平抗日殺奸團。

同年底，連續參與調查北平偽商會會長鄒泉蓀、偽華北廣播事業管理局局長周大文和偽公務局局長舒壯懷。

後鄒周二逆被抗團制裁時僥倖逃過一劫，舒逆則被打瞎一隻眼睛。

一九四零年，配合李振英計畫趁川島芳子過生日時行刺，但川島芳子極其警惕，臨時逃離，刺殺未果。

同年七月七日，配合李振英、馮運修、劉永康、馬普東等人成功刺殺《新民報》社長、總編輯吳菊癡；

同年七月二十四日，與劉永康成功制裁偽華北建設總署俞大純。

同年八月七日，與李振英、馬普東等五十多名北平抗團成員被捕。經酷刑審訊後，葉于良被判無期徒刑，關押於北平炮局監獄。

二零一八年八月十七日，在北京去世，享年九十六周歲。

從中共建政，
到抗團同志重新聯係上，
兜兜轉轉幾十年，
再見面時，大家都垂垂老矣。

賴恩典 錄製
翟　潤 齊思原 聽打
李玉紅 阿　炳 整理
阿　炳 校對
賴恩典 編輯

1

> 「葉公好龍」的葉公是我的祖先。

一九三五年葉家九兄妹合影,後排左邊站立者為葉于良。
圖片來源:葉樹振

我叫葉于良,一九二二年農曆三月十四日,我出生在北京的花園胡同。我家兄弟姐妹很多,一共有九個,我排行老二。我的祖籍是福建福州,我們葉家在福州是個大族,現在也是福州十大家族之一。

我們葉氏最早是從中原搬遷下去的,現在河南平頂山的葉縣便是最早的葉氏聚居地,全世界各地姓葉的便是從葉縣出去的。

中國有一個很著名的成語,叫"葉公好龍"(古時念做"shè 公好龍"),那個好龍的葉公就是我們的葉氏祖先。

我母親是個普通的家庭婦女,父親葉在廙,他最早是學法律專業的,後來曾經在國軍第五十五軍從過軍,一直做到少將參謀長。

"九一八事變"後,父親被遣散退伍,回來當了律師,所以家裡生活還過得去,那會講究請保姆請廚師,我們家也都有。

六歲時,家裡請家(私)塾讓我開始讀書,把家族裡的堂兄堂弟堂姐堂妹這些湊一起念私塾。那時候念私塾沒什麼正式的課本,就是跟著先生搖頭晃腦地念古文,比如《三字經》、《百家姓》那些東西。

兩年私塾後開始上新式小學,新式小學跟我們家相隔不到一百米,叫"宏廟小學"。新式小學有了正式的課本,學習內容比較豐富,有數學、國文、歷史、地理和生物學。那時候小學分高小、初小,一到四年級是初小,然後是高小一、二年級,不像現在直接從一年級念到六年級。

從高小就開始學生物了,那時叫《自然》,那時候的學校沒有家庭作業,只有放暑假的時候每人發一本暑期作業,開學以後交。

2

校長開設汽車訓練班，意圖教會大家開坦克。

一九三一年那年我九歲，"九一八"事變爆發後，整個學校都嚷嚷起來了，老師在課堂上講，社會上街頭巷尾也在講這件事，日本的偵察機也飛來北平。

我們那時還很小，受大人和老師的愛國主義教育影響，都知道日本在侵略中國。但是小孩也不能做什麼，大家就瞎琢磨，比如弄個像高射炮的東西，把日本飛機打下來。

那時候學校也上黨課，叫"黨義"，也就是"三民主義"。所以"九一八"事變後，一上歷史和地理課的時候，老師開始跟我們談到領土和主權，也開始講愛國了。

東北全部淪陷後，從東北逃來北平的難民很多，我兩個叔叔一家都是從東北跑過來的，他們原來都在鐵路上工作，事變以後就都攜家帶口跑到北平來了。

一九三三年，我小學畢業後考到離家很近的私立志成中學，也就是現在的三十五中。上中學以後就天天講抗日了，那時候的志成中學校長叫吳葆三，在北平還挺有名氣的。他常常在上課時跟學生和老師講時事動態，也天天喊"打倒日本"，還編了好多抗日歌曲，連學校歌詠比賽都是唱抗日歌曲，所以他灌輸給學生很多的抗日思想。

吳葆三校長後來還開了一個汽車訓練班，他說開這個訓練班的目的，是如果繳獲了日本的坦克，大家就不會抓瞎，人人都會開。所以當時有很多學生加入這個訓練班學開車，他說這是為抗日做準備的，那時候大家的抗日思想非常濃厚。

3

> 船長把自己的船沉在閩江口，防止日本軍艦進閩江。

事變後，身背大刀的二十九軍士兵在盧溝橋上防守。
圖片來源：葉于良

一九三七年，我正讀高一，放暑假時，父親見我整天閒來無事，便對我說："人得多遊歷，出門增長知識，趁著暑假無事，不如到首都去看看世面。"

當時我的叔叔在南京京口鐵路局工作，他手裡常有免票，所以我便踏上火車去南京玩。

一九三七年七月六日，我從北平前門火車站上車出發去南京，七月八日一到叔叔家，嬸娘看見我就說："咦，你怎麼來了？你可回不去了！"

我這才知道"盧溝橋"事變爆發了。

事變發生的時候我正在去南京的車上，那時的車慢，所以到了南京我才知道消息。

事變以後沒多久，當時的中國最高統帥蔣介石宣佈："地不分南北，人不分老幼，一律全民抗戰。"雖然當時沒有正式對日宣戰，但蔣介石這話的意思等於跟日本宣戰了。

我在南京的時候，南京政府卻沒有組織市民起來遊行，但報紙上天天都在宣傳。

我在南京跟家裡人聯繫不上，呆了一個月沒事幹，天天就玩兒、看電影，那時候南京的電影院還營著業呢。

人就是這樣，你沒打到頭上來，能玩還是玩嘛，尤其是學生，啥都不怕。

沒成想，到了八月份，日軍準備攻上海了。其實在"八一三"以前，南京政府就開始疏散百姓了，我叔叔建議我們要麼回家，要麼到別的地方親戚家躲躲。

因為我老家是福州的，那時福建老家還很多親戚，相對也很安全，所以我就決定跟嬸娘和叔伯兄弟一家子，以及嬸娘一個住在上海的侄子，一共七個人去福州。

我們從南京到上海，再從上海到福州，這一

路走了大概一個多星期，途中在舟山就待了差不多五六天，還要躲避日本軍艦和飛機。從南京到上海等船，好不容易在八月十一日那天等到船了，出黃浦江的時候，就看見日本軍艦在外頭遊蕩。

走到半截的時候，"八一三"上海就打起來了。淞滬會戰一開打，我們坐的"舟山輪"怕碰到日本軍艦，開到舟山就停下來不敢走了。可是停下來也不是事啊，那麼多人在船上吃喝拉撒是個大問題，我們就要求他們一定要開船，直接開到福州。

他們被逼無奈，避開大海沿著海岸走，就這麼有驚無險地到了福州。

一進福州，我們坐的這個"舟山輪"上裝的是石頭，船長把船沉在閩江口，主要是防止日本軍艦進閩江。

到了福州我就住在孀子她娘家的哥哥家，她哥哥是詹天佑的學生，是個建築師，在福州從事建築方面的職業，自己建了一個帶院子的簡易樓，我就在那住了下來。

4

我被日本鬼子不分青紅皂白踹了一腳。

口述錄製現場的葉于良

那時候暑期將過，北平是回不去了，但學還得接著上。

我們當時住在福州城外的南台，也就是現在的台江，靠著閩江，對面是福州大橋，挺繁華的。

暑期過後，我就到當時全國有名的"福建省立第一中學"，也就是現在的"福州一中"去借讀高二。

在福州借讀時，正趕上抗日正濃的時候，每天下午兩節課後，學校就組織學生進行"義勇軍"訓練。

體育課上，老師就帶領大家鍛煉身體，練習騎馬、挖戰壕、如何躲避轟炸、投擲手榴彈等等，時刻準備抗日，即便是上音樂課，唱的都是抗日歌曲，所以大家整天都把抗日掛在嘴上。

一直到那個學期快讀完的時候，父親通過香港轉匯給我一百塊錢，那時候一百塊錢挺值錢的。

嬸娘接到錢後讓我趁這錢現在還可以流通，坐香港到天津的英國太古洋行（太古集團在民國時有船運業務）的船回家。

十五歲那年，我獨自在閩江口登船回家。

這條船上基本都是中國人，平綏鐵路局一幫職工看我年齡小，而且還是個學生，就讓我跟他們搭幫走，路上還能照顧照顧我。

船開到了天津塘沽上岸，日本兵就在碼頭扛著槍檢查，我身上什麼也沒有，連書都沒有帶，更沒有什麼抗日書籍，所以很順利地從塘沽到了天津。

在天津跟他們住了一夜旅館，第二天我就跟他們買車票回北平。

上車的時候，車廂很擠，好多人抓著車門口的把手。我抓著把手剛爬上了第二個臺階，這時來了個日本鬼子開始扒拉我，他扒拉我沒扒拉動，就給了我一腳，然後他順勢就爬上去了。

我莫名其妙被踹急了，想要抓住他，旁邊有個人把我攔住了勸我說：他是日本鬼子，惹不起，還是忍了吧。

回到北平以後繼續回到志成中學讀書，但要開始接受奴化教育了。那時候每個學校都有一個日語教官，是個日本人，我們都把他叫"特務"。

日本教官就是按部就班，上課"劈劈啪啪"一通講，講完夾著書包就走了，也不管學生聽不聽，反正也沒有考試。

我們學校原來有個教官，他給我們教時事政治的時候，先把窗戶都關上，怕外面聽見。可是他膽子大，跟我們講現在戰爭打到什麼地步了，日本對中國侵略到什麼地方了，中國取得了什麼勝利等等的。後來日本憲兵隊開始抓捕宣傳抗日的老師，還抓了不少，他一看風向不對，找了個機會就跑了。

再次回到志成中學讀書，學校的學生少了很多，有的連家都搬了的，有的老師也跑了，比如校長吳葆三，他老滿嘴喊"抗日"，自然是日本人通緝的對象。

5

北平淪陷後，日本人要求老百姓向他們鞠躬。

汪精衛偽政權的"國旗"

一九三七年十二月底，大漢奸王克敏在北平組建了個"臨時政府政府委員會"，他任委員長。到一九四零年三月份，改組成為"華北政務委員會"。

南京淪陷後，南京成立了個以梁鴻志為首的偽政府，也就是所謂的"維新政府"。

後來汪精衛叛國投日，在日本人的幫助下，於南京成立"中華民國政府"，他跟重慶國民政府一樣，還是沿用青天白日滿地紅的國旗，但是國旗上面弄個黃的三角布，上面寫"反共救國"四個字，以示區別。

汪精衛的偽政府裡面，各種職權部門也很齊全，比如什麼陸軍部、海軍部、外交部、財政部等等的都有。

他在南京建立偽政權後，就把南北兩邊都統一了，華北這邊就叫"華北政務委員會"，華南就屬於汪精衛直接統治，華北政府名義上屬於南京管轄，實際上還是日本管轄。

我從福州回到北平以後，明顯感覺北平的人口減少很多，街上常看到兩個一組的日本憲兵背著槍在巡邏，做生意的店鋪也都照樣照樣做買賣，沒有什麼大的變動。

北平淪陷後，開始改升日本國旗，如果你從他的崗哨經過，他會要求你給他鞠躬。不過我們學生都不管不顧，他們也不太計較。

我聽說日本兵剛進城時，會追逐婦女，也確實有過這種情況。後來軍隊一律撤到城外，所以北平城裡沒日本士兵，只有憲兵。

憲兵主要管日本士兵的，一見街上有日本兵就會去查，日本人喝醉了鬧，憲兵也管，所以雖然淪陷了，但秩序還不是那麼壞。

手持大刀和步枪的29军士兵　公有领域图片。

那時候日本人不限制老百姓自由，就限制不准反日抗日，如果被那些狗腿子特務發現，那就要開抓。日本人聽不懂漢語，所以這些事都是漢奸幹的。後來有了"良民證"，你只要當良民，他就不管你。

日本人在北平城也有做生意的，開鋪子賣唱片、賣食品、化妝品等等的，而且他們的服務員一般都是女的，對中國人一般還鞠躬，比較客氣，因為照顧她生意的。

那時候在北平也有日本藝妓，當時我家附近就有一個藝妓，經常能看到她們穿著日本和服和趿拉板出來送客接客。

北平剛淪陷時，對老百姓的日常生活沒什麼影響，跟淪陷前一樣。後來逐漸就不行了，只要一印發偽鈔，物價就上漲一些，再往後就年年漲，到最後連糧食都沒有了。

一九四零年我被抓進日本監獄後，對外面的情況不瞭解，出獄後回家聽說最後只配給米麵，大家只能根據戶口排隊去買。

一般的米還不賣，都供給日本人吃，老百姓只可以買一袋面，後來面也沒有了，就只能買混合面和雜合面。

到最後他們自己不管小公務員還是中等公務員，一個月發一袋面，老百姓比較慘，只能排隊，排隊也很難買到。

那時北平城雖然淪陷，但城裡的戲院照開，北平的長安戲院、新新大戲院和前門外的幾個大戲院都沒閒著，梅蘭芳、程硯秋、荀慧生、馬連良、譚福英這些名角兒都有演，後來聽說梅蘭芳和程硯秋拒絕為日本人演戲，梅蘭芳甚至蓄鬚罷演。

那時每到有慶祝典禮的時候，日軍就會在北平城牆上飄起氣球，上面一個圓形氣球，下面掛著一個條幅，寫著慶祝日本又佔領什麼地方之類的文字，然後就開會慶祝。

他們也不要求市民要對氣球歡呼或是敬禮，但是開慶祝會就不一樣了，他們要求學校的學生必須去參加，我們也被迫到天安門或其他指定地點參加過這種慶祝會。

一九四零年我們抗團刺殺漢奸吳菊癡那次，就是他們在中山公園開慶祝會。

北平淪陷後，家裡收入剛開始受點影響，不過我父親是律師，雖然城池淪陷，但是打官司的人還是有的，所以日子慢慢又恢復跟以前一樣了。

我父親當律師是屬於自由職業的，不在律師事務所，通常是三四百塊錢法幣一個月。當時一塊法幣能買到一百個雞蛋，所以那時家裡能養得起九個孩子，還能供我們上大學。

高中畢業後，供我們選擇的有兩種大學，一種是敵偽政府組織的大學，一種是私立教會大學。那時重慶政府不承認敵偽大學，只承認輔仁和燕京大學。燕京大學是美國人司徒雷登辦的，他本人就是個抗日積極分子。

輔仁大學是教會學校，也正因如此，所以日本人比較尊重，並不管束和干涉。但燕京大學不在城裡，距離比較遠，而且那時我已加入抗團，幹抗團工作也比較不合適，所以我就報考了在城裡比較方便的輔仁大學。

6

我因一個漢奸而加入抗日殺奸團。

一九三八年，天津抗團鬧得非常紅火，殺了好幾個漢奸。第二年天津發大水，日本人開始進入英租界抓人，所以那時天津抗團就有一部分人逃跑，好像曾澈也是那時被捕的。剩下的人有的跑來北平並考了大學，像李振英和周慶涑他們就考取了北大，鄭統萬和刺殺吳菊癡的馮運修也是天津過來的。

孫若愚是最早來北平發展抗團的，一九三九年便在北平成立了抗日殺奸團，隨後在育英中學發展了孟慶時，在貝滿中學發展了曹紹慧、朱惠玲、鄭昆侖、屠珍等，還有大鐘中學、志成中學幾個校區發展。

一九三九年七月的高二暑假，我在志成中學加入了北平抗日殺奸團。

入抗團是需要宣誓的，我當年是在家裡的客廳宣誓的。宣誓儀式很簡單，先給一本小冊子模樣的宣誓書，宣誓內容是"抗日殺奸、報仇雪恥、同心同德、克敵致果。我自願參加抗日殺奸團，嚴格遵守秘密。如有違犯，願受嚴厲制裁。"宣誓完就把小冊子收了，不留底，以免引來麻煩。

我之所以能加入抗團，主要跟一個漢奸有關係，此人就是偽滿洲國國務總理鄭孝胥。

我們家跟鄭孝胥家也算有點親戚，鄭孝胥的第二個兒子是我的姨夫，我母親有時會帶著我去看她姐姐，她姐姐就是嫁給鄭家的人。他們住在西直門一個大院裡頭，一來二去就跟鄭孝胥的孫子鄭昆侖和鄭統萬熟絡了，再加上年齡都差不多就聊起來了。

談起抗日的事，就講日本怎麼侵略中國，他們就說我們應該抗日救國，然後問我敢不敢抗日？

我當然說敢抗日，但是沒這種機會。他說現在有個抗日團體，你敢不敢參加？

我就這麼參加的抗團。

孫若愚走了以後，李振英接手了北平抗日殺奸團，開始我是跟李振英聯繫上的。

李振英比我大兩三歲，很老實，好像是河北人，領導能力還行，他和我的弟弟妹妹都在偽政府的北大上學。

我們在行動上都聽李振英的，他叫誰去誰就去，他叫誰打誰就打誰。

有一次李振英組織去頤和園春遊，我才知道表妹魏文昭和魏文彥也參加了抗團。

7

為保險起見，抗團將武器彈藥、人員名單保存在漢奸親戚的家裡。

剛加入抗團時的葉于良　圖片來源：葉于良

加入抗團的時候我才十七歲，其他成員也大多不到廿歲，最大的不超過廿一歲。

由於抗團是地下秘密組織，我加入的時候並不知道抗團有多少人，我也不能問，問了別人也不能說。要聯合行動就找牽頭人，比如李振英帶著我們，他就把我們兩兩分一組，至於他們倆叫什麼姓名，誰也不知道，認臉就行了。

執行任務的時候都是兩三個人，只有重大任務的時候人才比較多，比如刺殺吳菊癡的時候去了好多人。

執行暗殺任務的時候要兩三個人配合一個主裁，也就是殺手，另外有一兩個在後面和旁邊掩護，主裁出事了掩護者就得救。

比如祝宗梁他們殺完程錫庚往外走的時候，被白俄和瑞士人給困住了，後來還是袁漢俊開槍把那人給打了才得以解脫。

為了不暴露身份，大家都用化名，於是我化名叫"沉沉"。

抗團是學生自發的組織，屬於民間團體，但也有紀律，成員都是自願加入，不能洩露抗團的秘密，因此家人不知道我加入抗團。即便後來殺了很多漢奸後搞出大動靜來，家人和學校都不知道是我們做的。

抗團雖然不歸國民政府管，但是國民政府承認它的存在。那時抗團裡有軍統的人參加，比如曾澈，他一加入，抗團就跟國民政府有聯繫了，所以祝宗梁他們在天津作案以後，國民政府給了獎金，祝宗梁後來到重慶去，最高統帥蔣介石還接見了他們。

抗團沒有特定的暗號、標誌或規定的用詞以及行為準則，我們的任務就是刺殺漢奸、爆破和焚燒日偽的倉庫物資。

抗團也沒有活動資金，都是我們掏自己的零用錢，一般的活動工具也就是自行車，花不了多少錢。

李振英是北平抗團的負責人，抗團的武器彈藥、人員名單、聯絡位址這些原來都是李振英保管。

後來為了保險交給馮運修保管，因為馮運修是齊燮元的外甥，他家身份特殊，一般不會有人去檢查。

抗團沒有固定的活動和集會地點，有個叫薩蘇的作家在網上寫，抗團的行動組在未名湖一個地下室開會，那是胡說。

李振英當時是住在北大，他也有一幫同學是抗團的，但並沒聽說抗團的行動組在未名湖開會。

再者說，我們活動都是聽李振英的，不能私自隨便行動，要負責人的同意批准，他叫誰去誰就去，他叫打誰就打誰。

齊燮元（1886--1946）原名齊英，字抚万，号耀珊，顺天府宁河县（今属天津）人，民国政府军宁武上将军（直系）。一九三七年参与傀儡政府中華民国臨時政府（后改制為華北政務委員会），组织華北綏靖軍，任该军总司令部总司令。一九四五年以漢奸罪被捕，一九四六年在南京雨花臺被槍決。圖片作者不詳。公有領域圖片。

抗團發展入團的對象都是學生，比如發展我的人，他先跟我談日本對中國的侵略，然後看我的反應，如果對日本的仇恨比較大，就問敢不敢參加這個組織，敢的話就發展我加入。要是有的人談起抗日就說"哎呦，這是掉腦袋的事，不能抗日，要槍斃的。"一看這種的就不能發展了。

我們學生一般談起來都有仇恨日本鬼子的言論，但是有的就讀於日本統治管轄下的學校學生就怕，對日本不利的話都不敢說，生怕給抓進去。

那時候日本憲兵隊經常抓人，經常不知道因為什麼事一個同學就不見了，後來在監獄碰上了，才知道是被人舉報家裡藏有軍火。

參加抗團的學生家境普遍較好，比如能上得起志成中學的。當年志成中學單學費就三十多塊錢，這在當時都能買三千多個雞蛋了。還有很多當時的官二代、富二代，比如同仁堂樂家的大小姐樂倩文、鄭孝胥的孫子、孫連仲的兒子女兒、還有殺吳菊癡的馮運修，他的父親是華北株式會社一個高管，他的姨父就是最大的漢奸齊燮元。

齊燮元那時就任治安部（國防部）治安軍的

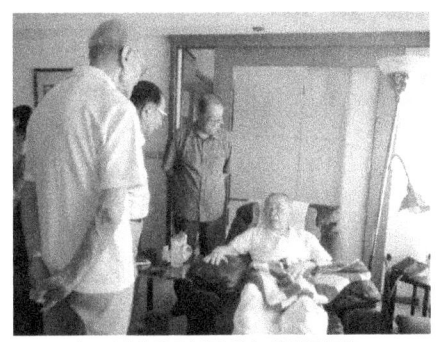

二零一二年,兩岸抗團同志臺北聚會時看望孫湘德。
左起:葉于良、王文誠、王振鵠、孫湘德。
圖片來源:葉樹振

總司令、治安部的督辦,是個頭號大漢奸。還有我表妹魏文昭、魏文彥是英國管轄的開灤煤礦總工程師的兩個女兒,她們的父親在當時也是高薪工作。

當時我不認識孫連仲的子女,二零一二年去臺灣時才見著孫連仲的兒子孫湘德,那時他已經病了,躺在床上,現在也去世了。

那時抗團是個大本營,剛開始不知道,後來被捕了才慢慢認識了不少人,比如曹紹慧、朱慧芸她們。

我當時不光認識鄭統萬和鄭昆侖,還有貝滿女中的同仁堂大小姐樂倩文、天津的劉潔、

十七歲時的葉于良(右一)　圖片來源:葉樹振

馮運修、紀渭仁。

王知勉當時是負責交通任務的,管傳遞信件的通訊,曾經到我家來過。那時我在貝滿女中見過孫大成一面,他挺魁梧的,也總談一些抗日的道理,據說他的辦事能力很強,不過他在一九三九年秋末就離開北平了。

我當時也知道這是掉腦袋的事,但沒感覺到害怕,也覺得這是個秘密組織,不至於出問題。即便如此,也得有兩手準備,如果真讓逮著了,那就準備犧牲。

為保證安全,行動的時候都要看看周圍有沒有熟人、員警或者軍隊之類的,如果有就不行動了,這也是自我保護的一種方法。

在抗團期間我主要負責宣傳方面的刻鋼板工作,有時候會在我家裡印些傳單,刻完鋼板之後用油印機印。

一九四零年"七七"事變紀念日時,我那時的任務是在家印完《告人民群眾書》後秘密發放,但也就是在人家家門口放上一張。

8

孙大成做炸弹的时候，把自己炸成了独臂。

叶于良掰着手指头细数当年他们用过的手枪牌子

北平抗团的枪械主要是从天津带过来的。

据天津抗团的王文诚说，那批枪是他亲戚黎元洪总统卫队的枪，黎元洪的次子听说王文诚是抗日杀奸团的，就把这些枪支弹药支援给他抗日杀奸，所以我们刺杀时用的就是那批手枪。那批手枪里有勃朗甯（我们管它叫"撸子"）、枪牌、马牌和狗牌撸子。

勃郎宁的口径有小拇指头这么大，子弹是通用的。我还见过两个六轮手枪（即左轮），那批枪里就六轮是新的，蓝钢的，有效射程有几十米，造型也好看。

六轮和勃朗宁后坐力都不大，六轮稍微大一点，拿在手里没觉得往后推得慌，扣扳机的时候只感觉手会轻微地震一下。

虽然有了枪，但我们没有进行射击练习，没那个环境和条件，有练习的成员只是往井里打上一枪，没什么实际意义，在外面也不敢打，也算是无师自通吧。

真正在执行制裁任务跟踪汉奸的时候枪已经准备好了，只要能靠近前去，近距离打上一两枪就走人了。

执行任务时，勃朗宁填满七颗子弹，六轮填六颗，手拿正了，指哪，扳机一勾即可。

六轮的杀伤力高，勃朗宁穿透力和杀伤力较小，当然也会有遇上臭子卡壳了的时候。我之所以喜欢六轮就是可以避免臭子卡壳，偶尔遇上了再勾一下就过去了。

勃朗宁遇上臭子必须得撸一下，刺杀周作人的时候用的就是勃朗宁，结果子弹打在他的铜扣子上，因为杀伤力小，所以他没死。

加入抗团后，我们要学习一些技能，李振英经常带着枪和一些训练的小册子来教我怎么拆卸、瞄准、上子弹、扣扳机以及擦枪。他还教我爆破，比如手榴弹和燃烧弹怎么用，炸弹怎么做。TNT跟燃烧剂都有化学公式，硝酸钠跟它们放一起就能定时燃烧等。

比如要做不倒翁，中間有個膠皮薄膜隔離，上下各放一種藥品，把它摔出去後，藥品把膠皮都腐蝕了，兩種藥品一混合就爆炸了。這類技術和炸藥TNT怎麼製造，在那本訓練的小冊子上都有，但很危險，為了製作TNT我們抗團還死了幾個人，孫大成就是做TNT的時候把自己炸成了獨臂。

冊子上還教我們如何做偵查工作、如何識別日本軍隊、日本軍人，以及如何識別他們的階級。還有交通方面的，如何最快最有效地傳遞消息。

抗團除了手槍，還有手雷、手榴彈，但形狀不是軍隊裡那種長把的，是圓型的，使用的時候一夾，再一拉就扔出去的那種。

有一次我們計畫去炸日本商店，但是手裡沒有TNT炸藥，就想把汽油潑到日本商店裡，再點著火往裡扔。為此我們還特地試驗了一下，但火沒燒起來，可能是買的汽油品質不好，那會的汽油是軍用物資，很不好搞。

據馮運修說他也想過刺殺他的叔叔齊燮元，但是後來怎麼計畫的就沒聽他說了。當刺殺抗團成員的親戚時，都是保密的，不會讓那個成員知道，自然也不會派他去執行。

我還學過跟蹤技巧，但是一次也沒用上。

9

我們的刺殺行動，令北平的漢奸們人心惶惶。

我們抗團管暗殺漢奸叫"行動"，通常進行暗殺行動都會選在僻靜的地方動手。

暗殺的時候，人多的地方風險最大，比如天津祝宗梁他們在電影院裡刺殺程錫庚，電影院裡人多，比較嘈雜。果然，刺殺完出來的時候被白俄抱住了，差點脫不了身。

所以我們還得保全自己，不是蠻幹。撤退的方法是騎自行車，殺完漢奸騎車就跑，行動要快，等員警來就找不到人了，行動的計畫和撤退的路線也是之前就勘測準備好的。

如果在行動中遇到危險，我們就會第一時間裝作沒事人，跟老百姓一樣看熱鬧，然後找機會撤。

一九三九年天津發大水以後，天津抗團因叛徒叛變，遭到很大的破壞。曾澈被捕之後，其他人也受了牽連，祝宗梁離開天津，陳肇基、劉潔被抓，但是陳肇基趁憲兵不注意的時候帶著銬子跑了，一起跑的還有劉潔、華道本和張樹林。

劉潔原來在天津還沒有畢業就到北平來上學了，我第一次見他是李振英帶著他到我這來的，李振英幫他在北大宿舍找了個住處。

劉潔到北平後，與李振英、馮運修、孟慶時和我一起組成行動組。

我們五個沒有具體分工，隨時調派誰去行動誰就去。我們第一次刺殺的是北平偽商會會長鄒泉蓀，我負責調查。

查他比較方便，我跟他兩個侄子是志成中學的同班同學，我跟他們說"去你家玩玩"，玩了一次就知道他家住在前廣。

經過三四天的調查，我發現他住在西四丁字街，他家的大門比一般的四合院大點，也摸清了鄒泉蓀幾點上班、在哪裡上班、幾點下班回家、在西四丁字街都有什麼路線等等，我也畫好圖示整理好了交給李振英。

在計畫的地點上，那天鄒泉蓀的汽車一出來孫大成就開槍了，結果因為沒看清誤打死了鄒泉蓀的太太。現場刺殺的時候我沒去，所以鄒泉蓀的侄子也不知道是我們幹的。

還有一次計畫刺殺偽華北廣播事業管理局局長周大文，我負責調查他的行蹤。剛好我同學的父親是電臺總工程師，跟周大文很熟。同學的父親雇了個車夫，經常拉著周大文他們去吃飯，我同學有意無意跟那車夫聊天，通過車夫瞭解到他們經常吃飯的地方。

當時在東華門大街開了家叫"新月餐廳"的

— 逆流者 —

西餐館，我們也查到了周大文的汽車號牌，知道他幾點鐘去幾點鐘走等等。儘管如此，我也比較謹慎，為了判斷真假，也跑到現場確認了一下。

調查清楚後，李振英、馮運修叫上我一起去新月餐廳，我在現場指認周大文的車和他本人給李馮二人，然後我們仨假裝吃客，要了三份西餐，邊吃邊盯著周大文。

不久，周大文起身離開，李馮二人就跟了下去，周大文坐汽車走，他們騎車後面追。東華門大街過來是王府井八面槽，再拐過去就是燈市口。我們原本計畫在拐彎處打他，但到那一看有軍警，所以不敢動。這麼一猶豫，汽車開跑了，所以便宜了周大文。

還有一次是偽公務局局長舒壯懷，我也是負責調查周圍的環境。舒壯懷的女兒舒令蓮跟我是小學同班同學，他們家住在辟才胡同，離我家和學校都比較近。這兩次刺殺完後媒體都有報導，偽商會會長沒有刺殺成功，偽公務局長舒壯懷被李振英、劉潔和孟慶時他們打瞎了一隻眼睛。

我們刺殺漢奸的行動在北平造成很大影響，漢奸們人心惶惶。一九四零年的春天，我們開始著手計畫刺殺川島芳子。

10

我們一起去刺殺川島芳子！

有一天李振英叫我過去,跟我說一起刺殺川島芳子,計畫由他負責制裁,我在現場進行掩護。

一九四零年五月廿四日那天是川島芳子的四十歲生日,她準備在新新大戲院過生日。這個戲院在當時算是北平最新的戲院了,它跟長安戲院都在西長安街上,長安戲院靠著西單,它靠著六鋪口,距離天安門比較近。

川島芳子過生日唱堂會請的角兒是言菊朋和他女兒言慧珠,父女倆同台演戲,那次的堂會比較轟動,因為在當時女角兒出來演戲是很少的。當年新新大戲院的構造是樓上樓下各一層,樓下的座位一直排到戲臺前頭,樓上比樓下短一截,所以樓下能看到樓上。

戲臺也比一般小戲園子的大,前門外其他三個戲院的戲臺子都沒它大,上下兩層能坐一千多人。

言菊朋和他女兒同台演戲在當年的梨園界是個轟動的大事,川島芳子把樓上包了場,樓下則敞開賣票,可能是想"與民同樂"。

那天新新大戲院幾乎座無虛席,李振英買了票帶著我坐在前排靠右的位置,我們穿著一般的學生裝,跟學生一樣,也沒特別打扮。

開戲時川島芳子還真來了,她個小,穿著男裝的長袍馬褂,戴著墨鏡,一大群人簇擁著她上樓。

樓上也不是雅間,是敞開著的,從上往下觀看角度好一點。我們看到她在當中坐著,圍著一群保鏢,大概十幾個。

誰知看了半小時的戲以後,這幫人呼啦啦全跑了。李振英就帶著我在馬路上追,川島芳子坐著汽車跑,我們蹬自行車根本追不上,撲了一場空。

其實那天那麼多保鏢圍著,即便是有機會刺殺也不好下手。

後來我們沒再策劃過刺殺她的行動,川島芳子神出鬼沒,除非報上登,不然我們得不到有關她的情報。

川島芳子主要負責刺探情報,她拉攏溥儀,後來在偽滿洲國還當過一個軍隊的司令。

川島芳子有兩個名字,在東北當司令的時候用"金璧輝",叫"金司令",一般我們都管她叫"川島芳子"。

她原是滿清十四王爺的女兒,十四王爺跟日本人川島認識,就讓她去日本過繼給川島,川島給她起名"川島芳子"。

抗戰勝利後，軍統北平站的組長桂詢抓獲了川島芳子。那時日本剛投降，國軍還沒到，但先遣前進指揮所的呂文貞到了，軍統就找到我們。剛好我們也希望他能給我們搭橋聯繫抗團總部，結果他也聯繫不上，於是他就給我們介紹了十一戰區調查室主任。

調查室主任和呂文貞到北平負責接受日本投降事宜，他住輔仁大學邊的迎賓館。正院是他的前進指揮所，跨院一個花園是十一戰區調查室主任。呂文貞當時就他和秘書兩人，手底下沒兵，問我們能不能派個保鏢？

恰巧當時我們認識一個成年組的人，就派了三個成年人給他當保鏢。此時桂詢把川島芳子關在前進指揮所跨院裡。那會兒監獄還沒接收，抓來人就放小屋裡，我們派去三個人看著她，後來接收了監獄，就把她關押到炮局監獄裡，最後被國民政府槍斃了。

日本投降後，川島芳子是中國人，不能按日僑對待遣送去日本，她不比李香蘭，李香蘭確實是日本人，只能放她回國。

11

馮運修看準時機，沖著他太陽穴打了兩槍。

偽《新民報》編輯局局長吳菊癡　圖片來源：天津市檔案館

刺殺吳菊癡，也是李振英通知的我們。

我當時在志成中學還發展了一個叫王肇杭的成員，也跟著一起去參加行動。當時李振英和馮運修一組，馮運修主裁，李振英掩護；劉潔和我一組，劉潔主裁，我做掩護；王知勉、馬普東、王肇杭，還有一些我不認識，好像有紀澍仁，他們都不是行動組的，都是去現場觀看效果的，也算是鍛煉，但也給他們分配了任務，馬普東、王肇杭他們跟著吳菊癡他們的車走。

當年偽新民會的會長是漢奸繆斌，住我學校附近，我調查過他，還畫過他家的街道圖。但他有保鏢，三個員警騎著侉子車，車上有個圓圈，槍在車上面架著，這些官大點的都有這個配置。

有一次我看見他出來，但不好下手。吳菊癡和另一個漢奸陳輞子（《新民報》副總編，外號"陳胖子"）級別不到，官兒太小，還不夠資格配保鏢。

王一堂、王克敏這些漢奸原本也沒有配置，直到王克敏被陳恭澍打了一槍，他們就配備警衛了。

刺殺吳菊癡那天我們也是計劃刺殺繆斌的，結果那天他沒去。

長安街故宮旁邊有個中山公園，日本人侵佔北平後，把"中山"倆字去了，改成"中央公園"，後來汪精衛來了，又改回了"中山公園"。

公園裡有個社稷壇，五色土，紅黃藍白黑五種顏色，象徵金木水火土。漢奸在那搭了個檯子，慶祝"皇軍勝利"三周年。

在機關裡，日本人當家，但是日本人不經常出來，出來辦事的都是中國人，日本人只是監督，一個單位裡安排個把日本人就行了。所以這個"勝利"三周年的大會去的都是漢奸，好像有社會局局長，還有新民會的，但沒有太大的頭兒。

一九四零年七月七日下午兩三點左右，我們騎車到會場。會場是開放式的，什麼人都能進，現場有員警維持秩序，我們在會場當中鬆散開來，大家不固定位置地轉。

開會的時候，漢奸們在會場的檯子上坐著，檯子上有個桌子，輪到講話的就在桌子旁站著講。台下的人都站著，沒安排座位。

時間一到，吳菊癡就在臺上吹說"皇軍如何如何勝利、日本必然要戰勝，國民黨、共產黨都必然要失敗"雲雲。

看到吳菊癡耀武揚威的漢奸樣，馮運修（當時不知道他叫馮運修，只知道他負責制裁）非常氣憤，手揣在兜裡握著槍跟我說："乾脆上去打一槍打死算了，別讓他在那耀武揚威地嚷嚷了。"

我跟他說這樣做不合適，很危險。

這時李振英過來了，我就把馮運修的想法告訴他，李振英的想法跟我一樣，這樣不顧全大局匆忙開槍，萬一特務在場，咱們都跑不出去，得找僻靜、人少的地方才能下手。

吳菊癡在臺上噴完以後走了，我們讓馬普東他們四個人近距離跟著他，我們四個跟在後面距離遠些。

不久，馬普東他們回來說吳菊癡和陳輞子進了同和軒飯莊，跟白玉霜一起吃飯（吳菊癡喜歡京劇，會寫劇本，他跟白玉霜、程硯秋這些戲子名角兒都有聯繫）。

我們就在飯莊那等著，飯館來來去去進進出出的人很多，我們還特意進去認了一下吳菊癡、陳輞子長什麼樣。

不到半個鐘頭，吳菊癡出來叫了輛黃包車走了。李振英和馮運修跟我們招呼了一下就跟上去了，我和劉潔就在門口等陳輞子，可是一直也沒等到他。

行動結束後，李振英便跟我們講起刺殺吳菊癡的經過：

馮李二人走到李鐵拐斜街，穿過去走琉璃廠到南新華街，再到師範大學（那時有個師範大學在那），此時突然出來一隊出殯送葬的隊伍，吹吹打打的很熱鬧，後面跟著一群人又哭又喊的。

正在這時，吳菊癡的黃包車走到師範大學，停下來等送葬隊伍過去。

馮運修看時機到了，騎車趕上去，趁著現場一片嘈雜，沖著他的太陽穴打了兩槍，打完就騎車跑，等黃包車夫反應過來時，吳菊癡已經沒氣了。

吳菊癡一死，李振英馬上通知我和劉潔趕快撤，不刺殺陳輞子了。

此時吳菊癡的死亡已經驚動了員警，怕員警出來到處搜，不利於撤退，所以沒等陳輞子出來我們倆就撤了。

吳菊癡被刺的事鬧大了，報上一登，白玉霜也作為嫌疑人被抓了起來。隨即引起了一次搜捕，連街上都開始設卡搜身，一班特務帶著槍，在街上搞突然搜捕，我和馮運修就碰上過一次。

那次我在輔仁大學考場，休息時碰到來投考輔仁大學的馮運修，他對我說："你看，前面正設卡檢查呢，不過我們身上沒帶槍，什麼都沒有，讓他翻去吧！讓他查去吧！"

12

> 我這一槍恰好打在俞大純的胸口上，俞逆當場斃命。

一九四零年七月廿日，偽《新民報》刊載"本報編輯局長吳菊痴被暴徒狙擊殞命"消息。
圖片來源：中國第一歷史檔案館

年輕時的劉潔在利華大樓屋頂　圖片來源：天津市檔案館

那次刺殺後，路上檢查的次數多了起來，街頭巷尾經常能看見檢查的，以至於後來李如鵬他們拿著槍準備去周作人家刺殺他時，在路上就碰上檢查搜捕的，只能臨時撤退，把槍存在鄭孝胥孫子家，直到第二天才進到周作人家開槍，但也沒成功殺死他。

吳菊痴刺殺成功後，我們盯上了俞大純。俞大純時任偽建設總署總工局局長，刺殺俞大純之前，李振英分配紀澍仁指認、劉潔主裁、我掩護。

紀澍仁認識俞大純，他一出來，紀澍仁就跟著出來了。我們知道俞逆走的路線必然經過豐盛胡同，我就在豐盛胡同中間等著，劉潔在西口那等著。

俞大純的車過來時，紀澍仁指認給劉潔，劉潔馬上跟在他的車後，然後趕上幾步，在他的車篷子背後開了一槍。

劉潔槍一響，我馬上沖到前面一看，發現俞大純沒死，還跟車夫說話呢。再回頭一看，劉潔已經調頭走了，我當下拿出槍對著俞大純"梆"一槍，打完也趕快跑。這一槍正好打在俞大純的胸口上，俞逆當場斃命。

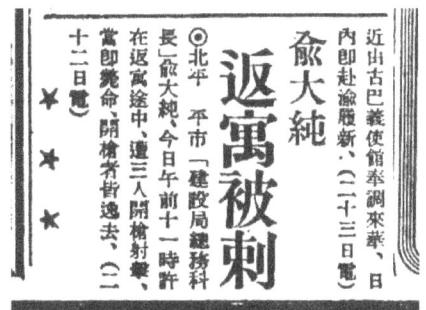

一九四零年七月廿四日，《申報》刊載"俞大純返寓被刺"消息。　圖片來源：天津市檔案館

我們行動組在一九四零年三月刺殺的是舒壯懷，七月七日刺殺了吳菊癡，不到八月又刺殺了俞大純。

天津抗團成員錢宇年，當年曾是華北殺奸團的副團長，跟著孫若愚一塊從事抗團工作。一九四九年後被判去東北黑龍江勞改，廿年後刑滿釋放從東北回到天津申請平反。

後來給他平反，說他是在北平起義的，所以給他判了廿年是冤枉的。後來雖然給他平反了，但是這廿年的牢也算白坐了。

晚年的錢宇年動手寫抗團的經歷，我們約定除劉永康外，一律用化名給他供稿。

因為我們跟當年很多熟人、漢奸家屬都是同學或親戚關係，所以我和祝宗梁、孟慶時都用化名，我的化名是"沉沉"，孟慶時化名"孟子清"，祝宗梁化名"祝友樵"。

晚年錢宇年　圖片來源：天津市檔案館

俞大純，（一八八三年—一九四一年），又名俞大緣，字慎修，或字省盦、有盦，籍貫浙江紹興，俞明震長子，陳寅恪妹夫。

天津網上圖書館的《抗戰紀事欄》中有一篇叫《抗日殺奸》的文章這麼寫：一九三九年元旦，燕京大學小組抗團配合天津來人，槍傷文化漢奸周作人。

一九四零年七月七日，北平抗日殺奸團擊斃漢奸新民會會長漢奸吳菊癡，七月廿四日又擊斃漢奸建設總署俞大純。

俞大純的父親是帶俞大純和魯迅他們去日本留學的俞明振。俞大純回國後跟蔡元培他們關係不錯，江青的首任丈夫俞啟威，化名黃敬，就是俞大純的兒子，全國政協主席俞正聲為俞大純的孫子。

俞氏家族譜及社會關係圖：

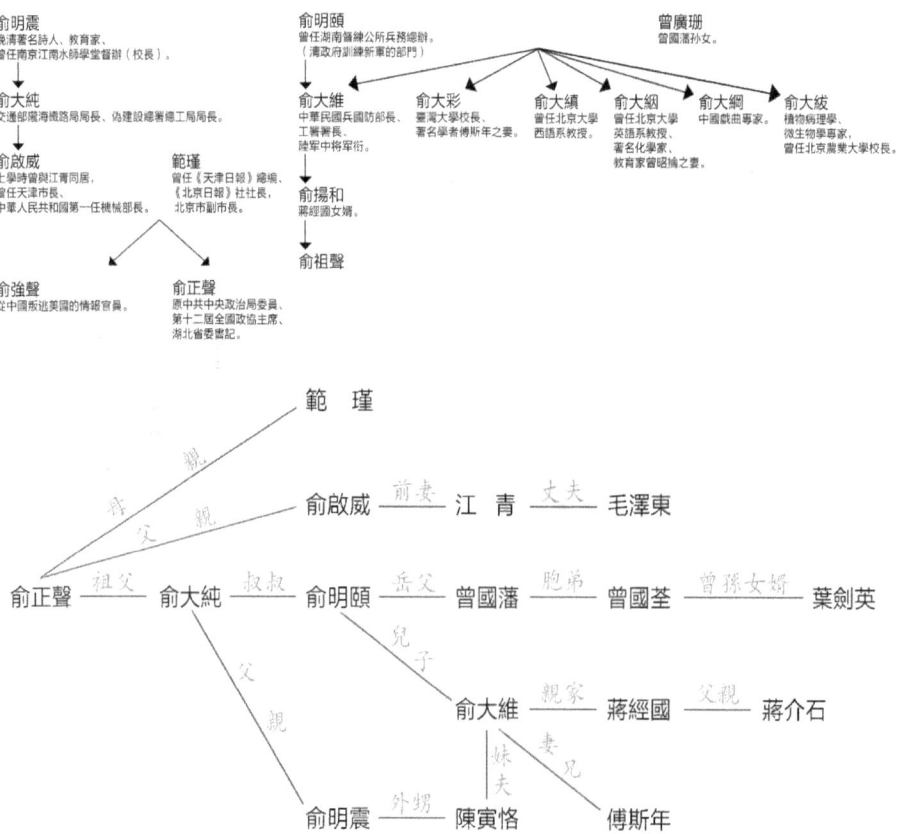

13

二十年後又是一條好漢！

多田駿（ただ はやお，1882.2.24-1948.12.16），日本宮城縣人，仙台藩士多田繼長子，日本陸軍大學廿五期生，舊日本帝國的陸軍大將。
中日戰爭開始不久後任參謀部次長，後歷任陸大校長、第三集團軍司令官、華北方面軍司令官。
一九四五年八月日本戰敗以後被捕，被遠東國際軍事法庭定為甲級戰犯（未予立案，後被釋）。
一九四八年十二月十六日釋放前夕病死獄中。
公有領域圖片

刺殺完俞大純之後，我們的下一個目標是日本華北駐屯軍最高司令官多田俊。

有一天，李振英拿給我四個手榴彈，說要幹個大的。他說這些手榴彈是一九四零年從河南偷運進來的，我們計畫幹掉日本華北駐屯軍最高司令官。

經過我們的詳細偵查，掌握到一點規律：當年的日軍司令官一般是從西苑機場下飛機，坐車經西直門到達鐵獅子胡同，路線一般都是固定的。

這些有高官的車隊最前面是一輛敞篷卡車的衛隊車，車頭上架著一挺輕機槍，車後跟著三輛黃色小轎車，我們管它叫"王八車"，司令官就坐在其中一輛黃色小轎車裡，車隊的最後又是一輛架著輕機槍的衛隊車。

在車隊出現前，沿途就要開始禁街，街道上不許站人。

我和李振英計畫在胡同口等著，等司令官的車隊一到，我們就把第一個手榴彈扔到衛隊車上，第二個扔到小轎車當中的車上，四個扔完我們就撒丫子跑。

行動計畫定完後，我們就經常到外頭轉，看看有沒有他們的車隊出來。結果沒幾天我們就被抓了，事情也沒搞成，手榴彈更是沒用上，全被抄去了。

一九三九年天津抗團出事後，劉潔從天津跑到北平。他雖然跑了，但是天津日本憲兵隊已有他的案底，於是開始通緝他。

劉潔臨離開天津時，發展了兩個沒加入抗團的學生，這倆學生在天津給他寫信，他到他的同學李嘉淦家取信時，被蹲坑的抓住了。

劉潔被捕後，他身上帶著我、王文誠和馮運修的地址。最糟糕的是馮運修，抗團的資料都保存在他家裡，一下全都給抄出來了。

日本憲兵照著劉潔身上搜出的地址抓人，但我什麼也沒被搜出來，資料全都轉移了，槍也都存到鄭統萬家了。

最後抓到馮運修的時候就完了。

我們都被抓進日本憲兵隊後，憲兵把我、李振英和劉潔五花大綁押帶了出來，馮運修的父親馮滉也被押了出來，但他沒被綁著。我還以為要赴刑場了，跟李振英說："二十年後又一條好漢！"結果沒想到被押到馮運修家去了，特務科長袁規在那等著呢！

日本憲兵在現場拿照相機喊哩喀喳一通照，袁規叫馮父把當天的情況類比一下。我們就看著他把當天的情況演示了一遍，這才得知馮運修犧牲的過程。

當天袁規帶著人和槍到馮宅敲門的時候，馮運修便知道出問題了。袁規他們見馮家不開門，便令人翻牆上房進院子把門打開。

袁規他們進去喊了馮運修半天也沒人出來，此時的馮運修比較機靈，見形勢不對，立馬藏身躲了起來。

馮運修帶著盛放抗團資料夾的小箱子和槍支躲到廚房裡去，開始放火燒檔案資料。馮父沒看到馮運修，還叨咕了一句："剛才還在家呢！"接著馮父就喊他。這時候特務科長袁規過來了，把馮父拉到他身前，邊走邊對馮父說："走，喊，找！"

袁規邊讓馮父呼喊馮運修邊挨個屋找，找到廚房時，馮運修從廚房門縫裡"梆"一槍打在袁規腮幫子上。緊接著院子裡兩邊的特務一聽到槍響，一起朝馮運修開槍。

馮運修開槍還擊，最後彈盡糧絕犧牲。據說現場還被馮運修打死了一個特務。

從馮宅出來後，日本憲兵又讓我們去演示刺殺舒壯懷和俞大純的過程，憲兵也是拿著相機拍，我們在現場模擬當時劉潔、我和俞大純及俞逆車的位置，拍完後存留成檔案。

到舒壯懷家模擬的時候很巧，因為我經常理髮的地方離舒壯懷家不到卅米。那天憲兵隊荷槍實彈帶著我們到舒壯懷家時，他睜開一隻沒被打瞎的眼睛一看，很驚訝："怎麼還有你啊？他經常來這剃頭的！哎呦，這少爺真是厲害！"他們管我們叫少爺。

那時候只要是打死漢奸並跟我們有關或是我們幹的，都現場一一去模擬、拍照存檔，包括刺殺周作人的也是。

模擬完沒把我們槍斃，又都拉回日本憲兵隊了。

（賴恩典）：葉老，我抄錄了一份一九四零年八月十五日敵偽報紙《華北日報》和天津《庸報》上的報導，大標題是《北平恐怖分子全被肅清，重要人犯即將判處罪行》。內容是："自去年以來，北平市內頻頻發生之暴殺，放火不法事件，經嚴密偵查，得悉以北京大學學生李振英（廿三歲）為團長，華北中學學生劉永康（十八歲）為副團長組織的北平抗日殺奸團已於八月中旬將自團長以下全體五十多名一起逮捕，引渡於日本憲兵隊審訊……彼等組織以暗殺中日要人，破壞日本軍及政府主要官廳重要建築物，而圖擾亂後方為目的。團員之大部分皆為大學，中學的學生。"

您看到過這份報紙麼？

（葉于良）：沒看過這份報紙，那時候我們所有抗團成員都抓進去了。我是十一月廿四日判決的，拷問完做好口供，送到日本最高司令部再審一遍，接著就判刑了。

本來按他調查廳的規矩，是調查完一個人，根據日本憲兵隊給的口供材料，核實跟這個材料有沒有出入，沒有就等著宣判。

宣判就是一個一個問口供，看看和憲兵隊的口供是不是一致。

最高司令部說可以不一樣，沒有刑罰，但是也不能瞎說，一定要老實說，不老實說，宣判就會加重。

一九四零年七月六日，《申報》刊載"北平學生大批捕"一文。
圖片來源：天津市檔案館

14

日本憲兵隊兇險至極，進去的非死即殘。

講述中的葉于良

模擬、存檔完畢後，我們開始挨個過堂。
可是過完堂後卻沒判決，反倒是審判長把我們叫去聽他演說"大日本的政策"、"東亞共榮"、"為什麼日本要到中國來，不是要侵略中國，是來拯救中國的，是來驅逐英美的勢力"等等，就是他們東亞共榮那些大道理，說完了又把我們都關了回去。
我是被逮進去以後才知道抗團原來竟有這麼多人。
北平抗團那次一共有五十多人被逮進去，大家都被分開關押，我一個人單獨一間牢房，李振英和劉潔可能也是。
我們起初先是關在特務科（實際上就是日本設在警察局的憲兵隊特務科），當時的日本憲兵隊在北大紅樓裡，因為它設在警察局，所以特務都是中國人。
被捕以後，他們手裡也就有了證據，都知道了誰是誰、是幹什麼的，所以他們問你是不是，你得回答自己是抗日的，你要否認他就往死裡打，打到你承認了為止。
剛開始他們不拿出證據來，所以沒人承認，後來證據一點一點拿出來大家才開始承認。一開始過堂審問用刑就很厲害，先是抽打，打完了雙手綁起來開始壓杠子。壓杠子就是讓我們跪著，把杠子壓在我們腿上，兩邊站人上去踩。
我那時候完全不在乎，你踩我壓我也不說。打完了見我還不說，他們就把火筷子在爐子上燒，燒紅了往我身上抽，一抽身上的肉瞬間就裂開了。
那段時間是天天審天天打，審問我們的是日本憲兵，現場有翻譯，不然相互聽不懂對方的話。
憲兵隊是個很兇險的地方，進去的人非死即殘。不過我們淨是十幾歲的年輕學生，憲兵對待我們相對還是鬆一點。

憲兵隊審判完以後就轉到司令部，司令部審判完把我們轉到西院，那裡是中國人看管的地方。

除了過堂審訊，其他時候也挨過打。看守所白天不准我們睡覺，我有一天白天睡著了，看守看見了，跑過來打我了一個嘴巴子，邊打還問我為什麼睡覺？我謊稱肚子疼，結果他給我拿來藥，又趁機打了我幾個嘴巴子。在日本軍部的看守所也有打人的，只不過他打得比較輕，沒有憲兵隊那麼重。

關押我們的監房都有個小框框，可以從外面往裡看，裡邊往外看卻看不見。看守所的規矩是你必須面向牆，不是盤腿就是跪著，你要是躺著，他看見了就過來打。

看守穿的是軟鞋，根本聽不見他們走路的聲音，外面過道鋪的也是地毯，啥也聽不見，所以根本不知道他會什麼時候來❶。

如果沒按規矩做，他們就把身上的配刀拿下來，叫你把頭伸過來，用刀背"梆梆"敲打幾下，就算是懲罰了，倒也不算嚴重。

憲兵在屋子里弄上很粗大的木頭椿子隔上，底下留開一個小門用來送飯。

看守所發給我們每人一張毯子，晚上鋪在地板上睡，監牢裡的跳蚤和蝨子多極了。

上廁所有馬桶，還有馬桶蓋，但每天得倒馬桶。他們專找年紀輕的、不太重要的犯人去倒，像我這樣案情重的就沒資格去了。

憲兵隊的伙食不錯，每天給三頓飯吃。早晨吃一頓大麥粥配一塊鹹菜，中午倆大白饅頭和一碗菜湯。晚上也是一碗大白饅頭，一碗菜湯。雖然沒啥營養，但能給饅頭吃就不錯了，至少不是吃的窩頭。

到東邊看守所的日本司令部就不行了，每天只給兩頓吃的，每頓給倆很小的窩頭，中間還是空的，根本吃不飽，所以每天都覺得特別餓。但是在日本憲兵隊沒得洗澡，在日本司令部卻能洗澡。

憲兵隊審訊完了就送到司令部，在司令部待了大概有倆月，憲兵隊審訊偵訊完了就送法院（日本華北駐屯軍軍律會議），法院再經過檢察官檢訊一下，再由法官判決。

法官判決的時候還挺隆重的，上面一個大高檯子，第一個坐的是審判長，旁邊坐的五個人分別是：書記員、檢察員、陪審官和審判員。下面桌子坐著個年紀挺老的翻譯，上面他們說日本話，下面翻譯中國話，我們回答中國話，翻譯又翻譯成日本話。

法庭現場他們都穿著正式的軍裝，正式開始時，他們頭一句話就是："這裡沒有刑罰，不打人的，你們實話實說。"跟憲兵隊完全不一樣。

15

我們的罪名是：抗日，軍律違反罪！

現在的炮局監獄一角　圖片來源：包偉東

一九四零年十一月廿四日，判決結果終於下來了。從九月廿四日進憲兵隊，到十一月廿四日下判決，我們足足被審了兩個月。

炮局監獄的日方屬於日本華北駐屯軍司令管轄，西邊是北平第一監獄外寄人犯臨時收容所，所長為趙悅豐，看守長為陳景惠。

炮局監獄不大，就東院和西院，這裡原來是陸軍監獄，後來分成兩個，隨著關押的人越來越多，又給蓋了一溜監房，我們被關進去的時候的監房是現蓋的。

司令部看守所也分兩部分，日本看守所在東院，東院大門上有個小院，他把我們十幾個人都集中在小院裡排成一排，十幾個人一個一個宣判：

孟慶時十年（孟慶時沒人命，他是掩護，算幫兇）；

王文誠、周慶涑、紀澍仁（後病死獄中）、曹紹蕙各五年；

應繩厚、朱惠玲各三年；

馬普東、紀鳳采（紀澍仁胞姐）、王知勉、李澄溪、張家錚、王肇杭各一年；

我和李振英、劉潔最慘，三個人都被判了終身監禁。

我們抗團這些人的罪名統一是：抗日，軍律違反罪！

同仁堂大小姐樂倩文和那些有大背景、有錢有地位的抗團同志被捕以後很快就放了，比如跟日本人的關係非同小可的偽滿洲國總理鄭孝胥，他的孫子鄭統萬、鄭昆侖可以憑關係放出來。還有一種是參加抗日殺奸團了，但什麼也沒幹的，也很快就放了。

那些家裡有背景被釋放的，包括沒有被捕的抗團成員也有設法營救我們。

比如我們家就找不著路子，最後不得已找到鄭家（鄭統萬、鄭昆侖家），鄭家到偽滿洲國軍部要人，把他兩個侄子要出去的同時，也要求把我弄出去，但是日本人不放，理由是我有人命在身，案情太重，不能放。

聽完宣判後我當時就想，反正最後的勝利屬於我們，不管判多少年，早晚日本得滾蛋，沒關係，他要判就讓他判吧，沒判死刑就算活過來了。

原本心裡做了被判死刑的打算，畢竟我們仨身上都有人命案，也算是殺人償命了。

其他人聽完判決也都沒什麼反應，判一年的就比較輕鬆。起初大家都不知道要被判多少年，心裡沒底，所以判決結果一出來，大部分人心裡都鬆了一口氣。

念完判決書後，他們把我們從小門押進到西院裡。西院是日本人監督的，但都是中國人在看守。東院叫"河北省第一監獄外寄"，"外寄"就是外國寄存在這的。

監獄即收容所，所長和看守長都是中國人，看守長之下就叫看守主任，看守主任再下面就是看守，所長下面還有兩個所官。

到了西院以後，先給我們戴上一副鐐銬，上完鐐就一起關一個小號子裡，這會兒大家才相互認識了，這才明白張三李四，不然誰是誰都不知道。

女團員也關在西院，男女不混在一起，她們都關一個號子裡。但是她們沒有像電視劇裡演的那樣受到日本人侮辱，那時候的日本憲兵比較守法，還算有點秩序，沒那麼亂。

我們關一起後我就問李振英："怎麼搞的，像一串葡萄似的都給提溜進來了？"❷

因為北平抗團是李振英領導的，他本來壓力就大，結果一聽完我的話就受刺激了，馬上就瘋了，開始"啊啊"亂叫犯了神經病。看守聽到李振英叫聲，過來把我們分開了。❸

李振英犯病時會亂叫亂鬧，看守就給他戴著雙銬雙鐐，後來把他押到另外一個號子裡，好像是跟孟慶時關一塊了。

李振英犯病的時候得有人照顧他，需要給他餵飯，很麻煩，所以鐐子戴了一天多就給他鬆開了，只要他不鬧就行。

我們身上那副鐐無時不刻戴在自己身上，睡覺也戴著，除非快要病死了，監獄才會把鐐子卸掉。❹

一個鐘頭後，我們就被分開關押了。

跟李振英一分開，我就跟張家錚關在一個號子裡，他被判了一年。

我曾和周慶涑、王文誠、王振鵠四個人在一間牢房呆過，後來也跟十幾個人關一塊過，那時候的監獄設有幾個號子，每個號關十五個人。

16

都被關進監獄了，國共雙方還沒停止搞摩擦。

—逆流者—

剛關進去的時候，監獄裡糧食還富餘，看守很大氣地說：你們吃吧，管飽。

那時候窩頭很大，吃的都是棒子麵窩頭，都漲著肚子吃。東院不管飽，在東院餓怕了，所以特別想吃。

過了兩年就不行了，日本跟美國一打仗，糧食馬上就缺了，棒子麵和黃豆麵都沒了，只吃過一次高粱米，還有渣滓，就是掃倉庫的底子，各種雜糧的底子，那叫"混合面"。後來還吃土豆加麩子，就是打過麵粉剩下來那東西加點土豆作"囚糧"。最後監獄裡連窩窩頭也沒有了，家裡也改送窩窩頭。

那時候病人特多，死人也多，死了人就從後門拉出去，我們就叫"走後門"，一旦聽說"走後門"了，就是有人死了。

西院關的有國軍也有土八路，基本都是遊擊隊，凡是抗日的都抓進去。我曾聽見國軍跟八路因為主義信仰吵架。

國民黨這邊說："你土八路占了我的地盤，把我們轟出來了。"共產黨說："你們淨搞摩擦，跟我們打仗。"

只要一談事，雙方就爭執起來，在外頭抗日時國共搞摩擦，被關裡頭了也沒閒著。

西院有幾十不到一百個看管人員，看守每天三三制輪流看管我們。

所長相當於監獄長，因為所屬為寄人犯收容所所長，所以不叫"典獄長"。他們穿黑色的員警服，但沒有佩戴武器，就跟電視演的一樣，態度有好有壞。

有的人覺得大家都是同胞，所以不太較真，有的就很橫，你要不聽話，急了就打人，一般看守是不准打人的。

一進監獄，所有人的頭髮都得剃了，原來留頭髮的，甭管分頭或是板兒寸，都給剃成禿子。身上如果沒換洗衣服，家裡可以送，沒人送監獄給囚衣，也允許家屬送吃的。

我被捕後，家人覺得這是好事，抗日嘛，光榮！我哥哥還為此去找司徒雷登，讓他給幫忙找份工作。不過家裡也吃了不少虧，特務到家裡把門一關，來訪人員來一個關一個，只進不出，土話叫"蹲坑"。家裡還得給預備飯，這麼多人吃飯，都是家裡掏錢。

關了幾天，他們看這些到家裡來的人跟我沒關係，就給放了。稍微跟我熟點的就弄到警察局問，沒什麼事也放了，那段時間把我家人關了起碼有一個多月。

17

我是炮局監獄裡的抗團第一囚號。

剛進監獄的時候我心理狀態很踏實，總算有了結果，沒被判死刑，也就有希望，所以沒有灰心喪氣，反正最後勝利一定是我們的，就是堅持這個信念。在炮局監獄關押期間，監獄看守稱呼我們為"犯人"，而且我們每人都有專屬的號碼，從1號往下排，我是"580"號，看守每次喊我就喊"580"。李振英排號"581"，孟慶時"583"，抗團裡面我排頭一號。

監獄過年過節偶爾能吃到肉，但沒有米飯，我得益於家裡老送，常常吃得到米飯。

一九四零年的時候糧食還不是那麼缺，後來就沒有米飯吃了，後來連窩窩頭也沒有了，就是雜合面、土豆、麩子，於是家裡就開始給我送窩窩頭。

一九四一年春節，監獄請了個和尚來佈施，每人給一個大饅頭和一小包肉，這些伙食算那個和尚和廟裡的施捨。

監牢提供給我們睡覺的地方比較窄，牢房後面的大屋子裡有一個大炕，能睡十來個人，地板上睡五六個人，可供每個人睡覺的地方很小。鋪的蓋的家裡送，監獄不給提供，家裡沒人送的，監獄提供囚衣囚被。夏天就慘了，監獄不給提供蚊帳，有蚊子了只能扇，所幸蚊子不多。

在監號裡大傢沒事幹了就聊聊天、看看書，那時書不少，各式各樣的都有。監獄設有幾個工廠：底工廠（衲鞋底的）、鐵工廠（打鐵的）、磨工廠（磨面的）。還分了很多個科，有洗濯科、縫紉科、印刷科和膳食科。我被分在縫紉科管賬，每天誰出了什麼活，記一下就行了，輕鬆得很，所以沒事了就看書。工作雖然輕鬆，但是大家每天的勞作都是沒有工資的。

但是監獄也有限制，不是什麼書都能看，四書五經之類的都可以，但只要涉及到什麼主義之類的書就不行，包括共產黨的書。

不過只要想看，通過看守都能送進來（給好處），所以我在監獄裡看過《共產黨宣言》和《政治經濟學》，連周佛海作的《三民主義》都看過。只要把封皮換成《婦女問題》之類的，都能蒙混過關帶進來。

監獄生活很規律，每天六點鐘起床就開始放水洗臉，洗完臉上工。中午有人送飯到工廠來，直接在那吃，吃完接著上工，傍晚五六點鐘天一黑就收工，晚上九點鐘就熄燈。

監獄裡能洗澡，一個月洗一次澡堂子，髒衣服自己洗，也可以讓家人拿回家洗。我偶爾拿回家洗，再讓家裡連衣服和飯同時送來，每週可以送兩次。

但是我家裡遠，一個禮拜就送一次。後來監獄成立了洗濯科，專門洗衣服，我們有時也交給他們洗。

監獄那時也允許送錢進來，有了錢就可以買東西，他們有專門的小鋪，你要買什麼東西登好記，開好單子交給小鋪夥計，他出去照著買就行。

監獄允許家屬每月探一次監，每次探望半個小時。到了探監時間，家屬就到門口要求接見，然後排隊領牌子，輪到探視的時候，家屬給看守遞牌子的時候，牌子底下壓著錢，他一看到錢，就放人進去了。

家屬往監獄裡送東西也一樣，你賄賂了，他就把東西送到指定人的手裡，你不賄賂，他就把東西壓著，啥時候給或者給不給就不知道了，且等著吧。

每次賄賂他們的錢倒也不多，也就是幾塊偽幣。那時候不讓用法幣了，一九四零年法幣已經開始貶值了，一九四一到一九四二年的時候貶得更厲害。

講述中的葉于良

不過家屬帶東西進監獄也不是隨便帶的，每件東西都要搜查，但是檢查歸檢查，我們有時也能偷偷摸摸帶信進來。

比如送飯的時候都有一個裝（填充）了棉花的飯包，送的時候包裡有飯菜或饅頭之類的食物，那個飯包上有個帶子，我們就在上面做文章，把信縫在帶子上面。

日本人也沒那麼仔細檢查，我們用的都是特薄的紙，上面寫上字，疊上以後縫在裡頭，所以他們沒檢查出來就放了，很難查得到，這樣就可以收到家裡來的信了。

再有，我們可以拿錢收買他們，如果有啥私事，就讓他到家裡送個信，送完家裡給他五塊錢就可以了。

監獄裡有倆擺設醫生，一個是西醫，一個中醫，他們管醫生叫"醫官"，因為監獄裡沒有藥品，所以醫生也是擺擺樣子。

我曾經在監獄裡得過一場重傷寒，最開始時是周慶湅得的，因為我伺候他，結果被他傳染了，只能叫家裡請醫生帶藥來治病。

在監獄裡跟抗團其他人見面、說話都比較容易，他們管得比較松。

大家在一起也就是聊聊最近看什麼書，聊聊看書的內容和心得，也會聊聊案情。

看守看到我們聊天就會制止，但一般都是他喊他的，你說你的，大家心照不宣，走個形式而已。

18

日本翻譯握著我的手說：你氣色不錯。

一九四二年，炮局監獄裡新來了一個翻譯，是個日本人，他說他是中國通，在中國大學念的書。

有一次他把我找去個別談話，他說："你們原來是判死刑的，但改判了無期。"緊接著他又說："你們抗日思想轉變了沒有？"

我說："沒有轉變！你們侵略中國，我們當然要抗日。你們不是說英美曾經侵略你們日本麼？他們侵略的時候你們是不是應該抗英美啊？"

他說："當然了，那是愛國。"

我說："你們知道愛國，我們也知道，你們侵略我們，我們當然要愛國起來抵抗啊！"

我們就這麼辯論了起來。

後來他說："現在情況不一樣了，我們比較先進，你們比較落後。我們算是成年人了，你們算是小孩子，所以需要成年人來提攜、提拔你們，等你們成長了就好了。日本現在什麼事情都交給你們中國人來辦啊，現在各個機關都是中國人做主了。"

那時日本人正好都抽到前線跟美國打仗，人不夠用，他說："你也不看看報紙。"

我說："監獄不准我們看報紙。"

他說："我告訴你，日本什麼權力都交給中國人自己辦。"

我說："我不知道，我就知道你們把中國的原料，比如煤、鐵礦都往你們日本運。"

他說："這樣吧，你不知道可以瞭解一下，看看時局。"

主任看守知道我跟他辯論的事以後對我說："你呀，人在矮簷下，不得不低頭，對著日本翻譯你還敢說抗日，他回去一反映，把你拉回去槍斃，太容易了。"

我說："都給我判無期了，我怕什麼呀！"

那個看守後面還到處說：這傢夥不要命了，跟那個日本翻譯還敢說抗日是對的。

其他的犯人聽到我的"事蹟"後，在監獄見到我還對我點頭示意呢。

日本人來檢查監獄的時候，那個日本翻譯也經常進來，一進來就滿處躥。因他是翻譯，日本人就授權給他來檢查。

那個日本翻譯每次來的時候，看守見到他馬上就立正："來了啊！"我們就坐成一排，像是等著他來檢閱似的。他也是喜歡鬧，喜歡玩，也不是真正檢查，就跟鬧著玩似的，在這逗逗樂，在那裝個鬼臉逗逗笑。

這麼多年過去，我已然忘了那個翻譯叫什麼名字了，不過他人倒還挺好，沒打過人。那時候他也就三十來歲，說話也挺和氣，不是那種對你盛氣淩人拍桌子瞪眼那種。

我跟他說我們抗日是對的，他也沒因此跟我拍桌子瞪眼，只是狡辯說他們不是侵略，是來拯救你們之類的。

這個翻譯也怪，不久就被調到南洋參軍，過了一年他又回來了，但不是作為翻譯的身份回來，他說他是舊地重遊，參觀參觀。

再次見到他的時候，他穿著軍服，看見我就跑過來握著我的手說："啊，你氣色很好，身體健康……"現在想想還挺有意思的，有點不打不成交的意思。

那時候日本軍官會每月拿著人名簿來點一次名，從被關押到抗戰勝利那幾年，裡面關押的人沒有被拉出去槍斃的。

新增進來的犯人越來越多，本來五百多人，後來又進來三百多人，到最後有八百多人，大都是政治犯。

19

你們這些漢奸走狗，喊什麼萬歲！

一九四五年八月十五日，日本天皇宣佈無條件投降，但監獄還沒放我們出去的意思。監獄關著我們不放，可我們想出去，於是監獄裡就發起暴動。就在我們即將衝出去的時候，日本兵的槍上膛了，我們一看不能衝，沖出去就白白被他打死了。

有一次，不知道誰半夜裡喊了一嗓子，全監獄的人都跟著喊了起來，喊叫聲在半夜裡聽起來非常慘。有人說"炸獄了炸獄了！"有人拿起行李準備跑，結果看守們和日本兵沖進來挨個號子壓下去。其實大家都想越獄，但是成功不了，監獄戒備很嚴，大家也都帶著鐐，不太好跑。

投降那天所長帶著一群敵偽政府的保安隊，在底工廠說："大家都來，報告大家個好消息，日本投降了！中華民國萬歲！蔣委員長萬歲！"

我們底工廠都有馬紮，就是納鞋底的那個架子，等他們這萬歲那萬歲喊完後，大家拿起底工廠納鞋底那個架子就砸，邊砸邊罵說："你們這些漢奸走狗，你們喊什麼呀！"這樣一砸他們都跑了，跑的時候還不忘把大門給鎖上。

門一鎖我們就開始砸鐐，因為我們在工廠裡都有鐵錘子、砧子這些工具。砸完鐐有人就想往外跑，出來一看，跑不了了，人家已經在監獄的高牆上，拿著槍對著我們，他要是開槍我們就白死了，日本都投降了，這時候死就太冤枉了，忍忍吧！

在此之前也有內部小道消息，所以我們八月十號就知道日本準備投降了。日本一投降，我們提早出去的抗團同志就傳消息進來。日本連連打敗仗，又挨原子彈炸，又是蘇聯出兵東北，那些看守和所長一看日本要完，很害怕，開始討好我們。這裡原來都是政治犯，受他們壓迫，現在終於要翻身了。

一九四五年九月三日，麥克亞瑟在尼米茲軍艦上簽完字，我們才被放出來。

從八月十號知道日本即將投降，到九月三號出獄這段時間裡，我們自己組織了一個管理委員會，這個委員會大概有廿三人，我是其中一位。

民選的代表要求監獄改善伙食，外面的漢奸和偽市長也捐贈了一千斤包穀和黃豆，這樣我們的伙食就得到了改善。伙房那時也歸我們自己管了，但每天還是照常一天兩頓飯，

講述中的葉于良

只是伙食比吃地麩子麵、混合麵強多了。
儘管監獄的門還是鎖著，但我們在裡面做什麼漢奸都管不了了，看守也都撤到了外面，裡面就我們自己管自己了。那段時間就相當於被軟禁，只要是在活動範圍內，大家可以隨便串，外邊人也可以進來探視。
監獄大門開著，但我們仍出不去，只能到院子裡，外邊的人可以在窗戶裡跟我們說話。這期間抗團先前提前釋放出獄的曹紹蕙和朱惠玲來看過我們，但她們不能進到我們這個管理區，只能到外頭的院子，順著邊上的窗戶可以相互看得見。

李振英跟朱惠玲通過窗戶見面問候完，朱惠玲一走，他又瘋了，直到抗戰勝利後他還是沒完全恢復。
那次砸鐐後他慢慢有所好轉，再沒犯過，但精神也不正常，時常一個人發愣。他的病是間歇性發作，好的時候跟正常人一樣，一犯病就傻了。
抗戰勝利後，他開始說我們自由了，最後勝利是我們的了。但一犯病就不行了，什麼都不知道，也什麼都不會說了，直到九月三號放出去，他還是犯著病呢。
出獄後，他家人帶他到天津去，後來病好了又回到北平來。
一九四七年四月，我到天津坐船去福州的時候，在天津街上碰到他，他還招待了我，看起來很正常，那時候已經算是病癒了。
抗戰勝利的消息一傳進來，大家高興極了，但監獄裡什麼也沒有，沒法慶祝，只能拍手鼓掌以示慶祝。
不過，有好消息，但也有謠傳說接下來國共之間肯定會有戰爭，還謠傳說要放就會先放國民黨的人出去，又有人說要是共產黨進城了，國民黨怎麼處理？但那時候國軍和八路軍還沒進來，都由日本人守著。
那時候還有一個謠傳，說日本天皇雖然宣佈投降了，但是日本華北軍隊"將在外，君令有所不受"，他們不聽命令投降，還要堅持戰爭。
日本宣佈投降之前，從炮局監獄提前放出去的人，不論國民黨系統還是共產黨系統的，都屬於"蒙難同志"，所以提前出獄的便組織成立了"蒙難同志會"。❺ 由蒙難同志會跟監獄裡面聯繫，還捐糧食物資和送報紙消息到監獄裡來。
那時候我們可以正大光明地看報紙了，原來是不准看報紙的，但其實我們都有地下的管道可以送報紙進來看。
敵偽那些報紙也就那麼回事，沒有什麼真正的消息，都是日本怎麼勝利之類的，失敗了他也不說，所以敵偽報紙我們也不願意看。
沒過多久，蒙難同志會分裂了，監獄裡國軍和共軍也分開了。國共一分裂，共產黨人姚克因、呂厄全都走了，所以蒙難同志會變成純國民黨系統的了。
九月三日出獄後，我自然也算是蒙難同志會的會員，但同志會也沒什麼作用了。原來蒙難同志會還有救濟的作用，衣食無著的可以給點方便和救助，後來就沒人管了，就此消沉了下去。

現在蒙難同志會還活著的、跟我有聯繫的就是生活在臺北的王文誠了。他那時是組織蒙難同志會的一員，是天津抗團的同志。前幾年去臺灣時我們見面了，現在也經常聯繫。他身體比我強，在網上還開了一個關於抗團的博客，裡面有好多他的相片和文章。

原來在監獄裡的國軍和共軍，抗戰勝利後雙方沒有因為抗戰是誰打的而起爭執，監獄裡一團平和，大家都是抗日同志。

我們抗團在監獄裡跟共產黨的人關係很好，大家都在一塊看報看書，也談些國家大事。當時大家也想，抗戰勝利後，國共兩黨必然要合作成立一個聯合政府。

獄中的國共兩黨人的心裡也都是這麼想的，結果等出獄沒多久又開始摩擦，緊接著就打起來了。

20

抗團解散，各回各家。

一九四五年九月三日，早上八點鐘左右，監獄大門一開，緊接著有人過來喊："都走，都走！"我們就這麼被放出來了。

大概是蒙難同志會通知家屬今天我們出獄的消息，我們走出監獄大門一看，好多家屬在外面接我們。

我弟弟葉于運租了輛汽車，和沈正儀、巢賢德以及我老伴她哥哥一起來接我，那時候我和我老伴還沒結婚，但我們從小一起玩，青梅竹馬，感情很好。

家裡面變化不大，就是家境差了，廚師解雇了，保姆也解雇了幾個。

出獄後跟抗團的同志就光明正大聯繫了，抗團早期曾有十個拜把兄弟，曾澈行二，他們管他叫"二哥"，陳肇基行十，他們管他叫"十哥"，他跟曾澈都是軍統人員，後來都加入抗團來了。

天津抗團被破壞後，陳肇基被抓住並判了三年，一九四二年出獄後又在天津組織抗團，但沒多久又被日本憲兵隊抓了，不過他這次改了名字，原來叫"陳政之"，後來叫"陳肇基"，這樣他就不算再犯，所以只判了他七年，我們管他叫"二進宮"。

出獄後，我們想請軍統局桂詢小組的所官給我們聯絡重慶抗團總部，但是他們沒辦法聯繫到，最後找到十一戰區調查室主任，聯繫到華北分團主任孫大成（孫若愚）和副主任錢宇年。後來總部派錢宇年先來北平，他把所有抗團的同志召集起來重新分組（那時孫若愚還沒來，錢宇年打前站），討論抗日殺奸團有沒有存在的必要。

此時國民政府正好要成立"肅奸委員會"，邀請抗團成員幫忙，而且參加肅奸委員會的人既沒職務也沒工資，主要是做漢奸情報的收集、揭發檢舉和審訊。抗團有一部分人去參加了，就是陳肇基、王文誠和我。

抗戰勝利後，美國軍官要到北平各地參觀日本的軍事設施。他們到北平找到十一戰區，但十一戰區沒人，此時已經開始肅奸的前期工作了，人手不夠，於是他們找到王文誠。那時王文誠在接收委員會，就是剛剛開始接收敵偽的機關，肅奸委員會還沒成立。

王文誠碰到張家銓，張家銓向他借調一個人接待美國海軍軍官，於是王文誠就找到我，我想反正我也沒工作，就答應幫他聯繫十一戰區長官部。

那時候十一戰區司令長官孫連仲還沒來，只有"前進指揮所"，我就聯繫前進指揮所外事處的處長，結果他們也沒人，光杆一個。這時有個少將陳高參，願意帶著我們去，就這樣，那些美國軍官想到哪去，跟這位陳高參一說，便由長官部派汽車帶著我們去，所以我也就跟著去參觀日本軍營。

這隊美國人據說是中美合作所的美國海軍，有軍官也有大兵，還有個中國翻譯。他們都帶著照相器材，到哪見到什麼就"喊哩喀喳"一通照，到日本軍營裡也照拍不誤。

我英語不行，所以就跟翻譯聯繫，這邊長官部有什麼消息跟我說完，我就回饋給翻譯，包括行程時間這些，算是聯絡人。

我陪著這隊美國人去了華北駐屯軍司令部、西郊飛機場、長辛店火車站、南苑飛機場、宛平城和盧溝橋。

去南苑的時候，正好國軍飛機在南苑降落，那時候剛開始來接收的是國民政府的軍隊，原來那裡都是日本軍隊守著。

那時有諸傳南苑的治安不好，要我們注意沿途有沒有軍隊、散兵游勇或者土八路。但是注意也沒辦法，我們身上沒武裝，國軍也沒到，所以那個陳高參就建議叫日本兵保護。

後來我們在鐵獅子墳跟日本的華北駐屯軍司令部要人，他們就派了一車日本兵在我們前頭走，我們的汽車在後頭跟著。

到永定門外的時候，剛下飛機的那些國軍一看路上有一車日本兵，"嘩"一下槍就對準日本兵："繳械，投降！"

這可鬧大了，真要打起來就麻煩了！可是日本兵也老實，馬上舉手投降，他們已經接受投降的命令了。這時穿著軍裝，有少將牌子的陳高參從車上下來問："你們長官呢？"國軍一看對方是個少將，立馬給他敬禮。

陳高參說別誤會，由於治安的關係，我們臨時請他來保護我們。那位國軍軍官說，現在我們國軍到了，用不著日本兵保護了，讓他們走吧！

到南苑機場的時候，日本軍官在那擺起桌子來，還弄了點日本糖畢恭畢敬地招待我們，見到我們都會敬禮。參觀的時候都是日本的大佐、中佐這些指揮官陪著。

在西郊，我們看見被日本飛機打穿了孔的火車頭，還看了鐵道坦克車，美國人參觀的目的是想瞭解日本軍隊的情況究竟怎麼樣，所以他們每參觀一處都一一照了相。

我們在參觀的時候，感覺日本的軍事設施也不怎麼樣，不過就是坦克大炮這些。

陪美軍參觀結束後，肅奸委員會成立並開始抓捕漢奸，我回到錢宇年組織的抗團華北分團，那會抗團還沒宣佈解散。

不久，我到了肅奸委員會的時候，抗團重慶總部傳來消息：抗團總部宣佈解散。

抗團就這樣結束了歷史使命，抗團同志大家也就各回各家了。

晚年錢宇年和張世一　圖片來源：天津市檔案館

李振英當年從炮局監獄出獄以後回到天津，後來又被加入軍統的孫若愚弄到北平來，我們抗團的同志就他一個人加入軍統。

孫若愚後來成立了一個屬於情報局的什麼進步青年社，他跟錢宇年還把王振鵠、李振英都弄進社裡。

孫若愚就一直在裡面照顧李振英的生活，後來照顧到監獄裡去了。

一九四九年後，李振英在鎮壓"反革命"時被捕，判了二十年，而在此之前孫大成和王振鵠就跑到臺北去了。

據說當年抗團解散有兩點主要條件：

第一、以後任何人不能以抗團的名義從事任何活動。

第二、抗團有些人暫時找不到公職，為解決他們的生活，在北平暫撥發十八人的工資。但這十八個人沒包含我，工資應該是有給，我所知給了在上海六個抗團同志。

孫若愚和楊國棟倆人領取並掌握了這筆錢，孫若愚是天津抗團的，至於他發沒發我不知道，那時我已經有工作了，抗團一解散我就脫離了他們。

我也不知道有工資，後來聽孟慶時說發工資的名單裡有他的名字，但他沒見過這些錢。

孟慶時那時候沒有工作，還在上學，所以我們都不知道這筆錢到底都發給誰了。

我雖然對抗團有感情，但日本鬼子投降了，也不用殺漢奸了，這個團體就沒有存在必要了。我們跟別的黨派不同，沒有什麼主義和宗旨，我們就是簡單的抗日殺奸！日本一投降，"抗日"、"殺奸"這兩件事就沒意義了，抗團也應該解散了。

劉潔出獄後就回天津，後來也參加了天津肅奸委員會，據他說在裡面做看守所工作。

王文誠也是去了天津，在肅奸委員會做審訊漢奸的工作。

二零一一年，李明暉（"關愛抗戰老兵網"創建者）拍抗團紀錄片的時候，把祝宗梁跟劉潔接到北京我家裡來，那次我還跟劉潔嗆了起來。

談到刺殺川島芳子的事，他非說自己也參與了。我說咱們實事求是，有你什麼事？是我跟李振英去的！然後他就沒吭聲了。

他寫了一本叫《囚歌》的回憶錄，裡面回憶的事整個一胡說八道，都是在表示他是如何堅強。

在寫他在炮局監獄的時候，戴反銬子關在小號子裡，在窗外碰見王文誠，還跟他點頭。其實根本就沒那麼回事，劉潔壓根兒就沒關過小囚和戴反銬子！

寫四十年代的時候，他在西直門大街鄭孝胥家，川島芳子要跟鄭孝胥見面，劉潔就偽裝作服務員，給他們沏茶倒水，那時候他就想刺殺川島芳子，結果沒有成功。

我說你胡說八道什麼？鄭孝胥一九三八年三月八日就死了，他就沒來過北京。

劉潔的《囚歌》那本書裡還提到川島芳子鄭孝胥的對話，鄭孝胥人都死了，上哪兒對話去？簡直胡說八道。

劉潔後來在天津曾因組織"青年學習社"的反動組織，被共產黨當作"歷史反革命"捉起來判了七年。

其實青年社是在抗戰時期，也就是一九三八和一九三九這兩年成立的，他非說是在共產黨解放時候才成立的，胡說八道一通！他就是在書裡宣揚他自己，不能全信。

後面劇組帶祝宗梁去看孟慶時，就沒帶劉潔去，抗團的人對他很有意見。我們這麼多人被關進監獄，都是因特務先抓的他，他也承認有我們住址的名單在他身上，但究竟是他真帶了名單還是招供的就不知道了。
我們搞的是地下工作，怎麼能執行任務時將姓名地址都帶在身上呢？太小兒科了吧！
我問他馮運修怎麼死的，他說他帶著馮的位址，特務科長袁規就帶人順著地址去了，到馮宅打了起來，馮運修就犧牲了。
同樣因他被捕入獄的王文誠後來問他："我是怎麼進來的？你怎麼把我也說出來了？"
他解釋說："不是說你，我是怕忘了，就抄下你的電話號碼帶在身上，他們就跟著電話號碼找著你了。"
我們當年被捕時，身上都乾乾淨淨的，什麼也查不到，以至於後來被拷打還否認。憲兵說："你不承認是吧？那你看看這是誰？"
我一看，劉潔在擔架上躺著呢，我剛要過去看，憲兵攔住不讓去，怕串供。我死活不承認認識劉潔，憲兵又接著打我。
我們當年在一塊執行任務，但不知道他的名字叫劉潔。他在憲兵隊也被打得很慘，李振英也一樣非常慘，所以李振英瘋了跟這有也有關係，受刑太重了。李振英是北平抗團的頭頭，逮著了他們還不拼命地砸？
當然，客觀來說，他說的也有真的，譬如刺殺吳菊癡他去了，刺殺俞大純他也開槍了。

21

馬漢三的「鴻門宴」。

葉于良在口述歷史錄製現場

一九四五年十一月底十二月初左右，我被安排到馬漢三❻那給抗團打借款條，讓他們先墊點款維持華北抗團的生活。我到肅奸委員會時正好趕上大門關閉，不准進出。不過那裡是陳肇基說了算，受他之邀，我加入了肅奸委員會。

正好督察長也是上海來的，肅奸委員會行動組成立了一個司令部稽查處，成了公開的機關。那個督察長光杆一個，叫我跟著他，於是我又到稽查處去了。

結果倒楣催的，因為這段經歷，一九四九年中共建政後，在懲治"反革命"政治運動中就把我懲治進來了。

開始肅奸後，馬漢三請所有的大漢奸吃飯，說是吃飯，實際上就是鴻門宴。漢奸們不明就裡，一進門就一個一個被捆起來銬上，然後往看守所裡送，也就是被送去了當年關我們的炮局監獄。

我當時就在飯局現場，所以這些大漢奸誰來了我都知道。

我看見王克敏❼戴著黑眼鏡坐著汽車來，但沒下車就接著開走了，沒有五花大綁，但是被銬上了。

講述中的葉于良

王克敏、王揖唐 ❽ 這些大漢奸都抓了，川島芳子也早就被軍統抓起來了。不過也有漏網之魚，那個帶特務去抓捕馮運修的特務科長袁規，我們就死活找不著他。

那時肅奸委員會主任是北平市市長，副主任是戴笠，戴笠不在的時候好像是馬漢三，他是華北辦事處主任。

22

一張照片
引出一段歷史。

故宮太和殿前觀看受降儀式的人潮　圖片來源：孫惠書

受降儀式現場的孫連仲將軍（前站立者）　圖片來源：孫惠書

日本投降以後，北平城的治安也都是由日本管得多，那時候北平城不讓慶祝抗戰勝利，因為日本憲兵還在巡邏。

後來日本人出來少了，更是不敢再對中國人橫了，也改由中國員警維持治安了。

我去參觀日本軍事設施的時候，在永定門碰上了第一批進北平城的侯鏡如將軍的第九十二軍，那時候他任警備司令。

九十二軍的士兵坐著卡車進城，一卡車幾十人，都坐滿了，帶著槍，穿一般的布衣服，普普通通，沒日本兵穿得好。

當年我陪美國軍官參觀，他們是當時來北平的第一批美國軍官，中國人見到他們都另眼看待，非常尊重。

美國是二次大戰的戰勝國，尤其是幫著我們打敗日本的同盟國，所以我們在受降典禮那天，就把唯一的美國軍官當貴賓了。

我們之所以能去太和殿參觀受降儀式，實際

受降儀式現場的孫連仲將軍（前站立者） 圖片來源：孫惠書

上是陳高參在前進指揮所通知了我，他跟前進指揮所主任都是少將軍銜。那時最高級別的只是少將，一直到孫連仲他們來了才有上將和中將。

受降現場邀請了美國軍官參加，當然我就得陪著了，同時我又是聯絡人，所以先通知的我，再通知其他人，我也就跟著到了主席臺後面。

那天抗團的好多同志都去了，但李振英、劉潔都在天津沒去，孫連仲的一雙兒女也都沒去，他們不在北平。

我是抗團唯一一個站在主席臺上的人，孟慶

以根本博中將為首的日方投降代表（左一為根本博）

平津地區受降主管孫連仲簽字將軍，接受日軍投降。

根本博代表華北十二萬名日軍官兵在投降書上簽字

時和其他抗團同志都在太和殿大殿的外頭，我在大殿上頭。

一九四五年十月十日，受降儀式在故宮的太和殿舉行。

太和殿前交叉掛著中華民國國旗和國民黨黨旗，大旗子前面是一個條桌和一把椅子，孫連仲坐在上面簽字，我們都是站著看。

印象中的孫連仲長得不算太胖，長方臉，有點威武勁。

日本軍官是根本博中將，華北派遣區最高司令官。根本博是個小矮個，有日本驕傲勁，還有日本軍人的氣派。

日本軍官就是那樣，都挺著個胸走路，挺正規的。

受降儀式現場有很多媒體拍照，日本方面大概有十幾個人投降，他們在孫連仲對面站一排，先繳械，把佩刀排好，接著孫連仲在受降書上簽字，根本博在投降書上簽字。

簽完字後就是升國旗，大家給青天白日旗敬禮。現場來觀禮的群眾有好幾萬人，說話聲音很大，非常嘈雜。

整個受降儀式的過程也就進行了半個多鐘頭吧，簽字完了以後大家開始高興歡呼，底下

儀式最後，中方全體成員向所有在戰爭中犧牲的軍民致敬。
圖片來源：孫惠書

儀式現場觀禮群眾高呼"中國萬歲"、"勝利萬歲"。
圖片來源：孫惠書

有人喊口號，但是秩序還是很好的。

日本人退回去以後，我們還去喝了一杯葡萄酒。受降儀式一結束，孫連仲將軍在受降現場坐的椅子和桌子都被收藏了。

受降儀式現場，北平的老百姓都可以參觀，但也是有警戒，不能隨便往裡闖，得排隊進去，有秩序的都帶著排隊進場的牌子，類似於邀請函。

當年的受降儀式現場有人用膠片機拍電影，在錄影裡能找到我的鏡頭，就是太小，看不太清楚。不過我知道那個站在別人後邊，只露了半邊頭的人就是我。

那時候我剛剛從炮局監獄裡出來，頭髮都剃光了，剛剛長出點毛來，還把它燙卷了，身上穿著西服打著領帶。而且現場好多都是十一戰區的軍人，都穿著軍服，所以穿西服的不多。

儀式結束後有人跟我說："借這個機會，咱們是不是都在這照個相？"我讓翻譯告訴美國兵，又跟十一戰區長官部的也說了一下。得到允許，請美國的攝影師在太和殿給大家照了個相留念。

一起合影的有十一戰區的人，比如陳高參和張家銓，還有一部分是抗團的同志：我、陳肇基、孟慶時、王文誠、應繩厚、林健、朱慧玲、曹紹慧、張家錚、王振鵠、趙敏行。還有幾個然不隸屬於抗團成員，但受抗團管理的宋月宵、張步雲、張霞飛，以及李如鵬的太太。

後來這張相片被我妹妹帶去了巴西，她當時嫁給國民政府的一個空軍，同時也是我的一個表哥，只不過他當時是空軍地勤人員機械師，還不是飛行員。

二零零四年，我妹妹在清理東西時，清理出一張有很多人合照的照片，我讓她趕快給我寄來。還好這張照片當年被我妹妹帶到國外去了，不然四九年以後抄家早抄沒了。

那張相片很珍貴，我拿到照片後複印了十幾張，凡是我知道的、活著的抗團同志，一人給了一張。

一九三九年天津發大水的時候，軍統有兩個叛徒裴級三（代號吉冊）、張維中叛變，把抗團的名單、地址全都供出去了。

裴級三是軍統天津站的，跟抗團沒關係，不過曾澈和李如鵬被捕就是因為他們的叛變，曾澈和李如鵬也因此犧牲。

抗戰勝利後，天津抗團專門組織人員尋找在抗戰期間失蹤的抗團成員和抗團的叛徒，並搜集情報揭發漢奸和叛徒。

不過這件事我沒有參與，我不知道哪個抗團同志失蹤了，更不知道誰是叛徒，所以就沒參與揭發。

抗團的經歷給我這一生帶來很大影響。

首先我大學沒畢業，學歷就差了一截，而且由於在抗團裡邊認識了陳肇基他們幾個軍統局的人，又在官場上幹了警備司令部稽查處一段時間。

這些經歷在後來直接或間接影響到我的政治生涯，包括後來的牢獄之災。

一九四九年中共建政後，我因為當年這些經歷被中共鎮壓成"反革命"，直到一九七五年年底才被特赦回北京。

受降儀式結束後，抗團成員與十一戰區長官部的陳高參、張家銓和來觀禮的美國軍官在太和殿合影。
二排右二畫白圈者為葉于良、右三陳肇基、右四曹紹蕙、右五楊慶余、右六李桂芬、右七李玉林夫人、左一半蹲者王文誠、左二應繩厚。楊慶余身後為王振鵠，再向左依次為：張家鈝、王松林、鄭統萬、葉剛騫、周慶溧，再隔一行為趙敏行。
圖片來源：葉樹振

23

中共的赤化教育和意識形態對我影響很大。

講述中的葉于良

抗戰勝利後,我進稽查處督察室任督察,專門督察下面的情況。這工作很清閒,就是督察一下有無違紀違法的行為。

一九四六年六月,國共內戰一開打,我們就覺得這事不不好幹了,家長們也有意見,都覺得很危險,索性就辭職了。

辭職後,福建省稅務局的局長請我到福建福州去,他在那光杆司令一個人。他老婆跟我關係非常好,也推薦我去。

那時政府分特任、簡任、薦任和委任四級,我那時是中校軍銜,屬於薦任官,級別上夠格,就這樣我去福州當了科長。

民國時期的行政級別跟現在不太一樣,局下面是科,科下面是股,那時的科相當於現在的處。

一九四七年,我動身去福州去之前先結婚,結完婚帶著家眷去。父親不管我們的事,我們那時候都是自由獨立的。

夫人和我原來就是鄰居,小學和中學又是同學,抗戰勝利我出獄後確定了戀愛關係,所以我兒子是一九四八年初在福州出生的,後來到武漢生的女兒。

一年後,那位局長不幹了,我就跟著他回到南京財政部(當時的稅務局局長為財政部委派)。回南京以後,我被調到武漢市財政管理局,武漢那時候都快被"解放"了。

一九四九年五月十六日,解放軍佔領武漢。解放軍進城的時候我在武漢,不過沒有受到什麼影響,雖然政權更迭,但是我還是被接收留用。

當時武漢沒有金融管理局,金融管理局屬於財政部,中共政府的財政部沒有設立這個機關,所以就在人民銀行設了金融管理處,交由人民銀行管。

人民銀行那會有中南區行，六大區，我就在中南區行金融管理處工作，主要的工作是管理金融秩序，也就是管理銀行錢莊。

我在武漢幹得還不錯，幹了一年還記了一次大功。當年我檢查出銀行和錢莊作弊、違法違規後，把他們送到法院並罰了款，所以我就被記了個大功。後來武漢市選勞模，還把我選為"一等勞模"。

一九五零年"三調一統"（調整公私關係、調整金融關係等）的時候，我作為中南區列席代表，參加全國金融會議，在北京中南海懷仁堂聽周恩來和劉少奇作報告。

首先是周恩來作國際形勢報告，半道，毛澤東帶著民主黨派的沈鈞儒、史良這些人士來了，跟大家招招手，我們下邊就鼓鼓掌。

他們聽了一會就撤了，然後劉少奇一邊抽煙一邊講，抽完了對上又抽。他的湖南口音我聽不太懂，好像講的是關於專政的，又說對待敵人如何處理，也就是政法問題。

到懷仁堂之前，中共的赤化教育和意識形態對我影響很大。原來在炮局裡面就是看社會主義的書，我尤愛看《資本論》，在書裡面看到的也是自由主義的思想，很希望這個東西能夠成功，希望能夠人人平等。

剛剛解放的時候確實看著共產黨很民主，而且軍隊不擾民，非常親民，所以覺得這有希望，有前途。

到懷仁堂見到毛澤東、周恩來他們，覺得確實有新的氣象。幹部也都非常艱苦，我們行長很樸素，穿個普通的衣服就出門。開會講話非常和氣，非常幽默，沒什麼官架子，有時候還一塊跳舞。所以當時看待共產主義還是好的，人人平等，也沒欺壓老百姓，工人也不像以前受剝削那麼厲害，非常尊重，看著很有朝氣，但後來慢慢的就不行了。

24

在我人生的中，曾是個『反革命』。

一 逆流者 一

中共建政初始，我們行長陳希愈召集我們集中講話，讓我們去交待一下問題，交待完再回來。

陳希愈後來調到北京當過財政部長、北京銀行的行長。我以為就是把歷史整個交代一下就完事了，誰知道遠沒這麼簡單。

一九五一年三月，我剛工作不久就開始鎮壓反革命了，我隨即以"歷史反革命"的罪名被抓進了監獄。

"歷史反革命"的意思是在你人生歷史上，有過"反革命"行為，也就是說我曾參加過抗日殺奸團，後來在又警備司令部稽查處擔任中校督察，在原來的國民政府裡當過職，而且是當過軍職。

中共那時的政策，凡是在軍、警、憲、特任過職的，都是必然要查辦的。

政府官員就是政府的首腦，縣長、鎮長這樣的軍職都是上尉以上，我的中校督察當然是在上尉以上了，其實上尉也照樣都抓進去，還抓進去不少呢。

後來文化大革命的時候，主要就打擊的就是上尉以上，上尉和中尉的基本上沒動。

師級以上夠將級了，那就得送戰犯收容所，那就是"戰犯"了。一到了"戰犯"這個級別，生活上就比較不會受到虐待，畢竟身份跟普通軍官不一樣了。

沙洋農場當年也關了一些黃埔軍校畢業的和很多沒上過軍校的抗戰老兵，現在還有很多在裡邊。但是我們那裡沒有關過大官，大官都成戰犯了，全部關在戰犯收容所。不過關在裡面的抗戰黃埔生也不多，大多都是後期內戰時候的黃埔生，也就是上尉級別的。

監獄裡開始也是很嚴厲的，一進去就是戴反銬子，所有犯人都剃光頭，然後在腦袋中間留一撮，這都是人格的侮辱。

後來又改了，號召"民主改革"、"法制改革"，對待犯人不准打罵，要改造，不允許逼供，就是審判。

雖然開始受到些虐待，戴過反銬子，戴過鐐子，後來經過民主改革以後，在監獄裡學習和參加勞動搞印刷，再後來就送到湖北沙洋農場勞改了。

沙洋農場的伙食還行，還能吃大米白麵，不像抗戰時的監獄。

在監獄裡住當然也沒有什麼好條件，大家都是在一個通鋪上睡覺。

現在的湖北沙洋農場　圖片來源：李紅梅

我們在農場，既是勞動教養的"勞改犯"，又都屬於右派。

開始頭一兩年還說得過去，後來一社會主義改造開始就完了。

剛開始還算是"新民主主義"，還有點人民民主，還有協商會議，允許說話，也有民主黨派的報紙。後來不行了，只有專政，再後來整個是一黨專政了，那就完了。

25

錢學森：畝產可以百萬斤。

一九五一年，我在武漢入獄後，據說我最開始判的是死緩，後來司法改革，重審後改判八年，剝奪政治權利三年。最開始是把我關到最嚴重的號子裡，後來就放鬆了。

一九五六年"肅反"的時候，我已經判刑關在監獄裡了，沒我什麼事了。但是大躍進跟我有關係，就是吃不飽。

一九五七年，全國上下響應政府的號召，全民大煉鋼鐵，我們自然也沒例外，在監獄裡面也跟著煉鋼。

我們就在監獄裡用鐵桶築起小爐子，把鐵扔進裡面用柴火燒，燒半天也燒不化，出來都是廢品，連鋼渣都不算，鐵水都沒有，浪費了大量的人工和柴火。

大躍進剛開始的時候農民還種糧食，但為了"畝產萬斤"，大家比著挖坑，越挖越深，挖出一人多深的坑，肥料什麼的都往裡扔，然後碼在上面擱上土，再擱上種子。而且還密植，種子撒得特別密，一株挨著一株，密不通風，結果全倒伏了，糧食都瘋了。

接下來就是相互開始攀比："以糧為綱，畝產萬斤"。虛假報告開始源源不斷，凡是說你產量高的，馬上就登報宣傳："哪個縣哪個村畝產多少萬斤"，其實都是假的。

有上報就得宣傳，畝產百斤的就報"畝產千斤"，後面又出來"畝產五千斤！"紛紛放大衛星，你五千斤，我報一萬斤！你河南省報一萬斤，我四川省報兩萬斤，我河南省再報十萬斤！每天就是這麼瞎報。

那段時間報上經常宣傳：又出一個大衛星，畝產十萬斤！

再加上科學家也跟著起哄，從美國回來搞衛星的錢學森，還是個中將軍銜的大科學家，前幾年才死。

錢學森說，可行的觀點，用太陽能通過水和空氣，化合成糧食，要以能量算，這樣太陽能有百分之七十受到利用。如果再把糧食稈都除去，幾十萬上百萬斤一畝不成問題。

儘管錢學森號稱"有科學依據"地胡噴，但關鍵得看毛澤東信不信，他信你就沒轍。你也不敢說你不信，不信就是反對黨中央。

毛澤東也是農民出身，他不應該不知道這些道理。後來毛澤東說自己上當了："科學家都這麼說，我認為應該可以。"

那時候我們勞改隊跟人民公社挨著，偶爾當地人能進來賣雞蛋之類的，我們也可以買。

那段時間還真有人把行李往我們勞改隊裡一扔：我願意進勞改隊，村裡沒糧食，吃不飽了，進勞改隊還能活。

那會大家沒有糧食吃，我們也得餓著，都餓成了皮包骨，逮著什麼吃什麼，有時候倉庫裡出來點生的玉米殼，抓起來就硬嚼著吃。有一個女的餓極了，看到東西以為是醬，一把抓起來就往嘴裡放，結果被燒慘了。其實那玩意兒是燒鹼，苛性鈉，是我們織布廠用的原料。

相比之下，那時候的農場確實要比人民公社強點，農場自己生產糧食，但糧食一律得往上交。到了一九五九年下半年，全民大煉鋼鐵，別的活動一律全停止，所有人都在煉鋼鐵，糧食沒人收，只能爛在田裡頭。

本來就沒有畝產萬斤，但為了製造假像，就把這一畝地割下來的裝在那一畝田裡栽上，這樣兩畝田就變成了一畝田。這還不夠，再把邊上的田，甚至十畝田都栽一起，然後請人來驗收照相。記者來採訪，發現十畝田的糧食全攔在一畝地裡，那都是假的。

那會兒的《人民日報》就是個撒謊大報，最能撒謊的就是它，純粹胡說八道，黨讓它怎麼吹它就怎麼吹，連毛語錄也得登上去。

大躍進時期上海郊區農居牆上的宣傳畫
攝影：Fayhoo，CC by https://creativecommons.org/licenses/by/2.0/
Creative Commons — Attribution 2.0Generic — CC BY 2.0

大躍進到一九五九年下半年就不行了，糧食開始減少。一九五九年到一九六一年這最困難的三年裡，我們在監獄裡雖然沒人餓死，餓病的倒是有，像我就是餓瘦了、餓病了，後來得了肝炎。

起初人先是餓得乾瘦，後來發展成浮腫，最後是肝炎。一發生這種情況，中央就號召要"人道主義，養半天、幹半天"，在飲食上稍微給點黃豆補一補。

糧食原來是每人四十到四十二斤一個月，這能吃個囫圇飽，後來減到每個月十八斤！我們在勞改農場每天都是重體力勞動，不是在辦公室裡坐著，每個月十八斤糧食，一天六兩，一頓三兩，根本不夠吃。

不夠吃就算了，還不准我們抱怨糧食少，更不准說吃不飽，反正只要鬧情緒就不行，那屬於"反黨"。

我們被關的人挨餓，看管我們的人也餓，他們也鬧。有時幹部之間就吵起來了："為什麼你給我糧食這麼少？"有的幹部多一些，但也不夠吃，也是餓。

那時候我的孩子跟媳婦在北京還好點，最慘是農村，尤其是山西農村，一點糧食沒有，寧可餓死也不讓出來要飯。

你要跑出來了，還得給抓回去，而且那時候

那時候我的孩子跟媳婦在北京還好點，最慘是農村，尤其是山西農村，一點糧食沒有，寧可餓死也不讓出來要飯。

你要跑出來了，還得給抓回去，而且那時候農村是農村，城市是城市，界線很清楚。村跟村串門倒不是什麼事，但是你沒糧食，你到人家去，人家不能管你飯吃，人家自己也吃不飽。

城裡也不行，得有糧票、油票、布票、豆腐票、芝麻醬票，每個類別都有相應的票。

不過那都是一九六二年以後的事，之前也是吃不飽，生餓，餓到出去勞動時在外面偷人家的芝麻葉子吃。

那段時間官方號稱是"三年自然災害"，導致莊稼顆粒無收。當然了，旱是旱了一些，但主要還是人禍，就是浪費太大。

26

毛劉打架礙著我們什麼事了？不如找地方單練！

文化大革命的時候，外面社會上人打人、人鬥人，我們農場也不例外，犯人打犯人。那時候關押在農場裡的犯人分三類，第一類是勞改人員，也就是勞改犯；第二類是勞教人員，屬於勞動教養；第三類是就業人員，刑滿釋放沒有工作的就在農場裡工作，算是三類人員裡最高的一檔。

這三類人員都在一塊勞動生活，但待遇不一樣，就業人員每個月可以領廿來塊工資。勞教人員每個月也有點工資，勞改犯有點零用錢，待遇差點，但是吃飯都是在一塊吃，一個伙房。

勞改犯就不管了，該怎麼吃就怎麼吃，像我們這種有工資的，就得買糧票、飯票，憑飯票吃飯，那會倒也便宜，五塊錢一個月。

我在沙洋農場原本被判刑八年，八年刑滿後該放我回家了，但是農場不放，於是就變成了"就業人員"。

農場給你安排工作，從此身份不叫"犯人"了，但也不算農民和工人，更不是幹部。於是他們就弄個新名詞，叫"就業人員"。就業人員不能夠享受工人的待遇，只比勞改犯強一點，也有了工資和探親假。

農場就業人員的工資剛開始是廿三塊錢一個月，後來漲到卅八塊錢。幸好那個時候的物價還算便宜，但是三年饑荒的時候，有錢也買不到東西，計劃經濟時代能允許買的東西價錢都不高。

農場每年給一次探親假，一次給兩個星期的時間，還有路程假。也就是說，這兩個星期的探親假裡面不包含往返來回的路程時間，所以在家裡跟親人團聚的時間就有足足兩個星期。

農場的就業人員也和勞改犯一樣無差別，都得去幹活，行動上也不自由，除了上廁所。平常時間也不能出去，只有到星期日這天允許休息一天，可以上街買點東西。

文革期間正好我在農場裡，所以沒有受到什麼影響。那時候中共中央指示：勞改場所不准衝擊，他們已經都判刑了，再衝擊就要大亂了。所以他們"造反派"在外面怎麼打怎麼鬧，我們只是"觀窗派"，就是扒著窗戶看著他們鬧。

農場管理人員也分派，也跟著鬧，我們也看他們鬧。有時候"最高指示"來了，他們就敲鑼打鼓喊，半夜裡有時候睡著覺也喊。

其實那時候我們已經明白這是毛澤東跟劉少奇的衝突，有人就發牢騷說：毛主席劉主席這二老打架礙著我們什麼事了，讓我們也要學習，不如找地方單練。

在農場勞動的時候都有員警看著，如果有人逃跑就通緝，抓回來就加刑。那會兒有戶籍制度，非常嚴，出去沒有介紹信連旅館都不讓住。

即便你逃跑成功，可出去了怎麼生活？那時候吃飯要有糧票，上館子裡吃飯要有錢，他一個勞改犯有什麼錢？臨時還有點錢、有點糧票，吃完那就完了。

跑農村去更沒用，農村更是缺糧，他們還不夠吃呢，能分給你吃？你算幹嘛地？跑我們這搶糧食來了。

外來的人口更遭嫌，所以他只有在城市裡邊要飯當乞丐，當乞丐也會被員警和民兵管，你哪來的回哪，要是查到你是逃跑來的，還得給你送回去。

27

在我家樓上能看見坦克車開過來。

特赦回京後的葉于良　圖片來源：葉樹振

文革十年我在沙洋農場因禍得福躲過了一劫，一九七五年出獄時文革還沒結束，但也是尾期了。

一九七五年年底，我大概是以"關押時間長了，改造好了"的理由在十二月卅一日那天被特赦回京，轉天就是一九七六年。

一九七六年九月毛澤東死了，毛一死，十月份"四人幫"就被抓起來了。

從一九五一年一九七五年，我在湖北沙洋農場待了整整廿四年。

我這一批一共特赦了不少，凡是縣團級以上的都特赦。那時候的縣長一級、團長一級，拿現在說就是處級以上。

我當時是中校的身份，屬於團級。拿現在說，就是處級以上。我當時是中校的身份，屬於團級。

一九七六年二月，我被分配在北京國營的服裝廠做縫紉，當裁縫。

再次回京，所幸家裡的孩子還能認得我，大概是因為我每年都有回家探親的緣故吧。

想起第一次回家探親的時候，要不是老伴跟孩子說我要回來探親，他們都不大記得我，那是我被關了十幾年後，孩子才第一次因為探親假見到我。

老伴那時候也受到了衝擊，不過她比我好，她是體育界比較出名的人物，是華北運動會的常勝冠軍。那時候各大院校都需要教體育的老師，紛紛搶著讓她去，解放後她跟我結婚後就沒幹體育了。

我現在住的是我老伴的房子，特赦的時候，如果我沒地方住，就會分到一間小平房，那時候平房多，不是樓房。

葉于良和老伴沈正德　圖片來源：葉樹振

我老伴不知是害怕還是什麼，不敢說沒有房，怕沒有房就不讓回來了。現在想想，如果那時候分到一間房子，擱現在可值錢啦。

後來她申請分房，原本說給她三居室，結果到那一看，三居室讓別人搶走了，她有點生氣。那個人沒她名氣大，卻能分到三居室，他找到負責分房的人溜鬚拍馬，結果把本該屬於我們的三居室給了他，分了個兩居室給我們。

後來我們決定不要這個兩居室，選擇那邊正在蓋的樓。管事的說這棟樓的五層比較好，尤其是503，全向陽！不過也有全向北的三居室，但每居室就八九平米，最後我們選定全向陽的那套。

葉于良和大哥（左一）二弟（右一）

一九八六年，我們搬進新房，那時候我都六十四歲了，也退休了，孩子也卅九歲了。

老伴那會還沒退，單位挽留她，因為她得過國際田聯獎的獎章。她既是國家裁判、國家教練員，又是特級教師，所以學校報到教育局，區委批准不讓退，一直七十三歲才退，這對於女人來說已經超了廿多年了。

一九八九年"六四學潮"的時候，在我這套新家裡清清楚楚地看到解放軍在開槍和坦克車開過來。

當時我們正在下樓，一聽見槍聲趕快就往回跑，站在樓上看。

那時候槍聲很多，我們這還被打死過一個，當時有人照相，結果閃光燈一閃，"梆"一槍就給打了。

六月四日那天，我老伴看見有個晨練跑步的人被打死了，可能是戒嚴了他還在那跑步。這個人究竟算叛徒還是算誤傷，我老伴出來作證他只是個晨練的，不是叛徒，又沒有搗亂，最後此人被定性為誤傷。

"八九"那時候已經開始改革開放了，後來物資雙重定價，有的是官家定價，有的是市場定價。如果你能拿到官家的批文，拿到市場一賣，能賺幾倍錢。

這叫"雙軌制"，一般都是那些官二代能夠搞到批文，他們拿到批文就成立貿易公司，把物資拿過來到市場去買，我們就叫他們"官倒"、"倒爺"。老百姓知道了就怨聲載道，學校的學生開始就遊行。

剛開始的時候還堵住學生遊行不讓他們走，一上來就給他們扣上"反黨反社會主義"的帽子。中共後來宣傳說，那次遊行有學生集中在中南海大門，據說還有人喊出"打倒共產黨"。

那時的北京市長是陳希同，市委書記是個傀儡，主要聽陳希同的。

陳希同向李鵬報告，說這次運動是反社會主義的運動，不是一般的學生運動。

李鵬就原樣報告給鄧小平，鄧便定性為"暴亂"，於是就發表了"426社論"，稱"這是一個暴亂行為"，於是就開始鎮壓。

這樣一來，學生就不幹了，學生說怎麼能鎮壓我們呢？又打著旗子、標語出來遊行了：堅決擁護共產黨、擁護社會主義。

遊行到天安門就住下來請願，學生代表發表演說，有的拿出請願書，要求總理接見，人民大會堂外的廣場上學生住滿了。

學生拿著請願書到大會堂那邊，總理不收也不見，學生就又鬧起來，繼續喊口號，鬧得比較凶，最後不光是學生，新聞界、工廠、摩托車隊都參加遊行了。

有人打出了"李鵬是周總理的乾兒子，請鄧大媽管管他"的標語，還有人說"鄧小平垂簾聽政"，鄧小平一聽就不幹了。

時值趙紫陽出訪朝鮮，但出訪前學生已經在鬧了，趙紫陽臨走時說："還是安撫吧，不要把事情鬧大，等我回來。"

結果事情鬧大後，李鵬打電話給他問怎麼處理。趙紫陽說就按照你們說的辦吧，他也沒有肯定說按照暴亂算，還是安撫為主。

趙紫陽回來後來了一招："不是反'官倒'嗎，先拿我兩個兒子調查有無違法行為，有違法行為該怎麼處理就怎麼處理。"

他一說完，別人都不表態，這樣一來，他就處於孤立的地位。他是主張不鎮壓的，並強調學生是愛國行為，不是"反黨、反社會主義"，這跟主張鎮壓的李鵬、鄧小平意見相左，雙方衝突了。

學生一看上面也有分歧，就更不依不饒了，他們在天安門搭帳篷開始絕食，一絕食，北京的老百姓就給他們送吃的，勸他們不要絕食。李鵬去看絕食的學生，學生表示他們不是反黨、反社會主義，就是愛國，想把國家搞好。但是那時候戒嚴令已經發了，要派兵整肅天安門。

戒嚴令一發，學生就開始策劃怎麼不讓軍隊進城。後來趙紫陽在天安門現場跟學生說："同學們，我們老了無所謂了，你們要注意身體，國家還是需要你們的。"

五月十九號，李鵬宣佈：國務院根據憲法對部分地區戒嚴！北京市長陳希同宣佈戒嚴！

那天趙紫陽請假沒參加，由楊尚昆參加，那時候中共總書記胡耀邦已經死了。

學生在天安門廣場上遊行，也跟紀念胡耀邦有關係。天安門就這樣開始戒嚴，他們喊話讓學生趕快回家，但沒人理睬。

到了六月四號這天，軍隊正式開拔進來了，學生和市民就把公車、電車都開出來擋在路上，不准軍車進來。

軍隊用坦克車把這些車都推開後，看見群眾就"乓乓"開槍，好多中了彈受傷的學生，老百姓就把他們送到醫院搶救。

那時候復興醫院就在復興路，那邊死人比較多，復興醫院的搶救室裡堆滿了傷者，還有距離西單比較近的郵電醫院，西單那邊也開槍了，可以看見板車拉著人往醫院送，人在板車上流著血。

那時有人拍了一張學生拿著白手絹擋坦克的照片，坦克往這邊開，他就往這邊擋。中共宣傳部門還吹說"解放軍是熱愛人民的，為什麼不壓死他，是尊重人民的生命。"

天安門當時死的人不多，解放軍並沒有拿機關槍掃射，而是向上放。木樨地死的人多，解放軍從是那邊開槍打進來的。

六鋪口那裡後來用坦克車軋，整個"六四事件"死了不少人，但是具體數字不知道，據中共宣傳部門說只死了三十個學生，但絕不止！大家都說這個數字不對。

鎮壓學生運動是沒有好結果的，趙紫陽說和平解決不就完了，他們不就要求"反官倒、反貪汙、懲治腐敗"嗎？你就答應他們，然後多做工作，讓他們慢慢回去上課就完了，何必真槍實彈地鎮壓，國民黨時代都沒有這麼幹過！太愚蠢了。

原來計劃經濟時代的時候，弄得物價飛漲還吃不飽，什麼都要憑票購買，這叫什麼幸福社會呢？可是肚子越來越餓，當時就懷疑，覺得不幸福。

後來開始改革開放了，慢慢的，社會主義就變了。

中共打的是"社會主義初級階段"旗號，實際是恢復了資本主義，還加入了WTO，跟所有資本主義國家交往。

計劃經濟幾十年，證明這套做法行不通，改革開放後物資確實豐富很多，也不要這那一堆票了，但物價飛漲，而且貪汙腐敗特多。

尤其是蘇聯解體，蘇聯那麼大的國家體制、那麼強的軍隊，被老百姓推翻，說解體就解體了，那也說明社會主義制度行不通。

葉于良和老伴在泰國旅遊　圖片來源：葉樹振

當年國民政府敗走臺灣的時候，我也想跟著過去，但是沒辦法，已經拉家帶口了。後來遭受這麼多磨難，真是後悔當年沒去臺灣，不過當時確實帶著倆孩子也去不成。

抗團其他成員去臺灣的，比我們富裕多了，當年一看臺灣人回來了，就跟財神爺回來似的，家屬都跟捧著皇上似的。

他們從臺灣帶回來的是誰都想要美金！那會中國確實太窮了。

二零一二年，我隨李明輝拍攝抗團紀錄片的劇組到臺灣拍攝，切身實際地看見和感受了一下臺灣，雖然現在臺灣沒有大陸有錢了，但是大陸人的素質還是沒跟上去。

文化大革命的時候六親不認，爹媽都敢反，毫無道德標準可言。到臺灣一看，臺北很乾淨，人的素質好。

比方說排隊，人家就是規規矩矩排隊，先下後上。咱們這好，坐個公共汽車擠得跟相片似的。

而且人家臺灣那地鐵乾淨得很，每個車廂還專門設置四個"關愛座"，一般人上來看到那四個座位空著，他們就算站著看書看報也不坐。

即便個別人坐了，一見老年人來了，馬上起來："對不起，您坐。"很有禮貌，因為那空著也是空著，小坐一下，凡是有老人或者孕婦上車的，馬上起來讓座。

不像在大陸，你喊他還裝睡覺，"老年人來了，誰讓個座兒？"他在那呼呼睡覺，裝聽不見。

28

> 分別時，大家意氣風發。
> 再見時，大家垂垂老矣。

晚年時的林建　圖片來源：天津市檔案館

北平抗團成員孟慶時在社會科學院當編審的時候，他有個同事跟我朋友認識。因為我給我朋友當過伴郎，剛好他的小舅子也在社科院工作。

他一看到孟慶時的簡歷上面寫著"抗日殺奸團"，確認孟慶時認識我後，就把我的位址寫給他（因為我是參加抗團被捕的，所以朋友知道我的身份）。我們就這樣聯繫上了，以後就經常來往，關係比較親。

另外還有一位抗團同志林建，他也是特赦回來的，跟他聯繫上還是因為退休金的事情。我們當年被特赦回來的這些人，在結算工資方面，如果按工會工齡算的話，折扣太大，而且工資又太低，所以上頭又下了一個檔：工資照發，不打折扣，看病完全報銷。

但我那個單位不知道此事，還是按百分之七十工資扣，後來有人給我介紹一姓許的，他們單位就是按百分之百發的工資，我就到許家找他去了。

跟許先生詢問工資發放標準事宜時，聊起因故被關押勞改，他得知我曾在稽查處呆過，問我認不認識林建。就這樣，我陰差陽錯跟林建恢復了聯繫。一見到林建，也很親。

林建在抗團華北分團當過小組長，在北平搞爆破、暗殺。後來也被日本憲兵隊抓了，抗戰勝利後他才被放出來。

他是先關到日本憲兵隊，還在憲兵隊受審的時候，抗戰勝利了，他就被放出來了。

錢宇年之前是在燕京大學念書，後來在華北分團跟孫大成搞什麼"青年復興社"。他雖然還是學生，但也發表講話，搞"第三條路線"，後來把他抓起來判了二十年。

晚年錢宇年（左一）、張世一（中）、祝宗梁（右一）。
圖片來源：《舉火燒天》

錢宇年回天津後，跟抗團的張世一結了婚。他們後來想整理抗團的材料，到北京來找林建，又通過林建聯繫到了我。

後來他們又跟祝宗梁聯繫上了，於是我和祝宗梁就到林建家跟錢宇年見了面，繞一大圈算是都見上面了，以後祝宗梁每次到北京都會來找我。

從一九四九年中共建政後，到最後與抗團同志見上面，兜兜轉轉了一大圈。

分別時，大家意氣風發；再見時，大家垂垂老矣。

二零一四年，筆者錄製完葉于良的口述歷史後，在北京其寓所與老先生合影。

❶	日本憲兵穿軟鞋檢查監房。	關於日本憲兵換成軟鞋查房的事件，王振鵠和王振鴻也有類似回憶，詳情參見《王振鵠口述歷史》297頁、《王振鴻口述歷史》352頁之記述。
❷	像一串葡萄似的都給提溜進來了?	同《王文誠口述歷史》229頁。
❸	李振英一聽完我的話，受了刺激，馬上就瘋了，犯了神經病。	同《王文誠口述歷史》229頁、《王振鵠口述歷史》305頁。
❹	我們身上那副鐐無時不刻戴在自己身上，除非快要病死了，監獄才會卸掉。	同《王文誠口述歷史》234頁。
❺	蒙難同志會	同《王文誠口述歷史》242頁。
❻	馬漢三	軍統局平津辦事處主任、國民政府平津肅奸委員會主任委員、北平行營軍警督察處處長。
❼	王克敏	偽中華民國臨時政府行政委員會委員長、偽華北政務委員會委員長。 一九四五年十二月廿五日於獄中自殺身亡。
❽	王揖唐	偽中華民國臨時政府常務委員、販濟部總長、內政部總長； 汪偽國民政府"考試院"院長； 華北政務委員會委員長兼內務總署督辦； 偽最高國防會議委員。 一九四八年因漢奸罪被槍決。

馬普東（1923年10月18日-）

出生于北京，滿族鑲黃旗人，現居臺北。

一九三九年二月，經北平抗團成員屠珍的介紹加入北平抗日殺奸團。

一九四零年七月七日，配合李振英、馮運修、劉永康、葉于良等人成功刺殺《新民報》社長、總編輯吳菊癡；

同年七月二十四日，與劉永康成功制裁偽華北建設總署俞大純。

同年八月七日，與李振英、葉于良、孟慶時等五十多名北平抗團成員一起被捕，後被判一年徒刑，關押於北平炮局監獄。

一九四三年，就讀重慶大學先修班直至抗戰勝利。

一九四八年底赴臺，在臺中廣播電臺工作，後調赴澎湖廣播電臺，定向對大陸廣播，直至退休。

一二三四五六七
孝悌忠信禮義廉
一個忘（王）"八"，
一個無"恥"。

賴恩典　錄製
梁　穎　聽打
阿　炳　整理　校對
賴恩典　編輯

1

皇帝在我家坐過的椅子，被家人高高供起。

一 逆流者 一

我叫馬普東，家族祖輩是老旗人，滿族鑲黃旗，現在我是臺灣滿族協會的副秘書長。

我們原本不姓馬，真正姓馬的多是回族，我們是改漢姓那時改的姓，比如滿族姓關的，是瓜爾佳氏。葉赫那拉氏改姓那，那英就是葉赫那拉氏，愛新覺羅改得更多了，有姓金和姓趙的。

臺灣有幾個有名的滿族人，比如臺灣中華航空公司的烏月先生，他是烏雅氏，我們滿族協會開會時候他都參加。

他過去是空軍總司令，退下來就當了中華航空的董事長，現在已經去世了。還有個關大成，他的關姓是東北瓜爾佳氏改的，他兒子關中當過臺灣的考試院院長。

現在比較有名的是跟著馬英九的金浦中，是滿族愛新覺羅皇室的。

目前的東北幾乎沒有滿族了，山東人和河北人在清朝的時候到東北闖關東，滿族人則大部分進關了。

臺灣開放以後我到東北去過，找不到幾個會講滿文的滿族老人，在臺灣會講滿文的也就三兩個人而已。

北京的東華門有個第一歷史檔案館，他們在翻譯滿文老檔案的時候，碰到困難，沒辦法解決就到新疆伊犁的察普察爾縣去，這個縣是滿族自治縣，中國只有那個縣會講滿語，當地人有二分之一以上都會講滿語。

第一歷史檔案館把他們請到館裡去做翻譯工作，因為他們漢文底子不行，所以翻譯得不是很好。

我有個朋友叫金抱真（音），每次去大陸我都會去看他。他借用了一個中學的教室，在學校放學以後，晚上六點到八點這個時間段教滿文，不過他只能教別人滿文翻譯，教口語也是不行，他們沒有練習講滿語的機會，更沒有語言環境，教完沒多久就忘了。

有很多北京的土話就是滿文，比如我們形容很髒，就說"埋汰"，但小的時候並不知道這就是滿語。

北京的土話也很有意思，北京人講話很貧也很損。我們小時候淘氣，小朋友們大家一起玩，這個一唱歌，那個也要唱，然後就會有人喊：哪位行好，您抬一腳啊，踩了雞脖子了！那意思是說這個人唱歌難聽。

個兒矮他不說個兒矮，叫"恨天高"。殘疾的不說高低腳，叫"恨地不平"。

滿族信奉的宗教是薩滿教，滿族人不務農，主要是畜牧遊獵為主。民國以後，蒙古族人民有土地和主權，但滿族沒有。

滿族進關後分散到各地，現在滿族人最多的在四川成都，因為派駐滿族部隊到西南，是以成都為基地來控制雲貴，所以大部分滿族都在成都，東北老家反而很少有滿族了。

我們鑲黃旗祖上都是幫皇帝打仗的軍人，祖上還有人被派出平叛。首先平的是川藏大小金川，後來是兩廣跟福建，再後來就是去平西域了。

我們家祖上做過的最高職位是副都統，皇帝還到我們家裡去過。當年皇帝在我家坐過的那個椅子，我家人給它高高地供起來，誰都不許動。

清朝執政中國以後滿蒙始終通婚，每個皇帝一定要娶兩個蒙古王妃，而且要派公主嫁到蒙古去。

我的父親行四，老大老二老三都是跟滿族人結婚，只有我父親跟蒙古族結婚，所以我是滿蒙混血兒。

我母親長得非常漂亮，只是我們家人都是羅圈腿，有點蒙古的遺傳基因，因為騎馬的關係，遺傳下來，蒙古人都有羅圈腿。

袁世凱總統府秘書長、北洋政府國務總理　梁士詒
圖片來源：馬普東

我爺爺在八十幾歲的時候去世，他在清廷軍隊裡做到副都統，相當於一省的副首長，派駐新疆伊犁。

我們旗人管母親叫奶奶，我小的時候一直到二十歲，都管母親叫奶奶，管祖母叫太太。現在很多電視劇純粹胡說八道，讀音完全不對，"額娘"應該讀成"餓"音。

現在在臺灣雖然滿族人很少，但很多都互相通婚，在我這一代可以說是"滿蒙不分"。

我的太太是漢族人，她是民國初期任袁世凱總統府秘書長、北洋政府國務總理梁士詒先生的孫女，我是梁士詒的孫婿。

梁士詒當過袁世凱的財政總長，來自廣東三水梁家。他有很多後代，大多在美國的紐約和三藩市，我女兒現在住也在洛杉磯。

我太太的幾個晚輩也住在三藩市，所以十幾年前我經常去美國，買張機票就飛過去，不愁沒地方住。

梁家跟我們現在還有來往的是我太太的十一叔，以前是住在臺北很寬大的敦化北路，那條路上第一個十層樓就是他蓋的，他後來也移民去了三藩市了。

一九二三年農曆十月十八日，我出生在北京前廠胡同。我出生的時候我父親也不過二十歲，母親才十九歲。

到了讀書的時候，我在朝陽門裡面的胡同上小學，以前叫"北京市立第三小學"。當時學校倉庫裡有很多燈籠，用來慶祝民國十七年的北伐成功。

我還記得在北京的西山有孫中山先生的一個

衣冠塚。那時候他的靈柩要移靈南京，靈車和靈柩到了北京東站進不去了，他們就把車站拆掉一部份，靈柩上了火車然後再把車站蓋回去。

我們小的時候聽到不少老北京的典故，在北京有個鐘鼓樓，但是那麼大鐘是如何被吊到二樓的呢？古時農耕時代沒有起重機，據說古人是用沙石做一個土堆，再把鐘拉上去。拉上去把鐘綁在已經做好的架子上，再把底下的土扒開，它就懸起來了，然後在這個基礎上再蓋鐘樓，所以這個鐘樓的設計要計算得很精確。

從北京的永定門到正陽門，再到天安門，一直到鐘鼓樓都在一條直線上，可見當初人的測量有多準確。

小時候串胡同的有焗碗的工匠，一個碗破兩半了，他會給你焗起來，且不漏水。不光焗盆焗碗還焗大缸，搪瓷破了他也會補，所以那時候北京有個很有名的"小器作"，專門修補各種東西，字畫古玩也能補。

據說當年有個人看准了一個瓷器花瓶或古玩這類的東西，看准了確實是好，就故意失手摔成兩半，然後用賠的價格買了，回來自己給它接上後高價再賣出去。可見這個焗碗的

北平抗日殺奸團成員之一　馬普東

人手藝有多厲害，據說這個古玩小器作每年都會有人因此發財。

在清朝的時候，統治者每個月固定發錢米，所以那些王公貴族不用工作，遊手好閒，一天就是吃喝玩樂。

民國以後滿族沒落了，就把家裡的東西賣了過日子，所以那時常有收古董的打著小鼓，夾著一個布包，串著胡同收舊貨，每年都會有人因此發財。

2

加入抗團一年多我就被捕了。

我在家中是老大，後面有五個弟弟和最小的一個妹妹。我的家譜是一位已經去世的馬熙運先生寫的，他大概是我們的近支親戚。姓馬的入關以後分支很多，我們就是入關以後的第一代，住在現在北京的奧運村，那裡有兩個很大的墓地。

按照滿族習俗，只有每一代的長子死後才有資格埋進那裡，而且長子不能離開北京，不能離開家。次子以下就無所謂了，可以離家到外省以外的地方。

我的這些弟弟妹妹現在去世的有一半了，臺灣只有我一個人過來，其他都分散到貴州、四川、山西。後來退休了都到北京買房住，他們分別叫馬普定、馬普中、馬普楠、馬普白，馬桂麗是我最小的妹妹。

"九一八事變"以後，日本人統治東北的手段跟臺灣差不多，就是推廣應用日語，以至於社會上的機關多半都改用日語交流了。

日本人統治東北十四年，成立了滿鐵、滿蒙紡織和滿州人壽保險等大公司。因為八年抗戰的時候，北平的學校有上日語課，所以我也會一點日語，我們每個禮拜有五六堂英語課，同時也有五六堂日語課。

民國以後，小學教育已經改革了。軍閥混戰的時代，教科書的內容跟北伐成功後的不一樣。那時候的小學已經有南方來的老師，也有了音樂課，唱歌、吹號、彈琴都有。

小學畢業後，我就上了"八旗高等學堂"，就是現在的北京一中。那時候學校上課下課都打那種圓圓的、跟一塊鐵似的鈿，那鈿上刻的字是"八旗高等學堂"。那時候我父親也在那個八旗高等學堂裡做中醫，母親是個普通的家庭婦女，只會認字而已，寫信看信都可以。

我加入抗團的事還得從我隔壁鄰居開始講。我的鄰居叫屠珍，是個中法混血兒，母親是法國人，父親是中國銀行的經理。屠珍跟著離婚的父親住在我隔壁，我們從小就認識，有時候我還到他們家去學一點英文。

一九三九年二月，過了舊年那會，她介紹我加入抗團，那時我剛讀初三，屬於年紀最小的團員。我們有時候開會就到頤和園，大夥一塊玩著就把會開了。

屠珍介紹我認識的第一個抗團成員就是孫大成，也就是孫若愚。孟慶時是我在抗團裡最熟悉的人，那時葉于良就已經認識我，不過我並不認識他,我們不是每個人都認識。跟我比較好的就是鄭統萬和孟慶時。

在抗團的多半時間裡,都是他們在訓練我畫地形圖,哪個地方可以開什麼車,哪個地方寬哪個地方窄,畫小範圍的圖,為我們行動作準備。再有就是學習手槍的拆解。

北平抗團有兩支,第一支是李振英領導的抗團。

一九三九年暑假,天津發大水後,因為叛徒的出賣,天津抗團的同志就跑到北平上燕京大學建立了一個系統。一九四零年年初,孫大成到北平又建立了一個系統,孫大成負責的這支跟李振英那支不一樣。李振英那一支是走清華那條線,他們去得早,都是上大學的。孫大成這邊都是中學的學生,我是歸屬孫大成這邊的,葉于良也在我們這邊,他是在志成中學,孫大成帶的這些都是高中沒有畢業的。

我們平常開會不是在北海就是頤和園,大家都是帶點吃的在那玩,弄得跟郊遊似的,這樣別人就不曉得我們是在開會。

我那時只認識鄭統萬、孟慶時和同仁堂的樂家老六樂倩文小姐,我忘了怎麼認識她的,一九四九年以前我還見過,以後就不知道了

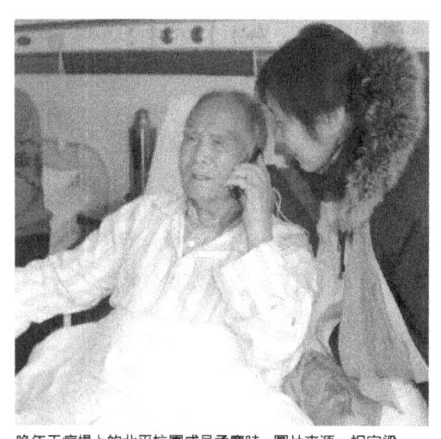

晚年于病榻上的北平抗團成員孟慶時　圖片來源:祝宗梁

孟慶時是河北省灤東人,學習成績在中學高一五班是第一名,抗團裡最聰明的就是他。每次快學期考試了,他每天四五點下課鐘響了照樣打籃球、吹喇叭吹號玩,考歸考,跟他不相干,他該幹嘛幹嘛。後來他在大學讀了三年工科不讀了,認為工科是死玩意兒,真正深奧的是哲學,所以就轉讀哲學系了。大陸改革開放後他到社科院工作,不過他在單位抬不起頭,拿的錢比別人低。我在抗團最好的朋友就是他,他給我的影響比較大。一九九零年我回北京第一個找的人就是孟慶時,通過他才聯絡上抗團的其他人。

孟慶時在抗團期間也幹過幾個案子,要不他不會判十年,我被判一年是因為我只參加過一次。

我加入抗團只有一年多的時間,到一九四零的八月就被捕了。所以在抗團期間,我只真正參加過一次行動,就是暗殺吳菊癡。

吳菊癡在中山公園開慶祝"七七事變"三周年的會,我穿著制服背著書包,第一個由後臺鑽進去。

開完會我騎著腳踏車跟在吳菊癡的三輪車後面,一直跟蹤他到新華門那邊,然後我打了個暗號就離開了,剩下就沒我啥事了。

沒過多久,馮運修一開槍,我聽到聲音就趕快分散溜了。

刺殺計畫並不是由我們來制訂的,我們是最低那一層,上邊計畫好了誰幹什麼,我們並不知道,至於誰來執行制裁,我也不知道,他們也不會讓我知道,我們那時都是孫大成直接領導的。

講述中的馬普東

天津跟北平不一樣,因為天津抗團出事才轉移到到北平,所以抗團的主力是在天津,北平並沒有做什麼。而且北平發生的很多案子不是北平抗團做的,暗殺周作人和吳菊癡都是天津抗團過來做的。

那時抗團是單線聯絡和單線指揮,不會讓你認識很多人,也不會讓你知道誰幹了什麼。很多後來寫關於抗團歷史的這些東西,有許多是添油加醋改編的,我說的只是我自己親身經歷的,至於其它事情我不知道。

我們在北平還沒被捕以前,孫大成就到上海去發展了,他走後,李振英接管了起來。

那時候李振英並不認識我,聯絡都是通過孟慶時他們,葉于良那時候算是我的上級,他大概比孟慶時還高一年級。

3

你現在還敢殺人嗎？

一 逆流者 一

一九四零年八月七日，北平抗團有十三個人在那天同時全部被捕，由李振英開始，孟慶時、周慶涑、葉于良等。

我是那天夜裡十一二點的時候在家被捕的，卡車進不了我家那個胡同，就停在外邊馬路上，偵緝隊特高科的袁規到家裡抓人。他們先抓的劉潔，從劉潔身上找到名單，一下子抓了幾十個人。

被捕以後我們被送到警察局，呆了二十天就轉到日本憲兵隊，日本憲兵隊熬了四十天，又送到炮樓東院日本人看守所，在看守所裡被過堂（審訊）了兩次。

我被捕的時候，年紀算是最小的，給我過堂的憲兵是個中士，現場只有他一個人審我。那個憲兵會講國語，主要問我跟哪些人做些什麼，跟誰聯絡等等。

憲兵後來問我："你現在還敢殺人嗎？"我說有什麼不敢？反正已經被抓來了，還有什麼怕的！

我本以為這話會給我帶來更大的磨難，結果他竟然沒把我怎麼樣！那個時候天不怕地不怕，不過話說回來，怕又怎樣呢？他又不會放我出去，所以只能破釜沉舟了。

最後我以"軍律違反"的罪名被判一年，北平抗團所有被捕同志都是這個罪名，"軍律違反"四個字在日語中是以漢字出現的，所以印象深刻。

當年跟我一樣判一年的還有張家錚、王知勉和王肇杭，朱惠玲判了三年，我來臺灣看到她在高雄，去香港的時候還到過她家。

鄭統萬則是被抓了以後，憑著他祖父鄭孝胥的關係又給放出來的。

我們一接到判決後就被帶到收容所。一到收容所，發現可以吃飽了，在看守所的時候餓得不行，但這會兒能吃飽也不能多吃，怕一下撐壞了，頂多吃個半飽，一點點來。

在東院關了整整兩個月，憲兵动不动就抓我們去審問，有時候拿筆寫交代問題，寫著寫著就拽我們過去打。

憲兵隊那個門很小，大概沒有一公尺高，我們得彎下腰爬進去，有時候沒等爬完，憲兵在後邊一腳就把我們踢進去了。

在憲兵隊平時只給我們一點飯吃，反正吃不吃得飽也是那一塊子。最差勁是在東院，東院吃的很糟糕，尤其水更少。

過堂的時候，早晨給吃點東西就去過堂了，

平常那個菜湯沒有菜，廚房裡那些擱平常都是要扔掉的土豆皮胡蘿蔔皮，結果他們拿開水一泡就給我們吃了。

軍法會宣判完了就送我們到看守所那邊來，沒有申辯的機會，軍法會根本不問我們，也不讓我們講別的，就按憲兵隊審訊的口供記錄上一條一條問，我們只需要回答"是"或"不是"。

憲兵隊審問後拿給軍法官看，軍法官看完分析後，確定一下，我們不承認可以，說不是就開打。

第二次宣判後就給我們砸腳鐐，坐在地下拿手抱著，告訴我們抱緊了，你一動就砸到腿上了，那個不是鎖，是鉚釘。

軍法會是日本人的監獄，關的人有日本人的翻譯和日本逃兵，或者違反軍法的日本兵。

我們在那呆了兩個月，每天用一個毯子折起來睡覺，大家只能直著睡，不能動，一動身體就露出來了。

我們被捕的時候是八月份，當時穿著卡其布褲子，膝蓋屁股這邊都已經破了。

我們就把領鉤揪下來，拆了毯子線，從地上鋪的草席上揭一根兩寸多長的梗，一頭磨尖一頭磨扁，用這個領鉤鑽一個眼，把那個毯子線鑽過來把膝蓋這邊縫一縫。

那時候一天到晚就是坐著，我跟王文誠挨著坐，牢房外邊有個小門，門外有看守看著，但他不會老盯著我們一個，所以我們有時候會偷著聊聊天。

王文誠跟我聊他路上的見聞，比如怎麼到的昆明啊，怎麼到的香港啊，香港怎麼漂亮等等的。

兩個月後，我們被關進炮局監獄。炮局監獄由一個十字形的"忠、孝、仁、愛"❶四個監筒組成。一個監筒有兩排，一排八個人，十六個人都向牆盤腿坐。

以前沒炮局，抓到不審，多半是直接槍斃。

一九三九年後才有炮局，由軍法會來審。

炮局監獄的東邊是東直門城牆，在雍和宮後邊，東直門城牆是北京有名的刑場，民國元年後，凡是政治犯和思想犯都在那槍斃。

我那房間關了七個人，抗團只有我一個，其中一個是臺灣來的。那個收容所也有山東和其它省送來的犯人，也有因抗日關進來的。

其實所謂的"抗日"，就是在火車站扛了一包日本麵粉跑了，然後被抓了關進來，再給他安個"抗日"的罪名。其他幾個是山東的學生，大概是共產黨，反正雜七雜八的什麼人都有。

到了炮局監獄後，我被安排在衲鞋底科。那是北方最大的工廠，布鞋的鞋底拿麻繩穿來穿去縫起來，就是千層底。

在監獄裡每天吃的是窩頭，管夠，家裡頭也可以送東西進來。有錢也可以買東西吃，反正可以吃得飽。

一九四一年，我刑滿出獄後繼續讀中學。不久，又被抓到警察局特高科，配合他們調查一個案子，但是那個案子發生的時候，我還在監獄裡邊，所以調查了一個月左右，又從警察局放了出來。

一九四三年，我到重慶大學先修班讀書，一直讀到抗戰勝利後回北平。那時候的流亡學生沒多少錢，帶一塊偽幣可以換八到十塊法幣，等勝利了我們拿著法幣回到北平，又是一塊換十塊八塊，兩邊都佔便宜。

我大學始終沒有畢業，功課很差，耽誤太久了，所以就去了個教育學院讀了一兩年。

抗戰勝利以後回到北平也沒做什麼事，就是跟著抗團的孫若愚。後來我奉父母之命、媒妁之言結婚，婚前我倆完全不認識。

4

臺灣人感念日本人治下的臺灣。

講述中的馬普東

一九四八年年底,我從香港坐飛機到臺灣台南。到臺北的時候,上海還沒有淪陷,臺灣那時候跟大陸的西北還有聯絡。當年我有個堂兄在臺灣,同時我太太他們家在香港,所以兩頭到哪邊都有地方住。

日本人統治臺灣五十年非常成功,他以教育為主導,而且日本人在臺灣創建了臺北醫學院、台中農學院、台南工學院。

有的專業他不喜歡臺灣人學,是要維護和鞏固日本人對臺灣的統治。即便如此,臺灣人一直都說日本人把臺灣治理得很好。

一九四九年剛到臺灣的時候,外省人很少,也不會閩南語,而本省人不會講國語,多半用日語溝通。

本省人對國民黨很反感,我跟他們解釋說:殖民地的統治經濟跟光復後的自由經濟不一樣。他們反說以前有錢沒錢都可以吃豬肉,現在自由經濟有錢買肉,沒錢啥也沒有。

那時候的臺灣沒人穿皮鞋,除了打赤腳就是穿木拖板,所以我們北方人看著都覺奇怪。現在想想,如果不是蔣介石到這來,臺灣也翻不了身。臺灣原來有六百萬人,加上大陸來的兩百萬人,糧食根本不夠吃。

那時臺灣人日常吃的是稀飯配曬乾了的白薯條和小魚仔,沒錢吃乾飯。突然間來了兩百萬人,糧食更是捉襟見肘。後來蔣介石把權力下放,找了個臺灣人當糧食局局長,管全臺灣的糧食。

這個人原來是糧食店的一個學徒,從小到大都是在糧食行業裡混。他上臺以後,先對鄉下的糧食進行控制,不准外運,比如臺北不准運到桃園,桃園不准運台中;

第二,糧食不能限價,國民黨在大陸垮掉就是限價鬧的,所以糧食的定價要聽他的。

他按照生活指數,先收公糧限制住漲價,用此方法控制住糧食。然後把日本人在臺灣五十年研究出來的、最好的蓬萊米賣給日本。

蓬萊米的特點是有點黏，不像我們大陸的米一粒一粒的，很符合日本人的口味。
其次，再到泰國低價進口泰國米，用一斤的蓬萊米換兩斤泰國米來維持。然後是公地放領，公家地給老百姓種，也就是土改；
第四是減租，限制地主收取佃農的地租不能太高；
第五是耕者有其田，你選擇種這塊地，那這塊地就是你的了。這樣幾年下來才把臺灣安定下來，否則臺灣早垮了，吃都沒得吃。
蔣介石到臺灣後還大力提倡發展手工業，每戶家裡的客廳就是工廠，放手讓你去做。緊接著到英國去買那種放在桌子上的小車床，從輕工業到重工業，再到精密工業一點點做起。當時的臺灣發展工業主要靠兩個人，一個李國鼎❸，一個孫運璿❹，臺灣的經濟在這兩個人的努力下慢慢發展了起來。
初到臺灣，臺灣島由六百萬人突然增加到八百萬人，這裡邊人跟人之間的矛盾、地域文化、民俗文化、受教育的程度、生活習慣等等這些種衝突都是很大的問題。
除去部隊之外，部隊兵員有一大部分是抓兵抓來的，其他來的都是各方面的精英。
北平圍城的時候，把城牆拆了，在東單機場降飛機下來接人搶人，就是要接走大量的人才，所以這兩百萬到臺灣的人，比本地的水準高出來不是一丁點。他們本省人和原住民受日本人的教育都很低，上大學的更少，真正的頂尖人才都是從大陸過來的。
臺灣那時太窮了，沒有礦產資源，煤礦挖出的是不能燒的煤沫子，跟山西那種火柴一點就著的紅煤差遠了。
臺灣的煤不值錢，火力太低，為了挖煤還挖到海裡去了，最后全封了。金銅礦務局雖然有金銅冶煉，但生產出來的還不夠開採的成本，最後都封停了。
臺灣山多平地少，種的糧食不夠吃，就靠進口。最主要進口玉米、黃豆和小麥。小麥是人吃的，玉米是養豬養雞的。臺灣這點地方種不出那麼多，種出來也不夠，再加上很多荒地，沒人願意種，地荒廢了就靠進口。
現在中南部的田地就是老人帶孫子在種，中年人都來都市謀生了。所以說共產黨用飛彈打臺灣是在騙人唬我，從福建那用飛彈封鎖高雄跟基隆，外海放兩個飛彈就夠了。
原來日本人吃的是瑞士豬肉，我們就去從歐洲買來仔豬養大賣給日本，包括美國人吃的蝦都是臺灣海邊上養的。
大陸開放以前，成衣製造是臺灣的天下，美國都放在臺灣這生產製造，以後都倒閉了，市場都讓給大陸了。現在養蝦也交給福建，福建蝦也銷到美國了。
商人只要賺錢就好了，大陸需要技術，所以就把這些技術銷過去了。在開放以前，美國那些個農場都是臺灣的，現在都是"中國製造"，所以現在臺灣是一天天往下坡走。
要知道，當年的"亞洲四小龍"臺灣可是龍頭老大啊！
一九四七年，臺灣爆發"二二八事件"，那時候白色恐怖很亂，逮誰抓誰。接下來就是一九四九年以後大批的大陸人來台，一下子就兩百萬人進來，又開始亂，所以白色恐怖就在那個時期開始的。
一九四六年來接收臺灣的，絕大部分是福建人。別人沒辦法接收，閩南語跟國語完全不一樣，跟老百姓不能接觸，無法執行。
尤其是臺灣，那時候臺灣本地人還不會講國語，鐵路局完全用日語。滿鐵的那麼多東北人，抗戰勝利一抓漢奸，他們就全跑來臺灣的鐵路局了。

5

蔣匪毛匪誰是匪？靠美靠蘇民靠誰？

講述中的馬普東

剛到臺北時，臺北很窮很落後，大陸的鄉鎮都比這熱鬧。臺灣那時候讓日本殖民了五十年，控制得很緊，人民沒那麼多自由。

我剛到臺灣也沒有什麼事做，後來經我那位堂兄介紹，就到廣播電臺去工作。

起初在電臺廣播節目，自己做節目還得兼播音。那時的工作種類還沒分得那麼細，還沒發明錄音，相當於現場播放（現場直播）。最早我是在台中廣播電臺工作，後來調到澎湖去，太太也跟著去了澎湖。澎湖縣縣長李玉林也是從炮局監獄出來的，但他不是抗團的，只是湊巧被一同關在炮局監獄裡，我也就是那個時候在炮局監獄認識的他。

那時的廣播工作，多半是上夜班時對大陸廣播中央發的稿子，定向對大陸廣播：想得太平，等老蔣回來！天天講這套。

當時有很多對內不能講但對大陸能講的話，對內你敢說總統不是老蔣？那個時候香港有副對聯："蔣匪毛匪誰是匪，靠美靠蘇民靠誰"這邊是蔣匪，那邊是共匪，但到底誰是匪？蔣匪靠美國，美國出倆軍艦過來，共匪靠蘇聯，老百姓又靠誰呢？那時候都很苦，大陸帶來的銀元也慢慢花出去了。

台獨之所以總是跟我們這些大陸來台的人對立，根本原因是因為大陸來台的人都是比他們高級，他們不服氣！

即便是將來中國統一了，一百年之內還是有人搞獨立，這是一定的。

畢竟臺灣受日本的教育根深蒂固，他們臺灣人就說日本人好，可是大陸來的人受日本人殘害很深，尤其是老兵，一說日本就恨，所以從根本上是對立的。

他們本省人說，日本人管我的時候，我能吃飽，現在我沒錢就挨餓。其實兩邊各自的觀點和立場都沒有錯，但就是沒辦法，只能說是歷史造成的，很難說誰對誰錯。

6

愛國能當飯吃嗎？

現在臺灣的年輕一代，也就是所謂的"外省人第三代"根本沒這種觀念，只有老一代的人還知道葉落歸根，說到底我是中國人吶。年輕人說愛國，但愛誰的國？現在臺灣為誰而戰？為何而戰？

從前老蔣時代為誰而戰、為何而戰？打回大陸去！我要回家呀！我打仗是我要回家！每年的光復節和建軍節，老蔣都要喊"光復大陸、反攻大陸"。

來臺灣的第一代人視大陸為根，希望葉落歸根，可是現在呢？這幾十年來，臺灣人思想的演變就完全不一樣了，年輕人沒有我們這種思想，我們第一代跟第二代都有隔閡，何況到第三代？就是現在三十歲左右的人，他腦子裡絕對沒有這種想法，也沒這種思維。愛國能當飯吃嗎？

所以現在社會的演變難以預料，第二代跟第三代就已經有差距了，我的兒子跟我的孫子思想就差很多，想法不一樣。

我兒子知道我是他爸爸，無論如何他都要照顧我，要為我養老送終。但我孫子就沒有這種想法，他覺得你是你，我是我，我為什麼要管你那麼多呢？

現在一胎化帶來一個最嚴重的後遺症，就是父母養他是應該的，他們的說法是：你們倆人一高興把我造出來了，不是我自己要來的啊，你們不應該負責嗎？所以我結婚你要給我買房給我買車，我啃老是應該的，你應該養我。

多可怕的思想！

我去北京時就有這個體會，那裡的啃老族自己不幹活，專吃老人的。以前有副對聯是這麼說的，上聯是"一二三四五六七"，下聯是"孝悌忠信禮義廉"。上聯"一二三四五六七"沒"八"，這就是忘（王）八"，下聯"孝悌忠信禮義廉"是沒"恥"。

大陸在文化大革命時把這些全革掉了，臺灣還保持了一點中華文化，後來那個"中華文化委員會"被李登輝給取消了，中國固有文化倫理——"忠孝禮義仁愛"沒有了，所以才能演變成這種文化和思想。

7

解放軍讓老百姓舉著八仙桌，往國軍陣地上跑。

當年我們隨國民政府到臺灣的時候，因為進臺灣的外省人多達兩百多萬，各種各樣的烹飪方式和飲食習慣都有，所以在臺灣並不會有飲食問題。

來臺灣的外地人，以山東人最多，山東是中共的"老解放區"，那裡來的人知道共產黨厲害，他們在那邊生活過，有錢的跟著跑來臺灣，沒錢的也要努力跟著跑。講不出來什麼原因，反正就是沒有那麼自由。

那時的解放區沒有狗，狗都讓解放軍殺了，因為解放軍都是夜裡行軍，有狗就會暴露部隊行蹤。

夜裡國民黨的軍隊在睡覺，離著還有一百多公里呢，天沒亮解放軍就來了。國軍就很奇怪啊，一百多公里他們怎麼來得那麼快？結果解放軍的辦法很絕，他們是三個人一組，兩個人架著當中這個睡覺的人，旁邊倆人架著他跑。

三個人輪流換，總之是有一個人可以休息，所以一夜的功夫，一百多公里就跑到了。這都是國軍老兵到臺灣來講的，只有老兵才知道解放軍的厲害。

為什麼小米加步槍能打你國軍的飛機坦克？淮海戰役死多少人你知道嗎？你國軍有坦克車頂什麼用啊？

解放軍用棉被蒙著八仙桌，讓老百姓躲在桌子下舉著桌子往前跑，國軍有種你開槍嘛，反正你機槍子彈有打完的時候。

打到最後沒轍了，老百姓一大片跪在那，縱有機槍有大炮也不敢打。

國軍開坦克把人壓死，屍體的大腿骨絞到坦克的鏈條裡邊了，坦克車就不能動了，解放軍上來兩個手榴彈就完蛋了。

淮海戰役就是小米加步槍打的坦克車，國軍一個戰車團就被消滅掉了。天津保衛戰的時候，碉堡前的死屍超過機槍射口了，你有機關槍，打半天都是打在死人身上。

山東人知道老解放區的厲害，好多人跑到臺灣來，所以臺灣賣包子、饅頭、大餅的山東人最多，他們也知道解放軍當政以後也沒有什麼好果子吃。

北京人可以說幾乎沒有到臺灣來的，在臺灣十年碰不到兩個北京人。北京人怕什麼呀？清朝完了換民國還不是這樣？日本人來了還不是這樣？國民黨共產黨什麼黨來了我不照樣活？

馬普東和太太梁昭　圖片來源：馬普東

但是現在我也回不去了，因為大陸兄弟姐妹的想法也都跟我完全不一樣。現在大陸政府有很多規定，回大陸的臺胞不給錢不給房，可以在大陸觀光居住，但不能居留。

兩岸沒開放以前，我有個朋友在基隆炮臺，跑到日本偷偷溜回大陸，那時候溜回去大陸很歡迎，而且特別優待，還給房子，一直到兩岸開放以後就沒這個待遇了。

我那麼多的兄弟姐妹就我一個人來臺灣，他們都比我小，當年他們太小走不了。如果不是因為跟廣東人結婚，我也不會離開北京，我是跟著岳父岳母他們走的。

兩岸開放後回到北京，一出西直門我就不認識了，變得太快太多了。以前到頤和園都是騎自行車去的，我們騎車能一直騎到西山、黑龍潭那邊，以前藍靛廠那邊還有飛機場，小時候到處去玩。

我在上小學跟初中的時候常到中南海、北海和什剎海溜冰，而且是不花錢的。除了北海中南海有一塊圈起來，其它沒人的隨便玩，雖然那些冰面上坑坑窪窪的，但學生花不起錢溜冰，只能在外頭隨便溜。那時候吃東西也便宜，人也沒那麼多沒那麼擠。

那個時候全中國只有北京人不欺負外地人。因為在以前，從明朝到清朝進京趕考的人，各省各縣的都有，沒辦法欺生。各省也都有會館，進京趕考的人都有住處，再說了，滿族也是關外進來的。

現在要想回北京定居的話，房子都很難買，太貴了。臺北這套房子想到北京去換，要換到城東去了。

現在台獨鬧得整個社會不光沒進步，還往後倒退，我們臺灣的電費每兩個月派人來抄表，抄表以後，給你通知單去交錢，不交錢過兩個月就給你剪線。

北京多好，跟坐公車一樣買卡，插進去你就有電，卡裡沒錢就買電嘛，很簡單。連瓦斯煤氣也是這樣啊，買卡插進去就有，完了你再買張充值插進去，這多方便。

現在大陸很多人都比我們臺灣有錢，改革開放了以後無官不貪。

我九零年到北京香山寺，坐車到蘋果園，小麵包車司機告訴我那個門票三十塊，但只要給他二十塊錢就給我票，保證不是假的。結果我給他二十塊錢，還真就進去了！其實那票是用過的沒有撕，沒有不貪的。

我去海南島的時候，海南島那有一個大棚底下賣各種泊來品，都是外國進口的。一萬塊錢就能買到賓士（奔馳）汽車，而且只要不離開海口，車子出了問題他負責。那賓士車運到北京，交車變五萬。其實這些賓士車是偷來的（走私）。

二零零零年，我到蘭州西北民族學院開會，開完會我們二十幾個人到敦煌去參觀。沿途看到那些地方專員，一個專員能管幾個縣，請我們吃飯時自己抽煙，也不敬別人。吃完飯通知下面的縣長參觀的人到了，結果沿路都是縣長來招待我們。

現年九十八周歲的馬普東　圖片來源：鐘蕾妮

到了敦煌，那個副主任拿著鑰匙說，上邊幾個有名的石窟是不開放的，想看的話我帶你們去看看，然後他就打開那些不開放的石窟給我們看。

在大陸幹什麼事都得講關係，有關係就能好辦事。

臺灣敢這樣嗎？多來幾次臺灣就會瞭解這個社會了，個人主義比誰都大。我辦事，你給我提出來什麼證件、什麼程式和什麼手續，我按照你的要求程式走。

證件不齊、手續不對是我的錯，事情能辦不辦或者辦不好，那就是你的錯了。

馬普東夫婦全家福　圖片來源：馬普東

我到北京入出境的時候要出示臺胞證，那裡的人是真客氣呀，我那個複印檔不行，他們幫我去複印，說我這麼大年歲了讓他們來就好了，非常客氣，只要給錢就行。

但是讓我妹妹本地人去就不行，一定要本人來，影印件不行，要原件正本。狗日的，我一臺灣人去就非常客氣，也非常有禮貌。

臺灣的出入境管理局也繁雜，但他把手續流程和需要的證件給你貼出來，先辦什麼後辦什麼，什麼時候拿什麼東西，都按規矩辦，

心明眼亮透明公開，不存在刁難。

現在很多外省人也搞台獨，臺灣人也有向著國民黨的，馬英九就是個混蛋，他在溫室裡長大，不瞭解外邊的事情。

第一，他一當總統就要退居二線，沒有官僚習氣，從小到大沒有經過那種艱困的時代。一路上學，畢業以後一直往上走，沒有社會大眾的經驗，社會什麼事情他不是很懂。

馬英九這些年就幹了兩件事，一是修了臺北到楊梅的高速路；二是美國對臺灣免簽。

現在臺灣最失敗的是教育，以前我孩子那代人考大學，錄取率是百分之二十一到百分之二十六。換句話說，有四分之三的人考不上大學，只有四分之一能高中畢業考上大學，考不上的人就上專科。

現在的大學就怕你不報名，全臺灣一百六十八個大學，憑什麼他能上我不能上？結果大家夥都能上大學了，你只要報名，不愛花錢就能來，但是素質也就降低了，現在考八分都上大學了，連初中的英文水準都沒有！

現在的中堅分子都是聯考考出來的，聯考前兩天，出題的教授鎖著門，在裡邊吃喝拉撒睡，外邊員警站崗，出題聯考是最公平的。

第二個就是服兵役,管你張三李四,到了二十歲就得當兵。現在改募兵制了,從前當兵的時候,老太婆一邊哭一邊送兒子去當兵,沒有幾年過就普遍了,每個人都要當兵。原來當兵等於抓去服兵役,現在慢慢改過來了,都知道公平,人平不語,水準不流。這是最公平的,誰都是二十歲當兵,大學生就是預備軍官。

以前是黨外無黨,黨內無派,所以開放了就有黨了。原來就那三張報,沒法申請辦報,一開放就幾十家出來了。

蔣經國開放黨禁和報禁也是大勢所趨,外省人太少你立不住,本地人多,一點點慢慢上來後,擋都擋不住。所以他看得很清楚,短時期內我們能控制住權力,但長時期不行。以前本地人沒人才,現在漸漸人才多了,他就不聽你了,所以就必須開放。

蔣經國在臺灣比蔣介石受人待見,台獨很少罵他,基本上就拿老蔣來開刀。

台獨有一部分是希望中華民國和臺灣人過得更好。他認為自己是臺灣人,不承認是閩南人,更不承認是福建人。可是臺灣高山族才是臺灣人,你是福建人,你跟我一樣也是外省來的,只不過是早來而已。

二零一六年,筆者在臺北錄製完馬普東的口述歷史後,與老先生合影。

① "忠、孝、仁、愛"四個監筒。　　同《王文誠口述歷史》234 頁。

② 李國鼎　　（1910 年 1 月 28 日 – 2001 年 5 月 31 日），江蘇南京人，國立中央大學物理學學士。1948 年移居台灣，曾任中華民國經濟部及財政部部長，在任時推動許多經濟建設，1982 年推動修正《科學技術發展方案》，被譽為"台灣經濟奇蹟的重要推手"、"臺灣的科技教父"等。91 歲逝於臺北，歸葬南京普覺寺。

③ 孫運璿　　孫運璿（1913 年 12 月 8 日 – 2006 年 215 日），山東蓬萊人，畢業於哈爾濱工業大學，二戰後被派至台灣修復電力，曾擔任台灣電力公司總經理、中華民國交通部長、經濟部長、行政院長。
其任內與蔣經國聯合推行"十大建設"，規劃早期中華民國科技政策，與李國鼎同被稱為"台灣經濟推手"。
2006 年病逝於台北。

馬普東口述歷史

| 逆流者 |

王文誠（1921年2月22日-）

出生于北京，祖籍福建福州，現居臺北。

一九三七年，加入天津抗日殺奸團；

一九三八年，因身份暴露而投考西南聯大；

一九四零年，從聯大回津領導抗團，同年八月被捕入獄；

一九四五年底，加入天津肅奸委員會，偵訊漢奸；

一九四六年，復學北京大學；

一九四七年，轉學廈門大學；

一九四九年，轉學臺灣大學；

一九五零年，畢業於臺灣大學；

在臺期間，先後擔任臺北巴拿馬使館秘書和多明尼加使館名譽商務領事。

回望我這一生，
　我盡力做了該做的事，
　身爲中國人，願意做中國人，
　　死也是中國魂。

賴恩典　錄製
王慧景　李海鴻　聽打
阿　炳　整理　校對
賴恩典　編輯

1

甲午海戰中，外祖父所在的靖遠艦被擊沉。

民國十年（一九二一年）正月十五，我在炮竹聲此起彼伏的北京城出生。

我的祖籍是福建福州，祖父王福昌畢業於清廷管轄下的福建船政學堂第二期，後來留學法國學習火藥。

祖父和弟弟王壽昌、兒子王銳先後留學法國。王壽昌回國後，在福建船政學堂教法文且與林紓合譯法國作家小仲馬著作《茶花女軼事》，是中國首批翻譯此書的人。

王文誠祖父　王福昌
本章圖片除注明者外，均由王文誠提供。

王文誠叔父　王寿昌

祖父畢業後的第二年，外祖父也從福建船政學堂第四屆畢業。

外祖父後來漂洋過海到英國學習輪機駕駛，學成歸國後在北洋水師的靖遠艦上做幫帶。

那時，船長是管帶，他是幫帶，幫著管帶。

甲午海戰爆發後，外祖父所在的靖遠艦被日軍擊沉，但他倖免於難。

以後北洋政府讓他到英國接新船回國，回來他順理成章地升為管帶，一直做到統率整個艦隊，最後擔任海軍總長。

我那官運亨通的外祖父叫劉冠雄。

他的三兄劉冠南，在甲午海戰中，任北洋水師

王文誠外祖父
北洋水师海军总长　刘冠雄　將军

"鎮遠"艦二管輪，並參加黃海海戰以及威海衛保衛戰，後来擔任江南造船所所長。

我父親在法國學的是電機專業，回國後在海軍任職，負責掌管海軍電臺的電訊。父親的哥哥王景岐（字石蓀）曾經被中華民國外交部派到比利時、瑞典、挪威、波蘭幾國擔任公使。

那時兩國的邦交還沒有大使職位，後來為了促進邦交，就把公使升級為大使。我的這些親人在各個政府的部門擔任公職，我的家境自然也就不會差到哪裡。

父親擔任海軍電臺期間，學有所專並工作努力，深獲時海軍總長的外祖父賞識。於是我母親花落王家,成了父親的賢妻。

一九一六年，王文誠父母大婚。
劉冠雄將軍夫婦在北京鐵獅子胡同與已婚子女合影，前排正中央為王文誠父母，後排正中央為劉冠雄夫婦。

外祖父育有五個千金，他把我母親過繼給沒女兒的哥哥劉冠南。所以母親出嫁時有雙份嫁妝，我自然也有倆祖父。

父親三十二歲時，到天津出差害了傷寒病，後因飲食不慎，竟致不治。父親去世那年母親二十八歲，而我就一歲多。父母感情非常深厚，父親過世後，母親因思念過度竟幾度吞金自殺。

外祖父愛女心切，請他哥哥的兒子劉文卿到天津接她回滬。

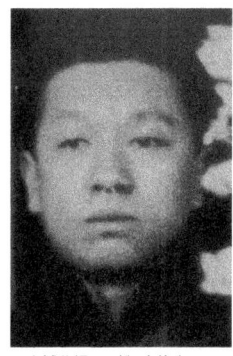 

王文誠父親　王銳　字旅生　　　王文誠母親　劉瑞卿

生無可戀的母親在去往上海的輪船上欲跳海自殺，舅舅曉之以理、動之以情："你跳海了，我回上海怎麼交待？要跳我跟你一起跳！"

母親平安抵達上海後，外祖父和家人既對她关怀無微不至，又小心地防備。但母親去意已決，終趁人不備時，先吞金戒指，後喝濃厚的Lysol消毒藥水尋了短見。

待家人發現時，腸胃內臟都已燒壞，緊急送醫亦無力回天。

那時候已是民國，但仍留有滿清遺風，他們認為母親此舉是"殉節"，總統府還特地送來黎元洪大總統封我母親為"烈婦"的褒揚狀。

父母雙亡時，我才一歲多一點，對他們印象一片模糊。可憐他們兩個人加起來才六十歲，比我現在的年齡的三分之二還小。

父母死後葬于福州，下葬時我們四個孤兒有無到福州送別，已無半點印象。

我外祖父家在天津，祖父這邊的人都在北京，因此我們從小都在平津，無法常去掃墓祭拜，所以下葬後，請當地一位名叫"波波"的人看墳，後來波波死了，墳墓便無處可尋。

那時伯父王景岐在國外做公使,母親自殺後,我和大姐王文錚、大哥王文修、二哥王文鑒跟祖母一起住在伯父家的房子裡。

祖母那時行將七十歲,沒人當家,便請我的姑母方王穎來當家。

王文誠祖母 王陳瓊端

清末民國前,方聲洞在日本留學時與夫人王穎合影。

姑母時年三十多歲,正值壯年,年輕時跟她先生方聲洞一起在日本留學。

姑父在日本留學期間認識孫中山先生,並加入了革命黨。

姑母也是命運多舛,方聲洞後來跟其他革命黨人在廣州起義,最終不幸起義失敗身死。

死後,方聲洞被葬在廣州黃花崗,這便是歷史上著名的"七十二烈士",姑父是其中之一。

一九三七年三月廿一日,王家四姐弟攝於北平同生照相館。從左至右:王文誠(十七歲)、王文修(廿歲)、王文錚(廿一歲)、王文鑒(十九歲)。

2

卢沟桥的枪声在那年暑期，猝不及防地传到我们的军训场上。

民國十七年，北京更名為"北平"，那時我正在東城米市大街的無量大人胡同外交部小學念書。

民國十八年，孫中山先生的靈柩從北平香山碧雲寺移靈南京。那年我八歲，家裡人帶著我到東長安街看熱鬧。

印象中，送葬隊伍前頭有一位將軍（商震）扛著一面大旗，後面由八八六十四個人抬著靈柩，盛況宛如帝王，備極哀榮。靈柩經東交民巷到車站送往南京，入葬中山陵。

小學畢業那年，"九一八事變"爆發，北平局勢頓時緊張起來。

"九一八事變"讓張學良聲名狼藉，小報上甚至八卦"九一八"那晚日軍攻打瀋陽時，他正在北平跟女明星胡蝶翩翩起舞，所以當時的報紙都罵他是"不抵抗將軍"。

事變後，我進崇文門船板胡同裡的匯文中學念初一，天津的舅舅和姨母擔心我們在北平無人照料，就讓我們到天津去念書。

一九三二年，我們姐弟四個轉學天津，我和哥哥進天津工商附中讀書，他念高一，我接著念初一，姐姐在法租界的"法國女學"教會學校上學。

一九三七年的高三暑期，學校在天津法商學院組織我們軍訓，教官班長皆為駐紮天津的二十九軍三十八師軍官，那時的天津百姓對二十九軍稱讚有加。

我們在學校的訓練場上終日操練，並學習"四書"、"孟子"等國學知識。就在那時，"盧溝橋事變"的消息猝不及防地傳到我們的受訓場上。

在我們軍訓的大操場上，有人手拿望遠鏡很遠的地方觀看我們軍訓。教官說，那些拿望遠鏡的就是日本人。

"七七事變"兩天後，教官以安全為由，把我們從訓練場上趕回家。

3

現在有個專門反日和焚毀敵人物資的團體，你要不要加入？

一 逆流者 一

劉友深　圖片來源：天津市檔案館

民國二十六年，暑假過後我開始讀高三。

我在工商大學部有個表哥叫劉友深，是劉冠雄的孫子。有一天他對我說："現在有個團體，主要是做反日宣傳、焚毀敵人物資（那時還沒拿槍暗殺漢奸的行動）等，你要不要加入？"他的聲音充滿神秘且激情，我當即就答應了。表哥告訴我，抗團是一些比我們大三四歲的學長創立的，創立者我只記得郭兆和、王桂秋。學校為抗團提供了一個絕佳的平臺和資源。

平津淪陷後，我們在天津馬場道的學校變得微妙起來，校門外是租界，校內卻歸日本人管。

天津淪陷後的課文教材全歸華北文教組織管，日本人還派了個叫"三浦萬之助"的顧問來學校，隨後課文裡關於抗日的文章和言論消失殆盡，連地理課關於東北的內容也進行了管制。

那時候日本人想對我們進行奴化教育也不大容易，對已經年齡定型的我們進行奴化，根本沒意義，即便課本有奴化教程，我們也不理會，大家已經懂得仇恨了。

一開學，抗團同志便開始在同學之間發展，看誰靠譜膽子大就發展誰。劉友深跟郭兆和、王桂秋是同班同學，所以郭王這些發起人很快找到表哥並吸收了他，而他也向周圍吸收合適的人，当年表哥之所以拉我加入，估計是覺得我還算靠譜吧。

加入抗團也跟入政黨一樣需要宣誓，當年宣誓的內容是：我自願加入組織，服從組織的領導，並保守秘密，如有違反，願意受嚴厲制裁。

同時還有個令我記憶猶新的十六字誓言：抗日殺奸，復仇雪恥，同心一德，克敵致果。

這十六字誓言裡有"抗日殺奸"，所以我們始終叫"抗日殺奸團"，而且參加的都是學生，沒有那些亂七八糟的人。

4

抗團裡的"非富即貴"們。

國民革命軍陸軍二級上將 孫連仲 將軍

在歐洲只要有戰爭，戰場上必有貴族子弟。如一九八二年英國與阿根廷的"馬島之戰"，以及美國主導的反恐戰爭。只要有戰爭，英國王子均在一線作戰，這些貴族是人民的衛士，所為深受人民擁戴。
當年抗團的這些團員雖然不是貴族，但好多都是官宦子弟和公子哥，比如：北洋水師海軍總長劉冠雄的孫子劉友深、劉友淦、外孫王文誠、王文鑒；

第十一戰區司令長官兼河北省政府主席孫連仲的一雙兒女孫湘德、孫惠書；北洋政府總理熊希齡外孫女馮健美；國民革命軍第二十九軍軍長宋哲元的女兒宋景憲；華北偽治安總署督辦齊燮元的外甥馮運修；偽滿洲國總理鄭孝胥的孫子鄭統萬和鄭昆侖；北京同仁堂的大小姐樂倩文等。
雖然抗團成員殺奸，但抗團有些成員的親戚也是大漢奸，比如馮運修的姨父齊燮元，那就是抗團制裁的對象。但是沒辦法，這種大漢奸出入都有衛隊保護，我們根本無從下手。
抗團成員對於做漢奸的親戚很不滿意，最顯著例子，鄭統萬和鄭昆侖的祖父是偽滿洲國國務總理鄭孝胥，鄭孝胥的下一代還做了奉天市（今瀋陽）的偽市長。鄭統萬極不願提他祖父，引以為恥，非但不提，還參加抗團制裁漢奸。
抗團大部分人都住在租界，那時住得起租界的家庭，多半都有點積蓄。我們在抗團做事都沒薪水，抗團在外頭租房，活動所需的費用也是我們自己拿錢來用。加入抗團後，大家互稱"同志"，那時抗團剛成立不久，團員大概三四十人，分成幾個小組，我的組長沈棟是抗團裡很活躍的人物。
抗團主要暗殺的是在日偽部門擔任要職、且對國家有害的漢奸。如果只是掙口飯吃，替日本人出主意跑腿的，就不在暗殺範疇。比如天津的袁文會，日本人出錢讓他組織便衣隊擾亂地方秩序，用各種藉口引來日本人武力鎮壓，這種罪大惡極的漢奸就是我們抗團的目標。可笑的是，這些漢奸在抗戰勝利後被審判時，竟辯駁自己是在做好事！

5

為了不暴露真實的身份，我化名『劉烈』。

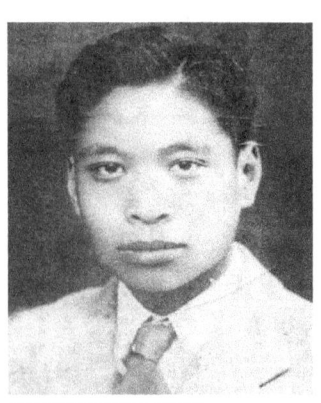

天津抗日殺奸團成員 劉永康

抗團是自願性的組織，只有任務安排和執行層面的不同，所以沒有很規範的管理層。只有領導中心，然後幾個小組長，嚴格意義上講，所有人都是平等的。

抗團最初並無辦公地點，以後為了宣誓和聯絡方便，大家湊錢在天津的松壽里租了個民房。後來抗團做出來成績，重慶寄來三千塊法幣獎勵，這些獎金其中有一部分就用在松壽里的房租上。

松壽里據點除了給大家開會外，還油印過一些刊物。那時祝宗梁常常到松壽里去看看什麼事情需要辦理，能辦的他立馬給辦了。

抗團最初在松壽里有安排人警戒，負責警戒的眼觀六路，耳聽八方，一有動靜，立刻通知裡面的人。但頂多在馬路上走走，再進來看看，沒辦法跟站崗似的。那時候一碰上小組要開會或有事要集會，一下子來十幾個學生，十幾輛腳踏車擺在一起很扎眼，常被人懷疑。後來為了安全，大夥聚會的地方常常更換。

我們小組有時會選在工商學院的操場，沒人的時候，我們幾個人走到很遠的操場邊，圍成一圈講話。

為了不暴露真實的身份，尋求多一層保障，抗團成員幾乎都有化名，比如劉永康化名"劉潔"，李振英化名"李漢城"，祝宗梁化名"祝友樵"，曾澈我們都叫他"二哥"，沈棟因利用雙杠翻牆逃出監獄圍牆，所以得名"杠子"，我則化名為"劉烈"。

抗團的關係網單一且縝密，小組之間絕不允許橫向連絡，只能縱線聯繫。當時抗團最重要的是行動組，其他的是管組制。

行動組很獨立，直接跟負責人聯絡，祝宗梁和劉永康當時都當過組長，劉永康還額外負責一個學聯。

那時候抗團的實際負責人是曾澈，而沈棟和祝宗梁則是兼職幹事。

沈棟當時大概十八九歲，跟我一樣念高中。他身材魁梧，體格非常好，有一次他在執行任務時被捕，被關在警察局的監獄裡。

那時候的警察局監獄待遇很人道，每天都會帶關押的犯人到操場上做做運動，也就是所謂的"放風"。

有一天，沈棟在雙槓上做運動的時候，趁著員警不注意，借用雙槓跳牆跑了。

沈棟是個非常愛國的人，而且他完全把自己奉獻給了抗團，所以抗團很多人都很崇拜他，包括我。

天津抗日殺奸團創建者之一 沈棟

那時候我不是組長，也不需要到抗團的中心接受什麼指示，倒是曾澈跟我私下很好。

曾澈是江浙人，江浙口音非常重，個子不高，但長得比較成熟老氣，其實他那時候大概也就二十五六歲。

曾澈對我特別好，他看我個子小，長得像個小孩子，也意識到必須得掩護自己的身份，尤其出了租界以外，所以他很喜歡帶著我。帶著一個比較年輕的小孩子，感覺也比較有安全感，能增加他的安全性，用以混淆注意力，不引起敵偽憲警的注意。

我那時常不在抗團的活動任務裡，他們看我都跟著曾澈二哥吃喝，也沒人指揮我。

曾澈很喜歡打地球（保齡球），有一次他帶我去北平金魚胡同的東安市場，我們進到東來順的附近，旁邊國強西點麵包房的樓下就有個打地球的地方。

我們也偶爾吃西餐，當時天津的勸業場後門有個北安利餐廳，不是很高級，只能吃到最簡單的西餐。在廣東中學和法國花園附近，有一個小館子，也是曾澈很喜歡去的地方。

曾澈喜歡吃炸大蝦，我常跟他在那吃，每次去我就光要一個炸大蝦，連湯都不喝。

天津抗日殺奸團主要領導人之一 曾澈

曾澈在天津是光桿司令一個人，那時候我家住在香港道一七四號，他經常在週末的時候去找我，然後帶著我坐三輪車去打球。

通常我都是坐在旁邊看他打，有時打完球他還會帶我去吃天津商場裡的小吃。

6

> 汽車一開走，車頂上的傳單隨風飄散。

抗團的行動範圍大致為以下幾點：

一、播撒傳單

傳單的內容就是宣傳抗日，叫民眾不要當漢奸這類的。有時我們會帶上傳單，在人群密集的公共場所扔撒，比如到百貨公司樓頂往下撒。

有時也會把傳單放在人家的汽車頂上，等汽車一開走，傳單就會隨風飄散。

最常撒的是在關著燈的電影院裡，我們從電影院樓上往下撒。

那時候的天津是淪陷區，所以淪陷區的新聞基本都是日本讀賣社的新聞，這類的新聞都是宣傳"大東亞共榮"，或是日本人在中國做了多少好事之類的，基本沒人看。

而我們在租界裡住還有個好處，就是可以收聽國民政府中央和路透社的廣播，所以我們就把重慶中央政府發佈的那些新聞油印出來製成傳單散播。

當然，我們撒傳單也不會天天做，都是在"七七"、"九一八"紀念日的時候撒，這種日子撒傳單的效果最好。

撒傳單這類的工作屬於宣傳工作，抗團後來還出了個雜誌，叫做《跋涉》，這個雜誌就是王振鴻的弟弟王振鵠負責的。振鵠就是日後在我們臺灣做到中央圖書館的館長，等於北京的國家圖書館館長一樣。

二、焚燒物資

抗團選擇焚燒的物資和地點包含了棉花站、電影院等地，這兩個地方也是我首次參加抗團行動的地方。因為我的年紀和個子小，所以每次出任務沈棟都不叫我做重要的工作。

有一次我跟他們去燒棉花，那些棉花被壓成一個個四四方方的袋子，摞得很高。大部分都是被日本的大企業在華北收買以後運回日本紡織，印成花布再賣回中國來，利潤很高。

我當時在棉花站是作掩護工作的，沈棟讓我躲在老遠的地方看著，要是有人來了，我就舉手告訴他。

燒棉花是最容易的任務，他們在前面放火，看到棉花一起火，大家立馬撒丫子跑。

還有一次是燒天津光陸電影院，參加的人有沈棟、我、祝宗梁、錢致倫、呂乃樸。但沈棟仍沒給我分配任務，只有曾澈叫我去光陸電影院觀察一下，順便幫忙撒傳單。

抗團之所以選擇電影院放火，是因為電影銀幕最易起火。

我當時分到五十張左右的傳單，老早就把傳單放到口袋裡頭，買了樓上的票，然後在旁邊看著，祝宗梁也是撒傳單的，但我不知道他那時身上還帶著炸彈。

說實話，當時大家都覺得從樓上撒傳單蠻輕鬆的，一點也不危險。執行任務的人得拿著燃燒彈，放在銀幕下，所以擔任執行的多半是抗團最有經驗和膽識的人。我雖然沒有分配到重要任務，但也通過這些行動訓練膽子。作為新手，我在二樓樓上遠遠看到有人蹲著放下東西，隨後幕布便卷了起來，然後"呼"一下子就燒起來了。我們趁著火光往樓下撒傳單，製造一下混亂後便在那看效果（觀察實際破壞效果，如有問題好做調整）。

火很快就燒完了，並沒有把房子引著，也沒引起大火。

民國時期的天津光陸電影院
圖片來源：天津市檔案館

行動結束後，我們回到抗團的集合點，從電影院出來的時候我還看到過呂乃樸。那時候是夏天，呂乃樸身上穿著號稱"竹布大褂"的旗袍，那是一種像竹子淡綠色的顏色，所以我記得很清楚。

那時候，北方像我這個年歲的男人穿的是藍布大褂，男學生也不是盡穿西裝。但如果曾澈讓我跟他去北平，我就可以穿西裝或者大衣去。

三、爆炸破壞

加入抗團不久我便認識了孫若愚，他能力很強，很負責任，體型強壯，為抗團做了很多貢獻。我認識他的時候他差不多十七八歲，與我年紀相仿。

祝宗梁進抗團比我遲，但他做的事情卻很多，他擔任抗團"技術組"組長，所以他經常要去買炸藥配料來調配。宗梁嫌租界裡的配料貴，為此專門跑到租界外去買。

左起：劉友淦、王文誠、呂乃樸。
圖片來源：劉景端

在製作炸藥的時候，要非常注意，兩個相沖的東西一配就容易爆炸，所以他是個膽大、心細、能幹的人。

後來抗團自己配製定時炸彈經常出事故，比如後來孫若愚到上海發展抗團，在一次炸藥實驗中被炸掉一隻胳膊。再比如抗團團員李鑫，將配製好的定時炸彈帶在身上去執行任務時，結果炸彈提前爆炸。當時報紙上報導說他被炸得"肚破腸流"，死前還高呼"中華民國萬歲"。

我看了以後心裡很難過，所以我一直很反對這樣做試驗，即使炸死了日本將軍也不值。

一九四一年八月一日，上海抗團李鑫懷揣自製的炸彈，抱定必死決心，在滬西兆豐公園舉辦的"提燈遊行慶祝大會"中實施爆炸。李鑫當場被炸得"腹破腸流"，壯烈犧牲。
圖片來源：閻伯群

我這麼說可能會有人罵我貪生怕死，但我是有計劃的，不會白白犧牲自己的同志。

人家爹娘養他十幾年不容易，更何況我們自己也得愛惜自己的生命呀。

四、刺殺漢奸

一九三七年十一月左右我加入抗團，到一九三八年六月高中畢業去昆明，這短短半年多的時間裡，我所接受的任務只是燒棉花和電影院，制裁漢奸的這種行動都還沒有。

因為我有特別注意，我們是有了槍支並且在我去昆明以後，大概在一九三八年冬天才開始有制裁漢奸的行動。

抗團一般看案子的大小派人執行任務，小案子兩人足矣，大案就得分配四個，一人負責執行，兩人掩護，一人在遠處看效果。

祝宗梁他們當年在天津的大光明電影院制裁大漢奸程錫庚時，也不過四五個人。

抗團暗殺漢奸有個原則，絕不禍及漢奸的家屬，所以祝宗梁制裁程錫庚時，程逆家人無人受傷或者死亡。

當年程錫庚擔任海關監督和聯合準備銀行經理，他給日本人出主意，不許國人用法幣，強迫改用他們發行的"國幣"，我們管它叫"偽幣"。

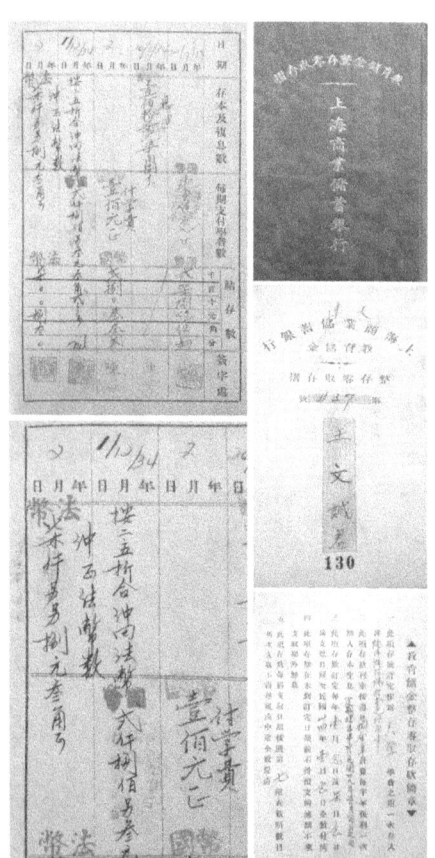

王文誠家人當年給他預備讀書用的存摺，裡面詳細記錄法幣被強行兌換"偽幣"和兌換值。 圖片來源：王文誠

日本人採用了他的建議回收了法幣，並用極低的價格折算，鬧得民不聊生、怨聲載道，所以抗團的同志就盯上他了。

"程案"發生時，我已在西南聯大讀書，只在報紙上得知祝宗梁和袁漢俊到香港自首。

五、跟蹤盯梢

除了撒傳單、暗殺、爆破這些技能外，我們還要學跟蹤，也就是"盯梢"。

這種沒什麼人教，要實際去做，講理論沒有大用。為了不讓被跟蹤者發現，有時候我們也需要化妝，比如穿個雨衣，或者是化妝成洋車夫之類的。

後來我從重慶回天津時，政府讓我在北平聯絡一個在燕京大學當教授的美國人。

那時北平已淪陷三年，那個教授住在北平水月庵，我聯絡他的時候非常小心，雇車到水月庵見到教授後，他告訴我出去時要小心，不要在附近坐洋車，他家門外那些洋車夫都是偵緝隊的線民，所以辭別教授後，走了很遠的路我才敢雇車。

這就說明化妝跟蹤或者盯梢時，不能讓人看出來，這些長時間坐在教授家門口的車夫，也不做生意，很容易就被看出來。

一般情況下，我們是派一個人出去跟蹤，通常兩個鐘頭後換另一個人接替他，再過兩個鐘頭又再換人接替，這樣就不會從頭到尾都是一個人，會很容易被認出來。

當然，跟蹤也要提高警覺，防止反跟蹤。那時抗團曾有個小組長講過，如果你覺得被跟蹤了，就趕快跑到附近的公共場所。比如從北平東安市場王府井大街的門進去，從金魚胡同出來就趕快想辦法脫身。還有一種辦法，就是趁機溜進電影院找個地方坐，然後趁黑燈瞎火的時候趕緊脫身，這種都得自己根據當時的環境，臨時調整靈活變動。

跟蹤完畢後，將收集完的情報上交，幾個組長就根據情報資訊，在經常一起開會的地方碰頭研究。

雖說那時抗團有固定的據點，但有些資料也不能長期放在一個地方，擔心隨時有人來突襲檢查，所以我們通常都是哪個組負責的資料，哪個組自己把東西帶走，全都分散開，各管各的。

7

你們這個抗日團體願意不願意要這些槍？

一 逆流者 一

抗團的刺殺武器只有手槍，牌子各有不同。

我曾經看到一種從底下放梭子、有六發子彈的手槍。這種槍分別叫槍牌、馬牌、蛇牌、花牌和狗牌。

這五種裡品質最好的是槍牌，依次是馬、蛇、花和最便宜的狗牌。這些槍也叫"擼子"，在槍身上方擼一下，把子彈給頂上膛就可以開槍了。另外還有行動人員最喜歡用的，因為左輪的子彈和殺傷力大，比較容易致命。除了這些槍之外，還有兩把"盒子炮"（駁殼槍），不過"盒子炮"體積過大，沒人願意帶著出去行動，這種槍多半是衛隊衛兵使用的。

關於這些槍的提供者，要追溯到一九三八年的一次偶然事件，同時我也有個很複雜的親戚關係要梳理。

一九三八年春，偽滿洲國國務總理鄭孝胥暴死於長春，天津各界定於當年三月某日在耀華中學舉行追悼會。我得知此訊後，寫了封信通知組長沈棟，信中的內容我只記得："……屆時諒必冠蓋雲集……殊堪玩味也。"不料沈棟將信遺失，被人撿到後，輾轉落入當時天津英租界工部局警務處長李漢元的手中。信封上有我的姓名和地址，所以李漢元拿著信找到我的家長狀告，說我大概是抗日分子，一定是參加了什麼抗日團體，並質問我如何玩味？

因我父母早逝，所以我的家長監護人是我母親的姐夫。

偽滿洲國國務總理　鄭孝胥
圖片來源：王文誠

中華民國臨時大總統　黎元洪
攝影：Putnam Weale, B. L.　公有領域圖片。

一九九二年六月十一日，王文誠与黎紹業留影於天津旅舍。

姨丈有個連襟，也算我姨丈，我管他叫"九姨父"。九姨父姓黎，名紹業，號仲修，是黎元洪總統的次子。

黎紹業姨父時年二十七歲，天津淪陷前他住在特一區中街。從天津火車站出來經過金鋼橋，一直到法租界，順著海河邊就可以到特一區中街。

特一區從前是德國租界，德國一戰戰敗後，把租界還給中國，中國就把租界改為"特一區"。這個中街很有名，兩旁都是銀行和一些大公司，當時英租界的工務局和黎元洪的住宅也在那裡。

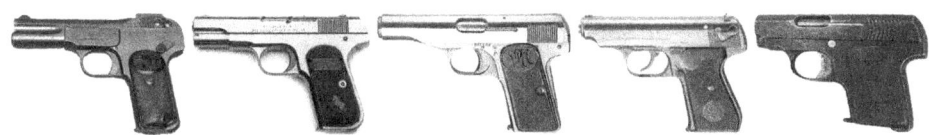

當年抗團同志使用的"擼子"。從左到右依次為：槍馬花蛇狗。

天津淪陷後，九姨父從中街搬到英租界住，有些槍支彈藥不敢放在家裡和總統官邸，他把那些槍彈拿到英租界，存放在一個在天津從事殯葬業的"麥克納里"（Mc Naully）的英國人家中。

但非長久之計，所以當他得知我參加抗日團體後就把我找去，他說他家裡有一袋手槍，你們這個抗日團體願不願意要這些槍？

這些槍是從前黎元洪擔任中華民國臨時大總統的時候，總統官邸裡的衛隊用於保護總統的。後來衛隊解散，槍就擱在總統官邸，這一擱就擱到了一九三七年。

九姨父目的是想把這些槍捐給抗日團體，多少發揮些作用。

我跑去告訴曾澈，他一聽非常高興，說我們抗團正缺少這些武器。於是我就跟九姨父到麥克納里家把那批手槍帶了回來。那些手槍裝在一個帆布旅行袋裡，袋子裡大約有二十把手槍，有幾隻左輪和槍馬花狗牌擼子，子彈也很多。那些槍很好認，比如狗牌的造型有個狗頭，馬牌就是一個馬頭。

一九三九年，天津抗團往北平發展，北平抗團的槍支多半是從天津帶過去的。

抗團在得到黎仲修先生捐助的槍支之前，從來沒去刺殺過漢奸，直到一九三八年春天，抗團有了槍支才開始有刺殺行動。

軍統天津站那時都不見得有幾把槍，抗團這些學生也只是放火撒傳單，從來沒殺過人，軍統絕不放心給這些學生槍去行刺。

之所以曾澈沒在那時告訴大家這些槍的來

源，是因為在淪陷區周圍都被日軍佔領的環境下，雖然是在租界裡，但如果日本人知道是天津黎大總統的兒子給的，那黎紹業的全家還能活命嗎？

祝宗梁曾寫信給天津檔案館的陶麗，提到關於刺殺程錫庚案的經過，其中有一個細節，他說刺殺用的槍是曾澈從軍統拿來的。

我覺得是祝宗梁在刺程錫庚的時候，並不知道軍事委員會下屬還有個軍統，曾澈也從來不會對抗團的同志說他是軍統的人。

"程案"發生後，祝宗梁到重慶才知道曾澈跟軍統的關係，所以他以為槍是軍統提供的，但事實並非如此。曾澈基於安全考慮，未曾透露槍支來源，所以我敢保證，這只是祝宗梁的推測，而且他的推測也是錯的。

這些槍械常常更換保管人員，也因為安全問題常更換地方，葉于良家裡也藏過抗團的槍。不使用時，就放在認為安全的地方，抗團那時也會讓行動組的人，每人帶把槍分散開。

我們也幾乎沒有過射擊訓練，拿著槍就上。我們都是學生參加抗團，衡量合不合適加入的基本標準，是看你有沒有膽，所以別說訓練了。

在刺殺的過程中我們也不可能先演習一下，

王文誠夫婦與黎紹業三代合影，左起：黎紹業儿子黎昌晉、黎紹業太太劉琪卿、王文誠、黎紹業懷抱孫子黎麟歌、王文誠太太洪玉燕。

比如祝宗梁在開槍刺殺漢奸前，連打靶都沒有打過，就拿槍開打了。

可以說大家都是自學成才，不過非常幸運，我們手裡的全都是好槍，所有的子彈都沒啞巴（啞彈）過，不管是左輪還是勃朗寧，也沒卡子，這些梭子、彈簧零件都很靈光。

因為是地下活動，當年抗團也有暗號，比如我們管手槍叫"書包"，管子彈叫"書"。這個暗號大部分抗團團員都會瞭解，只要說"給你書包"，就是給你一把槍的意思。

8

不要做「一人敵」，要學做「萬人敵」。

一九三八年，王文誠天津工商學院的畢業照，一排右二為王文誠。
圖片來源：王文誠

李漢元在我家客廳拿著信跟我的家長講："如果要抗日到內地去，兄弟我管這個租界的治安，希望你們不要在我的地盤上搗亂。"
李漢元走後，我家長就勸我說：你們青年人應當好好念書，不要做"一人敵"，要學做"萬人敵"。將來有學問，你一個人可抵萬人，現在去跟人家拼命，只是一人抵一人。
我覺得很有道理，是年六月一畢業，七月我就從天津去昆明考大學了。

我當初加入抗團時，口風很緊，家人並不知情。所以，當李漢元到家裡一亮信，並質問我如何"殊堪玩味"時，家裡人就知道我參加了地下抗日組織，但不知道我參加的是天津抗日殺奸團。
我沒回應李漢元的質問，他是內行人，一看就懂什麼意思。這一定是我們這些學生要想鬧事，當然，他覺得學生未必有能力殺人，只會搞亂扔傳單之類的。

9

日本人在萬人坑邊拿刺刀將曾澈挑死，然後把他踹到坑裡。

― 逆流者 ―

天津抗團主要領導人之一　曾澈

曾澈在抗團建立之初便加入了，他比一般團員的年齡稍微大，那時候十七八歲的人看二十五歲的人就覺得他很大了，所以大家看他有經驗，就選他來領導。後來我們才知道他是軍統戴笠的人。最初軍統局根本不知道天津有個抗日殺奸團，是他加入以後，我們選他來做領導以後才曉得。

曾澈後來被捕，是與軍統天津站裴級三的叛變有關。

一天，曾澈碰到裴級三（代號吉珊），裴約他一起去吃東西，曾澈不知有詐，當下應允。

開吃前，裴級三叫曾澈等他一下，自己跑到附近派出所去報警。曾澈不知裴此時已叛變，還在外頭傻等。

不久，裴帶著人出來把曾澈給銬了。從那時起，曾澈就再也沒有出來過，也沒有機會逃跑。

裴級三瞭解曾澈是軍統天津站和抗團的領導，是很重要的人物，所以把曾澈看做是他替日本人抓到的一個寶。我聽說曾澈被捕後，戴笠傳話讓他假投降，曾澈不肯。我猜想，或許是他知道裴級三從前是自己人，知道曾澈講的話是真是假，再說日本人也沒那麼好騙，所以即便想假投降也沒那麼容易。

要讓日本人相信，無論如何也得拿出點有價值的東西，否則裴級三不可能相信他是真的投降。

我聽說曾澈後來被送到北平不知是西苑是南苑，日本人在那裡挖了一個萬人坑，在坑邊用刺刀將他挑死後，一腳將他踹到坑裡。

關於曾澈殉國的過程，我是後來被關進北平炮局監獄，跟劉永康替日本人寫東西時知道的。

我記得有一次，日本人讓我們抄寫歷年日本軍法會判決死刑和入監的犯人名單，名單中似乎有曾澈的名字，年代太久我已記不清了。

後來日本人把我們抄的名單送去重慶，試圖引起震憾。

10

我的新皮鞋
經越南到昆明後，
變成了一塊磚頭。

一九三八年七月初，我從天津費盡周折輾轉到昆明考大學。那時西南聯大在招考，但不知確切時間，只能提前去昆明。

之所以選擇去考聯大，是因為我們有個表姐在清華大學念書，那時清華已經搬到湖南。我們出發時，她們又搬到雲南，所以我們決定直接到雲南，而且那時的清華北大南開都搬到昆明了。當時的平津學生，大學的目標都以燕京清華北大為主，天津的多半是南開。日本轟炸南開的時候，我們在租界看見飛機去投彈，也看見轟炸過後的南開在冒煙。日本人之所以要炸南開，是因為南開以及校長張伯苓宣傳抗戰反日。

天津到昆明的路很長，有兩條路線可供選擇，一條是從天津坐船經上海到香港，從香港到廣西，從廣西再到昆明。第二條是從天津坐船經停上海和香港，然後再到安南（越南）海防，從海防登陸坐火車到昆明。旅行社建議我們走第二條路線，於是我們花了三天到海防以後坐火車到昆明。第一天到河內，住一晚上過夜，第二天從河內坐到老幹（老街的意思），老幹是邊境，第三天從老幹坐火車到昆明。

跟我一起從天津結伴同行去昆明的，是同為抗團同志的劉友淦，同時也是我的表哥。

我們搭乘太古輪船公司的船離開天津，幸運的是，我們出發的時候是在天津英租界碼頭上的船，到上海也

一九三八年的劉友淦　圖片來源：劉景端

是停在租界的地方，上下船都沒有日本兵檢查，只有海關檢查。

出發時我只帶了一個皮箱，身上大概帶了百十塊錢。這一路需要走很長時間，每到一個地方經停都得買往下一站的船票和火車票，所以我們身上都有帶著法幣。

一九三零年代的香港街頭　圖片來源：王文誠

太古輪船公司那艘船的船艙一共有頭等到四等可選，我們買的是最便宜的統艙票。

天津到上海的兩天一夜，我跟表哥睡在夾板底下的同一個統艙屋子，統艙非常大，我們在東邊的地鋪上，根本看不見西邊。

我們一路到上海和香港經停時，都要先上岸住旅館，然後再到旅行社去買票。

從香港到海防，由於旅客和貨物量少，所以沒有大輪船公司走這條線。

我跟表哥坐的是一條八百噸的小船，我們跟所有的人在不停搖晃的統艙裡，吐了一路。那兩天簡直像在地獄一樣，連船上的水手也吐地一塌糊塗，全都躺下了，每到開飯的時候，沒幾個人能吃得下飯。

越南通往雲南的滇越鐵路　圖片來源：王文誠

到了海防後開始上岸走陸路，坐火車沿著滇越鐵路走。

我是第一次到越南，就見識了越南人跟中國人完全不同的風俗習慣。

越南人吃檳榔很厲害，他們嚼完檳榔後一張開嘴，就像張開了血盆大口。越南的婦女也不例外，吃得滿嘴牙齒都是黑的。

到了河內又是不一樣的景象，河內很繁華。

香港當時是英國人統治的殖民地，英國人很嚴格，把香港管理得很好，跟被統治階級分開，一切井然有序。

越南是法屬殖民地，法國人治理能力很差，他們天性浪漫，看越南人抽大煙，他們也跟著抽，很隨心所欲，所以看起來亂糟糟的。

海防到昆明的火車很古老，行駛速度很慢，也沒法不古老，他們連鐵路都修建得很差。

在海防上車前，我們把行李通過火車托運到昆明。後來我們聽說，管行李的人偷行李現象非常厲害，我們事前都不太曉得。

我們交行李的時候，他給我們過完磅是二十公斤，隨後他給你寫上"二十公斤"，然後再給你張取行李的票。最後在昆明的火車上取行李時，大家都會發現每個行李都被偷過。

行李裡甭管有什麼東西，除了書他不要，只要是值錢的東西他就偷。偷完怕重量不夠，還放進去幾塊磚頭湊重量，所以你拿到行李的時候重量不會少，可是裡頭值錢的東西全被偷了。

我的一雙新皮鞋就這麼被偷了，裡面給我換成一塊磚頭。我們跟他理論說，我們千里迢迢到海防托運行李，怎麼可能運一塊磚頭來？對方一臉無賴地說"你如果要這樣做我也沒辦法"。

這就是法國人的治理，完全沒理可講，只能自認倒楣。

11

外省郵寄東西到昆明，要被收取『特種消費稅』。

當時的昆明相當原始，大馬路都是一塊一塊大石頭鋪成的。但風景很好，西邊有個景點叫西山，上完上半學期的課，我們就到西山的"筇竹寺"裡過暑假。

當年昆明有個陸軍軍官學校，也有空軍的軍校，文的就是西南聯大。當時西南聯大上課的地方就是雲南師範學校讓出來的地方。

昆明人講的雲南話，雖然有點口音，但跟國語可以通，不像福建和廣東，根本聽不懂。

當年在雲南常聽他們說"各藥死的貴了"，意思是"各樣式都貴了"，言下之意，就是外省人到昆明以後，把所有的東西都吃貴了。

我剛到昆明的時候，法幣還很值錢，到後來戰爭末期就非常貶值了。那時候昆明用的錢叫"滇幣"，滇幣又分"新老滇幣"。老滇幣要幾萬塊才能換一塊新滇幣，但法幣比新滇幣還值錢，所以外省人在昆明花法幣，相當於在臺灣花美金一樣，很爽。

那時的消費很低，學校附近的飯館炒個菜一毛錢，一碗飯一分錢，吃頓飯還送一碗湯。

當年昆明人穿著跟我們差不多，還有穿西服的，除非到山裡或農村，會看到很多少數民族服裝。越往滇西走，少數民族的氛圍就越濃。

一九三零年代的昆明街景　圖片來源：王文誠

當年的雲南可以說是割據一方，我天津家人托關係從上海寄一雙皮鞋到昆明，我到郵局去取，郵局說昆明有海關，凡是外面的東西到雲南都得上稅，他不敢叫"海關關稅"，取名叫"特種消費稅"。

那時候在昆明有大批回國參加抗日運輸的華僑。昆明西南運輸處規模很大，據說運輸處有個停滿了車的大停車場，大概有百輛以上。從昆明到緬甸，全都用這些車運輸東西，司機大部分是征來的華僑。

當年有一個詞叫"帶黃魚"，你要是跟他認識，你想去哪，給錢他就讓你坐，他們管這叫"帶黃魚"。

12

我們在墳頭躲避日本飛機的轟炸。

講述中的王文誠

我們一到昆明馬上住進聯大不需要花錢的學生宿舍，然後開始報名投考西南聯大。那時聯大估計有一半的學生不但不需要交學費，而且什麼費用都不需要交，如果有經濟困難的，政府還貼你吃飯。

我當時住在法學院的學生宿舍裡，但事實上我們那個宿舍裡頭念什麼的都有，大家混合著住，不像現在這麼井然有序。

在那種極度困難的條件下，想要有地方住，你得自己找，一有空位就趕緊紮進去，並不是哪裡有空位，學校就會指派你去住。

我們宿舍住了三四十人，上下鋪緊挨著。沒辦法，戰爭時期能有棲身之所，已屬不易。

到昆明後，我家人認識一個聯大的教授，福建人，算是我老鄉。這個教授的太太住在天津，我家人每個月送到教授家裡若干錢，然後我再到他宿舍找他要，兩邊劃撥。

我在昆明一年多的時間裡，都是到這個教授家裡去領生活費。

我在昆明期間還經歷過日軍的轟炸。

九月二十八號，日軍炸彈落在昆華師範的時候，我們就在師範的宿舍裡，爆炸點距離我們不遠。後來有了經驗，警報一來，大家就從課堂裡跑出來。順著學校外頭的公路跑到附近的墳地裡。

學校附近的墳地很多，那些墳頭長得像饅頭一樣，日本飛機一飛過來，我們就面向飛機躲在墳頭後面，等飛機飛到我們頭頂時，我們再轉過來躲到墳頭的那邊。

我們在墳頭既可以躲警報躲轟炸，又可以看飛機轟炸，每次大家都跟散心一樣來消遣，所以我們根本不用去躲防空壕或是地下室，大家都覺得那些地方太悶氣。

學校平常也沒什麼作業，不像中小學老師，放學後留習題回家讓我們做。老師上課也不點名，有些沒選這門課的學生也來旁聽，到考試時候，就憑考試拿分數。

聯大後來出了很優秀的諾貝爾獎獲得者，像楊振寧和李政道。這兩位學長我沒見過，倒是見過後來做過北大校長的張龍翔，他還娶了我的表姐劉友鏘。

到昆明後，我幾乎沒有組織過類似於抗團的活動，昆明沒有平津那種環境和對象，只能做一些聯絡工作。

當年抗團還有好多人在聯大讀書，而且到內地後我又認識不少抗團同志，比如後來參加傘兵部隊的祝宗權，他既是祝宗梁的胞弟，又是宗梁入抗團的介紹人。（祝宗梁一家四口都是抗團成員，包括他的弟弟祝宗權、妹妹祝宗桐，以及後來的太太張同珍。）

來昆明的抗團同志知道聯大有抗團的人，他們就找我，但彼此也只是聯誼。一有剛剛從內地到昆明的同學，我們都儘量給他們提供幫忙，其實也就是帶帶路之類的。

抗團的人也有到昆明參加空軍的，有個叫虞為（虞承芳）的來昆明考軍校的時候，就是我幫忙帶路和做一些力所能及的事。

13

> 聯大的宿舍，上下鋪床排得密密麻麻，像輪船裡的統艙。

我到昆明之前，聯大原來的校區剛被日軍轟炸損毀。

抗戰爆發後，全國各大高校逐漸遷往內地各地，有的大學搬到重慶，也有的搬到西北，組建西北大學和西北聯大，清華、北大、南開這三所高校則搬到昆明組成西南聯大。當年那些羸弱的莘莘學子一路走一路逃，一路逃一路讀書，徒步從湖南到雲南。

學校在長沙時叫"臨時大學"，到昆明以後改為"國立西南聯合大學"。蔣夢麟、梅貽琦、張伯苓這三位校長是聯大的三個常務委員，教務長則是北大的樊際昌教授擔任。

別看當年聯大學生只有兩千多人，學院卻有工學院、理學院、文學院以及法學院。

那時候我自覺頭腦愚笨，沒天分去念那些有關數學的科系，想在法學上多用功。我的兩個哥哥就很厲害，大哥是美國康乃爾大學工學院畢業的，畢業後在廈門大學教水利工程，二哥則在清華教物理。

在聯大我選修過朱自清的國文課，還上過陳岱孫教授的經濟學課程。陳師一上課，一百多人的教室座無虛席，後頭還有人站著聽。

沈從文的國文和馮友蘭的哲學也很出名，不過我沒有上過他們的課。我記得馮友蘭那時寫了一本書，叫《貞元六書》，我們都買來看，他的著作很受這些青年學生的歡迎。

聯大的教授都是國內最出名的，還有研究教授中國通史的錢穆，是非常有名的教授。當年這個學術領域有兩位權威，一是錢穆，一個是雷海宗。我選的是雷海宗的課，但是想上他們的課很不容易，得提前去搶座位，好多人在上課前半個小時就在大教室裡坐著等，占不到座的人只能站在後頭聽。

那時候一門課可能多個教授，比如一二年級的英文課，就可能有四五個教授在教，你可以挑個時間合適或你喜歡的教授上他的課。

那時候如果要在聯大轉系很容易，系主任會批准你轉，但你的成績和課程都會記錄在教務處。比如你在二年級的時候轉系，那就要吃虧一年。你轉完系，還要再讀新轉的這個系的二年級，等於留級。因為你轉系前修的學分這個系不要，所以要重修。

聯大的學業不算繁重，學生全是考進去的，都有著不錯的學識。我從沒聽到班上有誰被刷下來的，大家全都在刻苦讀書，學業也都跟得上。

戰爭時期有機會讀書，已是難得，很多家庭無法支撐學業，所以大部分學生都是公費生，只有半數同學家庭可以供給，比如我和劉友淦。

公費就是政府每月出錢給你交伙食和其它費用，然後學校發制服，比如冬衣等生活用品。

在聯大讀書是修學分制的，有的課程大部分都要修，一周有三個學時的課程，差不多是六個學分，這得看貼出來的課程表有多少學分。

修滿一百三十幾個學分就大學畢業，一個學期多半是修三十幾個學分，四年讀完，看你修了多少學分，一般大學都這樣。

聯大的課特別難讀，功課完全靠自學，所以大部分學生都很用功，有的非常天才，"克書"的很多。"克書"就是專門用功讀書的，教授講的他聽了也都吸收了，尤以理工科為甚，理工的學生比我們讀法商一類還要用功。

西南聯大是三所大學的聯合體，宿舍根本不夠住，所以聯大就徵用了昆華師範的房子，我們當年住的就是位於師範學院的工學院學生宿舍裡。因為沒更大的房子提供給學生住，所以床鋪都是木頭做的上下鋪，排得密密麻麻，很像輪船

晚年的沈元壽夫婦　圖片來源：閻伯群

床，我的頭就頂著另一位同學的腳，沒有什麼空間，晚上脫了衣服能平躺下睡覺就很不錯了。

宿舍的中間有走道，走道上可以擺書桌，那時候大家都用一些裝罐頭的木頭箱摞起來當書桌。

宿舍裡住的三十多個人裡，讀什麼系的都有，跟我住一起的、同為抗團成員的沈元壽就是工學院的，他一年級的課程跟法商學院沒有太大分別，到了二年級，需要在那邊上課，他也就隨之搬到工學院的宿舍了。戰爭時期有個上下鋪可以睡覺，已經非常滿足了，前方還在打仗，軍校的條件也不過如此。

裡頭的統艙。

學生宿舍大小不同，我們宿舍四四方方的，約四五十平米大小，上下鋪都算上，大概可以住三十幾個人。都是一個床緊挨著一個

14

前方吃緊，後方不能緊吃。

在西南聯大讀書期間，前方的將士在浴血抗戰，而後方卻歌舞昇平，所以我曾在昆明電影院放過一次催淚瓦斯。我們在天津看過日本飛機轟炸南開，並且在淪陷區裡頭看見日本兵都得屈辱低頭。那時候內地常常報紙諷刺後方的民眾"前方吃緊，後方緊吃"，所以我覺得應當給他們一點警醒。不過，做這件事之前，我向政府備案此舉是為了提醒後方民眾，"前線戰事吃緊，後方不應歌舞昇平"，（其實備案的目的是怕被誤認為是漢奸搞破壞）。

當年這件事能夠順利做成，要非常感謝清華大學一位非常了不起的助教。他跟著清華大學理學院院長葉企孫，在天津租界租了個房子，專門給共產黨冀中軍區製作炸藥和地雷。成品像一塊一塊的肥皂，然後一箱一箱地運送給冀中軍區的遊擊隊。這位助教叫汪德熙，當時是清華化工系的助教，後來在天津大學教化學，之後擔任中國科學院原子能研究所副所長，為中國第一顆原子彈的爆炸成功做出了貢獻。汪德熙後來在大陸專門從事核能和氫彈研究。

汪德熙先生　圖片來源：王文誠

後來葉企孫叫汪德熙到冀中軍區教他們怎麼樣做地雷，因為當時冀中軍區專門做這個武器的熊大縝處長離職後，他們做的地雷常常在房頂上晾藥的時候爆炸，不會處理，葉企孫便叫汪德熙到冀中軍區教他們做地雷。

汪德熙到天津後，葉企孫教了他幾句日本話，然後把他化妝成基督教牧師，成功抵達冀中軍區。熊大縝也是葉企孫的學生，很了不起的一個人，據說共產黨後來懷疑他思想有問題，把他給關起來了。

汪德熙做完這件事來到昆明，也住在工學院，我們兩人吃完晚飯就去遛彎，最喜歡去買核桃

清華大學理學院院長 葉企孫 圖片來源：王文誠

糕，那個核桃糕非常好吃。還常常晚上出來吃湯圓。

雲南人很注重吃甜食，因為他們晚上抽完大煙後，肚子餓了要吃點甜的東西。後來國民政府頒佈法律禁煙，公開抽大煙的就少了。

我和汪德熙之所有這個交情，是因為我姐姐嫁給了他的哥哥汪德耀先生。汪德耀是個生物學家，細胞學的權威。

汪德熙那時已經清華畢業，留校做助教。見面後，我跟他講天津抗團的事，告訴他我因何到聯大來，並說了我的計畫，也告訴他抗團當年在天津做火藥的成效不太好，還經常因此受傷

和無辜送命，更別提催淚瓦斯了。

我到昆明電影院放催淚瓦斯的計畫得到當局許可後，請他幫我做催淚瓦斯，並請他替抗團邀請專家到天津幫忙製造炸彈、燃燒彈和地雷這類的工作，他聽完便欣然領命。

汪德熙幫我做了兩管催淚瓦斯，我去電影院放的時候，抗團的劉友淦和沈元壽都不知此事，我也沒通知他們，這事我一人就夠了。催淚瓦斯不會爆炸，不會傷害到人，也不是放火燒電影院。我只是想讓看電影的人流流眼淚，製造一下恐慌，讓他們感受戰爭的氣息，所以那次行動並沒有民眾傷亡。

二十世紀九十年代，我從臺灣到北京探親的時候，想去看望汪德熙教授。二哥王文鑒告訴我，他住的地方涉及軍事機密，再加上我從臺灣來，身份特殊，到那麼敏感的地方，衛兵未必讓我進去，會給他找麻煩。

無奈之下，我給汪德熙打了個電話。他接到電話非常高興，還特地到清華大學來看我。

左起：汪德熙（原子能研究所副所長）、汪德耀（前廈門大學校長）、汪德昭（聲納學專家）。 圖片來源：王文誠

15

因「病」休學一年。

《戴雨農先生全集》，一九七九年臺灣出版。
圖片來源：王文誠

一九三九年，天津發大水的時候，我正在西南聯大讀書。那時候抗團被叛徒出賣而遭破壞，天津抗團的領導人身份都暴露了，曾澈和李如鵬在天津被捕，祝宗梁和袁漢俊撤去重慶，其他倖存者也紛紛從撤退到內地去。

抗團出事以後，天津缺乏領導人，抗團領導在重慶物色從前抗團領導人選。

那時候的天津抗團由更有經驗的軍統指導及支持，抗團總部也有軍統的人。大概是他們覺得我過去在天津讀過書，在天津又住了很久，有很多社會關係，而且加入抗團很早，跟抗團的人聯繫密切，沈棟還曾是我的小組長，跟我最熟，可能他們也覺得我還是塊料吧，所以最後他們決定徵召我回天津領導抗團。但我只是其中人選之一，當時願意到天津領導工作的，還有張允孚和陸福誠。

《戴雨農先生全集》裡有一段記載，提到抗團有三人願要回到華北工作。

戴笠命令他下屬一個處長跟我們面談，讓他們看看這三人誰最適合派回去。我們三個人都願意回淪陷區工作，但只能挑一個最適合的人回去。

那時我已在聯大法學院讀了一年半，回天津時，我跟學校請假"因病想休學一年"，教務處立刻批准，那時候的西南聯大是允許學生休學的。

抗戰勝利後，我找到北大教務處提出復學。教務處一查，當年我在聯大考的成績單都在（我在聯大參加了一年級的考試，所以那一年的學分它都承認）。我就憑著聯大一年級的學分，得到一張轉學證書。

一九三八年我考進聯大讀書，直到一九五零年台大畢業，前前後後讀了十二年的大學。我在聯大的成績屬於中上，夠不上最好，可在抗團裡我的學歷最高。

我以西南聯大二年級的文化程度休學回津領導抗團工作,其他成員多是高中學歷。所以抗戰勝利後,肅奸委員會找人參加漢奸偵訊工作,也是看中我的學歷和能力。抗戰勝利後,我找到北大教務處提出複學。

一九三八年我考進聯大讀書,直到一九五零年台大畢業,我前前後後讀了十二年的大學。我在聯大的成績屬於中上,夠不上最好,可在抗團裡我的學歷最高。

當時在上海、重慶、天津和北平的抗團同志還有兩百多人,結果他們從這麼多抗團同志中偏偏選我參加肅奸委員會。

其實在我之前,抗團已經委派好幾批人銜命回津領導,但都敗北,所以我也不曉得自己是第幾批被調回天津的。

一九三九年年底,軍統局給我們買了一張昆明飛往重慶的機票,我飛赴陪都重慶報到,並在重慶跨過一九四零年的農曆新年。

二零一五年五月,筆者首次到臺北錄製王文誠口述歷史時的現場。

16

抗團的同志是思想忠實、富有血性的愛國青年。

王文誠手持《戴雨農先生全集》展示有關他的記載

機艙座位只有一排,每排三個座位,兩邊靠窗,只夠坐二三十個人,所以上飛機限制很嚴格,每個人都要稱體重,嚴格控制乘客和行李的重量,一看重量到了就不讓登機了。

我們的機票雖然是軍統局提供,但我們不拿他們的薪水,所以他們沒把我們看扁,多少對我們還是尊敬的。現在包括我在內的其他抗團老先生,尤其是我,一直強調抗團是學生自發組織的,不屬於軍統管轄,自始至終,我們這個團體不隸屬於任何軍事單位。

我也不想跟這些政黨摻乎在一起,以免陷入一些政治風波。我現在對任何黨不接受也不排斥,從前在重慶的時候,軍統讓我們加入國民黨,當面我們不敢說不,但我們以不理會、不填表的方法來應付。

因為我們要生存,也曉得戴笠是個人物,到了內地我們才曉得軍統局這麼威風,無人不怕軍統,所以我已經忘了當時人家問我什麼身份,我會不會講我是軍統局的少校之類的。

最近在臺灣,為紀念死去的戴笠戴先生,他們重新出版了《戴雨農先生全集》。有朋友告訴我,《戴雨農先生全集》裡有提到我當初在重慶時,被安排到天津做工作的相關記載。

那時中國有兩家航空公司,分別是中國航空公司和歐亞航空公司。在當時坐飛機也不是一件容易事,一個禮拜才幾班飛機,不是想坐就能坐的,更何況學生也鮮有人負擔得起。

出發那天天氣很好,我乘坐的是中國航空公司的螺旋槳飛機,飛機不大,我借來《戴雨農先生全集》細看，並複印了一段關於我們很重要的記載：抗團同志大都思想忠實、富有血性之愛國青年，本局應當予以信任……現有王文誠、陸福誠、張允孚三位同志，願意回華北工作，本局應當與之相商，並予招待。

這是軍統戴笠對我們的認識，說我們是有血性的愛國青年，並用"與之相商"的字眼。既是商量，就不歸他管轄，也不屬於他的週邊，正因為我們不屬於軍統管轄，所以他才用"與之相商"這個字眼。

這一點我要聲明的是：我們當年都是民間的學生團體，對地下工作缺乏經驗，所以軍統局才來指導並幫助我們。

儘管如此，我們跟他們仍然是對等的，並不是他們指派我們做工作的。

我們是自由加入和退出抗日殺奸團的，沒有強迫，所以軍統來幫助我們，是增加國家抵抗日本的力量，這對國家是有好處的，並非利用我們來做什麼。

我們抗團也只單純地配合軍統做抗日殺奸的事情，除此以外的工作，我們一概不做。

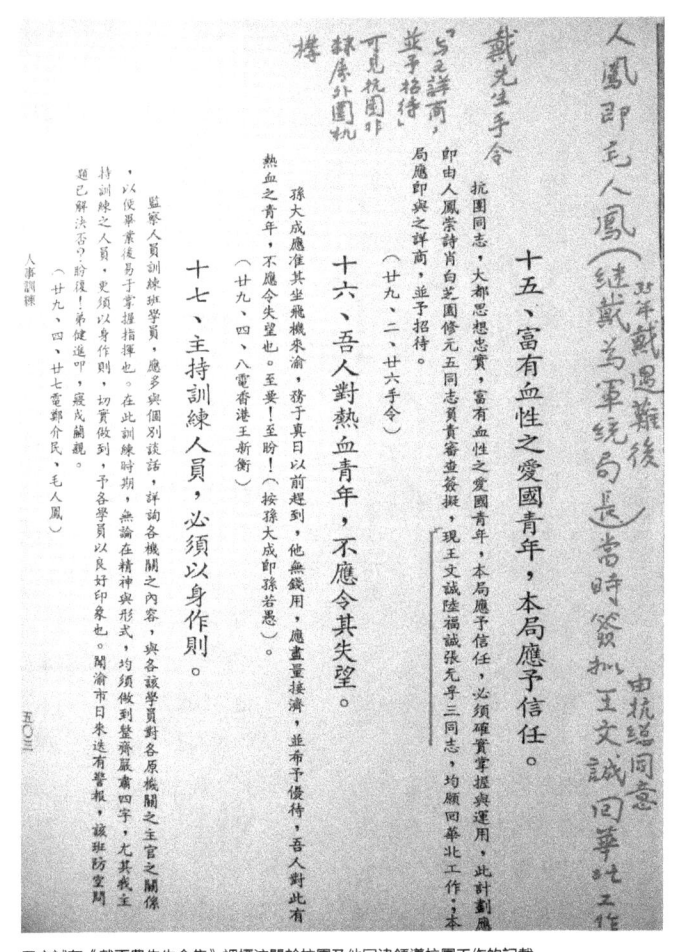

王文誠在《戴雨農先生全集》裡標注關於抗團及他回津領導抗團工作的記載

17

戴笠向我請教：能不能像武俠小說那樣「吹箭殺奸」？

軍統巨頭 戴笠　圖片來源：天津市檔案館

二十歲那年，我見到了戴笠，當今世上見過戴笠的人應該所剩無幾了。

到重慶後，我被安排住在打銅街的交通銀行宿舍裡，也見到了撤退到重慶的祝宗梁、孫若愚和袁漢俊。那時候他們剛到重慶不久，由資格老一點的祝宗梁具體負責，也是他們打電報到西南聯大通知我去重慶報到的。

到重慶後，抗團領導帶我們到位於曾家岩51號的戴笠公館，他們要審核我的能力是否能擔此重任，同時該交待的事項也要交待。

軍統跟我談了一些做地下工作的常識和技巧，並教會我電臺和密電碼的使用，最後交給我一本密碼本，預備回天津的抗團電臺使用，除此再無其他培訓。

其實，我做這份工作確實有點對不起我的親戚，我是沒爹沒娘住在人家裡，深怕連累他們，所以我在天津跟一個白俄租了一間小屋子，只用來晚上睡覺。

中午戴先生在他家請我跟張允孚、陸福誠吃飯。戴先生的生活非常簡樸，招待我們的是勤務兵做的三菜一湯。

吃飯的地方說好聽點是在他家裡，其實他住的地方只有一間屋子和一張床，床前支楞著一張桌子，很簡陋。

那天戴先生坐在床上，我們分坐一旁的凳子上，與他一同用餐。

我吃了一碗飯就飽了，那裡不是真正吃飯的場所，再說，跟這麼大的官一起吃飯，多少有點不自在。

重慶戴笠公館舊址　圖片來源：王宇

飯間，戴笠簡單問我們過去在天津和學校的情況。

問完戴先生突然跟我說，他曾想像用吹箭的方式來刺殺漢奸，工具材料是用竹筒做的，形似煙管。跟武俠小說描寫的一樣，先把箭浸泡上劇毒，再把箭吹射向敵人，置對方於死地，整個過程悄無聲息。他問我用"吹箭殺奸"可否？我表示可以研究研究。

事實上，此法完全行不通，"吹箭殺奸"得近距離吹，如果距離過遠，還得吹刺進皮膚裡，那得多大的吹勁？不過，那次會面挺有意思的，戴先生竟會跟我們討論這種武器的問題。

講述中的王文誠

回天津的時候，軍統局又給我安排了一張重慶直飛香港的機票，然後我自行安排從香港回天津。飛機到香港上空的時候，透過機窗往下看，整個香港燈火通明，底下好像是一片鑽石，跟重慶那種天一黑，整個城市漆黑一片對比起來，香港繁華無比。

我第一次到香港的時候是住在本島，這次住在九龍一家便宜舒適的旅館裡，晚上睡覺時，聽見窗外馬路上都是木頭鞋"塔拉塔拉"的聲音。

那時的香港底層人都穿著木頭拖鞋（木屐），我們當年剛到臺灣時，臺灣穿木頭鞋也很普遍，現在已經沒人穿木頭拖鞋了。

為了把軍統交給我的電報密碼本安全帶回天津，我找到在香港做生意很久的親戚，由他帶我到一個皮箱店，請皮箱店的師傅做了一個箱子。

我在店裡全程盯著老闆製作皮箱，在做箱子底的時候，我要求老闆做了一個暗夾層。

回到旅館，我把密碼本分成一迭一迭的紙，鋪在皮箱夾層裡。全都平鋪以後，再用一張很像橡膠的薄皮，把箱子包裹起來做掩飾。

我就這樣帶著這個特殊的箱子從香港到上海，從上海坐火車回天津。

18

汪精衛成立偽政府的當天，我順利回到天津。

一 逆流者 一

回到上海的時候，我碰到姑母王穎，便讓她替我辦了一張良民證。姑母托她的小姑子，也就是方聲洞的妹妹方君璧代辦。

方君璧是曾仲鳴的太太，在當時還是個很有名的留法畫家。曾仲鳴從前是汪精衛的秘書，也做過國民政府的交通部長。後來汪精衛從重慶跑到越南河內，最後到上海組織偽政府，跟日本合作。

當年和他從重慶叛逃出來的人就有曾仲鳴，曾仲鳴是汪的左右手，後來在河內遇刺身亡。

汪精衛到了河內便發表通電，稱自己現在為了救國救民而跟日本合作，共同建設"大東亞新秩序"，跟日本的這個仗不能打了，不能再生靈塗炭了。

汪精衛發表通電那天的電報韻目代日是"豔"字，史稱"豔電"。從重慶跟著他出來的曾仲鳴，卻在河內被軍統刺殺了，成了汪精衛的替死鬼。

抗戰勝利後，我在天津做肅奸委員會的工作，主要偵訊抗戰時期的漢奸，因此認識了軍統的王牌殺手王魯翹，當年我跟他曾在一個樓裡辦公。因此，我得以從王魯翹的口中得知，他那時被軍統派到河內刺殺汪精衛，已經在河內盯了汪精衛和曾仲鳴好幾天了，並已摸清汪精衛住在哪間屋子。

汪精衛到河內後是住的整棟樓，那天王魯翹他們看汪精衛回到樓裡熄燈睡覺。王魯翹進去後，整個屋子漆

曾經的"党國大佬" 曾仲鳴

黑一片，無法辨識。

他到床鋪邊一摸，床上沒人，那個人已經鑽到床底下去了。王魯翹隨即掏出槍朝床底下打了幾槍，把那人打死就走了。

結果那天剛好汪精衛跟曾仲鳴換了屋子，曾仲鳴在汪精衛的屋子做了替死鬼。

那時候外面盛傳，汪精衛此舉是

蔣介石派他出來做的漢奸，兩個人實際上是在唱雙簧，分工不同，一個唱黑臉，一個唱白臉。蔣介石在重慶抵抗日本，如果打不贏亡國了，有汪精衛的偽組織在，還能保存國家的命脈。

不過，我根據王魯翹的講述，得出一個的簡單推理：孫中山去世後，蔣汪素來不和，汪的叛逃也與不滿蔣有關。再說，如果蔣汪真在唱雙簧，又何必派王魯翹去刺殺？

我本名王文誠，為了辦良民證，改名"王新民"，取"新民會"的"新民"兩字。

我就憑那張良民證，從上海坐火車到南京經停一夜，第二天的一九四零年三月三十日，汪精衛在南京宣佈成立偽政府的時候，我順利抵達天津。

軍統"王牌殺手" 王魯翹

19

管家三年，貓狗都嫌。

晚年葉于良接受筆者訪談

我一回到天津，就請羅長光和葉綿把抗團所有的檔案名冊，按軍統教給我的方式重新編譯並改成秘電碼，同時把所有不必要的文檔燒掉。改編名冊成秘電碼的好處，是如果不慎丟失或者被搜出，他們想要翻譯出來，也需要好幾天的功夫，我們就有足夠的時間應變，加強了同志們的安全性。所以我後來被捕時，天津無一人被我供出來，抗團也無一處遭到搜查。

接下來我要求抗團行動組組長出門不能帶槍，因為平常百姓身上或家裡是不會有槍的，無故身上帶槍，萬一被搜查就會暴露身份。

說起我不讓抗團帶槍這件事，還有個小插曲。天津抗團遭受破壞後，核心成員西撤，李國材成為抗團行動組組長，並負責保管手槍，沒任務時他也喜歡隨身配槍，我常因此與他爭吵。

我回到天津後，劉潔奉北平抗團負責人李振英之命到天津見我。後來李振英聽到風聲，發覺劉潔有危險，命葉于良趕來天津叫劉潔速回北平。

那時葉于良與我素未相識，別人也只告訴他我是新來的天津抗團負責人劉烈。那時天津抗團的人多半都到范旭家見面聚會，范旭家人對他很縱容，不干涉他交朋友，所以葉于良正好在范旭家目睹我跟李國材為"隨身帶不帶槍"之事爭執。看到王李二人爭吵，不知所以然的葉于良還笑以為我們在爭權奪利。

當年我銜命回津領導抗團，作為天津抗團的總負責人，我並非跟他過不去，而是要對整個組織負責。我有責任保護同志們的安全，你無事帶槍就是不行。

再說，抗團既無權可弄，亦無利可圖，更談不上"爭權奪利"。事實上，李國材個性浮躁、殊難駕馭，觀其行止便知他日後必自食惡果。

果然，文誠被捕以後，天津抗團乏人管理，李國材更是無故隨身帶槍，終招橫禍身亡。

一 逆流者 一

天津抗日殺奸團成員 范旭 圖片來源：天津市檔案館

不久，李國材就因為帶槍被檢查出來而被憲兵隊逮捕。被抓以後，他在憲兵隊投降，並給日本憲兵做"囑託"（線民）。

不過，李國材並非真心給日本人做事，他投降後，立刻想辦法偷偷傳信給抗團在安徽界首聯絡站的同志，跟抗團報備他是假投降。

後來李國材被日本人押著從天津坐京浦線火車到濟南，結果這位老兄半路跳火車逃跑，但沒跑多遠，日本馬隊在鐵路沿線追上他，當場將他擊斃。

李國材跳火車，我敬佩他，可是他太傻了。我曾提醒他要小心，結果他非但不聽，也沒做出來什麼成績，反被日本人給弄死了。抗團的張允孚也曾不幸被抓，也一樣佯裝投降，變成憲兵隊的囑託，但他沒死，也沒有害到別人。

我現在重提此事，是想說明當年我在天津有在做事，且一步步上軌道，逐漸把抗團再復興起來。

而且，我一個同志都不允許犧牲，誰人都是父母養大的。所以我到天津以後，立刻嚴厲執行安全措施，首要原則就是不許試驗炸藥和燃燒彈，我已請清華化學系畢業的汪德熙到天津替我們做這方面的工作。

我們不像專家，可以用他們的專業，做到做到精細和穩定，這樣不光炸彈的爆炸力夠，也不會發生意外，更不會有無辜的傷亡。

即便如此，我們選擇爆炸的地方也是有規定的，只能炸日本人的場所，有中國人在的就不允許。

比如在電影院燒銀幕可以，但不能炸，觀眾都是中國人，即使現場有漢奸，也會炸死無辜的人。

但是我運氣太差，還沒開始實施就被捕了。

第二，抗團行動組同志不許無故帶槍出去，除非做行動工作。

結果我被捕不到一年，朱國鈞就因試驗炸藥意外爆炸身亡，才損失一個李國材，又損失一個朱國鈞，而朱沒像孫若愚只炸掉一隻胳膊那麼幸運。

俗話說"管家三年，貓狗都嫌"，所以我管理抗團不得人緣，可我想做好並復興抗團就不能不管。

再來就是電臺的安排了，我到天津後把密碼本交給抗團負責電臺的方警華，由他來負責操作和管理。

方警華最早是在天津電報學校畢業的，加入抗團後，就用他的所長給抗團做電報工作，屬於專項人才。

有了從重慶帶回來的密碼本，我們可以直接跟重慶抗團聯絡，不用經過軍統局天津站，也不會受軍統局天津站的影響。重慶要是有什麼指示，也是直接跟我們聯絡。

王文誠口述歷史

20

一句「重慶來人」，使我出師未捷身陷囹圄。

我回天津後預備把抗團再好好組織起來，發揮更大作用，可惜出師未捷。

一九四零年八月初，北平抗團負責人李振英讓由天津抗團改入北平抗團的劉潔到天津通知我去北平開會，我問他到北平後如何聯絡，他說他住在北大宿舍裡，我沒法聯絡他，只能他聯絡我，所以我就把我北平舅舅家的電話號碼告訴了劉潔。

那時北平的電話分"東局"和"南局"，我小時候北平家裡的電話屬於東局。當時北平南長街有個老爺廟，我舅舅家就住在南長街老爺廟八號，但舅舅家的電話屬於南局。

舅舅家的電話很好記：南局二一七三。倒過來念就是"三七二十一"，所以我現在還記得七十年前的這個電話號碼。

我和劉潔約好八月七日他給我打電話，到那天中午大約一兩點鐘的時候，我赴約到舅舅家等電話。結果一到舅舅家，門口有個蹲坑的就把我抓了，我當時完全不知道劉潔在八月六日就已經被捕。

劉潔在抗團有很多貢獻，他參加抗團的時候年歲很小，但他很熱心，表現很好。後來他被叛無期徒刑，直到抗戰勝利後才被放出來。

我被捕後，重慶繼續派朱國鈞回天津領導抗團，大概過了一年多左右，朱國鈞在試驗炸藥時被炸死。我在天津開展抗團工作，是有計劃有步驟在執行的，不像北平。

北平抗團之所以全軍覆沒，是在日偽舉行紀念"七七"三周年之際，北平抗團連續做了兩三個案子，北平日偽當局覺得此案不破不行，遂加大偵察力度。

晚年劉潔和他的回憶錄《囚歌》

劉潔之所以被抓，就因為他在天津的朋友給他寫的信太過露骨，結果被日本人查到了拿信的地方，就在那蹲坑抓了劉潔。抗團的同志猜測劉潔被抓後，日本人拼命要從他身上追出來線索，劉潔也沒那麼容易就範，所以他開始受刑。

最終他受不了刑迫，招了馮運修和葉于良的住所，還有我在北平的電話。

其實我只給過他那個非常好記且根本無需寫下來帶在身上的電話號碼。

他來天津，一直到回北平被捕，期間相隔好幾天，就算他在天津寫下我的電話，也不需要好幾天都帶在身上滿街跑吧？

有一次，我打電話到天津劉潔家跟他核對實際情況，可以確定的是，李振英派他到天津找我，是因為重慶來人，要我到北平開會。

他在電話裡聽出我很不滿意，隨即來信改口為"我要想見他，他冒險到天津來"，完全一片胡言！

當年我與劉潔素昧平生，從未謀面，而且兩人相差好幾歲，我高中畢業他還在念初中，那時候的中學生差兩三歲就聚不到一塊，怎麼會想見他？！

二零一二年四月九日，劉潔在給王文誠的信件中聲稱，當年是"王文誠想要見他，因此他冒險回津"。 圖片提供：王文誠

我覺得他這樣寫，是為了保全自己的面子，並減輕自己的責任，但我卻被捕得簡直莫名其妙。我也趁這次機會，借恩典兄這本書再強調清楚，這涉及到當年誰第一個被捕，包括當時到底是怎麼樣的情況。

海峽兩岸分治後，抗團的張傑（張世一）跟她先生錢宇年（同為抗團同志）在天津文史館工作，他們曾聽劉潔說北平那個大案是因為天津那邊出事連累到北平。

言下之意是北平四五十人被捕的大案，是由於天津先出了事才被連累到的，而我又是天津抗團的負責人。

我今天借此書聲明，有些話不能隨便亂講，當年這個大案裡有一個天津的王文誠，而我之所以在一九四零年八月七日下午被捕，是北平抗團於八月六日已案發出事！

天津出版社在出版的《碧血英魂》一書中提到："王文誠於八月六日被捕，招致馮運修犧牲！"實在是牛頭不對馬嘴，文誠是天津抗團領導人，並不認識北平馮運修。

我被捕前的六日午夜到七日清晨這段時間，馮運修就已經犧牲，而我則是在七日下午兩三點鐘被捕的。

再有，北平抗團的葉于良在八月七日早上被抓進去的時候，就看見劉潔已經在憲兵隊裡面被開始審訊了。

《碧血英魂》編者王勇則解釋他是在地攤上看到有關抗團歷史的手寫資料，便信手買下，在未經考證歷史事實，貿然引用地攤資料的情況下出版此書，實屬不該。

劉潔害北平抗團遭至滅門大禍，還故意卸責。李振英良心不安而患發瘋病，劉潔不知恥，他利用我在臺灣難見此書，遂造謠諉過於我。

二零一六年四月，我回天津省親時，獲《碧血英魂》一書，因忙於私事，未啟讀此書。

二零一八年四月，我發現此書中的荒唐記載，一看便知是劉潔詭計。如此傷害我，受益人只有劉潔，不問可知。

葉于良的微信聲明　圖片來源：王文誠

二零一八年四月六日，王文誠在博客中的聲明。

葉于良曾公開在微信中指摘是劉潔最先被捕，貽禍抗團同志。

我也於二零一八年四月發表聲明，並先後寄致天津王振良、王勇則、閻伯群、李溥各位人士。一兩個月後，獲賴恩典先生通知，劉潔在家跌倒，竟然歸西，我以未能親赴天津當面質問劉潔為憾。

我深以為，做地下工作要有犧牲的決心，就像曾澈、李如鵬、袁漢俊他們一樣，甭管日本人如何刑訊逼問，死咬皆自己所為，反正日本人殺一人是殺，殺兩人也是死。

日本憲兵一用刑你就招供，他會繼續對你用刑，他始終覺得你還有所隱瞞，一直折磨到將你榨幹為止，所以從一開始你就要死扛。

如果忍受不了刑罰而供出別人，讓別人慘遭蹂躪和屠殺，換位思考一下，如果別人受不了供出你來，你作何感想？

我聽說外國做地下工作的人，會在牙齒裡放一個劇毒氰酸鉀，一旦被捕，實在忍受不了用刑、生不如死時，狠心一咬，不牽連他人。

北平抗團慘遭滅門時，天津平靜無波，這並非空口白話，翻閱檔案館一九四零年八月天津和北平的大報便可證明。

21

馮父老來喪子，
回憶愛子慘死眼前，
老淚縱橫。

剛剛被捕的時候心情極惡劣，整天心裡胡思亂想，想著我如果當時怎樣怎樣就不會被捕，如果我不來北平多好⋯⋯

被捕以後我被關在北大沙灘的憲兵隊，那裡是北平日本憲兵隊的總部，憲兵也是在那裡給我們過堂。

憲兵隊關我們的籠子是日本式的，每個籠子關三到四個人不等，進出的口子大約桌子大小，所以大家每次進出都要像狗一樣蹲下去鑽進爬出。

到了憲兵隊，憲兵不准我們在屋裡走動，早晨一起床，大家就得在一塊小地方盤腿坐著，然後他開始點名，我們盤腿的功夫就是從憲兵隊裡練出來的。

馮運修是在被憲兵抓捕的過程中殉國，他父親在他犧牲後也被抓進來跟我關一起，同屋的還有鄭孝胥的孫子鄭統萬，我喊他"舅舅"（我舅舅娶了鄭孝胥孫女鄭顏，鄭顏就變成我舅母，鄭統萬是鄭顏胞弟，所以我就客氣地喊他"統萬舅"）。

馮運修的父親馮滉知道跟我關一起的也是抗團的同志，通過他的描述，我才得知馮運修犧牲的過程：

抗團書生殺手 馮運修 圖片來源：王文誠

一九四零年八月七日，那天天還沒亮，日本憲兵跟特高科便開始圍堵馮宅。警憲在外敲門，馮父不知何故，起身要去開門，馮運修讓他父親先不要開門，隨即帶著抗團的文件到廚房焚燒。

見馮宅沒動靜，特務們翻牆進來打開門。憲兵員警進門後四下散開搜捕，特高課科長袁規挾持馮老伯當盾牌，並讓他帶路。他們不曉得馮運修此時正躲在廚房，在門縫裡拿著槍對著門外，等袁規走到合適角度的時候，馮運修開槍打傷袁規的嘴巴。見有人開槍射擊，這些員警對著開槍的地方一通亂槍掃射，馮運修遂中彈倒地。此時，他身後還有好多檔案沒燒完。

馮運修之父 馮濈 圖片來源：王文誠

馮運修中槍後，袁規他們立刻送他去醫院搶救，他們不希望馮運修就這樣死掉，計畫從他嘴裡再挖出點情報，但救護車剛到醫院，馮運修便傷重不治，年僅二十歲。

馮父平靜地講完他犧牲的過程，但我聽完心裡很難過。可以想像一個做父親的，養了二十年的兒子死在自己眼前，老來喪子之痛，無法感同身受。

馮老伯表面看似平靜，其實心裡很難過，有時想起愛子，不免老淚縱橫。他在獄中沒有責怪馮運修害他家破人亡，沒有一句埋怨，是個很偉大的爸爸。在監獄裡，我們彼此知無不言。

不過幸好馮運修還有弟弟，不至馮家無後。

談及當年馮運修之死，王文誠痛哭流涕。

22

被逮捕的日本人。

講述中的王文誠

剛進監獄時，還發生過一件讓人哭笑不得的事。有一天，監獄裡突然被押進來一個日本人，而且還跟我們關在一起。

他一進來，我們就很納悶，怎麼看他都不像中國人。

他自我介紹叫"鈴木雅夫"，還把名字寫給我們看，我問他的名字日語怎麼念？他說日文發音是"斯資尅阿奧奈"（音）。

炮局監獄那時只關中國人，沒有關日本人的，鈴木雅夫不屬於第一監獄管轄，只有隔壁日本1407部隊才有權管他。

鈴木雅夫時年約四十左右，是新民會的一個科長（新民會是日本在中國宣傳大東亞共榮的一個組織，表面上是民間的組織，實際由軍方控制，通過這個民間團體來推行日本的文化和政策），他們幾個人因為聚眾打麻將而被抓了進來。

麻將是中國的特色產物，雖然我沒跟他核實過，不過可以想像，跟他一起打麻將的人，至少有一半是中國人，四個日本人大概是打不起來的，他們大多不懂中國麻將的規矩。

他們打麻將的時候被憲兵發現了，憲兵很不高興，認為他們是作為日本人民的表率來的中國，既然是做人民的表率，而且現在還在打仗，你卻在後方賭博，不足以做人民的表率，於是倒楣催的就被抓進來，關了足足兩個月。

我問他打麻將有嚴重到要被抓起來關監獄嗎？他說是因為他們的麻將桌上有賭資，憲兵把錢都沒收了，還要問他們口供，等四個人口供錄完後，錢數跟桌上的相符才能放他出去。

23

怎麼都跟一串葡萄一樣被提溜進來了？

當年的炮局監獄一角　圖片來源：包偉東

馮運修出事後，不僅北平的貝滿女中、育英中學和北大被逮了很多學生，還逮了跟抗團有關的五個職業殺手。那五個殺手後來在監獄跟我大呼冤枉，認為此事不應牽連他們。

他們都是軍統的殺手，軍統覺得他們北平站和天津站的工作能力都不如這些學生組織的抗日殺奸團，就把這五個職業殺手交給抗團指揮，抗團自然也"如數笑納"了。

這五人的加入成了抗團很大的力量，打仗的時候，政府給了些增援力量，不要白不要。

他們分別叫張霞飛、宋月宵、李坤培、張步雲，另一個怎麼也想不出來了。

這五個人無一例外，全都判了十五年。

這五個殺手由李振英直接聯絡，其他沒人知道，抗團的學生都不認識這些人。他們差不多四五十歲左右，身體很魁梧。

宋月宵和張霞飛後來打聽到我是從重慶回來的，以為看到了希望，全都來找我訴委屈，說他們靠工錢吃飯，家裡還有妻兒老小，進來了沒人給他們養家，問我有沒有辦法讓重慶來接濟他們。

我的家庭豐衣足食，所以我不用發愁，但他們是靠自己的雙手養家糊口的，關幾個月沒問題，一判十五年，當然心裡著急。這些人很可憐，我很同情他們，他們沒有選擇做漢奸，反而來做殺奸的工作，也都立過汗馬功勞的。

他們人在監獄裡，心卻在家人身上，比我們所受的痛苦和煎熬要更多。可面對他們的求訴，同是身在監獄，我也一籌莫展。

日本軍事法庭判決後，把我們送到位於炮局胡同十七號的炮局監獄，對外稱"北京第一監獄外寄人犯臨時收容所"。

北洋時代，北京是國都，故稱"北京"。國民政府定都南京後，改稱"北平"。北平淪陷後，日本人拿北平當華北的政治中心，改回"北京"，所以監獄叫"北京第一監獄外寄人犯臨時收容所"。日本投降後，國民政府還都南京，北京又改回"北平"。

剛被抓進去的時候，大家被關在不同的屋子裡，不曉得被抓了多少人。等審判時，一出庭出來十幾個，這才曉得被抓了很多都是十七八歲的學生，我那時也不過二十歲。

其實我們在憲兵隊就被篩過一遍了，放了很多人，等到判決的時候人就沒那麼多了。

葉于良被抓進炮局後，看到都被釘上鐵鐐的大家，非常詫異地說："怎麼搞的嘛，像一串葡萄似的被提溜進來了？"❶

李振英聽完馬上說："唉，不要提了，這件事不要再提了。"李振英是北平抗團的領導，劉潔是副手，所以李振英的心理負擔很重。

北平抗團一大群人被抓，李振英心裡的負擔積壓越來越大，加上葉于良的那句話給他增添了巨大的心理壓力，一下子就崩潰了，沒多久就精神錯亂了，那些監獄的看守說他瘋了。❷

24

獄中用計離間日人。

— 逆流者 —

上海抗日殺奸團成員 陳澤永　圖片來源：王振鴻

我聽說李如鵬和曾澈被捕後，在監獄裡死活不招供，日本憲兵很生氣，給他用刑用得很厲害。

你如果碰到審訊你的憲兵，軍階高層且知識多一點的，所受待遇就會好一點。

我聽說抗團陳澤永在上海被捕後，日本憲兵審問並要給他動刑，他質問憲兵：你們是這樣對待俘虜的嗎？有沒有遵守國際公法！

那個日本憲兵聽完嚇了一跳，竟有人敢這麼說話！結果這麼一來，這個日本憲兵竟對他客氣了起來。

其實我也曉得憲兵的教育程度不一樣，有的是大學畢業後來當兵的，有的是沒知識的老粗，他就不管不顧亂打一通，很冤枉的。

抗團的團員被捕後，抗團本身沒力量營救，軍統也沒營救，有的只是傳話讓曾澈假投降。

劉潔被捕後，北平大抓捕，抓了四五十人，唯馮運修拒捕而殉國。有些抗團同志利用家裡的社會關係或者花錢賄賂而提前出獄，比如鄭統萬和鄭昆侖，他們的叔叔是當時偽滿州國奉天市（今瀋陽）市長，而他們的爺爺是偽滿洲國國務總理，所以這兩個人就給放出來了。

我當時住在天津三姨丈王靖先家，三姨丈當時任天津英租界工部局華董。回想起來，我非常感激，也覺得非常對不起。在敵偽時代，家裡有個抗日分子，這個家是不安寧的，也是危險的，我家人知道後時常睡不好。

我一被捕，可以想像日本人會怎麼對待我的家人。他們在天津住得很不安寧，常有日本人去騷擾。

我入獄後，姨母有一次到北平監獄看完我後，他們全家就離開天津，搬到上海的公共租界去住了。

北平抗團雖然男男女女不幸被抓了一大幫，但除了劉潔，沒人認識我，包括李振英。

劉潔知道當年我從重慶銜命回津負責抗團，他沒把我真實身份講出來，這是他當年保護我的地方，從這點上來說，我很感激他。

李振英知道我叫"劉烈"，也知道天津抗團那時候由一個叫"王文誠"的負責，但他不知道"劉烈"就是王文誠。

在警察局整天呆著沒事，奇悶無比，我竟萌生被過堂的渴望，這樣至少能出去院子走走，但是他們看我不重要，沒把我當回事，遲遲不給我過堂。

在警察局被問口供後，我們被送到憲兵隊過堂，過堂時讓你講你不講，他就不客氣了。

用刑是最簡單粗暴的方式，日本人最喜歡拿棒球棒子打人，因為日本人都愛打棒球。第二就是灌涼水，還有用電刑，我沒有受過比這些再重的刑了。

憲兵隊規定不許講話，我們只能偷偷小聲說，

當年被徵用日本憲兵隊司令部的北大沙灘紅樓
圖片來源：中國第一歷史檔案館

要是讓憲兵聽見了，他們就拿著佩刀叫我們蹲下，拿刀背敲頭。

在憲兵隊雖然很無聊，但大家都不想被過堂，敵人見敵人彼此紅了眼，憲兵過堂實在很凶，一動刑就先拿棒球棒往人身上亂打一通。

我猜想，抗團最先被捕的人，他們所受的刑一定比我們受的多得多。

過堂我沒受過太重的刑，我幸運地碰到個大概是受過大學教育的憲兵，知識份子在我看來是可以慢慢地用心理戰來對抗的。

比如第一，要學會觀察他的知情度，他不知道的絕對不講；第二，要會忍受，他打兩次你不承認就死扛到底，如果第三次受不了承認了，以後他至少要打你三次。不能跟擠牙膏一樣，打一次擠一點，那就是找罪受了，他會沒完沒了跟你要線索。

我始終沒承認在天津做領導工作，他們看我這樣也不像個領導，我說我只是做交通員。

憲兵盤問我的活動地點，我就說在家裡，人家把信東西交到我家裡，我就拿著往各地方送。

我跟這些憲兵打馬虎眼，跟訊問我的北平沙灘憲兵隊說了很多的謊話。所以應付憲兵也要有技巧，先看他知道你多少，再看他是不是狠心腸的主，好心腸的可以用好言來溫暖他，博取他的同情，這樣就可以少受很多刑罰。

審問的時候，審問我的憲兵跟我講了個情況：天津的憲兵隊聽說北平抓了一個天津的抗團成員，就派人請北平憲兵隊好好審問我一下，或許他們可以好好地在天津幹一票。

講述中的王文誠

我跟他說:"你們在北平抓了我們四五十個人,立了大功,假如天津的憲兵隊從我身上挖出更多的情報,再從天津抓到一些人,他們的功勞就比你們大了,何必要替他們立功呢?何況我只是一個送信的,想多供一些情報,可我啥也不知道"。

天津日本憲兵隊屬於海軍,北平憲兵隊則屬於陸軍,陸軍為何要讓海軍得勢?他聽完覺得有理,從此不再問我天津的事情了。

但這也得碰運氣,我用此法離間了他們,以後北平憲兵對我的審訊壓力就沒那麼大了。剛好問案的憲兵在日本是個大學生,肚裡有點墨水,看我們是學生,有時候手下多少也留情一點。

25

日本憲兵問我顧炎武是誰？住在哪裡？

臺北王文誠寓所的口述歷史錄製現場

在憲兵隊的時候，日本憲兵問我：我們日本人對中國人這麼好，你們為什麼要抗日？為什麼反對我們？

我說，理由很簡單，你是日本人，你愛日本，我是中國人，我就愛中國。

日本憲兵聽完給我一張稿紙，讓我供述為何要抗日，我第一句就寫："顧炎武說'國家興亡，匹夫有責。'"他看完誤以為顧炎武也是抗日分子，問我顧炎武是誰？住在哪裡？

我聽完哭笑不得，告訴他這是我國的大儒，距離現在有四百年了，很多中國人都知道。他告訴我們"國家興亡，匹夫有責"，所以我雖然還在念書，但你們來侵略我們，我們就要抵抗。

那憲兵聽完對我客氣了起來，所以我認為日本人你越怕他，越對他客氣，他越瞧不起你。你只要對他引經據典地講理，他對你就有適當的尊敬。

十一月，日本人開始進行判決。他們把我們拴成一串，然後用軍車送到日本軍律會，我們管它叫"軍法會"，就是華北駐屯軍的軍事法庭。

判決時，他們認定我是天津抗日殺奸團的一個交通員，所以我被判了五年。跟我一樣一起判五年的有"584"（囚犯號頭）紀澍仁、"585"王文誠、"586"周慶涑。

當庭宣判完大家的刑期後，我們又被拴成一串，原路送回炮局胡同。

聽到被判決五年，我心裡很是高興，有種聽到別人判得比我重，而自己被輕判的僥倖心理。

抗團其他普通的學生或判三年或判五年，甚至十年的都有，最重的是被判無期徒刑。所負的責任和所判的刑期對比，這讓我心情很是放鬆，甚至很愉快很知足。

26

监狱的轧镣，
将陪你戴到出狱
或者死亡才解除。

〡 逆流者 〡

刚进炮局监狱的时候，连牢房都居无定所。里头分有"忠、孝、仁、爱"四个监筒，❸ 监狱里那些看守眼睛很亮，一看我们这些学生都乾乾淨淨的，他就不会把我们跟那些小偷和乱七八糟的人搁在一起。

当年辅仁大学的英千里、张怀几、董洗凡几个教授也被关在炮局，看守把我们几个学生跟他们关在一起，我们就能照顾到他们。❹

相对监狱来说，他们是新手我们是老手。监狱里也想善待这些教授，可是日本人把他抓来判了，没办法，也得一样带镣。

那几位教授关在监狱的时间不超过一年，大概是宪兵队觉得他们思想有问题，才把他们抓紧来。其实这些人都是老头子了，绝对不可能是行动派，更不可能拿枪出去刺杀什么人。估计是他在学校里宣传抗日什么的被人举报了，然后就被关了。

在炮局监狱被关的五年里有很多次变化，最初是抗团的同志关在一起，没几天功夫就把我们拆散了。监狱不愿意我们成群结社，把我们分开到五六个不同的地方，因此，我常常跟不同的人关一起。

判了刑到了炮局监狱，还得处理我们。监狱对所有进去的男犯人都钉上一副轧镣，从此这副轧镣就一直戴到你出狱或死亡才会解除，❺ 所以我们晚上睡觉被窝里总有一副镣在"稀里哗啦"地响。

监狱每天上午十点十一点的时候，把我们分批带到院子里排著队散步，每个人戴著的那副铁镣一走动，脚底下"稀里哗啦"的，声音很壮观。

后来个别老囚犯有经验了，发明了一个办法，拿个钩子把脚下铁链钩起来，用个带子系到裤腰带上，两腿叉开走，这叫"趟镣"。技术高明的人，戴著镣走只会产生很小的声音。

脚镣有好几个环，里头的链子一圈跟外头的一圈中间有个环钩著，这里面的学问大了。监狱里有个叫"打铁"的科，专门负责修理脚镣。脚镣磨来磨去时间久了，他就要常常检查脚镣的环，刚去的犯人跟打铁的不熟，他给你的脚镣环就比较少。

假如这个脚镣中间只有五个铁环，那你吊起来的时候，这个环不大会动，走起来很困难。等在里头成老油条了，明白犯人之间也要巴结。巴结到位了他就给你配九环

老鐐銬

腳鐐，這樣戴起來就像一條鏈子似的，舒服很多。❻

在監獄裡就連洗澡也要戴著鐐，一間幾十平米大小的屋子，兩邊前後各有四個熱水池，裡外各有一個看守看著。裡頭在洗澡，外頭在排隊，每個人進去泡不到十分鐘就出來了。

池子裡的水蠻燙的，大家戴著鐐提著鐐跳到水裡，然後蹲到裡頭享受熱水澡。幾分鐘後聽到換班了，"嘩啦嘩啦"全站起來排著隊出去。這邊再排著隊進去輪流洗，那水雖然很燙很舒服，卻髒得很。

在天津北京最講究洗澡堂子，大眾池也是進去脫光了泡。我到北平看他們泡澡堂子，嚇我一跳，這池子裡頭得有多少傳染病啊？南方人不太能接受這種方式。

27

給點好處，
他就拿你當祖宗
一樣供著。

犯人在監獄裡是要工作的，監獄的工作分很多科，有洗濯科、繕寫科、縫紉科、鴨子房（養鴨子的地方）、炊廠（廚房）、鐵工廠，光衲鞋底的有兩底工廠。

整個工廠有四百個工作崗位，可是監獄裡關了七百人，就會有三百人沒有工作。監獄的工作也分三六九等，很多人喜歡到洗濯科，可以接近陽光和水。

我進監獄不久就被派到洗濯科工作，專門給人洗衣服。後來監獄看到我和劉潔寫的字不錯，就讓我們倆擔任寫字抄東西的繕寫科工作。當年劉潔在我對面抄東西，一起度過很長時間。

監獄裡最普遍的情況是家裡沒人送飯，自己也沒錢的，那就得到大工廠衲鞋底子，衲出來的鞋底賣到北平一個鞋莊。

監獄裡的加工費比外頭便宜，即使鞋底子衲得七扭八歪鞋莊子也得收。收完他們把這種次品便宜賣到鄉下，碰到有經驗的衲出來的鞋底，他再賣個好價格。

我們在監獄裡冬天也要穿開襠褲，也不得不穿，一到監獄，老犯人教新犯人把內褲穿過鐵環，後再從另一邊鑽進去再穿。❼

冬天棉褲很厚，不能鑽進鐵環，就必須開襠褲，比較麻煩，要系許多扣襻。內褲就比較單薄，可以從鐵圈裡頭穿過去，拉開了再從另一個圈裡穿進去，也很麻煩。

夏天穿薄薄的一層普通棉布單褲就可以了，不開襠就可以鑽過這個鐵圈。

在監獄裡人緣好，大家就對他好，有錢就有人巴結，他有好的東西就吃他的，家裡送來東西大家分享，監獄也是人吃人的地方。

監獄有專門給人理髮的，一進去大家全被剃光頭，人緣不好或沒錢的，給你刮完頭後會留下好多血口子，他再給你洗頭就很痛。你要是給他點好處，他拿你當祖宗一樣輕輕地刮，刮完了頭皮光亮，一個口子都沒有。

進監獄後，所有人衣服全都換囚衣，在上面寫上自己的囚犯號頭編號，當年我的編號是"585"。囚衣可由監獄供給，也允許自己家裡做相同樣式的送來。

監獄也提供洗衣服務，固定一週收幾次髒衣服去洗，再把乾淨衣服送回來，沒錢就只能自己洗。家裡送來的錢都統一上交由監獄記帳。比如"585"家裡送來兩百塊，他給你寫上"兩百塊"，平常洗衣服用了二十塊，他們就直接在上面扣取。

監獄還設定固定時間可以加菜，他們提供"功能表"，你要想買鹹菜和醬菜醬豆腐這些都可以，到中秋節時還能買月餅，不過，逢年過節監獄的膳食也好不到哪去，頂多給你加幾個肉片，再好是不可能了。

炮局關的不僅是抗團的人，裡頭前後關了八百多人，犯人的號頭有八百多號。人進人出的，出獄的人號頭拿給新進來的人。比如王振鵠是"494"號，他進來比我晚很多，我進來就已排到"585"了，可見此號頭的人犯出獄了，他進來就補上了。

我是在監獄裡頭認識的王振鵠，他進來的時候我並不知道，我們那時已經被捕了。振鵠比我晚兩年多進炮局，袁漢俊他們在天津犯案被捕時，振鵠也是同案。

其實袁漢俊比他資格老很多，跟祝宗梁是同時期的。不過我比袁漢俊更老資格，現在活著的抗團同志大概沒比我更早的了。振鵠進來後和葉于良被分配在縫紉科，縫紉科在大工廠占了一大塊地盤，犄角處放了幾張桌子，縫紉科的人就在那工作。後來聽說王振鵠也是抗團的，我們就這樣在縫紉科認識的。

28

監獄不准我們戴眼鏡，怕我們拿鏡片自殺。

一 逆流者 一

進監獄的第一天我跟李振英關在一起，以後他就到別的屋去了，不久他就因為精神錯亂被看守調開了。

李振英精神錯亂發作的時候，有時會忽然一下子講胡話，發作最厲害的時候還曾經被看守綁在一張床上。

據我所知，李振英犯病的時候沒人照顧，監獄不可能人性到給他派個抗團的同志看護。瘋得厲害的時候，就把他單獨關一個屋裡綁起來，等到好的時候再解開。他的病時好時壞，我想是他心裡很自責，始終不得安寧。李振英出獄後，情況也是時好時壞，再後來便聽說他病故了。因為我屬天津抗團，跟他沒什麼來往，不過我知道他是個很負責很有為的人，否則不會在北平抗團做領導。

抗團不光李振英精神錯亂，其實羅長光也有點精神錯亂。羅長光當年在家中編寫抗團密碼，保管箱也在他家裡，一聽說我被捕，而我又是天津抗團的頭，他就緊張了。

我被捕後跟羅長光沒見過面，後來他逃到了上海，跟孫若愚和葉綿等人在一起搞活動。他在上海抗團工作的時候，生活太緊張，以致精神錯亂。

他後來去了美國，在美國就教中文，並寫了一本關於抗團的書。後來我才曉得羅長光在書裡對我很不滿，說他家裡頭是何等高貴，他還是三代單傳，竟然把這些危險的東西放在他家裡。

其實我從重慶到了天津，這些東西就一直在他家裡，我也是到他家裡找他。或許是他因此心頭懷恨，到美國教書後，聽說天天晚上失眠，神經緊張，精神也不正常了。但是他還記得過去的事情，還能寫出來，不過書中盡發對人不滿意的牢騷。說他是羅家的三代單傳，是寶貝蛋兒，世家子弟不宜冒險。我心想，要怕危險的話就不要加入，難道我們其他人不危險嗎？

王振鵠常常跟他通信，說他在美國晚上回到宿舍裡自咬舌頭，咬得滿嘴鮮血，後來是神經不正常死的，他無法消解這種緊張。

我在炮局也曾跟葉綿和王振鵠關在一起過。葉綿是個大近視眼，他戴的眼鏡像一塊大玻璃磚，但監獄不許我們戴眼鏡，怕我們用鏡片自殺。沒了眼鏡的葉綿就像瞎子一樣，自然什麼也幹不了，監獄平常安排人拿繩牽著他走，他也不用做工，只在裡頭蹲監房。

北平抗團成員 紀澍仁 圖片來源：祝宗梁

抗團同時被抓進監獄的也有三個女生，她們是紀鳳彩、曹紹蕙和朱慧玲。

曹紹蕙是北平貝滿學校的學生，在牢裡是女監六號，也跟我一樣也被判了五年。

紀鳳彩是女監第四號，後來聽說她到西北跟了共產黨，文革時，抗團這段歷史讓她吃了大虧。

朱慧玲是女監第五號，後來嫁給抗團一個在警界任職的人，隨後住在香港。

當年抗團女生可不少，像馮健美、樂倩文、孫惠書等，每個人身份都不同。不過這三位都沒進監獄，她們的來頭都不小，像同仁堂大小姐樂倩文被捕後，很快就被放了，沒進過監獄。

抗團有一位叫紀澍仁的同志，是炮局監獄的"584號"（女監"四號"紀鳳彩胞弟），時年十七歲，身體很單薄，北平育英中學學生。

他得了肺病，監獄的醫生治不好，死的時候我就在旁邊，很可憐。而且監獄的規矩是半夜不能開門，死了也要等到天亮才開門，所以我守了他大半夜。

葉于良當年被抓進去的時候也很年輕，人長得也高，腿也很長。我想他沒有什麼太多的社會經驗，不過他為人坦率，敢拿槍去刺殺漢奸。他在行動組都是自己主動要求去做事，很有勇氣。

那時我跟葉于良交往也不少，年輕時的葉于良性格很爽快，我在他所在的縫紉科對面做工。出獄後，大家不在一個地方，我們從此便沒再接觸。

大工廠裡的看守也是大小眼，他看我們這些知識份子學生家裡有錢，又聽說是抗團的，對我們多少有些敬意，所以我們來回走動聊天，他們也裝作沒看到。

炮局監獄裡有個老醫生，大概是軍醫一類的，醫術不是很高明，只能給人治些頭疼腦熱、傷風感冒這類的小病。❽

我記得在炮局裡還關了一個第六路軍總司令，叫陳維藩，此人長得高頭大馬氣宇非凡，一看就不是等閒之輩。陳維藩被俘後判了十五年，在監獄裡跟我很要好，我倆還挺談得來。陳維藩在外面帶領軍隊打遊擊，不曉得是怎麼被俘的，也不曉得誰給他的頭銜，監獄的簿子上寫著"第六陸軍總司令陳維藩"，監獄對他還是很優待的。

我跟他關在不同的號子裡，在放風活動的時候聊過天。他看我年少斯文，我覺得他很和善，他說是在外面打遊擊失敗被俘進來的，我也跟他講學生的殺奸團。

他身體不好，好像有哮喘。後來陳維藩生病了，監獄裡那個老醫生治不了，應我要求從外頭請我認識的林葆駱醫生進來看病。幸虧林葆駱跟我的三姨丈很熟，不然哪個醫生願意到監獄來看病？陳維藩之所以特殊，是因為他年齡大，又是第六陸軍總司令，再加上是我請來的醫生，監獄沒有理由拒絕。

林葆駱是福建人，跟我三姨丈是親戚，我二哥王文鑒有哮喘病，一直請他來看的病。我跟林葆駱說這些都是抗日的，他感其大義，僅收一點車馬費。過了不久，陳維藩還是不幸病死於監獄。

29

日本人藉慶祝汪精衛政府成立五周年而假釋我出獄。

王文誠姑母 王穎　圖片來源：王文誠

一九四五年三月三十日，日本人藉慶祝汪精衛政府成立五周年而假釋我和王振鵠、周慶涷等一些抗團同志出獄。

我們之所以能提早出獄，是日本人看我們還差四個多月就五年刑滿了，便讓我們提前幾個月"假釋"出去。

出獄時，家裡要來人接，這就等於給他們一條線，就算出獄了他還能揪住你那條線。當年振鵠跟我在監獄裡交情不錯，他在北平沒有家，一出獄就跟我住在我姑母北平東城演樂胡同的家。

我姑母信佛，到她家別的事先不幹，要先去拜佛，她要我們把這一身剛從監獄出來的晦氣除掉。❾

我三月三十日出獄，八月日本就投降了，日本人也是看自己日下西山了，監獄裡的人最好一點點先釋放出去，也節省糧食，這是日本鬼子的目的之一。他們趁慶祝汪精衛政府成立五周年之際把我們放出去，也有點"大赦天下"的意思。

我姑母是日本千葉畢業的產科醫生，當時她家還住著一個朋友，叫張本馨，湖北人，也是產科醫生，她們兩個合作給人接生。張本馨常有湖北來的親戚在北平讀書，也住在姑母家，那時姑母家空房很多。

最後姑母家住的那個人叫王森昌，那時候日本已經投降了。這個王森昌肯定是共產黨，他當時還是學生就會用電報機，白天在學校讀書，晚上就給人發報。

我那時在戰區長官司令部調查漢奸罪行，也是軍人身份，穿著國軍制服，所以我在他眼裡是個國民黨或反共分子。但是他做他的，我做我的，誰也不管誰。

那時候城內是國軍，城外就是共軍，一到晚上，他的屋裡就傳出"噠噠噠"的電報聲，應該是他在跟八路軍一類的機構通消息吧。

聽說中共執政後，他在天津做警察局的外事科科長，只要查天津的老檔案，就知道我言之不虛。

王森昌知道我是監獄出來的抗日分子，他曉得我不是共產黨，一定誤認為我是國民黨的人，而且反共。其實他一發電報我就知道，外頭都聽得見那個發報聲，某種意義上講，王森昌住的地方等於是我在幫他做掩護。

我看了不少馬克思的書，在炮局還跟共產黨員關過一個監房，也常在裡面辯論。馬克思說"進步一定要有正，然後有反，把他力量推翻就合了，正反合，然後合了以後反就變成正了。然後又一個反對，社會進步就是正反合。"我始終沒有信仰馬克思，我覺得他的理論並不周全。我不反共不參加內戰，更不信仰馬克思，也不容易被說服。國民黨的"三民主義"，根本上就是學習外國的行政、立法、司法三權分立，演變成一個"三民主義"和"五權憲法"，所以我也不加入國民黨。

不過，共產黨的理論我也不太信服，尤其是在取得政權後幾十年的做法，我不曉得是不是那時候毛澤東思想已經蛻化了，或者演變成利用文革維護自己的政權。

30

令我傷心的「蒙難同志會」。

王文誠堂叔　王慕陶　圖片來源：王文誠

出獄後，我在北平跟抗團認識的人說，我們要為還在監獄裡的難友做一點事情。隨後我做了兩件事：

第一、因為監獄裡的難友常患有皮膚病，我跟周慶涑兩人在監獄外頭替他們弄了一大批藥，送到監獄裡。

陳肇基太太劉欽蘭在她的傳記文學裡寫道："王文誠跟他的姑母，以方聲洞烈士夫人的名義，給我們監獄送來一批藥。"並稱那批藥她用到過。

再有一件事我自覺做得很好，但效果可能不太好。我找我堂叔王慕陶想法托敵偽糧食局的人，拜託他們給監獄裡的糧食配給得好一點，因為監獄裡的人都吃的是麩皮，也就是麥子的皮。

麩皮可以做麩皮餅，一大塊一大塊壓成餅，用來餵騾子餵馬。在鄉下看過趕騾車或趕驢車的，他們帶著一個大圓餅，那個就是給牲口吃的麩子。

日軍在太平洋的戰爭越來越失利，配給的東西越來越糟，糟到監獄裡吃的都是沒營養的食物，缺乏維他命A和C，都得了夜盲症。

我請堂叔拜託敵偽糧食局的人，當然，所謂的"拜託"其中當然也有點文章了，天底下沒有白吃的午餐。

不久，我弄了一大批高粱米和玉米麵到監獄裡，雖然還是很粗的糧食，但有營養。不過後來聽監獄裡的難友說，糧食改良得並不太多，連日本人和監獄看守都沒配給這麼好，所以被中飽私囊也就不意外了。

我們炮局提前出來的難友在外頭組了個"蒙難同志會"，❿ 以服務出獄的難友為目的，我們後來還在北平南池子的"歐美同學會"

辦公。

"歐美同學會"是個民間機構，那時候在華北，尤其在北平，好多留歐留美的學生回國聯誼，這些人有錢有地位，於是就組織了歐美同學會，那裡頭蓋得富麗堂皇。

歐美同學會在當時是個很體面的機構，我們借來給蒙難同志會用，準備把從監獄裡放出來的難友安排進去吃住，一直到自己有了盤纏，想回家的回家，能自謀生路的另尋去處為止，等於給他們個暫時落腳的地方。

結果這事讓我們很傷心，這一切準備妥當，也預備籌一筆經費給他們開伙食後，我們把這個消息告訴了將要出獄的人。

八月十五那天日本投降了，可是日本軍人奉命嚴守崗位，不許做任何事情，所以監獄裡的犯人沒有及時放出來，一直到了九月二日才放出來，這中間經過了十八天。

我是"蒙難同志會"的組織策劃者之一，我和馬增祺"馬一號"等人群策群力，至於怎麼從歐美同學會借來場地，我已年久失憶。馬增祺這個人從炮局監獄一開門啟用就被關了進去，他一進去就被編成第一號，所以叫"馬一號"。

他原來是北寧鐵路局的一個高級處長，這個

人很慷慨，也是很江湖的一個人，很多事情都請他領頭做。

好事總是多磨，當時我把蒙難同志會的事情告知獄友後，從監獄裡傳出謠言說："小心啊，這是陰謀，他們是把你們再集中起來，從監獄出來再進另外一個監獄裡。"

我們聽了很傷心，一片熱忱被別有用心之人泯滅，欲哭無淚，此事便不了了之。

有人曾問我當年是誰造的謠言，我雖然不敢公開指責，但這種事除了共產黨的人就沒別人能幹。

31

請你跪下好嗎？

講述中的王文誠

一九四五年八月十五日，電臺傳來日本天皇宣佈無條件投降的消息。

從監獄出來後，我們知道日本快不行了，都在準備迎接勝利，但沒想到八月十五日一下子就宣佈投降了。日本人也封鎖消息，比如廣島被炸死了多少人，我們都被蒙在鼓裡。

八月十五日以後，重慶的廣播開始宣佈各大城市派誰來接收，報紙上也有刊登。

日本投降後，北平變化很大。國民政府派第十一戰區的長官司令部來接收北平，很快在北平成立十一戰區長官司令部，長官是孫連仲。後來派李宗仁任華北行轅的主任，華北行轅就等於軍事委員會的委員長派在華北的一個駐點。

那時候政出多門，很多繁複的法令，也未必很統一。

在北平接收日軍投降的時候，我們抗團部分同志有去觀禮。受降現場投降的是日本華北最高司令長官根本博，受降方是由我們政府指定的十一戰區司令長官孫連仲。

日本人雖然投降，但非常有紀律和秩序性，這點值得我們效仿和肯定，可以看出來日本這個民族還是有優點的。

一九四五年十月十日，受降典禮選在中華民國國慶日在故宮太和殿舉行。

儀式開始時，日本人恭恭敬敬地排著隊走向前，向我們的長官行禮鞠躬，然後把軍刀獻上去。

在過去，我們受盡他的壓迫和欺負，現在他居然會這樣的恭順，所以那時候老百姓看得心裡無比痛快。

我們在太和殿底下老遠的地方觀禮，抗團也沒有統一被邀請參加。因為我們只是民間團體，沒有什麼資格，不過抗團是一個抗日團隊，所以我們也算有一席之地。

北平受降儀式後，美軍嘉賓與抗團成員合影，王文誠請美國人蹲下，但自己還沒站好就按了快門。
照片左下標白圈半蹲者為王文誠　圖片來源：葉樹振

儀式結束後，十一戰區調查室主任張家銓少將邀請美軍跟我們在太和殿前合影。

我請葉于良幫忙照顧，因為美軍是來賓，讓他們站最前面，但是他們一站，後邊的人被擋掉一大片。

我當年是無所畏懼，不求升官發財，所以就不客氣地跟張家銓少將講，請前頭高大個子的美國嘉賓蹲下來。

張少將有點猶豫，不好意思開口，於是我就用英文向他們喊話："Will you please kneel down？"

我一時想不起英語單詞"蹲下"怎麼說，匆忙之下，說成了"kneel down"。

我本意是請他們"蹲下"，結果情急之下卻說成"跪下"，沒想到他們竟也聽懂了，遵照意思全蹲了下來。

這張照片一起合影的抗團同志約有四五十人，還有好多同志在天津來不了，包括孫湘德和孫惠書，他們的父親就是受降儀式現場的最高司令官孫連仲將軍。當時我在十一戰區長官司令部調查室裡，張家銓邀請我去專門負責調查在華北的漢奸，不做內戰的情報收集的工作。

抗戰勝利後，抗團倖存者中我的學歷最高，但我沒故意去表現自己。被捕前我是天津抗團的領導人，要調查漢奸自然要找有經驗的人，而我又在華北居住。軍統巡視一圈抗團同志的家庭和身世，發現我最合適，最終決定我去做這份工作。

我們被派駐在平津兩地調查漢奸，但我們有時候也不用調查，那時只要是漢奸就有人舉報，閒來無事的普通老百姓也要出口惡氣，比如抗戰時期與日人勾結且作惡多端的袁文會等，所以很多時候根本不用調查，就有很多人把資料送過來。

日本投降後，在北平街頭還很多日本人，他們還在等待遣送他們回國的船。

還沒回國的日本兵都被集中在營房裡，軍官不許他們隨便出去，只有隨軍家眷可以上街。這時候，那些沒文化的人就出來顯英雄了，他們在街頭毆打日本人，理由是從前日本人欺負我們，現在要報復一下。我們很不齒這種行為，所以我對抗團同志都有提醒，不許公報私仇，更不許在街上打日本人，如果有這種情形，全部抓到稽查處，算是公開保護守法的日本人。

日本雖然投降了，但不能來個人就揍他一頓，甚至羞辱其婦孺，這不是泱泱大國的風度。有的人在日據時代，仗著日本人勢力欺負中國人，現在勝利了，反過來在街上欺負日本人，這種人多半都是流氓，真正有文化修養的不會這麼做。

抗戰剛勝利，國共摩擦卻日益明顯，報紙整天報導國共如何和談，剛看到勝利的果實，馬上就有戰爭的可能，我們很痛心。

劉潔出獄後，回到天津又開始活動了。他到比利時電車公司，跟電車公司工會的工人說，要幫他們爭取福利，結果工人提出將比利時電車公司收歸國有等要求。

那些工人把劉潔奉為神明，每天電車公司賣了多少都向他送報表，工人對他的信任到了無以復加的程度。只是國家的事情有這麼簡單嗎？是他頭腦太簡單了。

那時的比利時不是戰敗國，憑什麼被你收為國有？這是國家外交層面的事情，工會明著搗亂，電車公司並不畏懼。

果然，不久天津派來經濟特派員，工人要求政府支持工會。劉潔此時不知如何是好，鎮不住了就把馬增祺請到天津來。

劉潔把"馬一號"請來天津，是因為馬增祺曾做過官，會講話，地位高。

可是馬增祺那時已是在野之人，也沒什麼能力，當時就算是政府派來經濟特派員，也無權從外國人手裡接收，更何況那裡並不是租界。租界是要把主權交還給中國，但比利時的這個投資公司是私人產業，哪能說想收回就收回的。

結果馬增祺碰釘子了，劉潔不知道怎麼向工會的工人交待了，人家還是每天把報表送給他，把他當成他們的希望。

後來劉潔只好躲著工人，避不見面。他還是稍顯幼稚，不懂得國家的行政大事，也不想想外交上的問題。

32

令他耿耿於懷幾十年的『抗團遣散費』。

二零一六年四月底，筆者在天津陪王文誠去看望劉潔。劉潔說抗團解散後，不知是重慶還是哪裡給了一筆費用，這筆費用不知道是發給抗團坐過牢還是為抗團犧牲的人，但他沒收到過這筆錢，應該是讓孫若愚拿到臺灣給貪了。王文誠聽完很尷尬，解釋說應該不至於。

一九四六年，抗團在重慶總部開會決定：以後不許再用抗團的名義做任何事情。

至此，抗團解散，退出歷史舞臺。大家該讀書的讀書，該做事的做事，再無其他。

我不太瞭解重慶抗團後面的事情，更沒聽說有遣散經費，倒是聽說好像是有給三個月的工資讓他們好回鄉之類的，但不是所有人都有，我們在天津就完全不知此事。

劉潔耿耿於懷那筆錢，說是孫若愚拿了。事後王振鵠告訴我，那筆錢並非抗團所散發，

孫若愚確有收軍統局的遣散費，那時候經華北行轅馬漢三的同意，由他偵辦孫紹庭的案子。孫紹庭在抗戰時期曾與日人合作，幫他們收金斂銀，且此案是把天津的案子和人帶到北平去辦，天津一點都不知道。

孫若愚辦理孫案後，軍統給了他一筆錢，以至於讓劉潔誤以為是我擔任法官時處理的。

劉潔簡直是糊塗蛋，他不太跟抗團的核心人員走動，所得盡是恍恍惚惚的消息。

孫若愚的哥哥叫孫複仙，我們都叫他"孫大炮"，共產黨進天津不久就把他給斃了。

孫若愚父親在東北那邊學會了做俄式大餐，在天津開了一家名叫"永安飯店"的館子，出他之手的俄式大餐真的很好吃，我們抗團很多人都去吃過，每次孫父一看是抗團的人來吃，就特別優待。

俄式大餐我只有在天津吃過，其他地方再沒吃過。俄式大餐吃法很講究很繁複，還沒喝湯時，桌上就先擺上三四十個小碟，碟裡有各種各樣不同的菜，這是飯前的佐餐。

我猜是俄國人身體特別強壯特別高大，所以食量也大，這要是給中國人吃，飯前那佐餐就可以非常飽了，後面的基本不用再上了，

晚年在臺灣生活的孫若愚　圖片來源：王振鴻

孫若愚年輕時大概一米七多，平常穿著一個竹布大褂，非常瀟灑，很有女人緣，喜歡他的女生很多，像馮健美、孫惠書以及後來在天津寫抗團歷史的張世一，常常圍著他轉，大家都很羨慕他有女人緣。

他也很勇敢，身體也很壯實，抗戰期間在上海搞炸彈實驗被炸斷一條胳膊，從此自卑很多，處處保護自己。

二零一六年四月，我在天津省親時，抽空去見了劉潔一面，告知他當年很多事情我都是後來聽說的，王振鵠當時在北平，他知道的最多，也知道孫若愚的事情。

孫若愚向軍統請求許可他來辦這個案子，他的確在孫案中為抗團死難者的家屬籌到經費，後來也如願拿到了。

據我得到的、可靠性很強的消息，當時軍統督察室的人知道孫若愚手裡有不少錢，便找他借錢，孫不敢得罪，把錢都借給了他們，後來兵荒馬亂，到臺灣也沒要回半文錢。

但孫案與我審的漢奸案完全無關，所以我也不問他，他這個做法有欠周詳，但他是抗團資格很老的骨幹，又為抗團做出很多貢獻，我也不好批評他。

抗團的人不止劉潔對此事耿耿於懷，聽說有人在天津地攤上買到抗團同志錢宇年跟張世一寫的回憶錄，回憶錄中也有相關說法。

錢宇年在抗團也是老資格，張世一最初嫁給抗團的馬君武，後來喪偶嫁給錢宇年。他倆對此事的回憶也只說對百分之八十，畢竟抗團的管理有如瞎子摸象，且不能橫向聯絡，所以無人知曉全部。

我對抗團的事所知頗多，是當初曾澈帶我去過很多地方，也見到不該見的人，比如祝宗梁、袁漢俊他們行動組的人，包括他們做的很多事。

我當年經人介紹也認識袁漢俊、袁漢勳和祝宗梁、祝宗權這兩對兄弟，可以說我認識抗團很多人，只因我跟著曾澈到處走的關係，但我並不在抗團的核心裡。

33

戴笠指定我參加肅奸委員會，專審漢奸罪行記錄。

毛惕園（1910－2000），原名毛淩雲，湖北通城人，國民黨黨員，中華民國軍統人物，是孫立人兵變案的關鍵角色之一。 圖片來源：王文誠

抗戰一勝利，立馬有人叫我做調查漢奸的工作。等到一開始抓漢奸，軍統局司法組的毛惕園先生就找到我，表明戴笠戴先生希望天津的抗團能在天津參加肅奸委員會，且指定我參加。

當時抗團還有幾十人在天津，而且北平上海的都加在一起，怎麼也有百人，偏偏戴先生指定叫我參加偵訊組的工作，這等於軍事檢察官的任務。

我跟司法組的毛先生表達了我很榮幸，並很願意擔任這個工作。

抗戰時期，我們要殺個漢奸，得追著他屁股後頭開槍打，現在我能去審問他們，這是我的榮幸，我一定得做。

當年我在西南聯大唯讀了一年半，便休學回到天津領導抗團的工作，所以做完偵訊漢奸的工作後我還想要復學。

毛惕園先生聽完答應了我的要求，我就這樣加入了偵訊漢奸的工作。

我猜想，當年戴先生覺得在天津除了有軍統的軍法官外，應當還要用一個抗團的人來做軍事檢查官。其實戴先生之所以這麼做，是因為他心裡非常知道，有很多事軍統的人做不到，但抗團的人卻可以。

比如過去淪陷的時候，在北平天津做得最有成績表現的，就是我們抗日殺奸團。

當時有人說我是來找肥缺的，那時候誰都想要審漢奸這種肥缺，都知道此時去審漢奸，必定會有人送給你錢，而且最怕你不收。

講述中的王文誠

那個時候接收大員的名聲很不好,大陸之所以那麼快淪陷,共產黨能夠席捲東北並一直過江,迅速佔領全國,只能說,失民心者失社稷。

戴笠請我做偵訊漢奸的工作,並沒給我委任狀,但時任肅奸委員會主任委員的天津市市長張廷諤,給了我一張委任狀,委任我做偵訊組的法官。

這張委任狀我後來還帶到了臺灣,但我從大學畢業後一直在外國機構做事,他們不看這些東西,留著也沒用,就把從天津帶來的東西都燒了,包括那張委任狀。

當年的軍統屬於軍事委員會管轄,軍委會檔案局有個檔案:軍事委員會派遣王文誠任軍事檢察官,專門審查漢奸的名單及罪行記錄。

我猜想,我之所以能做審訊漢奸的工作,估計是他們把我看成軍統的一份子。

可其實我不是,我也始終沒加入軍統,更沒拿軍統的工資,我領的是肅奸委員會的工資,肅奸委員會的糧餉是天津市政府發出來的。不過,抗團跟軍統局關係確實很深,我又是重慶派出來的,處處以軍統的名義工作,否則誰給我機票坐飛機呢?

我當年在天津的生活費都是用我自己家裡的錢,我那時的家庭條件,不是吹牛,不要說抗戰八年,就是再多抗戰幾年,我老王的生活還是能夠自己花的,主要是當初我父母死之前給姐弟幾個留了些錢。

抗戰勝利後,國民政府頒佈了一個懲治漢奸條例,按照上面的規定,在抗戰期間有某類言行的人會被認定為漢奸。

這是國民政府頒佈的法令,但抗團又是怎麼定義漢奸的呢?

抗團在抗戰時期執行任務的時候,凡是在偽政府裡任職的高官都有可能被定義為漢奸,比如周作人做了教育總署的督辦(那時的督辦相當於教育部長)。

抗團對漢奸的定義,是集中針對給老百姓危害最大的偽職人員,比如幫著日本人搜刮民脂民膏的、替日本人抓勞工那樣的。據我所知,那時候華北有很多勞工被抓到日本的煤礦挖煤,活著回來的很少。

馮運修的父親馮浤當年雖然也擔任偽職,但這種偽職並不算什麼。抗戰一爆發,國軍從華北撤退,幾百萬老百姓不可能都跟著走,只能留在當地維持生活。

馮父不過是在偽鐵路局裡當處長,他這種偽職人員並沒危害百姓,只是維持交通。不可能政府一撤退就把所有鐵路扒光,畢竟留下來的百姓需要生存,不然這仗一打八年,老百姓怎麼活?

馮運修的父親這種偽職人員,政府絕不會把他列為漢奸來懲辦,除非他得罪人了,有人要整他。

我們關注的是袁文會這種真正去替日本人助紂為虐,甚至組織隊伍跟國民政府對抗的漢奸。其他只要不對國家和百姓造成危害的,不一定要列為漢奸。

肅奸委員會成立後,我也參與監督憲兵和

員警去抓捕漢奸,那些漢奸唯一給留我最深印象的,是天津偽法院的院長。

這位院長那時年紀已經很大了,他的家簡直一貧如洗,家裡只有一間連煮帶吃的屋子和一床棉被,夫妻兩人帶著孩子,米缸裡空空如也,那種一貧如洗的窮是裝不出來的。

臨走時,他老婆讓他把那床棉被帶走,我看了很難過,掏出自己皮包裡所有法幣,留給他家人过日子。

這種情況的就證明他還算是好人,他做偽院長審判權限很大,定不定罪、判不判刑都是他說了算,即便這樣他仍不貪不腐。至於他為何會被舉報而被國民政府列入漢奸名單,估計是他的操守妨礙了別人的財路,得罪人了。

我覺得他不能算是漢奸,後來我把他送到法院,希望新政府接收後,能儘快把他放了,我也竭盡所能,把口袋裡的法幣留給他的家屬。

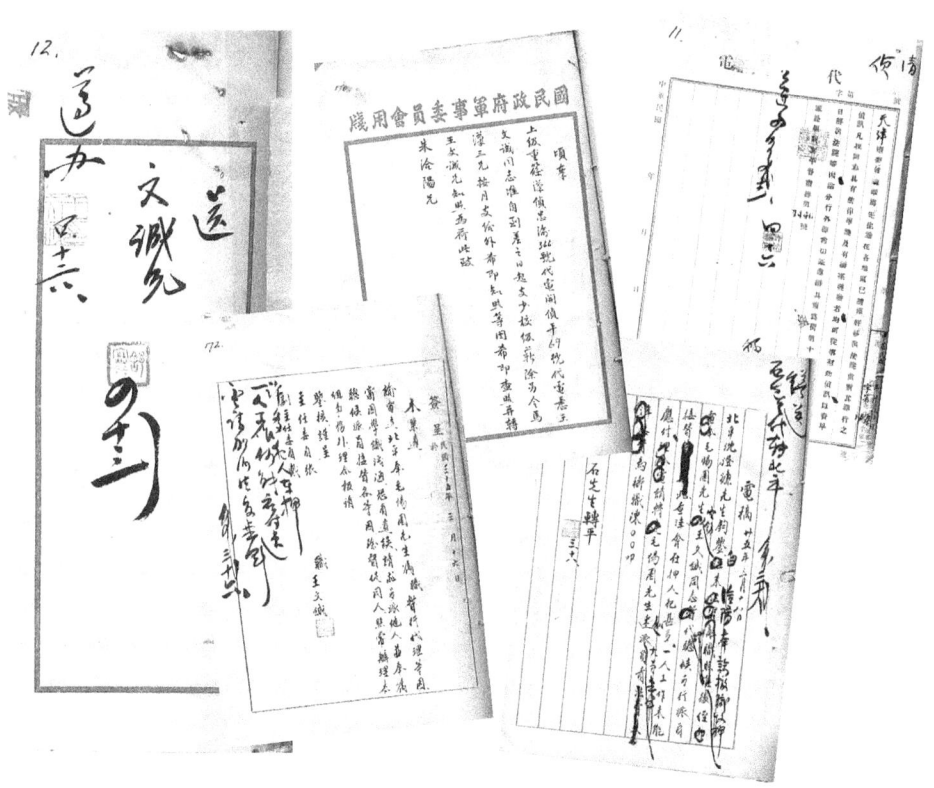

王文誠在天津肅奸委員會任職時的相關人事檔案　圖片來源:天津市檔案館

34

我用一張嘴，成就了一樁幾十年的婚姻。

晚年在臺北生活的王碩芬　圖片來源：王振鴻

參加肅奸委員会之前还有个小插曲。
我在炮局監獄認識王振鵠後，就把他當成小兄弟。振鵠的父親曾經是軍人，對子女很嚴厲，甚至蠻不講理，所以振鵠出獄後不敢回家，跟著我住到北平的姑母家。
不久，振鵠跟我說，跟他從小青梅竹馬、同是抗團同志的王碩芬，在抗戰期間因參加抗日活動被抓進日本憲兵隊，出獄後家人便將她鎖在家裡。
振鵠拜託我到天津，說服他父親同意他們在一起，並將王碩芬接出來。
受振鵠委託，我回到天津跟他父親表明振鵠的意願。振鵠父親看我穿著軍服，還是少校掛中校銜，跟他說話也很客氣，我雖然年紀輕，但也不敢小看我，便答應了。隨後我就到王碩芬家裡，代表王振鵠他們家向王碩芬家提親。王碩芬家是個老式家庭，家境很好，在意租界有自己的洋樓。
跟王家人談的時候，王家父母坐在上座，我坐在旁邊的上座，王碩芬畢恭畢敬地站在她哥哥旁邊。
我請王家父母放心，他們參加的抗日殺奸團的確是學生團體。現在抗戰勝利了，他們還年輕還要讀書，振鵠是個好人，我擔保他們在一起不會有什麼事情。
王家看我穿著"三尺半"（當年一種軍服的別名）⑪去提親，講話也很紳士、很有分寸，他們對我也相當的敬重，重點我不是單純的要求王家讓王碩芬出來，而是去提親，王家父母想想也就答應了。
王碩芬聽到她父親同意了，心花怒放，而後隨我到北平跟王振鵠在一起讀中國大學。
我就這樣隻身一張嘴順利提親成功。

35

汪偽外交部長徐良
作首詩頌揚我了不起。

肅奸委員會底下分總務組、保管組、監察組和偵訊組四個組。管總務組的是政府派下來的主任秘書張翰書，隸屬於天津市市長。肅奸委員會的錢糧歸總務組負責，所以肅奸委員會有多少人員、每月開銷多少、看守所每月要吃多少糧食等都屬於總務組管。
保管組這個機構很重要，組長是舒季衡。漢奸抓捕後，家屬和財產都由憲兵看著，他們的財產都不能移動，由保管組登記管理。
保管組在登記財產，監察組則在冷眼旁觀，他們主要職責是監察有沒有人從中違法。比喻來說，保管組是國民黨，監察組是中統，偵訊組就是軍統了。
還有看守所和內衛組，內衛組是在監房看守犯人，另外還有三個特別看守所共同看管。
肅奸委員會的偵訊和內衛組都是抗團的人，所以我們也是替國家正經八百地做了一份工作，也是抗團的最後一個貢獻。而且抗團的人在看守所工作，到最後把所有人犯都送出去，沒出現任何紕漏，包括在裡面跟人犯勾結，或是貪汙等等。
肅奸委員會成立的時候，徵召了不少抗團的人在裡面做事，內衛組組長是葉明德，然後是劉潔和王君武，王振鴻排到第四。
偵訊組發表了我王文誠做偵訊組法官的委任文件，抗團其他人看守犯人。我要問案時，負責看守的抗團同志就得把犯人帶來。
一九四五年十一月底，抓捕歸案的一百七十多個漢奸開始被偵訊，我負責做訊問筆錄。雖然我們也叫"法官"，但我們不屬於司法的，審訊是司法的許可權，不是行政的許可權，所以我們不能代替法官來做審訊。
審訊漢奸的流程很簡單，一開始就是姓名、年齡、籍貫和住址這"四項必問"。既然把他抓了，一定是有原因，每個人也不同，那就按著程式慢慢來問。
比如袁文會就很不容易問，因為他早在抗戰前就已投日做狗腿子，前後跟了日本人十幾年。除此之外，他利用日本人給他撐腰，幹盡了走私販毒、包娼窩賭等骯髒事。
不過要想問住他，我們自己也得下功夫查資料瞭解，一旦掌握資料，我們就會突然就問他某年某月某日你跟什麼人做了什麼，或者替日本人做了什麼。
他聽我們講得頭頭是道，也很知趣，該有的他就承認交代，有的事罪很重，他就辯駁。

左一手戴"青藥旗"抽煙者為袁文會
圖片來源：天津市檔案館

袁文會當年在天津的勢力很大，江湖上都叫他"三爺"，是個響噹噹的人物。他在天津的地位相當於上海的杜月笙，但他沒有杜月笙的人格，遠不如杜。

杜月笙在抗戰期間做過不少貢獻，當然他也跟毒品黑幫這些有關係，也算是危害國家，可他不像袁文會勾結日本，做下三濫的漢奸勾當。

袁文會在天津包娼包賭橫行十幾年，還替日本人收買華工到日本做苦工，這麼多事只能一點點問。有時我們上級看完他的偵訊記錄後，總感覺證據不夠，不過說實話，十幾年前的事上哪找證據？頂多是根據我們得到的情報，或是報紙上的新聞來問他，看他能承認多少。如果都講究證據的話，這些漢奸都很難定罪。

袁文會是我親自審問的，偵訊組組長朱洽陽沒在華北呆過，天津的流氓漢奸有什麼特性他懂得比我少，所以袁文會他不碰。

另外一方面，我們也占了一點軍統的方便，一般的漢奸聽說審問他們的是軍統的人，心裡已經怕了一半。所以這些人甭想走邪門歪道，或者找關係通融之類的。

朱洽陽為人處事很圓滑，是個老手。他專門找些有頭有臉的、犯經濟金融罪的大漢奸來問，只要是他分配給我的漢奸就是他不想問的，但通常到最後他問完沒結案的，我都得去接著問。

我們當年住在警備司令部裡面，首先我們出不去，其次是外面的新聞記者進不來，所以沒人知道有個叫王文誠的在問案，因此我也不怕袁文會報復我。

我也知曉袁文會這些黑幫有多厲害，但是警備司令部稽查處看守所裡的人大部分都是抗團的人，不像地方法院看守所會有袁文會的徒子徒孫。所以有人問我審問袁文會時怕不怕？我說：邪不勝正！

審訊時，面對袁文會我大義凜然，對他我也很善待，比如請他坐下來、喝茶、抽支煙。也跟他講：大家都是道上的人，你該承認的就承認了，不承認對你沒什麼好處。

當然，他聽了也很開竅。比如他在華北給日本人招了多少華工我們都曉得，我們一問，他常振振有詞地狡辯說，這是給那些華工解決經濟問題，給他們多少安家費之類的。我說你知不知道你這樣做是去幫助日本人？而且還葬送了很多人命？

別看我那時候才二十六歲，但講起話來頭頭是道，幾句話下來，問得袁文會啞口無言。以下摘錄一段民國三十五年（1946年）二月二十八日，王文誠對袁文會進行審問的紀錄內容：

問：姓名、年齡、籍貫、住址、職業？
答：袁文會，45歲，天津人，住舊日租界橋立街番地3號，腳行。
問：你幹腳行在什麼地方？
答：現在蘆莊子，是中局腳行。
問：事變後做什麼事？

答：在旭街經營會德號，買賣紙煙等。

問：何時在敵人憲兵隊當特務？

答：我沒當特務，不過和他們有聯絡。現在我是遭人陷害。

問：什麼時間在霸縣當特工隊？

答：二十八年十月間，在霸縣組織警備隊，沒有階級，二十九年正月間回津，再也沒有幹。

問：何時加入幫會？

答：民國十五年加入幫會（安清）。

問：二十六年（1937年）事變時，你領日本憲兵逮捕王錫川，並酷刑拷打他是嗎？

答：沒有，王錫川是王德山的兄弟。我們很不對。

問：你在事變後當過沒當過日本便衣隊長？

答：沒有。

問：天津保安隊便衣稽查張耀山等是你抓的嗎？

答：這不是我抓的，是趙錫鈞抓的他們3個人。他們是日本防衛司令部的特務，因為有人告他們，才抓起來的。

問：招募華工什麼時候幹的？

答：我開會記棧，專住華工，賣給他們飯。後來，工頭領出面來交給我做，棧費每人給

袁文會和他的手下　圖片來源：天津市檔案館

幾角錢。各處工頭招募勞工來津住我那裡，由土建工會發下面，我交給他們做。我並不招募勞工。如果查出我招工一個人，我願領罪。

問：你在霸縣當警備隊長有多少人？

答：我的朋友成立警備隊時有300多人，後來減至200人。我的朋友叫張昆。前後我幹了3個多月，他成立約我應名。

問：你是什麼時候給岡田憲兵隊長當聯絡員的？

答：不是聯絡員。我認識他是因為有個姓李的被捕。我打聽在花園憲兵隊，因我認識市川軍曹，由其介紹認識岡田，我和他們認識是屬救人。

問：相好了為什麼又告你呢？

答：他們認為打倒我，他們就高了。他們覺得他們打倒袁文會就露臉了，或者因為煙癮也可以害我。

問：事變後你放花會、賭局嗎？

答：沒有，賭博、流娼，我嫌下流。

問：你認識毛利、澈訪、毛育生嗎？

答：我知道毛育生是憲兵隊特務，又是茂川機關特務。毛利不認識，澈訪我認識。

問：你和他們有勾結嗎？

答：他們是老憲兵，我被逮過，後來經趙錫鈞介紹認識的。

問：你們警備隊有個叫中島的嗎？

答：中島成子是北京婦女協會的我聽說過。

問：你是哪一隊的？

答：我是縣警備第11支隊的。

問：白振海是你逮捕的嗎？

答：不是。

問：那麼。哪個案情也沒有你了？

答：是。

問：蔣苗隊長是誰？

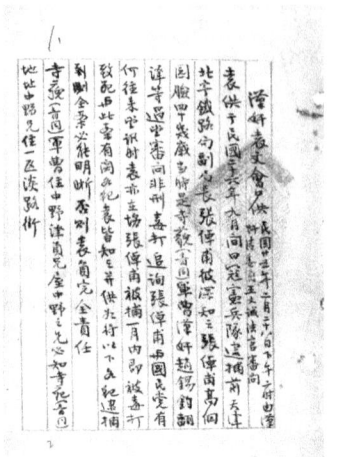
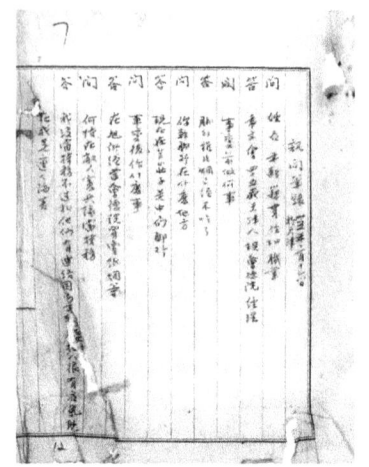

王文誠訊問袁文會時的筆錄　圖片來源：天津市檔案館

袁文會被綁縛刑場　圖片來源：天津市檔案館

答：蔣苗他逮捕我押了幾百天，由趙錫鈞介紹認識的。

問：你逮捕好些人送唐山蔣苗隊長那是嗎？

答：沒有。陳恩才、王竹坡、杜雲峰、劉桂西、劉老被趙錫鈞抓到唐山，劉文魁叫我到唐山接陳恩才回來，我勸他別給日人做事。後來，陳恩才回家了，別人都沒事回來了。

問：二十八年（1939年），我們要制裁唐山商會會長吳杞芳，被你破壞了，所有的工作人員都是你逮捕刑斃是嗎？

答：地下工作人如果有一個是我抓的，請你判我的罪。我沒有作過，吳杞芳可以證明。

問：什麼時候當憲兵特高班長？

答：我認識他們，但我沒當過特務。

問：二十七年九月，你和國文瑞等和日本人野崎強佔金橋旅館，有這事嗎？

答：不是強佔是兌的，開市時我去過。

問：你替日本人蔣苗逮過《中報》記者？

答：沒有。

問：你的財產？

答：就有現住的一所房子和會記棧。

問：事變時，天津保安隊撤退時，你曾召集流氓組織便衣隊，並與郭筱波、國文瑞等佔楊柳青獨流一帶擔任偵查工作？

答：沒有這事。問：到關外去的勞工每次有多少人？

答：每次一二百人，三五百人不等。

問：你包運過德義樓、新旅社的煙土嗎？

答：沒有。

問：耀華學校趙君達是你害的麼？

答：不知道。

問：你家屋裡懸掛一張日本獎給你的招募勞工的獎狀嗎？

答：不是獎狀，是日本土建工會送我的感謝狀。

問：為什麼？

答：是感謝我對待工人們好，如吃水白送。

汪偽外交部長　徐良　圖片來源：天津市檔案館

那時在天津要發財很容易，但他們連跟我見面的機會都沒有。

這些漢奸都覺得我太年輕，比如汪偽外交部長徐良，他在監獄裡作了一首詩，頌揚我這麼年輕就擔任要職，實在是了不起。

他寫完了給我看，我看完立馬還給他，讓他自己留著，我不接受。

有一個被偵訊的漢奸叫高鐵侯，他曾是工商學校的學生，這個人很刁鑽古怪，他被關進看守所以後在裡面檢舉別人，完了向我們邀功。一九四九年以後，高鐵侯在大陸就檢舉了一些抗團的人邀功。

偽天津市長　溫世珍　圖片來源：天津市檔案館

抗戰時曾任偽天津公署水上員警分局局長、天津警察局特務科科長的徐樹強，是我母校天津工商學校校友會的會長。

他家裡很有錢，娶了兩個天津頭牌舞女在家做妾，其中有個舞女叫"大衛斯"。他們曾經想用女色賄賂我們，請我們到徐樹強家裡跟大衛斯吃飯，我連碰都不敢碰。

這種誘惑很多，只要我做了法官，那些律師搶著送金條汽車，就怕你不要。

我還審訊過日據時期偽天津市市長溫世珍，後來聽說溫世珍竟是中共前總理溫家寶的本家叔叔。

36

以前他指揮我工作，
如今反成我看押他。

朱洽陽　圖片來源：王文誠

我在參加偵訊工作時，完全是守規矩的，比如不允許跟漢奸的家屬或者是律師接觸。杜絕此類事件發生最好的方法，就是直接在服務的單位裡吃住，避免跟外界接觸。

我的上司朱洽陽法官是個上校，同時也是偵訊組組長，我一切服從他，他對我也很尊敬、客氣。

漢奸人犯的名單裡，先審哪個後審哪個，朱洽陽把這些卷宗給我，大家分別問案。他比較喜歡問天津的大漢奸，其餘的由我來問。

朱洽陽上任約三個月左右的一九四六年三月，戴笠飛到天津視察他所管轄的單位，包括肅奸委員會。

朱洽陽前去接機，戴笠一下飛機，就宣佈解除朱洽陽職務並扣押法辦，送到看守所。可見戴先生人還沒到天津，已經接到軍統局的人打的小報告了。

軍統局本身就有督察室，這督察室就好像現在香港的廉政公署，可以監督這些行政人員，當年這個督察室在北平和天津都有。

天津的督察把這些報告給戴先生看，戴先生也不是接到密報馬上就相信，他交給另外一部分的督察再審核一遍，最後兩方面都向戴先生報告確有其事。

戴先生把朱洽陽關扣押並還交給我執行，所以我很尷尬，以前是他指揮我工作，如今反成我看押他。

任何軍統負責審訊的人，如果問案人心存歪念，我想是不容易做到的。因為軍統之所以為軍統，就是在你剛起心動念，一有犯罪動機，他就看透了你，朱洽陽被免職拘留未嘗不是這樣，這就是軍統厲害的地方。

朱洽陽被免職的原因，主要是他的私生活欠檢點，一是"馬寡婦事件"，二是他時常出去應酬跳舞。

當年朱洽陽是中校掛上校銜，我是少校掛中校（實際我只拿少校薪水）銜，但他那點工資夠他去揮霍嗎？

馬寡婦長得不錯，她不是風塵女子，但很妖冶，不像是正經人家的女子。聽王振鴻說，馬寡婦在當時的天津只是二三線的交際花，常跟當地高官交際，抗戰時期就跟漢奸和日本人參加舞會。朱洽陽大概是在這種應酬上結識了她，兩人便搞在一起。

王振鴻提出一個觀點：朱洽陽為什麼會被免職？他在外面養馬寡婦需不需要置宅？吃喝拉撒睡需不需要花錢？朱洽陽自己又有妻室，領一個中校的餉銀如何夠花？

我覺得振鴻的觀點是對的，我不太瞭解馬寡婦，不過有一次，朱洽陽非要領我到馬寡婦家跟她一起吃飯。飯間，他看我不喝酒，吃飯也很不自在，並且再也不去了，就明白了我是什麼人。

馬寡婦的房子跟裡邊的裝修用品普通至極，我看得出來朱洽陽是住在那裡的，他看我也不是小孩子了，試探我是否跟他有同好，如有相同癖好，那以後他就好辦事了。

朱洽陽好喝酒，幾乎每頓飯都要酒，常常喝得滿臉通紅，不過他是長官，我也不好批評。只是如果他要讓我做為非作歹、作奸犯科的事，我是絕對不會同流合污的。

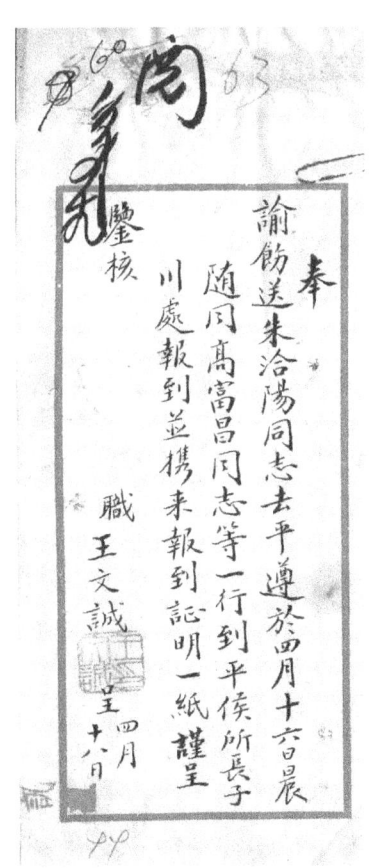

王文誠手跡：一九四六年四月十六日，王文誠攜天津警總稽查處高富昌督察押解朱洽陽，交與北平炮局看守所侯所長。　圖片來源：天津市檔案館

朱洽陽違紀被扣押後，我們把他關在看守所，過了不到十天的功夫，我們就奉令把他從天津押解到北平炮局看守所，交給所長侯子川。

交給他的時候，侯所長還給我開了個收據：收到朱洽陽一名。

我將收據帶回來，呈給我們的副主任委員。

押解朱洽陽去北平的路上，我們都沒有拿他當犯人看，把他當朋友，也沒有把他銬起來，還不時與他聊聊天。

他也很坦然，知道戴笠已死，曉得這只是走個程式，不會有什麼事。

不久便聽說他出來了，也沒受到什麼處分，在一個職業訓練所當教官。我們後來就沒有再見面，他再回到天津時我已經不在那了。

朱洽陽被法辦後，毛惕園先生就讓我暫代組長之職。因為北平和天津在押人犯眾多，我一人做不了，便向上級申請加聘一位抗團的同志來幫我做偵訊工作。

加聘的條件是要瞭解申請人的身世，還需要他絕對保守秘密，同時能夠勝任。於是我找王振鵠的胞兄、同是天津抗團的王振鴻來跟我一起做偵訊工作。跟王振鴻接觸過後，發現他為人還可以，我主要也想挑一個比較信得過的人。

肅奸委員會成立後，王振鴻也加入並去抓過漢奸。我當時在肅奸委員會任職監督，大概是因為我的軍階比實際任務的階級稍微高一些，所以我可以不用去抓捕漢奸。

一開始給振鴻的任務是在看守所，我們雖在稽查處辦公，不過我常去看押漢奸的地方。我們住在裡面偵訊的時候，我跟王振鴻睡一屋，當時天氣很熱睡不著，又很無聊，兩個人就相約去後邊的看守所夜審。

這種做法往往收效甚豐，半夜提審犯人，他們會覺得事情很嚴重，回答也都特別慎重。通常晚上八九點鐘這些犯人全睡覺了，突然半夜十二點被揪起來審，他們心理壓力會很大，往往會問出很多白天問不到的東西。❿

在天津審訊漢奸期間，河北滄縣也有些收押的漢奸等著偵訊，後來我就帶著振鴻去了一趟。滄縣周圍共軍的勢力很大，我們在滄縣城住了一晚，結果一整晚外頭槍聲不斷。

肅奸委員會剛開始時，看守所還沒分號，漢奸們被關在一起。第二天，振鴻看到看守所亂哄哄的，他把那個最神氣、講話最大聲的偽雜誌社社長拉出來殺雞儆猴地打了一頓，打得他嗷嗷大叫，樓上樓下都聽到了，從此沒人敢再出聲，秩序很好，這是第一打。

第二個打的人是滄縣偽警察局長鮑馨遠。王振鴻過去偵訊時，他覺得振鴻像個小孩，而且他當過偽警察局長，本來就有作風，對振鴻愛搭不理，結果那天振鴻把那個偽警察局長打得嗷嗷叫，引得旁邊看守圍觀。不過我沒注意，也沒印象，因為我不喜歡打人。

振鴻說我很文雅客氣，不像他看不慣就用手段。其實我也會用手段，比如犯人不守規矩的時候我也會關他禁閉，但不會體罰他。

王振鴻加入偵訊組後，一共一百七十多個漢奸的案子全靠我們倆（含我們手下三個書記官）辦完，有時候真的是不眠不休。

漢奸審完之後，我們還要寫好多移送法院的卷宗，然後由振鴻送到北平去蓋關防列印。這種事屬於事務性的，有振鴻去我放心了，除非上邊指定要我去，比如押解齊燮元。

押送齊到北平是我們倆一起去的，因為他人很高大，又在宦海沉浮數十年，狀極威嚴。我們把其中一節火車車廂的後半截包下來，命幾個憲兵和警員看著。

到炮局監獄後，我請振鴻參觀當年關我們的地方，結果我去看關我的那個號子，工作人員領著他去看監獄的佈局，沒想到卻看到了川島芳子。

袁文會、溫世珍和徐良這些人審完後移交到天津法院，袁文會後由天津法院解送到北平法院看守所，那時我已不在肅奸委員會了。我們審完所有的漢奸後交給天津法院，期間只放了兩個人，其中一個由南京國民政府文官長吳鼎昌致電華北行轅李宗仁放人，放的這個人是抗團同志王君武的爸爸。

他原是大公報印刷廠的廠長，天津淪陷後大公報就停刊了，大公報一向支持政府，現在光復了，報社在天津要復刊，政府卻把印刷廠長當漢奸關了起來。

說實話，印刷廠長絕對夠不著漢奸罪，印刷廠很多工人靠大公報吃飯，日本人佔領天津後，報社一停刊，他們沒飯吃了，就在外面接些活，這就難免印些匪宣傳的書刊，想必是這個廠長得罪人了，有人想弄他。

再有，印刷廠長不是社長，之所以被抓是因為大公報把所有檔案全部撤走，但印刷機，包括字碼太重太多沒法撤走，放在那被繳獲並拿去用，他大概也是身不由己參與了這些事情，所以才會被當做漢奸。

他抓進來很快就被放了，我們連問都沒問。

37

我力排眾議：臺灣人不算漢奸！

當年偵訊漢奸時，偵訊的範圍沒有包括臺灣人。起初有人覺得臺灣人仗著日本人的勢力欺負中國人，也有很多人報告檢舉臺灣人，那時我力排眾議：臺灣人不算漢奸。

中國在一八九五年把臺灣割讓給日本，日本人統治了五十年。那時臺灣人拿的是日本護照，在國際公法裡是合法的，所以他幫助日本人做事，你能說他是漢奸嗎？

你指責他當初幫助日本人時，是否先反思自己為何割讓臺灣而是不保護臺灣人？

一個偉大的政府最應該做的是：向一八九五年到一九四五年，被日本人奴役受苦的臺灣人說聲："對不起！"而不是想著勝利後要如何清算。我們政府就是做得不好，才有一部分臺灣人不想當中國人而懷念日本。

例如抗戰開始時，盧溝橋最先失手，緊接著平津丟了，你政府有能力把老百姓堅壁清野全都帶走嗎？既然帶不走，老百姓在日本人的統治下也得吃飯活命，不能因此說他們跟日本人合作是漢奸，更不能說每個淪陷區的人都是漢奸。除非有些人真的處心積慮想要做高官而幫日本人搜刮、禍害中國人。

天津有個做黃金交易的市場，當時在這個市場用銀行的鈔票就可以買黃金和白銀，做這種交易運作就等於幫日本人搜刮國財，這屬於"經濟資敵"，是很嚴重的經濟犯罪。

當年有個叫"謝履西"的臺灣人，在黃金交易市場幫日本人做事，算是經濟漢奸。主要是他在華北時跟人說他是會講閩南話的福建人，也正因如此被抓了起來，如果他稱自己是臺灣人，可能對他的定性就不一樣。

但我認為臺灣人不能算漢奸，他們那時候拿的是日本護照，為日本人做事很正常，後來抗戰勝利，臺灣光復後，他才算是中國人。

辛丑條約簽署地，十九世紀末的春帆樓。攝影不詳
公有領域圖片

槍決後的齊燮元　圖片來源：天津市檔案館

戴笠很有眼光，我跟王振鴻兩人在當年可謂戰戰兢兢、遵紀守法，把天津漢奸的起訴工作按時按質做完，最後再把人犯全部送到法院。我們沒放掉任何一個罪大惡極的漢奸，比如我審問過的齊燮元，後來我們奉南京中央政府命令，把他押解到北平，南京派軍機將齊接走，由南京的軍事法庭判他死刑。還有我審問過的徐樹強、袁文會，以及汪精衛偽政府的外交部長徐良，一九四九年中共建政以後的"人民法庭"也給他判了死刑。我們移送法院的案件在四九年以前，天津的法院有許多不審不判，所以就給了這些漢奸很多活命的機會。

中共的軍隊打過來後，很多漢奸竟被放回家去，像溫士珍就被保釋了出去。後來看書上有記載人民法庭又把他抓回來判了死刑。
華北的督察就是檢舉朱洽陽的，他也不會對抗日殺奸團的團員特別仁慈，只要我們有一點點違法，他們照樣檢舉，所以我們絕對不容許做一絲一毫違法的事情。
戴笠在那個時代威望很高，所有的官員都很怕他，講到他，大家就覺得他殺人不眨眼。的確，他是很公平的，軍統的朱洽陽是他的子弟兵，是他從重慶帶出來的，結果朱洽陽犯法也一樣辦他，他也不會讓我來陪綁，很公正。
我把我們抗日殺奸團擔任這個工作的前前後後的工作做完了，上級又叫我擔任地委產業處理局的偵訊科長，可見上級對於抗日殺奸團來處理敵人漢奸這件事情是很滿意的。
不過我到那邊任職兩個月後離職去北京大學讀書，從此以後再也沒有做政府公務員的職務。
至此，我身上與抗日殺奸團有關的工作全部完結。個人認為，抗團在這段歷史中，對國家有三大貢獻：

第一、抗戰期間，我們在淪陷區敵人的後方做宣傳工作，扔傳單散佈有利我國的新聞；
第二、抗團同志在最困難的時候刺殺漢奸，大家都沒有經驗，更沒有打過靶訓過練，僅憑熱血和忠誠。
可見每個參加抗日殺奸的同志，他們都是抱著犧牲自己的決心來加入和行動的。
抗團裡最有功勞、貢獻最大的是祝宗梁，然後就是馮運修、袁漢俊、葉于良、劉潔這些人，都是在現場開槍刺殺漢奸的。不論成不成功，他們都是把腦袋別在褲腰帶上幹的這件事，抗團能有這些美好的聲響，主要的是他們肯犧牲自己。
第三、抗戰勝利以後，天津地區被抓捕的漢奸就達一百七十多人，抗團的人跟軍統局的人一起偵訊漢奸，我們盡職盡責完成了國家交給我們的任務。
抗團參加偵訊工作的團員，他們的清廉能幹為時人及當局所樂道。

38

學生吃得飽飽的出來喊「反饑餓」，匪夷所思！

王文誠在講述

一九四六年九月，我向北大申請復學。因為我曾是西南聯大的學生，可以在北大、清華和南開三個學校隨便選一個，所以我就在北大復學二年級。

開學後我選課選得不好，因為很多教授的時間或早或晚都有點奇怪，有名的教授學生得隨他們生活起居，而這些教授不像平常那樣的生活嚴謹，都很隨意。

我因坐牢和偵訊工作，念書被耽誤了很久，本來想在北平復學好好念書，沒想到剛上了一段時間課，就傳出有個叫沈崇的女學生被美軍強姦了，結果大學生全都跑到長安街天安門遊行喊"反對美帝、美軍趕快撤出去"這一類的口號。

兩岸分治多年後，沈崇寫東西說她不是被美軍強姦的，而是有人叫她製造這個事件。遊行的另一個口號是"反饑餓"。有人說這些大學生在城里吃得飽飽的，卻跑出來遊行"反饑餓"，匪夷所思！❸

這種遊行都是由某一方策動的，頻繁的遊行和罷課讓我感覺在北平讀書不大自在。那時我自命清高，自覺做了正當且正義的事情，可如果被同學發現我過去是抗日分子，坐過監獄，又擔任過軍統委派的肅奸工作，很容易被當作是被政府派到學校來收集學生情報的職業學生，搞不好在校園裡會被打死！

那時候他們很恨職業學生，思前想後，我覺得不應當在這裡廝混，於是我就又向學校申請轉學到廈門大學。

39

看到中共的治理，
我很慶倖
沒留在大陸。

當年的廈門大學

當時想進大學讀書都要經過考試，廈大不在聯大範圍裡，我只能拿轉學證書去投考。轉學證書只是證明我曾經在西南聯大一年級選了什麼課得了多少學分，雖然在北大讀了幾個月書，但頭尾浪費了一年，而且在北大我也沒參加考試，更沒拿到學分，所以到廈大考完試又進入二年級開始讀，一直讀完三年級再拿廈大的轉學證書考進臺灣大學。
考慮去廈大也是因為我哥哥姐姐都在廈門，而且校長是我姐夫汪德耀，儘管如此，我也得經過考試。不過以我的能力到哪裡考試都會通過的，從小我就讀私塾練習文言文，而且英文也是我的強項，所以我不懼考試。

我在北大讀書期間認識了我太太並且結婚。太太是臺灣人，我姑姑當時跟臺灣同鄉會的會長認識，他們常到我姑姑家做客，她也就跟著去，我們就這樣認識了。
我跟太太戀愛算是姑姑牽的線，姑姑對我一生幫助很多，我們從小就是孤兒，被寄養在上海的外公家裡生活。那時我大概四歲，二哥六歲，姑姑從上海把我們接到北京照顧。抗戰期間，我坐牢五年，去炮局監獄看我的也是姑姑，所以姑姑於我們如同父母。
一九四六年秋天，肅奸委員會偵訊結束後，我和太太在天津結為伉儷。我們結婚時，請了不少抗團的人參加，張彬儒、王維斌、王振鴻都去了。除了抗團的同志，曾到越南河內刺殺汪精衛的王魯翹也在我的邀請之列。我們在肅奸委員會的時候，王魯翹在警備總部做督察長，我們在同一個樓裡辦公，門口的衛兵就是他們警備總部。有人來找我，得要先登記，勤務兵再帶到我宿舍來，我們要出去也要登記。有時候吃完午飯，我們也會找王魯翹聊天。
王魯翹後來到臺北做過臺北警察局局長，他的兒子還做過臺北警政署的署長。

到廈門讀書時，我已生子當爹，我跟內人住在大哥配給的宿舍裡，寄人籬下的歲月裡，都不敢讓小孩子哭得太大聲。

內人相當委屈，所以她在廈門住了一年多就帶著孩子回到臺灣她姐姐家住，因此，暑假以後我也就跟著到臺灣來了。

那時戰亂不斷，我寫信讓王振鵠到廈門來，那時振鵠他們已經從中國大學畢業。

振鵠跟我的淵源很深，我也很喜歡這個小兄弟，他後來到臺灣後，由於他的清廉努力，事業也做得很成功。

我那時家庭條件很好，二哥王文鑒有哮喘病北平的氣候讓他老喘，上海的姨丈就乾脆讓他也到氣候溫潤的廈門來。

姨丈為二哥專門開了一家西服店，主要賣西服的襯裡，叫"羽紗"，還雇了個內行的夥計，從上海進貨，專門走西服店賣襯裡。

振鵠他們到廈門後，我安排他們暫住在二哥的店裡，姐夫汪德耀給他找了當時廈門最大的報社《江聲報》，讓他在報館頭做事。

一九四九年八月，我平生第一次踏上臺灣的土地。那時廈門還沒被共產黨佔領，但戰火即將燒到福建。共軍所向披靡，大半個中國已被佔領，我那時只想趕快躲避戰禍。

尤其後來看到後來四十年裡，中共治理下的大陸和人民，我很慶倖當年沒留在大陸。

那時候父母留給我們王家四姐弟每人一份學費，我的家長把這些錢分成幾部分用，最後卻被像投資生意一樣完全敗光了。

當年在抗團工作，租房吃飯都用自己的錢，那時我在天津的銀行存摺裡存了六千塊錢左右的法幣，這些錢可以供我到大學畢業。

這些法幣在日據時代我把它存到他們的儲備券儲備銀行，結果吃了一次虧，讓人打了一杠子，不知道打了幾折。

等抗戰勝利了，從儲備券又換回法幣就沒剩多少了。好在我讀書的時候，姨丈當初在天津給我們的錢，除了投資房子外，還留了三千塊錢美金，準備讓我大學畢業後留洋用，我就靠著這三千塊錢美金從北平到廈門。

當年廈門的物價非常便宜，我們自己也在家開夥，省吃儉用，每月只花十五塊錢，這筆錢一直撐著我們再從廈門到臺灣。剛到臺灣的時候，一塊美金還可以換十一塊新臺幣。

那時候的廈門有好多地方可以換美金，大街小巷都有兌換錢幣的地方，我們每次換個十塊二十塊，用完了再去換，很是方便。

那時我跟內人帶著兒子王有章，除了買美軍軍用的奶粉，就是吃飯的錢。那時有個"善後救濟總署"，許多美國剩餘物資被分配到物資缺乏之處，所以不光有軍用奶粉，還有罐頭食品、軍用制服皮靴等等的。

我在廈大讀二年級的時候，內人已回到臺灣彰化花壇，帶著兒子住在花壇姐姐家。這樣既不用花錢，又有吃有喝，她姐夫還是個醫生，所以在臺灣生活也很富足。

放暑假時我也到臺灣住在太太的娘家，那時大陸風聲很緊張，我就讓振鵠到臺灣來，然後跟振鵠一起住在"馬一號"家裡，他和馬增祺也是熟得不得了。

我跟振鵠緣分很深，一路都是我這個老大照顧他，振鵠後來到臺灣委內瑞拉使館的工作也是我介紹的。我們抗團的蕭大業，從前在英租界是警務處的二號人物，他的英文很不錯，我把他介紹到那時還跟臺灣有邦交的巴拿馬大使館。

蕭大業跟振鴻被捕後，被關在天津憲兵隊，他們就這樣認識了。蕭大業當年在天津救過抗團，把查抄的抗團名單燒掉，這些名單就是我當初找羅長光和葉綿編成密碼保存的。

40

文誠兄，我記得你。

一九四九年的臺北街景　圖片來源：王文誠

剛到臺灣時，臺北很蕭條，全臺北街上沒幾輛汽車，路靜人稀，慢慢才繁華起來。

臺灣大學在當年是不容易考的，但對我來說並不難。我的國文程度比一般學生高很多，經驗也很多，尤其我讀法學院的政治系，幾乎都可以在腦子裡編撰一點道理。

投考臺大之前得先報名上交轉學證書，再看我在廈大的學分。按照慣例，台大不收四年級的轉學生，因為我再有一年就畢業了，但那時候是戰爭時期，一切特殊都可以通融。

值得一提的是，當年的臺大不僅難考，而且還需要有人做擔保。

日治時期，日本人不許臺灣人讀法律跟政治這一類的科系，所以臺灣人都拼命讀醫科，這樣日本人好統治。

法律跟政治這一類的是給日本學生讀的，那時候臺灣大學是日本帝國大學的臺北分部，所以臺灣人讀醫科是最有出息的。

我當年在天津肅奸委員會時的主任委員是天津市長，其它的地方肅奸委員會副主任委員都是戴笠，戴笠就讓天津當地的警備司令部稽查處的處長陳仙洲來代理他。

我來臺灣的時候，陳仙洲剛好任台灣省政府警務處處長，我在臺大入學要有保證人，彼時我舉目無親，振鴻振鵠也還沒到臺灣。而且讓我去找太太的娘家來作擔保人，我也很難為情，所以看到陳仙洲做警務處處長，我就跑到警務處找他，結果他看到我很客氣地說：＂文誠兄，我記得你。＂

這些官場上的人涵養還都過得去，我跟他說了目前的困難，並請他作保，他二話沒說，很痛快就給我蓋了警務處的大印了。

當時的臺大學生宿舍位於臺北潮州街，那時臺灣人很反蔣，不喜歡外省人，他們覺得外省人是來管理他們的。

如果我們的國軍剛到臺灣時，能像現在的軍人一樣戴著銅鋼盔，穿著高頭靴，給人以威武雄壯之感，那他們對中國軍隊和政府絕對不是這種態度。

抗戰勝利後，臺灣光復，國軍從船上下來接收臺灣，大家戴著斗笠挑著扁擔，扁擔上還有草鞋，與乞丐無異。

臺灣人一看國軍的軍容軍紀，跟日軍相差很遠，而且這些當兵的看電影不買票、吃飯也不給錢，他們心裡很失望。

不久，陳誠頒佈命令：「軍人犯了紀律就地正法」，在城市裡抓到違紀的士兵，真的就地槍斃，這樣那些散兵游勇才都老實起來。

我剛到臺灣的時候，因為"二二八事件"的影響，本省人跟外省人的隔閡很大。其實，"二二八"事件中本省人是死了不少，但是外省人也死了很多。

我是事件以後來的臺灣，在校園裡，本省人和外省人不會有衝突，但也沒什麼交往，除非相互認識並且熟悉了才可能當朋友。

那時臺灣民眾之所以反蔣，也不喜歡國軍，跟"二二八"自然有關係，他認為國軍殺了他們的人。為了這件事情，中華民國政府向"二二八"受難者家屬一次次誠懇地道歉，

還為此建了個"二二八"公園來紀念那些死去的人，並且規定每年的二月二十八日全國放假，但他們始終在心裡無法抹去這件事。

從西南聯大到北大，再到廈大，一直到後來的台大，我念的始終是法學院的政治系，延續了西南聯大法學院的專業。裡面法律系的課自然也不少，但主要是讀政治方面的，比如說一個政府怎麼樣分權，怎麼樣研究各國的政府和各個政治體制等等。

西南聯大在中國歷史上是最好的大學，而且全國第一流的教授都在聯大。我所讀過的這四個大學裡，教學品質最好的是西南聯大，且不講我受益最多。

後來北大的法律系也是很好的，有很多有名的教授，但我沒在那讀完。

北大、廈大和台大這三所的教授素質當然以北大為最好，以現在世界上的大學來比，北大也是出名的。

廈門大學則普普通通，坦白說，我是混文憑的人，雖然也在讀書，但以我的能力，隨便讀讀就可以應付了。

一年後，我拿到了當時校長傅斯年先生簽發的畢業證書。但那個不是文憑，想要拿到文憑還得要經過一段時間，因為台大文憑要送到教育部去蓋大印，後來是我的同學向玉川替我領了給我送來的。

41

我一個月工資，頂政府公務員六七個月的工資。

巴拿馬使館給王文誠的名譽領事委任狀

民國三十九年（一九五零年）六月底，我從台大畢業。七月閒了一個月，到了八月，剛好巴拿馬使館遷來臺灣並且招人工作，我去赴考並順利考上，於當年八月開始就在巴拿馬使館做事。

大學畢業後，我花的錢就更少了，那時我就想趕快找事做，只要薪水合理我就可以去，而且我的中英文水準也綽綽有餘。

我一工作薪水就很高。雖然在外國大使館做事，但我每個月的薪水（台幣）大概是政府公務員四個月的薪水，等到掙美金的時候就更多了，所以我們的生活很優越。

當年初到臺北的經濟來源就是那三千塊美金剩下的，我在學校吃住，除了交飯錢別無其他花銷，所以我們那時手裡的錢還夠用。

等我大學畢業後，居然還能拿這筆錢在臺北羅斯福路金門街頂買了一所有榻榻米的兩居室日式房子，而且還有廚房，那時候的物價真的是便宜。

我跟王振鴻那時收入都很高，我甚至比他還好。我們家很早就有冰箱和空調，在當時的臺灣很不容易。

在領事館的工作就是發文跟回文，巴拿馬和多明尼加的語言都是西班牙文，那時候我的西班牙文還不行，我就把中文翻成英文，給中華民國外交部的回文兩種語言都可以，用英文打字機打的英文回信也可以。

振鴻後來經我介紹進委內瑞拉使館工作，⑭ 那時振鴻也很拼命賺錢，且賺的都是大錢，這些地方不給美金我們就不去。

那時在這些中南美洲小國家裡，我的信用還挺好，大家還都搶著要我幫忙兼職。有個時期我是在多明尼加使館工作，每天下午跟天主教修女學西班牙語，一直到多米明尼加使館給我名譽理事的地位。

那時候那邊來的公文都是寫給我,他們稱呼我"Doctor王",我也用西班牙文回。好在很多公文都是固定格式,你只要瞭解他的來往公文形式,往上套就行了。

我最多時是兩份工作,有些國家剛在臺灣成立使館,打聽到其他國家是找我幫忙,他們就找到我,我給他們幫忙一段時間,然後我再把其他人介紹給他。

巴西剛到臺北建領事館的時候,那個大使就在圓山飯店租兩三間屋子辦公,很有錢,他也找我去幫忙,直到他們請到人我才走,所以我在這方面還算吃得很開。

那時我像是這方面的"龍頭大哥",本來委內瑞拉領事館也讓我兼辦,但我沒時間和精力,就介紹振鴻到委內瑞拉大使館。

說實話,我那時的確有點龍頭大哥的樣子,所以我生活還不錯,給我錢少我還不做。

我們幹一個月掙的錢,頂政府機關工作人員六七個月的工資,主要就是因為美金跟台幣的匯率差得太多了。

我上班一年多家裡就裝電話了,那時候在臺灣裝電話是特權,因為使館平時有跟我通話的需要,就給我裝了電話。後來使館又替我買了冰箱和空調,所以大家羨慕得不得了。

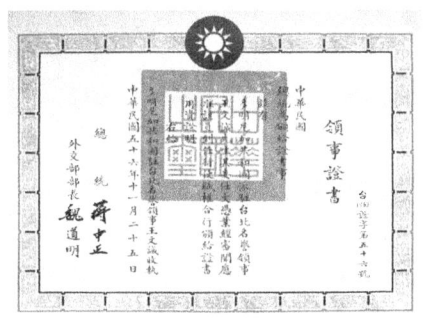

多明尼加共和國使館王文誠名譽領事的委任狀

介紹振鴻到委內瑞拉使館的時候,整個使館除大使之外就他一個工作人員,全靠他跟大使兩個人支撐使館。使館有信也是由振鴻回回復,國內西班牙文的信則由大使自己作,外交部這邊就由振鴻一人支撐,這些小國使館在臺灣的不會聘請很多人。

振鴻剛進去的時候,我告訴他使館信件的翻譯要點和訣竅,即使用中文回信也要跟普通的中文行文不一樣,結果他一做就做到委內瑞拉跟中華民國斷交才停止。

我在巴拿馬使館工作十多年後,多明尼加開出豐厚的薪資,我就受聘到多明尼加使館,然後將蕭大業介紹進巴拿馬使館工作。

相比起來,振鵠的生活就很清苦,那時他在師範學院做圖書館的館員。他到很晚才生小孩,想要孩子,都是小產掉的。從北平一路到廈門,再來臺灣都沒有孩子。

振鵠後來生了一個女孩兩個男孩,我是一個男孩,兩個女孩,現在孩子們都在美國。

我有一張跟胡適的合影,那是使館在臺北賓館開酒會,臺北賓館就相當於北京釣魚臺,專門招待政要的地方。

那些駐臺北的使館每年國慶必開一次酒會,這種事情常有,所以我在那碰到胡適,跟他說我也是他的學生,要求跟他合照。胡適待人處事很高尚,那些有學問且地位高的人,對人都非常有禮貌、很謙和,完全是一個長者的風範。

我現在還保存著蔣中正具字的"多明尼加領事委任書",先由多明尼加總統簽字委任王文誠做臺北領事,再送到中華民國外交部,外交部打電報到多國使館驗證完後發領事證書。因為是外國元首委任的,中國這邊也得元首接受,所以是中華民國總統蔣中正具名接受委任。

42

因為義舉，我被多國使館辭退。

二十世紀五十年代，王文誠（左）與胡適合影於臺北。
圖片來源：王文誠

我任多明尼加使館的職務比巴拿馬還長，後來因為一件事，我被迫離開多國使館。我們領事的職務是促進兩國的商業往來，多國商人買了中華民國的商品以後，我們簽證出口，他就報關出口到多國。

多國海關看有他們自己國家在臺北的領事認證，認定報關的貨證相符，於是就讓他上稅以後進口，主要是這種業務。

有的國家大使很有身份，比如曾經在臺灣待得最久的魏雅諾大使。這位大使很有學問，他是從美國大學畢業的職業外交官。

多明尼加常常競選總統，總統上臺後就給那些投他選票的人相當的職務做為酬勞。有一年，新上任的總統給一個叫"貝格羅"的派到臺灣做大使，作為投票酬勞。但此人很不成才，他原是多國小地方的警察局局長，所以他既不懂得外交禮儀，更無外交經驗。

他到臺灣後跟我們有些格格不入，有一次，他說他有幾個貨櫃從韓國運來臺灣，讓我們替他報關。如果他真的很富裕，他運來的東西應當免稅進口，可他卻說是從韓國運來的傢俱。我當時心裡就嘀咕，我們中華民國的傢俱是有名的，還出口到美國，你不在臺灣買傢俱，卻在韓國買，此舉未免讓人起疑。如果他從韓國運高麗參，那我們無話可說，他想要賺這個錢，與人無害的話我們可以不理，可我們擔心韓戰以後，很多美軍的武器留在韓國，會走私到各地害人性命。

所以我們思量許久,擔心他運來的是武器,就報告了當局。可惜當局並沒有考慮我們檢舉人,也有可能是當局跟他一起參與走私,結果這個多國大使突然向中國政府聲明這些東西不是他的,並要求運回。

運回去後,我以為當局會很保密地調查,甚至對海關的人也保密。最後的結果是佯稱發貨錯誤,誤送到臺北來,將貨物退回原處。於是這個大使就對我懷恨在心,把我報到多明尼加外交部並免去職務。

一個月後,我一個跟著我做事十幾年的女秘書辭職抗議,兩個月後,我辦公室另外一個小姐也辭職抗議。

當時中華民國有個法律,我們在外國機關工作的人,不允許形似罷工的同時辭職,所以我三月免職,她們四、五兩月接連辭職。

很感謝這兩位基於義憤跟我一起離開多國使館的女同事。

我離開多國使館的時候是六十八歲,此後至今近三十年沒再工作做事,那些年豐厚的薪酬足以讓我餘後的歲月豐衣足食。

43

> 姐姐去世後，
> 骨灰撒進大海，
> 我亦心生嚮往。

一九五六年，王文誠、洪玉燕、王靜仁、王友章攝于臺北。

韓戰爆發時，聽說當時國民政府已準備從臺灣退守菲律賓，那時島內人心惶惶。
我台大畢業時，正是臺灣岌岌可危之時，大家都很怕中共攻打臺灣。大家都覺得，一旦中共打過來了，便無處可逃了。
後來韓戰一打，美國人插手臺灣，第七艦隊橫在臺灣海峽，安定了很長一段時間。

韓戰結束後，大概有一萬三千多戰俘到臺灣來，政府都給他們安排了工作。
國民政府當時人心向背如此，很多戰俘的家在大陸，但還是選擇來臺，對於臺灣的自由心嚮往之。
一九五零年到一九六零年，臺灣在蔣經國的手裡變化很大，最典型的就是橫貫公路。那時候蔣經國的地位並不高，他領著從大陸來的退伍軍人（後稱"榮民"），給臺灣人民做了很大的貢獻。
為了打通橫貫公路，他們死了不少人。蔣經國身先士卒，跟榮民弟兄一起在山裡做事，當權以後開始搞"十大建設"。
那時的臺灣人跟外省人都很怕他，他自己做到讓人無話可說，給臺灣做了很多建設。
當年修南北高速公路的時候，很多臺灣人還在背後罵蔣經國，修路花那麼多錢，不過快幾個鐘頭而已。等公路開通後，交通上的便利又使得大家紛紛說好。
臺灣人對蔣經國評價很高，他去世前囑咐蔣家人以後不許再從政，所以現在蔣家的後人幾乎跟普通人一樣。
大陸文化大革命轟轟烈烈的時候，我在臺灣

聽到這個消息還不大相信,我說毛澤東怎麼會這麼搞?這是很不可思議的事,總覺得是媒體故意歪曲報導,到後來才發現知道是真的。

他們把教授和知識份子用繩子拴著脖子,寫上打倒標語後拉著遊街,太殘忍了。

我始終覺得不可想像,到後來看了很多紀錄片才相信,真的太胡鬧了。最近大陸報紙說:不許文革重演。可為何很多大舞會表演的都是文革時代的歌舞?同時有一些左派的人還覺得老百姓不夠擁護中央,應更加擁護中央,實在是莫名其妙。

中共現今的領導人說他絕對不喜歡文革再出現,可是為什麼有人就敢公然做這些事呢?是不是底下那些人得到他的許可才做的呢?你表面上說不喜歡文革,實際上你是用它、用這些人來集權。

現在看不懂以後會怎麼樣,這屆政府會不會再把從前那套拿出來。我雖不相信還會有紅衛兵,可他卻是用此法來集權,還勒令不許出版刊物等等,這些都是事實。

一九八八年,蔣經國在臺灣開放黨禁報禁和實現兩岸小三通的時候我坐船到廈門,姐姐派人在碼頭接我。

二零一七年十一月,筆者赴臺北補訪王文誠、王振鴻時,王文誠在"萬有全"接風宴請筆者一行。
左起:同行友人、王振鴻、賴恩典、王文誠、李秀良。

姐姐幾年前剛過世,活了九十五歲,姐夫十年前也死掉了。外甥告訴我,他們倆都是海葬,後人坐船到海上把骨灰揚棄了,聽他們講完,我心嚮往之。

我也很想死後海葬,我兒女都不在臺灣,而且兒子也七十幾歲了,骨灰拿去美國毫無意義可言。

我太太一九九二年跟我去過一趟天津,第二年她在家裡洗頭時不小心中風,跟癱瘓了一樣,十幾年後就在榮民醫院過世了。

抗團同志四九年後來臺灣的差不多有五十人左右,但到臺灣以後大多沒怎麼聯繫。

我在臺灣跟王振鴻、王振鵠、馬普東三個人的關係較好,多年以來都是兩三個月聚餐一次,最常去的地方是"萬有全"吃涮羊肉,或是在飯店裡吃自助餐。

我前幾次回大陸都沒去見那些抗團的老友,總覺得時機還不對,擔心某些部門會以為我們聚會又有什麼陰謀,所以我有忌諱。

我到天津只能找當年在臺北的好朋友,比如曾在臺北巴拿馬使館做事的蕭大業先生,跟我也很要好。

他老了以後把臺北房子賣了,跟太太回天津安度晚年,他們夫妻兩人現在都過世了。

我再見到祝宗梁和葉于良,是二零一二年他們來臺灣的時候,當年我們在重慶分開後就沒再見面,這一別就是六七十年。

王文誠與蕭大業（前英租界警務處督察）於工商學院大鐘樓前
圖片來源：王文誠

二零一二年，兩岸抗團同志在臺北忠烈祠合影，左起：葉于良(歿)、王振鴻、祝宗梁(歿)、王文誠、馬普東、王振鵠(歿)。
圖片來源：王文誠

左起：葉于良(歿)、祝宗梁(歿)、王文誠於王文誠寓所暢聊過往。
圖片來源：王文誠

抗戰勝利後，祝宗梁去美國留學，我則在肅奸委員會偵訊漢奸，最後讀書讀到臺灣，那次在臺灣是我們六七十年來第一次見面。跟我關係最近的是祝宗梁，他來臺北和女兒梅格住在我家，葉于良和他女兒住在旅館。我這一生很坎坷，一歲多父母雙亡，高中畢業上了大學一年多，又因參加抗日坐牢了五年，然後才又復學，磕磕碰碰的。

44

誰找到我的祖墳，就給誰一個金戒指。

王文誠祖父王福昌（字幼石）墓碑銘文　圖片來源：王文誠

我回過大陸幾次，其中很重要的一次，是為我祖父母和父母親尋覓祖塋之事。可是埋在福州什麼地方我們已無從知曉，從小就只知道有個給祖父祖母看墳的人叫"波波"。

二零零二年，我在臺灣拜託住在福州的表妹打聽父母的墳墓，並把父親的名字以及當年那個叫"波波"的看墳人告知表妹。後來表妹的兒子找到波波家人時，他已經死了很多年，好在他兒媳婦說從前波波去看墳時，她跟著去過，大概知道在潤田村附近的山上。我表妹的兒子是福州閩劇團的團長，於是他請波波的兒媳婦指出墳所在的那座山。

那時的山都是一人多高的草，他發動當地十個農民割草找墳，每天每人給五十塊錢人民幣，並懸賞：誰找到就給誰一個金戒指。

有波波兒媳婦帶路，墳地很快找到，我讓表妹的兒子將墳地照相後用快件送到臺灣。

照片上的碑上頭寫著是祖父、伯父、父親的名字，我一看，對了。因為我父親的墳是埋在祖父旁邊的，這個碑是以我父親跟我大伯父兩個人的名義為我祖父立的碑。

找到後，我交代他宴請這些農民跟波波兒媳婦，同時給他們砍草的工錢，包括給波波的兒媳婦和找到墳地的人每人一個金戒指。

二零零二年，兒子有章特地從美國回來陪我去福州祭拜。到福州後我表妹兒子帶著我們到山上去，那時據說那一片不太太平，從外地回來的華僑在路上可能會被搶，於是這個閩劇團團長就帶了兩個武生陪著去。

到了山腳他們不讓我上去，我那時畢竟八十多歲了。他們上山後把祖墳刨開，取出骨頭燒成灰放在骨灰罈裡。

非常危險的是，祖墳所在的那個山，政府在若干年前就通告祖墳遷移，所以我們去的時候，山上已有挖掘機在施工了。

二零零二年,王文誠攝於父母墳前。 圖片來源:王友章

二零零二年,汪深、王世成、王文修、王文錚、王文誠、汪湘慶、王友章攝於廈門。 圖片來源:王文誠

第二天,我們把我祖父母、父母親的骨灰一起安放在公墓裡頭。

一九九二年,王文誠與二哥王文鑒攝於北京故居庭院大樹前。

有一次,我發現閻伯群所搜集到的名單裡,有個叫"王文鑒"的團員,我懷疑這個人是我二哥。

閻伯群說名單是祝宗梁提供的,宗梁肯定王文鑒就是抗團的同志。後來我想起二哥曾跟天津工商學院的袁克昌、羅烈勤、羅志勤很熟,可能受他們影響而加入抗團。

我一直不知道此事,直到我哥哥死後,我仍不知道他是抗團的成員,只是今年我看到名單上頭有王文鑒的名字,我才由宗梁處證明參加抗團的王文鑒是我二哥。

抗團到底有多少成員,我一直不太清楚,也有一件事我到現在也還不太確定。

有個專門研究和編纂抗團史料的人,叫閻伯群,他比我所知道的多得多。我們抗團在抗戰時,只曉得自己直系的同事,所以我所知道的只是我常見的一部分,甚至於祝宗梁所曉得的,很多我還不曉得。

王文鑒舊影

45

我這一生所做的事有交待了，死而無憾。

二零一六年四月，王文誠回津與眾宗親合影。

二零一六年四月，我回天津看了一趟母親在天津的娘家。

北京從前我也很熟，小時候就是在京津兩地打滾，可我們現在在北京卻身無片瓦。當年家裡有給我們在北京投資，但很多地方投的錢都像打水漂一樣。

我們小時候住在姑母家，後來她要在北平本司胡同和野人胡同之間的一大塊地上蓋平房做婦產醫院。

那時候我剛念小學，姑母說錢不夠，希望我們四姐弟拿點錢出來。當時我們的家長三姨父做主拿出屬於我們的七千塊大洋，那時候這筆錢能在北平買個獨門獨院的小房子。

七千塊大洋投資的房子，四九年後被一個文化機關佔用。當時我姑母還在，跟兒子一起住。我表哥有過多次婚姻，最後娶了一個在北京非常有名的歌唱家劉淑芳。

那時姑姑老了，很怕我表哥表嫂，凡事唯命是從。二零零零年的時候，我表哥就把這個房子賣了，劉淑芳把賣房的錢給她很霸道且很流氣的兒子，然後帶著錢去了美國。

我姐夫汪德耀跟我表哥說，那個房子有王文誠四姐弟的錢，房子既然賣了，得分點錢給他們。我表哥不理，他也不敢跟劉淑芳的意見相左，最後我們一個子也沒拿到，所以我們在北京是上無片瓦、下無立錐。

我的三姨丈很用心，想讓我們的財產保值，就在敵偽時期拿這個錢，在上海法租界的福履理路蓋了個類似於胡同的弄堂房子。

蓋這個胡同需要不少錢，靠我們四姐弟的錢遠遠不夠，三姨丈兒媳婦的哥哥叫王逸慧，是上海最有名的大西醫院的院長，王逸慧就投資了這個弄堂房子的四分之三。

房子蓋好後很多人住了進去，戰亂時期，房主並無實際利益，住在裡頭得才有利益，叫"頂費"。意思就是別人想來住我這房子，

王文誠在講述他幾十年來的精彩歷史

給我多少錢我就搬出去。

我知道我們兄妹四個是房子的業主之一，也知道房子在福履理路，但我連房子蓋成什麼樣都沒看見過。

一九四九年後，當時擁有這種房子的房主屬於地主階級，我三姨丈的大兒子擔心把房子租出去是剝削人家，於是就把房契整個獻給政府了。

問題是我們並沒有同意，可是沒用，我連地契都沒看見過。現在京滬兩地房產都沒了，所以說我在大陸已是身無片瓦，以後就是死也得死在臺灣了。

如今臺灣就剩我一個人，假如在大陸有房產有地方住的話，我還是很願意回大陸的。我最喜歡天津，北京霧霾太厲害。想在京津置產，是件很奢侈的事。

我也不可能把臺灣的房產賣了去那裡買，臺北的房子是我兒子在銀行貸款，再加上賣掉從前的房子才買的，我無權處理，即使我兒子願意，我也不能那麼做。

二零一五年，我檢查出患有攝護腺癌（前列腺）。聽說老人都很容易得攝護腺癌，所有癌症裡，癌細胞發展最慢的就是攝護腺癌，從發現到死亡可以有五年的時間，所以以我目前的體格狀況，我絕對可以三年混過去。如果要能治得好也許五年以上，可是我就算沒癌也九十八歲了（二零一七年訪問），再活多久都無所謂了。我沒什麼大志願，只求死的時候不要太痛苦，能安詳死去最好。

我們抗團的這些老同志，過去臺灣的媒體從未報導過我們，在臺灣沒人知道我們是誰。只是在最近幾年，祝宗梁他們那邊開始講抗團的歷史，我們這邊知道後才敢講。

如今在大陸，如果你當年抗過日，人家會朝你翹大拇指，現在臺灣並不鼓勵抗日，所以我們也沒有公開講抗團的事。

有一次，臺灣新黨的林明正先生對我的過去好奇，來我家連錄影帶訪問後製作出四集，但這四集留給抗團的時間很短，沒頭沒尾。

我的口述歷史承賴恩典先生把它記錄下來，我覺得很舒服很痛快，我這一生和所做的事有交待了，死而無憾。

我二女兒給我寫信說，那十幾集"天津省親"（二零一六年四月底，王文誠攜子回津省親，賴恩典先生全程陪同並錄製成十二集"天津省親"送與我及宗親）她已經看完一集，以後每天看一集。

我的大女兒說賴恩典先生在二零一五年給我錄製的十幾個小時的口述歷史她已經全部看完，她很期待後續部分。

我相信我的孩子愛看，關心抗日殺奸團歷史的人也會願意看，所以，我覺得我們可以告一段落了。

回望我這一生，我不會把自己評價得很低，也不敢評價太高。我覺得我盡力做了該做的事，身為中國人，願意做中國人，死的時候也是中國人的鬼魂，如此而已。

二零一七年，筆者三赴臺北補錄完王文誠的口述後，在其寓所與老先生合影。

①	像一串葡萄似的都給提溜進來了？	同《葉于良口述歷史》129 頁。
②	李振英負擔積壓在心裡，沒多久就精神錯亂了，監獄看守說他瘋了。	同《葉于良口述歷史》129 頁、《王振鵠口述歷史》305 頁。
③	裡頭分有"忠、孝、仁、愛"四個監筒。	同《馬普東口述歷史》173 頁、《王振鵠口述歷史》301 頁。 從王文誠、馬普東二人關於炮局監筒名稱回憶的一致性上來判斷，王振鵠回憶炮局的監筒名稱為"東南西北中"應該有誤。 不過，王振鵠晚王文誠和馬普東三年關進炮局監獄，三年間炮局監獄的監筒是否有過改動，因客觀原因缺乏完善的資料不得而知。
④	英千里教授	同《王振鵠口述歷史》304 頁
⑤	這副軋鐐就一直戴到你出獄或死亡才會解除。	同《葉于良口述歷史》129 頁。
⑥	吊鐐銬。	同《王振鴻口述歷史》357 頁。
⑦	穿開襠褲。	同《王振鵠口述歷史》301 頁。
⑧	監獄的醫生。	同《葉于良口述歷史》132 頁。
⑨	信佛的姑母。	同《王振鴻口述歷史》374 頁。
⑩	蒙難同志會。	同《葉于良口述歷史》136 頁。
⑪	幫王振鵠到天津提親。	同《王振鴻口述歷史》372 頁。
⑫	半夜突襲提審漢奸。	同《王振鴻口述歷史》398 頁。

⑬	反飢餓、反內戰。	同《王振鴻口述歷史》408 頁。 又稱"五二〇運動",狹義上指 1947 年 5 月 20 日這一天在南京、天津等大城市爆發的學生運動;廣義上指 1947 年 5 月前後出現的以"反饑餓、反內戰、反迫害"為口號的一系列群眾運動。是中國學生運動史重要一頁。此前北京大學女學生沈崇案及西南聯大聞一多教授遇害事件,是該運動的先聲。
⑭	介紹進委內瑞拉使館工作。	同《王振鴻口述歷史》429 頁。

一 逆流者 一

王振鵠（1924年3月3日-2019年6月9日）
出生于天津，祖籍河北濮陽縣（今屬河南）。
一九三八年，加入天津抗日殺奸團。
一九四三年一月二十九日，與胞兄王振鴻、胞妹王振鵝遭日本憲兵逮捕。
後被判刑三年，關押於北平炮局監獄。
抗戰勝利後，入學中國大學。
一九四九年赴臺，在中央圖書館工作，直至退休。
二零一九年六月九日，在臺北去世，享年九十五歲。

兩年多的牢獄折磨，
我養成了內斂的性格，
將火爆的個性都壓抑了下來，
磨練到與人無爭和冷靜沉著的地步。

賴恩典 錄製
李海鴻 聽打
阿　炳 整理 校對
賴恩典 編輯

1

堂兄被村幹部
面朝南方吊死，
說他盼中央軍回來。

天津抗日鋤奸團成員之一　王振鵠

民國十三年（一九二四年）農曆三月三號，陽曆四月六號，我出生在天津。

我有兩個哥哥，大哥王振鵬，在南開大學念法律，從中學到大學。二哥王振鴻（實際排行老三），在煙臺一所專科學校讀商業，家裡還有一個弟弟王振鳴、一個妹妹王振鵝，抗戰時還在小學讀書。

我父親過去曾任軍職，在稅警部隊服役。稅警部隊當時歸財政部宋子文管，主要是輯查鹽務走私，食鹽當時歸國家專營，民間不准私自販賣走私，所以就成立這麼個部隊，這個部隊的大部分士兵是退伍軍人組成的。

父親後來退役在家經營鹽務和衛生用品，所以我們的家庭生活可以說是小康生活。

我母親是河北靜海縣人，鄉下長大，沒受過什麼教育。不過為人處事非常謙和，照顧每個子女都非常用心，所以大家非常崇敬她。我之前實際是有三個哥哥和一個妹妹，二哥王振鶉和五妹未成年就夭折了，所以理論上講，我排行老四。

印象中小時候搬過幾次家，有一次是住在天津西馬路民房一個大院內，是中國政府管轄的區域，人多且雜。

後來家裡人覺得太過混亂，就搬到意大利租界，寄居在一個老朋友家裡，後來他的女兒成了我的太太。

我的祖籍在河北濮陽縣，靠近黃河，現在這地方被劃歸給河南了。濮陽那個地方很窮，黃河一發大水就氾濫，田地統統被淹沒，農民都是靠天吃飯，沒有穩定的收入。

聽家裡人說，小時候他們曾經帶著我回去過祖籍地，去看望在那邊的表兄弟，但我已經沒有那個記憶了。

我們家在濮陽縣城東八里，那裡有個莊子叫"王莊"。

王振鵠濮陽老家的"王家大院"

曾經的"王家大院",如今的"華野濮陽整軍司令部舊址"。

"王家大院"全景　以上"王家大院"全部圖片來源:谷慧霞

家父那個時候是軍人,很受當地人的尊敬,我們家在王莊的房子叫"王家大院",王家大院的房子很寬闊,以至於在後來的內戰期間,王家大院被劉伯承司令部徵用,當作指揮所。❶

我弟弟王振鳴最近有回去看過老宅,濮陽地方政府還以為他回來索要房子(王家大院在一九四九年後已不歸屬我們家所有)。

內戰期間,王莊的村幹部非說我一個遠房堂兄盼望國民黨的中央軍回來,隨後把他吊起來,面朝南方,幾天後堂兄就被吊死了。❷

2

求學天津工商學院。

一 逆流者 一

高中時期的王振鵠

一九三二年，我六歲，在天津市三十一小學念一年級，那是個規模很小的學校。我妹妹王振鵑小我三四歲，也跟我一起在市立三十一讀小學。

我們家當時住在天津的西區，那裡靠近回民區，所以那個小學完全按照回教風俗來安排課程。其中有一項風俗叫"罷齋"，時常有人喊"罷齋啦"，如果大家剛好在吃飯，聽到這聲喊，全都得放下碗筷。

學校平時也學習回教禮儀，老師有時會停一停課，讓回民學生到經堂做祈禱或其他的儀式，等他們做完了再繼續上課。這種情況經常有，我們雖然常受回教的影響，但不強迫信教。

小學畢業後，我升入當時在天津很嚴格的民德中學讀初中，但我當時卻成績平平。

那時天津所有的學校都要參加會考，每年考第一名的都是民德的學生，所以大家都嚮往這個的學校，想辦法到這個老出優等生的學校念書。但是它的教學方法在今天看來也不太合理，完全是強迫學生進行填鴨式的死記硬背，花一年的時間準備參加會考，當然成績會好一些。

"會考"就是指所有公立的學校一起會同考試，看考完成績的高低選擇上哪個學校。

讀完初中後，我進入天津工商學院讀高中。那時候的學制跟現在一樣，先讀三年初中，再讀三年高中。

在天津馬場道英租界有個很漂亮的建築，叫"天津工商學院"，這個學院只有兩個科和兩個系，一個是國際貿易、一個是建築。這個學院附屬一個"工商附中"和"工商初中附小"，它是個連貫的教育過程。

這個學校建築現在還在，我每次回天津都會去轉轉，看看我們上課的學校。當時的工商學院完全是神父和修士在管理。

天主教的神父在當神父之前要先去做修士，修士什麼事情都得做，掃地、擦地、擦黑板和課桌椅等等。所以那個學校在中學部只有一位工友，換句話說，這些管理的人員都是神父修士帶著學生自動自發做。

這個學校從事的是基本的教育制度，而這個唯一的工友就是負責管理校門的。

學校在管理上儘量貼近學生，每天下課之後要提水、擦地、桌子都整理好才能下課，都是神父帶隊學生自己幹。

那時候我們初中生住在工商附中的大宿舍，很少彼此談話。每天的行程安排得很緊密，上午七點鐘開始起床洗臉、洗澡，然後到自習室自習。

每個學生都有屬於自己的桌子，自習的桌上被刻了很多名字，說明在此桌自習過，特此留念。自習完了上課，有的要進教堂，我們不信教的就先自修再上課。

中午聚餐，到了下午還有一次聚餐，然後給一個小時運動；運動完開始晚飯，再自習，再休息，安排得很緊密，一個一個的活動。所以大家都認識，但是大家很少聊天。

工商附中的宿舍樓是個三層磚樓的建築，第一層大部分住的是我們高一的學生，二層三層我們不上去，也不認識那高年級的同學。

二層有一位神父住在上面，按說他就是我們宿舍的管理人員，但是我們從沒看見過他，他也從來不下來。

三層住的是更高年級的學生，我們也是上不去，也不知道是誰。

3

父親給了我一巴掌：「你怎麼可以收藏這些東西？」

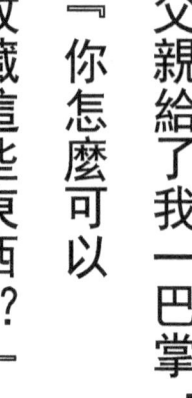

王振鵠在講述

一九三七年，"盧溝橋事變"的時候，我正在工商附中讀書，不久便加入了抗團。

抗團分無形和有形的組織，無形的組織我老早就加入了，受抗團的影響幫忙做些力所能及的事情。

那時候我們都是學生，也不能拿槍去打仗，只能刻鋼板印刷宣傳品。

那時候大家各有分工，有人專門去聽重慶的廣播並抄寫下來，印刷完後有人負責分送，偷偷丟一份到每家的信箱裡。

我這個手到現在還有個疙瘩，就是當年刻鋼板摩擦留下的。

那時候參加抗團的行動也有幾種情形，一種是身體好、身強力壯的分配去行動組，專門去做放火燒棉花堆、破壞工廠和電影院，甚至制裁漢奸這些事情。

抗團用來制裁漢奸的槍械有一部分是王文誠的親戚捐助的，其他的不曉得是從遊擊隊還是什麼地方贈送的，但是很少，不過三五支而已。

加入抗團後，我們並沒有進行開槍練習射擊打靶，都是有經驗人的教大家怎麼用，比如如何不傷到自己。

正式加入抗團的時候，祝宗梁便帶著我和三四個新的、不認識的團員，在工商大學樓樓頂宣誓。

大樓的樓頂上面是個平臺，平時沒什麼人上去，上邊也不鎖門，偶爾會有學生中午跑上去玩。

那天的宣誓我哥哥並不在，雖然後來我跟他分配到由祝宗梁擔任組長的小組。

宣誓那天祝宗梁也沒介紹張三李四，只是領著我們念宣誓詞。

抗團的誓詞很簡短，也算抗團的團訓："抗

日殺奸，復仇雪恥，同心一德，克敵致果"宣誓完就地解散，誰也不理誰。

一起參加宣誓的這幾個人互相都不認識，就算認識也不能講話，更不亂問。所以現在究竟抗團有多少團員，沒有人知道，沒算過，也沒法計算。

抗團的誓詞還有一個版本："餘誓以至誠，參加抗日殺奸團，今後願在組織領導下，積極工作，服從指揮，並絕對保守秘密，如有違犯，願接受嚴厲的制裁"。

這個誓詞一般是在幾十上百人同時宣誓的時候才會採用此版本。

我在當年的日記裡曾有日本憲兵到意租界查抄我家的記載。

當時德義日還是同盟，所以日本憲兵會同義大利員警，在早晨五多點鐘時候，跳進我家的牆並把門打開，五六個人進來搜查。從地下室一直搜查到三層樓，每個人都檢查，我那次如果被查出來有什麼東西的話，我相信個人的生命都有危險。❸

之所以他們會來查，且這麼嚴格地查，是因為有一批同志被出賣並被逮捕了。抓到後，日本憲兵聽說他們的工作是殺漢奸，這很犯日本人的大忌，所以最先被抓的三四個同志

最後都被殺害了，而他們的手槍跟名單就藏在我家。

老天保佑，很幸運，日本憲兵樓上樓下什麼也沒查出。他們到二樓時，二樓當時有四個大皮箱擺在一起，裡面都是冬天的衣服，最下面的箱子底下有一個木頭架子撐起來，主要是怕太潮濕，作為透氣的功用。

那個架子距離地板大概不到一尺，日本兵一看到這些大箱子，直接把箱子搬下來搜查。

那些箱子重到兩個人都搬不動，他們把箱子搬下來放到地上，我一看，心裡就踏實了，搬下來的箱子遮蓋住了那個箱架。折騰一陣沒有收穫，他們把我叫到地下室訓問。當時只有我一個人，王振鴻不在天津，父母親都不曉得怎麼回事。

在地下室我和日本憲兵面對面坐著，一人一個桌子。那個日本憲兵隊長叼著一顆煙，問我在哪讀書、平常都做什麼、認不認識某某某等等。

當年我雖然才十五歲，但表現出來的鎮靜，卻似乎不太像十五歲孩子該有的心理素質。

日本隊長問：你給朋友的信中說，你們曾經宣誓過，什麼意思呀？

我臨時撒了一個謊：我們的化學老師是一個新來的老師，每天穿的西裝筆挺，很漂亮。但是，我們學生看他不慣，想跟他搗搗亂，所以叫大家宣誓誰也不能講實話。

日本隊長又問：你們準備怎麼跟老師搗亂？

我說：四月四日是愚人節，他進來教室的時候，教室門是半開的，他一定要用手推門，我們在門上邊放一杯水，他一推，那水掉下來一定砸他頭。

那日本憲兵一聽："啊，你們這些孩子太頑皮了！"隨即把我父親喊來，說我在學校是領頭搗亂的，還讓大家宣誓，這麼頑皮，你當父親的要好好管教如何如何的。

其實我說的都是假的，手槍跟名單沒有被他們找到，假如找到的話那不得了。我後來被關進監獄的時候，碰到一個叫丁統垂的人，年紀不過十七歲，被判無期，就因為他家裡被發現收藏有名冊和一些機密的宣傳品。

那麼一個年輕的小夥子被判了無期，我如果被查出來私藏手槍那一定是同樣的刑罰。

最巧的是，跟我一起被他們抓的人裡也有一個人姓丁，也是一個中學生，他在一堆信紙裡面給我留下了一個字，說幾月幾號第二次

會議召開，請我準備，然後底下寫個"丁"字，這一看就有問題。

那日本軍官把這信封和一堆信紙打開一看，很僥倖，第一張是白紙（那個姓丁的把字寫在第二張紙上），日本軍官一看第一張沒有字，就把這個信封信紙合在一起丟在一邊，隨即跟日本憲兵、義租界員警講："附近還有沒有十七號門牌的？"

義大利員警告訴他，他們住的是大馬路，二馬路到四馬路都有這個門牌。日本軍官聽完便抬腳出門去這幾條馬路搜查了。

日本憲兵走後，家裡的老車夫就告訴我父親說："這底下有東西。"父親一聽，把門關起來，把箱子搬下來，翻開一看，是一個帆布皮箱。箱子不大，打開一看，裡面裝著一袋槍，有兩隻長筒的襪子裡裝的都是子彈，還有一份花名冊。

我跟父親解釋說，這都是那些日本憲兵要找的東西。父親抬手給了我一個嘴巴，質問我怎麼收藏這些東西？！

我說這是某某同學寄存在這裡的，我也不知道是什麼東西。

父親叫我趕快拿走，這個都不得了，翻出來恐怕全家都要被關起來。

後來這些手槍我叫妹妹提個書包，一天放一支槍帶到學校交給一位姓韓的老師，由他轉給關係人，就這樣把這些手槍慢慢帶走，名冊也燒掉了。

那次經歷現在回想起來都覺得可怕，真要是被憲兵搜出來，那一切都完了。

當時家裡有我父親、妹妹振鸘和小弟振鳴，另外還有一個老車夫和一個老女傭，人口很簡單。

日本人搜查得很徹底，連冬天拐到牆外邊透氣的煙囪，他都拔出來看看有沒有東西。

我們有個後樓，前樓是住家，後樓是廚房廁所，他們也跑到後樓去搜。還爬到後樓的屋頂左右查看，搜查得很仔細。

那次有三個抗團的同志被抓去，一個姓丁，另一個我們管他叫"五哥"，還有一個我們管他叫"二哥"，不知道他們真正的名字。

他們那時候覺得在意大利租界比較安全，就在我家開會，順便把這東西寄存在這裡。本來還要開第二次會，但這三個人被早先加入組織的叛徒出賣了。

日本人把這三個人抓起來後，在姓丁的口袋裡找到了一張紙條，上面的地址就是我家，地址寫得很清楚，但是沒寫我名字，他只寫"存貨，名冊"。

日本人拿著這些資料，跑到第一個十七號門牌的房子搜查，也就是我家。後來又從我家跑到大馬路另外一家十七號，查了半天也沒查出什麼。回去又審問那個姓丁的，姓丁的後來就被槍斃了。

這位姓丁的叫丁志剛，我們經常見面。日本人在他身上找到的字條，那日本軍官問我的時候還拿出來看了看，又放回去。他們是被早先跟曾澈同輩的王天木出賣而被捕，後來都被殺害了。

我內人王碩芬和我妹妹王振鸘當年就是把這三支槍放到書包裡，背著書包過日本人封鎖和檢查的萬國橋。

日本憲兵在萬國橋頭拿著槍，中國人經過的時候，跟他鞠個躬，有的要檢查，有的直接放行。所以她們小學生女孩子嘻嘻哈哈，日本憲兵就讓她們免檢過去，她們就這樣蒙混過關了。

抗團對於槍跟子彈是有不同稱呼的，槍我們管它叫"書包"，子彈叫"書"，"書包"裡有"書"等於槍裡有子彈的意思。

我這一生中，讓我一回想起來便提心吊膽的事情，就是搜查我們家裡這件事情。當年究竟怎麼泄的密也無法證實，反正知道丁志剛沒問題，其他二哥五哥這個姓什麼叫什麼，他們去哪裡，沒有一個人能講得清楚。

這些沒法一個一個查證，我們也沒有辦法跑到日本憲兵隊查，更沒人敢問。日本憲兵隊也沒有留下什麼文獻，所以這個案子是誰洩漏了，究竟是怎麼一回事，都搞不清楚。

在我家開會是事實，因為他們覺得意租界安全，尤其地下室，很隱蔽。幸運的是那堆信紙，日本人沒有翻到他留言的那一頁，一掀第一頁是白紙，就合上了，真是僥倖啊。

這個事發生在一九三九年天津發大水鬧水災之前，我在十五歲的年紀就有很厲害的心理素質。

那時候班上有多少學生參加抗團我不知道，大家都不講，彼此不能橫著聯繫。後來我被抓起來判罪，日本人說我介紹了一些同學加入抗團，罪大惡極。

我介紹的那三個人，一個叫陳維霖，後來得肺病在海光寺日本憲兵隊吐血死掉；另一個叫李衍林，學建築的，另外一個姓丁，名字不太記得了。

我加入抗團參與的第一件事，就是安頓他們在我家開會，替抗團收藏了槍支跟名冊。開會的人我記得，但當時開會人員的具體名字我不知道，只知道有丁志剛、二哥、五哥他們幾個人。

丁志剛是天津中日中學的學生，很活潑也很坦誠。他知道日本人在抓捕他，想跑到北平去躲藏，結果在天津火車站被埋伏的眼線發現抓了起來，日本人在他口袋發現我家的地址，還好沒有我的名字。

他們到我家地下室開會，我在場去給他們招呼茶水一下就退出了，沒有聽完開會內容。當年也不屬於他們小組成員，他們只是借我家開個會，所以我沒有參與他們開會。

我只聽到他們在討論到一個劫獄的問題，那時候曾澈已經被關起來了，他們打聽出來關在什麼地方，開會討論劫獄救人。後來決定放棄，憑他們的能力，沒等劫獄可能就被憲兵消滅了。

我曾經問過王文誠，像抗團的同志被捕後，在外面的抗團有沒有進行過營救？他說，依照我們這些學生的能力和條件，很難去做這種事情。

我們小組很少集合起來開會，都是有什麼事分派出去，由個別的人來聯繫。比如印好的傳單分送給英租界幾號路幾個住戶，另外的人分送給哪裡的幾個住戶，再來就是什麼時間去，交代一下大家按規定去做就行了。

我們小組每星期固定會見面一次，祝宗梁剛刺殺完程錫庚的時候，糾集我和王振鴻、葉鋼熹、呂迤綱五個人，在工商後邊大操場轉圈開會。

我印象很深，當時我們學生都穿那種藍色長袍掛子，結果那天祝宗梁穿了個西裝，裡邊有一個白色襯衣，但沒有打領帶。❹

4 不要怕，日本憲兵隊還是有法律的。

此次搜查過後沒多久，一個二十多歲的年輕工人來敲我家的門，問我是不是叫王振什麼什麼（那個"鵠"字他不認識），他說他在日本憲兵隊做廚子，有人讓他來告訴我，日本人還要再來我家檢查一次。究竟是誰告訴他的，他也沒說清楚，只是受人之托。

臨走時，我還掏了點錢給他坐車。收到消息後，我們開了個會，討論跑還是不跑。一開始大家都覺得這個工人說的話真假難辨，最後決定，寧信其有不信其無，所以我和王碩芬、陳維霖、李衍林四人計畫從天津坐火車到上海。

我們剛到南京市里一個小旅館住下的時候，晚上遭遇日本憲兵隊查房，日本憲兵查到我們的時候很驚訝："你們怎麼能夠四個人住一房間，還一個女生？你們是幹什麼的？"
我們按提前編好的說辭告訴他："我們是要兩間房間，男女各一間，來之前老闆說有房間，結果到這來說沒有，這就要問旅館的老闆了。"

憲兵聽完回頭問旅館老闆："你們是騙客人的？"旅館老闆說："我們不是騙他，我們真的有一個房間，不過這房間太髒了。"

那憲兵便要求老闆帶他去看看。
那房間只有一張單人床，桌子上都是灰塵，老闆解釋說我們不肯住這間。
我們辯解並非我們不住，而是他根本沒說還有一間房子。結果那個憲兵就抓旅館老闆到辦公室，沒多久旅館老闆就把那間房間打掃乾淨給我們住，最後我們三個男人一間，王碩芬自己一間住了一夜。

第二天，我們從南京出發到上海，住在上海的天津飯店，住了差不多將近一個星期我們就各奔東西了，有的上海有親戚就投親，我跟碩芬到上海浦東讀書。

我當年的日記曾記載我們到了上海後，跟孫若愚的哥哥兩個人生活在一起，我們管他叫"孫大炮"，他有一間利用一個什麼名義公款租的房子，面積只有普通房間的一半大，就這樣住了些日子。

萬年曆顯示，一九四三年一月二十八日是北方小年節日，過了小年，第二天一月二十九日，王家三兄妹被捕。

一九四三年，我們從上海回到天津，結果沒多久就被捕了。

真的很倒楣，我從上海回天津是為了過舊曆新年，過年後第二天，日本人根據名單，把我和振鴻、振鵾一起抓到憲兵隊，連碩芬也抓進去了。❺

一被抓進憲兵隊，我們被集中在一個大屋子裡的時候，發現陳維霖也被抓了。

不多久，我們被轉押到海光寺憲兵隊。

海光寺憲兵隊有一個監房是木頭隔的欄杆，一個大概容納六七個人的小房間，我們都是沖著牆半跪半坐在那裡，彼此不能說話，所以坐不了多久腿就腫了。

海光寺憲兵隊一共有十間小籠子，跟我關同房間的，是英國工部局的督察長蕭大業，他也是因為抗日被抓的。另外陪著他的還有個跟他在一起的英國員警，這個人一直安慰我們說，不要怕，日本憲兵隊還是有法律的，他不會隨便亂打人，讓我們放心。

海光寺日本憲兵隊的日本人很規矩，他們把十幾個女孩子統一放在一個屋，值班看守的桌子就沖著女孩子的監房，所以她們的一舉一動被看得很清楚，但是他們很規矩，沒有亂來。❻

海光寺憲兵隊的每間監牢平均關六到七人，因為監牢空間太小，睡覺的時候，即便大家錯開躺著睡，這邊的腳會碰到那邊的頭。

我的家庭真可愛。

憲兵隊相當可怕，我剛被轉到花園街憲兵隊的第一天夜裡，几个日本兵圍著爐子喝酒，喝半道把我叫出來，讓我唱歌給他們助興。他說學校學生一定會唱歌，我說不會唱，結果他上來就是一個嘴巴，邊打嘴裡還邊念著"不會唱歌"！

我沒辦法，只得被迫唱了一首《我的家庭真可愛》，❼剛唱了兩句，他就說："滾回去滾回去，不聽這種歌"。那是我第一次受虐待，受的挫折不是正式過堂，而是讓我當著大眾唱歌。

我相信那次唱歌同監獄的很多人都有聽到，都很奇怪，也都很難過。還好沒唱完，他們覺得太難聽又把我關回去了。

我以為會有人接著我唱，但是沒有。振鴻在另一個監房，他也聽到我唱歌了，我說我那不是在唱歌，是在哭。

跟我們一起被關進憲兵隊的還有抗團的葉綿和他爺爺，他在裡面吃了很多苦，後來判刑之後被關到偽中國監獄，那裡都是中國人，大家還同情他，這才稍微好一點。因為他眼睛高度近視，看不清，同時他每天吃飯的時候自己不會去接飯，要別人接過來給他吃。

所以他處處受到優待，大家都體諒，也因為這樣，慢慢地，有些人開始對他很不高興。本來監獄允許家屬一個月送一次飯，葉綿的家屬有時候一個禮拜就給他們送一次飯，而沒人送飯的人看著心裡有點不高興。

同時也因為葉綿的爺爺從監獄外邊買吃的送給他，他就自己一個人躲在角落裡吃，吃完了就睡覺。

其他的犯人覺得葉綿太沒人情，我還替他解釋說，他爺爺買來的東西不好分給大家吃，大家認為他不太正常。

在海光寺憲兵隊，我們每天被提出來過堂，每天換一個審訊官問我們，憲兵隊怕上一個審訊官問的不實在。

審問的問題都差不多，他主要看你說的是實話還是假話，我為此被打過一次。那傢夥認為我撒謊，拿竹板子打了我一嘴巴，有的人的頭會被按到桌子上，然後敲肩膀。

每次審訊時，憲兵都以大聲咆哮、辱罵、拳打腳踢、木劍拍擊、灌喝冷水等酷刑作為取供手段。

甚至有一次，問我的人帶著一條狼狗坐在他旁邊，他得不到滿意的答案就讓狼狗來咬。

一 逆流者 一

好在冬天穿的是棉褲，沒直接咬到肉，那狗也不進一步咬，輕咬一口就退回去，主要是讓人精神上很受壓迫和折磨。

我們被送到花園街那邊關了十五天，十五天過后再押回到憲兵司令部判刑。我們在過年後的正月走路從花園街轉移到海光寺。❽

葉綿的祖父那時已有六七十歲了，跟我們關到同一個號子裡，日本人啥也不管，被子都沒有，我們都是光著身子躺在地板，幸好在那裡不算太冷，要是在花園街憲兵隊，睡地板上就算是有暖氣那也受不了。

北方的冬天相當冷，不過在監獄裡邊還好，不是像外面那麼冷，我們被關在裡邊以前還給個毛毯，後來人一多，連毛毯都沒有了。睡覺有時候就枕著自己手臂睡，也睡不著，迷迷糊糊湊乎到天亮。

我們在花園街憲兵隊沒有正式被審問，到海光寺憲兵隊有了翻譯，才由懂中國話的日本人來審。在花園街憲兵隊每天只能老老實實坐著，無事可幹就自己打瞌睡做夢。

有時下午他們還會讓我們出去走一走，曬曬太陽。吃的都是高粱米飯，一天兩頓飯，沒有什麼飽不飽的，能吃就好了。

到了海光寺憲兵隊開始審問我，那是管理最嚴格的一個憲兵隊，我記得審問我的是一個尉官，中國話說得很好。

我和他面對面坐著，他起初很客氣，審問的時候他問我參加多少年、都做了什麼事。然後核對我認不認識某某某、某某某做了什麼事之類的。

我說我是學生，上學上課而已。他搖頭，那意思不止於此，認為我沒有說實話，應該講我上學以外還做了什麼。

他問我在班上介紹了多少個人進抗團？

事實上他已經知道，那幾個我介紹的人都已經招供是我介紹的。

我說我沒介紹，他一個嘴巴就打過來，手上拿著一個竹刀砍到我右臂，告訴我說他們已經瞭解清楚哪個人是誰介紹的了。

证據在握，他們認為我說謊，把我的記錄撕掉重寫。我前後被審了四五次，那個審我的軍曹不光會說中國話，还懂我們的心理，犯人的心理通常是不打不逼就不說實話的。

事實上據我所知，有的人也欺瞞過去了，像這個我介紹的李衍林、陳維霖他們做過很多宣傳、撒傳單、刻鋼板什麼的，他們都沒真實說，而日本人也不瞭解，沒再深入去問，這樣就過去了，他覺得抓到我一個重要的把柄就好辦了。

判完刑被關到中國監獄的時候，葉綿的爺爺被放出去，我便跟葉綿一起在一個房間內住了一兩個月。❾

後來他被送到病房，我還跟那看守解釋他沒有病，他只是眼睛看不見，請別把他放到病房去，不然這樣對他心理上不太好。

不過看守都不理我，但究竟為什麼看守同意把他放到病房去，也許是同情他有病吧。葉綿的爺爺據我所知沒被關多久，出去後他爺爺就給他送飯了。

葉綿很不得人緣，因為他眼睛看不見，動作慢，早晨大家漱口，我們每個人分半杯水給他刷牙，而葉綿一看倒的是冷水就發脾氣，他一定要溫水。有時葉綿的祖父給他送飯，他自己偷偷躲在角落裡吃。所以大家對他的印象就是自私，所以他後來移到病房去了，事實他沒有病，只是個性如此。

葉綿在抗團裡負責管文書資料，他原來是在上海芷江大學學建築，成績很不錯，平常跟他爺爺在一起住。那時候他學歷很高，也快在芷江大學畢業了，所以大家很尊重他。

6

我們幾個月沒洗澡，窗戶上滿滿的綠豆蠅。

一九四三年那次被抓，是被抗團的同志、也是同班同學的齊文宏和鄭有溥出賣的。

鄭有溥是中俄混血，大家都很信任他，他平時也不講話，身體很好，日本人給他好處，請他做奸細，結果他把抗團的事情跟日本人報告了。

我搞不清楚鄭有溥跟齊文宏倆人是怎麼跟日本人勾搭一起的，又是怎麼把我們出賣的，始終找不出答案，只有羅長光知道。

抗戰勝利後，我跟王維彬倆人曾去抓過齊大頭，結果他家裡沒找到他，他父母也不知道他的去處。後來我們聽說他去了北平，不久在北平被孫若愚他們抓到後關了好幾天，還打他，就是問不出來，送法院起訴，結果被法院駁回來。以後齊文宏關了兩三年，莫名其妙就被放出來了。

後來聽說鄭有溥在上海被羅長光抓到，羅長光當年跟警察局有點關係，他聽說齊文宏後來被法院放了，認為法院判決不公，擔心再把鄭有溥抓送到法院後又會重蹈覆轍，便把他問完後捆進麻袋扔到海裡。❿

鄭有溥是齊文宏介紹加入的抗團，齊文宏覺得他中俄混血長得很高很有力量，同時武功不錯，就把他吸收作了行動人員，究竟他們兩個人是誰跟日本人有勾結搞不清楚。總而言之，這個鄭有溥根本沒有國家觀念，最後得了個被扔到海裡的下場。

在海光寺憲兵隊審完後過了四個月，日本人把我們幾個重要的犯人叫出來，把我們從天津押解到北平去。

押解我們的那個人不准我們說話，兩邊各有兩個憲兵架一個，男生女生加起來大概有十個，一直押我們到火車站。

上火車後，把我們安排在一節火車的後車廂裡，讓我們坐在憲兵的中間，兩邊各坐著一個憲兵。

開車之後，這些女生很活潑，就開始唱歌，我看她們也不太害怕，剛開始小聲唱，慢慢就大聲唱起來，唱的是抗日歌曲《義勇軍進行曲》，也就是現在共產黨的國歌。

唱一半的時候，車廂的乘客都曉得是怎麼回事，但也不敢有所表示，日本兵也沒有表示不准唱，好像覺得還蠻好玩的，就這樣子一直到了北平。

我們離開天津時，葉綿的祖父也跟著去了北平。我兄長振鴻和妹妹振英也被保釋出去留在天津，妹妹當時才十四歲，啥都不懂。
到北平後把我們关押到炮局胡同的"外籍人犯收容所"，裡面押解的都是違反軍律的犯人，也有很多日本兵被關押在此。

監獄的管理很嚴格，日本憲兵穿著膠鞋，提著刀，戴著口罩，走起路來沒聲音，圍著監房的門邊走邊往裡看，挨個房間檢查裡面有沒有說話的，有沒有違規的❶。

我們從四月到八月這幾個月在監房完全沒有運動。裡面關押的日本兵都要求洗臉、刷牙和洗澡，但是對我們沒有。我在裡面關了幾個月，從來沒洗過澡。監獄的窗戶上面滿滿都是綠豆蠅，因為那裡空氣太糟糕了。

後來有一次，日本人看到後噁心到了，便讓我們排隊去洗澡。他們給準備一個大木頭桶，裡面注入熱水，桶外邊有一個小板凳，大冬天的叫我們在外面把衣服脫掉，然後跳進桶裡，每個人泡兩三分鐘再跳出來，然後到那邊可能是冷熱水摻雜一點再衝衝身體，完事了回監房❷。

洗澡前由翻譯點名，叫到幾號，幾號就出去洗，可是叫了半天沒有叫我，我以為他漏掉了，跑過去提醒他，那個日本翻譯竟說我不必洗，還把我推了回去。

我當時很不高興，難得能洗次澡。後來發現洗澡過的那些人回到監房都不舒服，因為一冷一熱，同時時間又很短，大冬天的在院子裡，讓你站著翻來覆去一下，很多人就打噴嚏感冒了。

後來也曉得浸泡那種治療皮膚的藥水後痛苦不堪，所以日本人把我推回去，我認為可能他是好意，看我這麼小，也沒有太嚴重的皮膚病，不叫我受罪，也是一番好意。

炮局的每個監房外面都掛一些牌子，黑底白字，上面寫姓名、號碼。要審判你的時候，他事先把你的牌子拉高起來，告訴下一班值班的這裡有人要被審判。

有一天夜裡，我看到我們一個同志的牌子被拉了起來，我知道他一定是明天早晨去審判的，這個人就是袁漢俊。

7 牆上的「MOON」。

袁漢俊烈士遺像　圖片來源：袁永健

在監獄裡日本人不准我們說話，所以大家說話要偷偷地說。我們平常沒也有什麼交流，有事情就兩個人嘀嘀咕咕一下，甚至跑到廁所去談，我唯一最難忘的交流就是跟袁漢俊兩個人敲牆。

袁漢俊的監房跟我那監房是並排的，兩個房間之間隔著一條洋灰牆。我們兩個因為關起來後太寂寞，有一次他"當當當"敲那個洋灰牆，我不瞭解什麼意思，後來仔細聽，發現敲出來的是二十六個英文字母。

反正在監獄裡有的是時間，他在那邊反覆地敲，我也回敲給他，他敲過來的字母我拼出來是"Moon"（月光）。

我猜想他是想讓我看窗外的月亮，當時正值八月十五，月亮很圓，否則他沒別的意思。後來他把二十六個字母倒過來敲，我當時沒明白什麼意思，是不是他剛被審問翻供了？始終不得而知。

我們時常敲牆，他冷靜，很寂寞，也無可奈何，用聲音來代表我們彼此的心意，這是我跟他接觸比較多的一些時間。

袁漢俊曾打死過一個瑞士人 ⑬，在日本人看來他罪行最嚴重。

第二天大概早晨五六點鐘，天還是黑的，來了四個日本憲兵，從監房把他提出來，然後用一個黑布頭套從他頭上套下來，雙手銬在背後，然後兩個憲兵左右推他去過堂。

日本憲兵在套他頭的時候，袁漢俊把自己穿

的風雨衣，脫下來扔給同一個監房的葉綿。他自己就剩一件白襯衣，他知道自己有去無回。果然，一直到晚上都沒有推回來。

第二天，日本憲兵把我們剩下的幾個人也都拉出來，但沒套頭套，兩個人架一個人去過堂。但是過堂的時候我們沒有看到袁漢俊，此時的袁漢俊已經被宣判被處理了。

我那天是親眼看著袁漢俊被帶走的，因為我在他隔壁的監房。他跟我們一樣，也是從天津帶到北平來的。

我剛到憲兵隊排隊洗澡的時候，就看到最後的一個第十號監房坐著一個人，當時還不覺得有什麼奇怪，但是我就覺得這個有問題，我們都是半跪半坐在地板上，為什麼他有一張椅子？是優待他，還是其它的原因？後來面對袁漢俊的家屬我也不知道該怎麼去說。我腦子裡的印象，感覺袁漢俊可能是被優待的，日本人知道他是頭號兇手，他也已經招供事實，只等著最後的裁判。

袁漢俊在靠近監房欄杆處的椅子上坐著，趁著前後排隊洗澡人群的密集、憲兵在後邊看不到的時候，偷偷遞給我一個小紙條。

我看不見他臉上的表情，因為他裡邊的光線跟後邊一樣，黑黑的看不清，他只用手指頭點了點給我，也沒有聲音。

那是一張小紙片，像是毛邊紙，我不曉得他哪裡弄來的，他在上面用鉛筆寫著幾個字："你出去之後，要到界首報到，請他們暫時不要再派人到平津。"

我們抗團在界首有一個總辦事處，那時抗團把界首當一個轉運站。當時的界首是一個交通要道，不單是要道，那個地方偽軍、國軍也都有派駐，是個三不管的地方。

袁漢俊之意是日本人都知道得很清楚，如果總部繼續派人過來，可能會遭到被抓起來的同樣命運，所以請總部不要再派人過來。

那紙條我後來吃了，憲兵有時候會檢查，萬一檢查出來，對我對袁漢俊都不好。

袁漢俊選擇傳紙條給我，是因為我們那一排有很多是女孩子，他不會讓女孩子擔當重要工作，我雖然跟他以前見過，但不熟。

袁漢俊在西南聯大讀到三年級時，回天津重新組織領導抗團，可惜出師未捷身先死。他是在王文誠之前被派來領導抗團的，也是被那個白俄鄭有溥出賣的。

那天早上他被憲兵帶走時，整個過程表情很嚴肅，像是豁出去了。那時天氣已是很冷，我只看到他把風衣脫掉，穿著一件白襯衣，希望留給我們一個好印象。

他很愛護葉綿，葉綿跟他在一個監房關著，否則為什麼把風雨衣脫給葉綿？他完全可以穿著走。後來我們叫他脫下來檢查檢查，看看有沒有寫什麼字或有什麼留言。但檢查了半天，只看到衣服上有一塊不大的血跡，那血跡一定是以前過堂的時候留下的。

抗戰勝利後，袁漢俊的妹妹一直找祝宗梁，叫他問我當時的情形。我們幾個人曾經到日本炮局胡同管理處去聯繫，那個管理處當時只剩下不到十個日本人，而且都是沒有武裝的留守人員，準備交接。

我們也找了一個會日文的問他們當初怎麼處理的袁漢俊，但他們沒人知道，這批人看守的是新來的人，根本不知道這事情，也許他們知道但故意不說。

聽說袁漢俊被處決時候很慘，日本人讓他挖了個坑，挖完叫他跪在坑邊，然後從背後一槍打死後掉到坑裡，他們再用土埋起來。

我們試圖去查他被殺地點在什麼地方，但始終沒查到，當時的政府機關也不認為這個人很重要，始終沒有幫助我們查出來。

8

丟人的是你們，你們做了日本人的走狗、奴才！

王振鵠在講述

宣判的時候，我們在下邊站成一排，上邊坐著主法官，旁邊有兩個陪審的法官，下邊有兩個翻譯。

他們一個一個宣佈罪狀，最後總結一句話：你們是違反大日本皇軍軍律。

當年判得重的是陳肇基，被判十年，支持抗團活動的英國租界的員警吳樾和一個女生是五年。判到我這裡的時候，我心想不能超過五年，果然，法官告訴我："你因年紀小不懂事，無知，所以減刑兩年，判三年"。

早我們幾年被捕的葉于良、李振英、劉潔是無期，跟他們同時期的王文誠判了五年。劉潔在北平也動過槍，但沒成功，葉于良和李振英都成功動過槍，身上有人命，所以判得重。

孟慶時也是同期被關進去的，判了十年，他之所以被判十年，是有些行動工作他也參與了。孟慶時可以說是在監獄裡邊人緣最好的一個，非常純潔非常天真，自己知道努力，待人接物都很有分寸。

判刑了以後進了炮局，那個時候身體很好，還可以維持下去。自己沒有被判重刑，只判了最輕的三年，心裡很高興，第一、不會像袁漢俊被推去處理了；第二、判三年最後總是有結果的。

宣判完，日本人和漢奸還讓我感謝日本的天皇，講了一大堆這種浮躁的話。

宣判後挨個給我們照相，照完押解到"外籍人犯收容所"，所長姓趙，人很高大很胖。我們到監獄裡的走廊站成一排，他開始對我們訓話，指責陳肇基："我好不容易擔保你假釋，沒想到不到一年又回來了，你簡直給我丟人，以後我怎麼再去保釋其他人？"

陳肇基馬上挺胸辯駁："我有什麼丟人的？

丟人的是你們，你們做了日本人的奴才、走狗，我們是為保家衛國。"

所長听完大怒，叫看守給他軋上雙鐐帶走。我們軋一掛腳鐐就已經走不動了，軋雙鐐要碰到腳骨頭是很痛的。他們一人給我們一個號碼，我分到的號碼是"494"，然後把我們推到分配的監房。

炮局監獄裡設有"東南西北中" ❶ 五個大監房，他們把我們推到"中"字監，但到中字監要經過一個大廳，這個大廳裡邊坐的都是犯人，都在那做工衲鞋底，差不多有一百多人，每人一個小板凳，坐在那不准講話。

當我們五六個人走過這個大廳的時候，出現了令我們很感動的一幕：那些衲鞋底的人看到我們過來，都停下手頭的事情，有的还站起來。

他們一方面是好奇誰進來了，另一方面，我們感覺他們是在向我們說"歡迎"，所以他們把東西放在手邊站起來，靜默了差不多一分鐘，目視我們"叮铃噹啷"走過去。

我記得很清楚，我走到"中"字監的時候，監房的一個床上擺著四只碗，每個碗裡面都是麵條。

我們從來沒有吃过這麼好吃的面，以為是獄方送給新來的犯人，後來才知道，那是李振英買了麵條下給我們吃的。❶

我當時不認識李振英，他之所以買麵條給我吃，是他聽看守所說又來了抗團的學生，那個監獄傳話很快，我們還沒有什麼行動，還沒進監房就已經傳遍了。

那所謂的麵條，跟我們現在吃的麵條不大一樣，都是雜面，裡面也沒什麼青菜，就那麼煮熟而已，但有湯又有面，已是不錯。

那四碗麵條我、葉綿和吳樾都吃了，另一碗給一個女生送去。

李振英在北平被抓，判了無期徒刑，大家很敬重他，推他做監房的主持人，有事就請他代表去發言。

因為他監房主持人的身份，所以他可以買一點食物放在手邊，甚至自己煮一點麵條，他比較方便。

另外，監獄也給我們準備了腳鐐和手銬，監牢里的老犯人会在腳鐐上用棉花做成一個腿箍，架在腿上，把鐵鍊子放在腳鐐的上邊，這樣便不至於碰到腿而發痛。

我看那擺著四副，可見他們知道我們大概有幾個人，事先都準備好了。

进炮局后马上换成囚服，一律是左右掩襟，褲子是開襠褲。因為普通褲子釘腳鐐的时候套不下去，也走不動，所以監獄裡邊有固定服裝的開襠褲，從大腿內側開到下身。

但這樣一來，洗澡和睡覺都很麻煩，這開襠褲到冬天的時候還漏風，所以那時候我們都用一個扣子把這兩側扣緊。❶

從那開始大家也都無所畏懼，再也沒什么可怕的了。炮局監獄裡關了四百多人，我是第"494"號，當然，那裡面的號碼是超過四百九十四號的，到我這還沒停。

我們還沒到外籍人犯收容所之前，曾被關在日本人佔領的一個小看守所里，那是專門用來關日本人犯的，所以那個監獄裡邊日本人最多。

日本人的規矩很多，我記得每天早晨聽見腳步聲跺地板"噹"就知道要點名了，點名的時候必須要大聲喊："哈依"，假如有人答慢了，馬上就能聽見"邦"一聲，那是日本人拿著竹鞭敲門的警告聲。

關在里面的日本人有很多不同的罪名，比如逃兵、不守規矩、嫖妓等等。

關我的那個日本監獄牢房裡關了六七個人，

有一天被推進來一個孩子，這孩子一看就是鄉下孩子，十七八歲，跟我們差不多，頭髮也是推的平頭。

這孩子進來以后不知所措，不曉得找誰，我让他坐在我旁邊，他移過來也不敢講話。

我問他是怎麼被抓的？他說他是八路軍，在"處理俘虜"時被抓了起來。

他不知道"處理俘虜"這四個字的重要性，過堂的時候他在我們後邊，法官問他："你在哪裡管俘虜？管什麼業務？"

其實他就是給人送飯的，旁邊那個不知道是臺灣人還是韓國人的翻譯，馬上警告他不要胡說八道，"處理俘虜"那四個字判罪時將會非常嚴重！

果然，這個孩子后来被判死刑。

9

> 日本兵班長將他銬起來，這一銬，少將哭了。

王振鵠在講述

在我的"炮局監獄歲月"里，曾认识一个反面人物，他叫高獻宗。他自稱是一個少將，所以我們都叫他"高少將"。❿

高獻宗是穿著軍服被日本人推進監獄的，但日本人根本沒把他當作少將。一進來高獻宗就跟那個日本兵用日文吵架，結果那個日本兵班長將他銬了起來，並說要銬他三天，這一銬，少將哭了。

大家看這他這樣，吃飯的時候轮流喂他點饞飯。這位高少將之所以被捕，是在天津永安舞廳跳舞的时候，他以為他可以隨便選舞女陪伴，沒想到碰到另外一個日本軍人，兩個搶的是一個物件，結果他用手槍沖天開了一槍，日本兵馬上回去叫人把他抓起來。

他自稱是高少將，但看守講："你什麼少將都不是，老老實實在這服刑，我把你的罪過向你的政府長官報告，撤銷你少將資格。"

半個多月後，高少將被保釋出獄，他自稱他這個少將是日本人封的，他很驕傲，觉得自己了不起。

這個高少將現在臺灣，去年（二零一五年）給我打過一個電話。最早的一次是三年前，他號稱來臺北找他太太，剛開始跟我假裝問東問西的，最後跟我要抗團的資料，说要以抗團的故事為背景拍一部電影。

我說謝謝你，抗團的事我們可以自己解決，我沒有資格決定。

後來他再沒來過電話。

我曾聽人講他販賣過煙土，此人的確是偽軍的少將，現在好久沒有給我打電話了，應該歲數也不小了，有九十多了。

10 兩年多的牢獄折磨，我養成了內斂的個性。

我們被轉到外籍人犯收容所的時候，每間號子差不多关十個人，很擠，一點寬鬆的地方都沒有，一個挨一個，裹著一個毛毯或者一床被子，有的就仰著個頭，兩個手放在下面占個地方。

有一次我要到床下的馬桶上小便，那時候腳上還戴腳鐐，下床时被腳鐐一絆，從床上一個跟頭摔下去，正好砸到人身上。

獄友們以為我摔死了，趕快把我扶起來，後來我之所以提前出獄，也是因為在監獄裡昏過一次。

号子里關的那十個人，除我之外都跟抗團沒關係。那個監獄的人員成份很複雜，有的是戰俘，像八路軍，有好幾個遊擊隊，還有臺灣的遊擊隊，有的是國民黨的黨員，有的是大學教授，比如英千里⑱他們。

英千里這些教授在監獄的待遇跟我們一樣，但他們有一點不同，獄方把他們全部集中在洗濯科。洗濯科的好處是可以接觸到水和陽光，可以自由利用，這是很大的一種襃譽。

很多人希望調到洗濯科去，目的是想跟這些教授多學點知識。英千里教授據說一九四九年後在臺大教英文，後來我們便沒了聯繫。

監獄裡也關有投機的商人，但比較少，這類人判得比較重。這裡面判得多的還是抗日分子，不過到了監獄裡可以說是天下太平，誰也不講誰是國民黨誰是共產黨或是八路軍，都不去碰這些問題。

我还認識一個大學圖書館館長，每天抱著一本英文字典在号子里背單詞，我說你計畫統統背完嗎？他說已經背了一半。

在監獄裡犯人的作息時間都很規律，主要是早晚飯兩個重點的時間，早飯差不多在十點左右，沒有早點，晚飯大概是五點左右。

我記得監獄有一次夜裡有人叫床，住過監獄的人都知道，這一定是有人惡夢或者有特別不滿的事情抗議之類的。而夜裡他自己不知道，大喊大叫。

我經過一次叫床，起因是大家拒絕吃監獄提供的麩皮飯，这种東西吃多少泄多少，一點營養也沒有。

有次中午散步的時候，看守帶著一半人在院子裡走路，走路也叫"散步"、"運動"。有的人走著走著居然"邦"倒了下去，倒下就過去了。直到死後，獄方才把他的腳鐐給卸下來。

炮局裡有十幾個"科"，有專門管養鴨子的"鴨子科"，有"縫紉科"和"洗濯科"，還有做飯的"膳食科"。

做飯在監獄裡那屬於是頭等差事，可以優先選擇吃的東西，所以大家都排隊登記，看守有決定權。

"寫字科"是最輕鬆的，拿毛筆寫，一個小字一個小字地寫。

監獄允許親友一個月探視一次，但可以每個星期送飯。假如有家屬在北京，自己做飯的時候，包上一包帶進來，過了探視期就把飯交給張三轉給李四。

既然可以送飯，那就可以買飯，有個店鋪長期包了監獄的伙食，有時候監獄自己也賣。總而言之，有錢就過的好一點，沒有錢那你只能認命。

王文誠姑姑也給我送過飯，我平常不挑嘴，不像他們在北京有住家的那些人，每個星期都可以送飯，我只是偶爾得到一些。

監獄平常允許我們看書，但不準寫字，寫字另外有規定。但是看的書也要經過檢查，有些人就讀學校的課本，犯人教犯人來增長知識。也可以叫人送書，一般的書不准帶，但是帶本字典就沒問題，所以就有人背字典。

監獄裡配備有醫院和醫生，內科外科都有，有固定的醫生來檢查，不過大家對這些醫生的治療沒有信心，平常都不給吃好的，看病能有什麼用？

監獄偶爾在過年的時候會給得我們豐富一點的食物，但給的還是高粱米，菜也有可能加一點，能看見點油花，不會給你大魚大肉，其實是換湯不換藥。

監獄看守會克扣我們的食糧，鑒於規定給我們的食糧是黃豆，沒規定就給我們吃黑豆，黑豆那是給豬吃的。

起初跟我關同一個号子的沒有抗團的同志，後來才跟王文誠關一起。他在監獄的大工廠裡負責寫字，記錄監獄的辦公文。第一個寫字的人是劉潔，後來加上王文誠幾個人，他們都是學生，監獄也是略有優待。

我們在監獄裡跟劉潔經常見面，我所在的縫紉科地點是兩個桌子拼起來的，每邊坐三四個人，兩邊面對面。而他們寫字的就在旁邊角上，也兩張桌子拼起來，王文誠和劉潔坐在那裡寫字。

葉于良被分在服裝科，我後來也到服裝科，但我不會做衣服，領班的跟我講，一定要學

一種，否則在這裡不能長久，會被調走。

他就教給我怎麼重新換洗看守的帽子，那帽子都是白的，都穿久了變成黃的，發黴了，要泡到水裡消毒乾淨，然後再縫回去，他讓我學會這一種就夠了。

我後來就跟著他學這種洗帽子，居然後來所長副所長的帽子都是送來然後給他洗。

李振英在監獄裡邊發生了點問題，北平抗團大抓捕對他刺激太大了，所以他有時會出現精神錯亂。❶⓽

李振英其實是很老實很規矩的一個人，人還是非常有涵養的。他負責北平的抗團，經過這件事情，他心裡頭痛苦總是發洩不出來，很鬱悶，總覺得沒有發揮到他的所長，有時精神錯亂發作得很厲害，看不出來他是什麼病，看他表面很好，發病也不會罵人打人擾亂秩序，沒有形諸於外的這種情況。

他的壓抑和痛苦都是自己吃進肚子裡去，很少聽他批評什麼人或者責備什麼人，但他發病的情形我沒有看到過。

抗團的葉于良和王文誠兩個人對劉潔有滿肚子的牢騷，因為跟他們當年的被捕跟劉潔有關係。

我聽王文誠講過關于他對劉潔的心結，主要是王文誠被判五年徒刑而且關到監獄，他認為是劉潔洩的密。

最近王文誠還跟我講，他說劉潔自己也承認是日本人從他身上搜出一個位址和電話，就是王文誠北平的家，所以他才因此被抓。

當然這種事情我們看起來是很不幸，但是也無可奈何，劉潔絕不會主動把王文誠的地址拿給日本人。過去有人曾說我們抗團做事很幼稚，所謂幼稚，是有人做炸彈居然自我爆炸了，還把胳膊炸斷了。

稍微有一點概念和經驗的，絕不會讓不成熟的團員自己親自去搞炸彈，所以大家認為當初抗團有很多做法比較幼稚。

王文誠以前在大陸，甚至在監獄裡都沒提過對劉潔特別的不滿或怎樣，甚至後來出獄、日本人投降後我們在天津也常碰面，也碰到劉潔，大家就跟沒事人一樣，而是到了臺灣這想起來了，才開始說這個事。

王文誠念念不忘劉潔當初發生的過錯，導致他被捕，後來劉潔寫了封信給王文誠，承認是他的失誤，這只能說是做事不小心發生的惡果。

不過從個人來說，王文誠剛到華北，事情還

一 逆流者 一

沒開始做就被抓起來被判了五年徒刑，這的確是遺憾。

我們被抓後經常要過堂，要被審問，甚至是受刑，難免有人受不了招供。這些都是年輕的孩子，都很天真，大家都是一股愛國熱忱來參加這個組織。那時候抗團也缺少一個核心的參謀組織，若有更高的人更有技術的人來參加，結果可能更好一點。

因為劉潔，使得很多抗團的同志被抓進去，但是我們在監獄裡沒與劉潔有抵觸，彼此還都禮讓，而且王文誠跟劉潔還坐在一個桌子上抄寫東西。有時候大家談抗團的問題，說抗團很愛國，可是從今天的觀點來看，抗團還是相當的幼稚。

我一共在炮局監獄中被關了兩年半多，對我影響最大的是身體變為虛弱。獄中生活對我影響極大的是待人接物的態度，過去在學生時代並不講究這些。

進了監獄，見識過形形色色的人，品行好壞高下各有不同，這些人往往為了點飲食或小事而彼此爭吵不休，自私自利的人性弱點表露無遺，但也深感同伴之間的關懷和扶持，我在獄中有很深的體會。

經過兩年多的牢獄折磨，我養成了內斂的個性。我到中國監獄前，先在日本憲兵隊的拘留所面壁了幾個月，不准講話、不准走動、完全服從、完全忍受，將年輕火爆的個性都壓抑了下來。

我表面上對事情看似淡漠，其實內心非常衝動，逐漸由於長久的禁閉，養成了思考的習慣，較多層面和深入地考慮問題，對過去不愉快的事，也能設身處地為對方着想。

這對我的個性有著很大的影響，坐監兩年半後，已磨練到與人無爭和冷靜沉著的地步，尤其每日面對有人死亡，覺得人生無常。

我當年被判三年刑期，但並沒服滿三年。那時日本的戰局每況愈下，日本人也有點放手了，而監獄看守有的也儘量討好犯人，知道失敗將來要被報復，後來果然被報復了。清場那天秩序很雜亂，到那個時候就能看出來黨派的組織性，共產黨人馬上就團結起來了，一個都不能出去，集體行動，而且要求一定得處理，回家的回家，做事的做事，不能再被關起來。

他們很怕國民黨把他們共產黨的人接收過去再關起來，所以他們相當團結。

國民黨的人就鬆懈了。那時曾有個大玩笑，抗團那個一入監獄就被趙所長軋雙鐐的陳肇基，他後來在稽查處工作，稽查處那時候已經是國民政府的組織。陳肇基有一天打電話給還在那裡堅守崗位的趙所長，請他第二天約幾個監獄的得力看守到稽查處來，要給他們分配重要的任務。

那個趙所長很高興，第二天就帶著十幾個人去報到。帶來的這群人都很厲害，包括曾在監獄打罵過人、對犯人態度惡劣的看守。

陳肇基見到他們後很高興："好極了，我們全部都接收，你們跟我來。"然後把一個監獄的門籠子打開，把他們統統關了起來。那個趙所長非常懊悔，早知道就不帶人來了，這下反而把他們出賣了。

抗戰勝利之後，抗團先是有了一個旅館式的房子，叫"尚友會"。這是私人家族的一棟房子，專門招待客人，這個家族借給我們抗團作為辦公的地點。

房主知道如果不借，一定會被稽查處強征，所以他借給我們，也等於利用我們給他稍微保住了臉面。聽說後來他的兒子花了點公關活動費，上級讓我們搬走，最後房子還原，我們抗團就搬到了石駙馬大街。

石駙馬大街那個房子是個很出風頭的單身太太所有，她免費讓抗團住。但房子很破舊，我們整理了一下，成為抗團的辦事處。

我跟王文誠是被他的姑姑保釋出來的，他姑姑是黃花崗七十二烈士之一方聲洞的遺孀，她本身是護士。華僑為了感謝方聲洞獻身革命，捐了一所很大的四合院給她。

王文誠的姑姑非常樂於助人，所以我們年輕人時常到她家裡去，有時候還住在她家，她和方聲洞的兒子方賢旭留法回國，跟另外一位留法回來的王靄芬結婚。

王靄芬後來到臺北，被選為立法委員。

當年我被抓進炮局的時候，我後來的太太王碩芬，她父親知道她參加抗日活動，被她父親關了起來，也不太贊成我們在一起。

我家以前住在天津西區，父親軍職退役後，我們全家寄住在王碩芬家裡達兩個月之久。她父親是鹽商，有很多的房間，所以我們朝夕相處，慢慢就產生感情。王碩芬後來受我影響，也加入天津抗團並參加活動。

起初她父母不同意我們的婚事，尤其她父母在她出生前就給她訂了婚，訂婚的人也是我認識的同學。她對訂婚的那個對象沒什麼特別的感覺，㉒大家都認為不妥當，兩個人的個性、學識等各方面都不太相融。

我從監獄裡出來後，很快抗戰也勝利了，她父親開始對她有點理解了，同時抗團也聯繫了她，她父親知道她參加抗日組織，反而覺得她可以作為家庭的掩護。

所謂掩護就是保護家庭，因為那時候正在抓漢奸，她父親經營的鹽業裡邊也聘用日本職員，他覺得他女兒的抗團身份可以給他作證保護他，所以那時候她父親開始慢慢轉變。

一九四七年，王振鵠與王碩芬在天津家中留影。

11

讓我痛苦的閩南語。

一 逆流者 一

抗戰勝利後的王振鵠

抗戰勝利那年我二十歲,以後抗團解散,我們就在中國大學恢復學業入學了。那時國民政府派何啟功來跟我們這些學生個別談話,何啟功是安徽人,在北平做地下工作,他所擔任的公職是中國大學的校長。

中國大學是王正庭所創辦的,跟國民黨有關係,他名義上是中國大學校長,私下跟重慶有關係,是重慶的軍事委員會的代表,所以他一個人有兩個身份。

抗戰勝利後,重慶那邊指示他儘量把監獄裡的這些犯人分散安置,所以他當時就顯現出他的特務的身份。

他跟我們每個人都談了話,瞭解我們的志願是什麼、困難是什麼、家在哪裡等等,後來公家給我們準備車費,把大家疏散好。可是監獄這些犯人裡面既有國民黨又有共產黨,共產黨都不聽他的話,他們的人有另外的安排,所以那時候局勢相當混亂。

我們那批學生被抓進去耽誤了幾年學業,所以我們第一個想的是恢復學業,但要想恢復學業就要從二年級開始。

那時候北京大學還沒有復原,還只是一個臨時的補習班。於是我們跟他談話要求復學,看哪個學校能承認我們在監獄耽擱的學業。他一口答應,但是要有個考試,考試及格的統統承認,不及格的最好是明年再來,或者是到北大,學費可以不收。

中國大學是私立學校,學費很高,何啟功以

校長的名義，推薦了近二十個學生到他學校復學，很多共產黨員也進到中國大學，也有的到西北去了。所以這時候他那掩飾的大學校長身份大家反而不太在乎了，他也辭掉了校長職務。

一九四八年暑期，我完成大學學業，一九四九年一月，北平局勢非常混亂，北平被圍，當時城防司令楚溪春下令封城。

恰巧天主教會包下一部飛機，是美國舊式的C-47運輸機，機名叫「聖保羅號」，準備將一批教會中準備念神學的修士送到上海。另外還有北平協和醫學院幾位到美國進修的醫生，也獲准搭該機經上海去美國，他們其中有一些是外國人，因此獲得城防司令的許可離境。

我和幾位天主教的神父熟悉，他們告訴我這架飛機很空，如果我要回天津，可以一併搭乘，因為該機航線是先到天津，經過青島，然後飛往上海。

經由一位教會朋友帶著我去城防司令部辦出境許可，一位參謀瞭解情況後，發給一張准予離境的許可證，我和內人才得以搭上這架飛機，機票價是每人十塊錢銀元。

到了天津上空，因為機場被圍，電訊中斷，

一九四七年八月，王振鵠與王碩芬在北平結婚。

飛機無法降落。德籍駕駛和機上的神父商量後直飛青島，我覺得到青島也好，因為我長兄在青島海關服務，可以有所照料。

飛機降落青島後，海關人員告訴我家兄剛剛調職基隆，現可能在上海候船中，我和內人於是又搭原機到上海。

到上海時已經晚上七點多鐘，很幸運，我和兩名兄長都聯絡上了，遂在上海住了一個時期。

那時候，王文誠在廈門，他寫信叫我過去，大概是想讓我去看看有沒有做事的機會。

那時候我已結婚，也剛從學校畢業，還沒有生孩子。

王文誠那時候在廈門大學還沒有畢業，但他有一個賣西裝材料的店，有些空屋空床，我和內人到廈門後就臨時住在他那裡。㉑

那時候我最感到痛苦的是聽不懂閩南語，報館裡的編輯和記者都會說國語，不成問題，但是檢字排版的工人卻不行，所以我必須請一位同事當翻譯。

尤其當時我住在鼓浪嶼友人處，離廈門還有一海之隔，白天搭乘輪渡，深夜就要雇小舢舨渡海。因為我每天下班都在晚上十二點鐘以後，副刊的大樣看完後才能下班，過海後再爬一段山坡，走二三十分鐘才到達家裡，當時的生活雖然辛苦，但工作很愉快。

做了短暫時間後，我的大哥在基隆安置妥當後，就寫信要我們到臺北。

王文誠的姐夫當時是廈門大學的校長，所以那時候想留在廈門可能也有工作的機會，雖然我的長兄叫我去臺北，家兄一百個不願意被調去基隆，但也沒辦法。

他讓我趕快去基隆，我就跟碩芬快速辦理簡單的手續登船去基隆。

我們乘坐的那艘輪船叫"英航號",只有八百噸的小遊船,船上只有幾個小房間,非常狹窄,在海裡一路搖搖擺擺到臺灣。

到基隆登岸的時候要查身份證,我們沒身份證不讓上岸。我打電話給長兄,哥哥下班的時候把我們接下船,但沒有通過檢查站。那時候雖然不是很嚴格,但是他把我們接下來到他的宿舍,也是很危險。

到臺灣后,兄長給我辦了身份證,把我的生日登記成七月十八日,他說這麼寫沒人會查我的生日,所以這個日期在學校裡就變成我的生日,真正的生日三月三反而被抹殺了,以後再去戶政事務所修改很麻煩,所以一直拖延到現在。

我當年選擇去臺灣也有點戰爭的關係,那時在北方很難找到適當的工作,最後我們三兄弟都在臺灣,老家留一個妹妹一個弟弟。

到基隆以後,哥哥那時自己的工作都不穩,我在他那住了兩個星期後去找我的義父馬增祺。在我坐炮局監獄的時候,他在監獄裡名氣就很大,很有個性。

馬家過去是在故宮博物院做事的,當年承包頤和園工程的就是這個馬家,所以他跟政府部門關係很好。

一九四九年,到臺灣後的王振鵠、王碩芬夫婦。

本來他說讓我去找他,給我找一個適合的工作,我來了之後他就把我扣留了,說他們那裡正缺少年輕人幫忙,介紹我到另外一個商業機構,但我沒興趣。

後來我大哥給把我介紹給一個師範大學從事教育的的同學,師範大學的圖書館館長很呆板,他問我想做什麼,我說我的目的就是看書,現在我沒有別的事,可以多看看書。

館長就把我介紹到師範學院圖書館書庫,隨便我在書庫裡看什麼書,沒人會反對,這樣子我就到了圖書館。

那時候師大的圖書館書庫書不多,大概有三萬冊左右,以前是一個高級中學的圖書館,這個圖書量在中學圖書館裡書算多的。

我每天不定時進去書庫裡翻書,書庫裡差不多有百分之六十都是日本書,剩下的是中文和英文。

日文我不太看得懂,專看中文書,那時候很多在大陸買不到的書,居然在臺灣都有。

我在那書庫呆了差不多一個月,沒多久圖書館館長退休了,他有介紹一個人去工作的權限,有個空的名額讓出來,我要是願意就推薦我到圖書館工作。

我就這樣子進到師大,見校長劉真的時候,劉真說:"我剛接到電話,一個立法委員跟我講她有個朋友很喜歡看書,希望你能夠用他在圖書館。"

一九五六年王文誠全家與王靄芬母女在臺北合影，左起：
王文誠、王靜仁、洪玉燕、王友章、方思霓（方聲洞孫女）、
王靄芬（方聲洞兒媳）。　圖片來源：王文誠

這個立法委員就是王靄芬，她介紹的人就是我，校長很賣她的賬，第二天就給了我一個聘書，聘我在圖書館服務，所以我就這樣子正式進了圖書館。

在圖書館太寂寞也太孤單，那時候我以為我頂多在圖書館工作一個月，結果沒有想到一待待了三十多年。

這三十多年中也曾被調過職，例如調我任出版組主任去編校刊，後來又把我派到美國去進修，參加安全分數的一個考試。

這個考試是美國人來協助臺灣進行教育行政方面的改革，他每年要派兩個人到美國去，

一九七三年，王振鵠與太太王碩芬在師大餐會中留影。

考察美國師範學院的管理跟各方面行政，也可以到他們的學校進修，我就利用這個機會參加考試，考及格了就到美國去。

我記得當時那個美國顧問問我："你還想到書庫嗎？我們這裡可是沒有像臺灣的那樣的書庫。"

我說我到美國主要是來工作，倒不是一定要管理書庫。

他說現在有個機會，田納西州有個范德堡學院，那裡有一些教師對臺灣很有幫助，我介紹你去。

我當時還不太願意，結果我去了之後，看到范德堡大學底下附設兩個學院，一個宗教學院，另一個教育學院，教育學院開了圖書館課程，我通過考試獲录取加入這個教育學院。

這樣子我就進入研究所讀了一年，在這一年的时间裡邊我掌握了有關的知識。

我在師大工作一年後，有個姓金的朋友開了個貿易公司，那時他也在經建會工作，他無法兩頭兼顧，想請我加入公司來幫忙。

為此，我認真把他的帳目看了一遍。看完我說謝謝，對不起，我絕對不能勝任。他裡邊的情況太複雜，有的受經濟利益影響，前景都不是很理想。

後來想想幸虧沒去，假如轉職到商業機構，那說不定老早就垮掉了。

後來教育部找了我三次，先是次長朱匯森找我，他說師大這麼小的單位沒什麼發展，讓我到教育部去，接手圖書館。

我不敢去，那時候的教育部圖書館人事不健全，還出了一些問題。

第二次是部長想來看我，我說："部長，我明天早上去看您，您不要勞駕，您工作很忙

一九七二年,王振鵠於師大圖書館主持會議。

不要來看我。"那時候我腦子裡大概知道什麼事了。

我第二天到教育部時,很巧,碰到人事處的陳處長。他說你看到部長辦公室前邊有個桌子了嗎?那桌子上有一個祝壽簽名簿,今天是部長的生日,你最好也簽個名,大家也都簽了。

我想簽個名沒有關係,結果沒想到他們把我簽了名的簿子拿給部長看,並告訴他我人就在這裡。

部長就請朱匯森次長找我,而那時我正在另外一個次長郭為藩辦公室跟他談話,他把我拉到部長室。

我想大概又是談接手中央圖書館,結果這個蔣部長說:"王老師,我從不會隨便物色人,而不考慮到人家的困難,你的困難我知道,你沒有參加過高等考試,所以你

一九七七年三月卅一日,王振鵠在臺北接任中央圖書館館長。
(左:諸家駿館長、中:施啟揚次長)

當時他很坦白的樣子,我實在不好拒絕,就根據他的意思明天開始上班。

第二天早晨,中央圖書館的交通車就開到了我家門口,司機說他來接館長上任。他說部裡的次長告訴他們的館長,讓他派車來接我上任,而原先的館長要出國。我就這樣子被接到中央圖書館去工作。

上午接的我,十點半我就到教育部跟部長報告說我已經接了這個工作,再困難我也不能叫你失望。

他拉著我的手說:"我們一起努力。"

我這樣子到了中央圖書館。結果到中央圖書館兩個星期之後,部長辭職了!

即使到了中央圖書館也是黑官,這是你的顧慮所在,這些事情我來解決。"

他跟我保證決不會讓朋友吃虧,一切的問題部長負完全責任。

他說:"我今天跟你大膽地講,你的聘書我已經交給秘書了。"

他寫了一個聘書,讓我榮任中央圖書館的要職。

他說這個聘書不是給我,是給我的校長,他就以部長的名義,希望我的校長同意,不要再反對。"

一九八三年,中央圖書館五十周年館慶,王振鵠獲時任中華民國教育部部長朱匯森致贈《曠邁石渠》匾額。

一九八三年,中央圖書館五十周年館慶時,王振鵠獲中國圖書館學會致贈《匯流激鑑》。 圖片來源:王振鵠

一九八三年,中央圖書館五十周年館慶中,王振鵠代表中央圖書館致贈創辦人蔣復璁先生紀念銀盤。 圖片來源:王振鵠

一九八二年,王振鵠獲時任行政院院長孫運璿頒發公務人員績優獎章。

一九八七年三月十九日,王振鵠獲羅馬教廷頒授聖思維爵士勳獎。

一九八八年六月十日,王振鵠在美國獲俄亥俄大學頒發榮譽法學博士學位時,與校長Dr.Charles J.Ping及圖書館長李華偉博士合影。

当时基隆有一批救國團學生坐船淹死了,教育部長不是救國團的負責人,但他說蔣介石手下沒人給蔣經國擔責,他說犧牲自己沒有關係,他來承擔這個責任,所以救國團那些罹難學生家長都由教育部安排緩和下來。我到中央圖書館這說起來也是很巧,推脫了兩年沒有推脫掉,就這樣子確定了,讓我接中央圖書館的館長,這樣一直做到退休。

一九九四年,師大退休茶會中,王振鵠與社教系教授合影。

二零一六年,筆者在臺北錄完王振鵠的口述後,與老先生合影。

①	王家大院被劉伯承司令部徵用,作指揮所。	同《王振鴻口述歷史》414 頁。 王振鴻回憶王家大院為朱德所徵用,筆者特請河南志願者谷慧霞赴濮陽核實:王家大院為當年陳毅粟裕的華野兵團司令部所徵用。
②	堂兄被村幹部面朝南方吊死。	同《王振鴻口述歷史》414 頁。
③	家裏被日本憲兵搜查。	同《王振鴻口述歷史》340 頁。
④	祝宗梁穿西裝。	同《王振鴻口述歷史》337 頁。
⑤	三兄妹同時被捕日本憲兵隊。	同《王振鴻口述歷史》342 頁。
⑥	日本憲兵沒有對女團員亂來。	同《王振鴻口述歷史》345 頁。
⑦	迫唱《我的家庭真可愛》。	同《王振鴻口述歷史》346 頁。
⑧	正月走路到海光寺憲兵隊。	同《王振鴻口述歷史》348 頁。
⑨	與葉綿同住一個監房。	同《王振鴻口述歷史》347 頁。
⑩	鄭有溥被扔到海里淹死。	具體詳情參見《祝宗梁口述歷史》76-77 頁。
⑪	憲兵換膠鞋走路無聲查房。	同《王振鴻口述歷史》351 頁。
⑫	炮局監獄的洗澡時間。	《王文誠口述歷史》235 頁對在炮局監獄的洗澡時間有不同描述。
⑬	袁漢俊曾打死過一個瑞士人。	具體詳情參見《祝宗梁口述歷史》50 頁。
⑭	炮局監獄設有"東南西北中"五個大監房。	《馬普東口述歷史》173 頁、《王文誠口述歷史》234 頁中,馬王二人對於炮局監筒名稱回憶相同,王振鴻的回憶應該有誤。 不過,王振鵠晚馬王三年進炮局監獄,三年間炮局監獄的監筒是否有過改動,因客觀原因缺乏完善的資料不得而知。

⑮	李振英在監獄買了四碗麵條給我們吃。	此處有疑點，《葉于良口述歷史》129 頁和《王文誠口述歷史》229 頁中王葉二人對李振英的回憶描述，李振英入獄不久便因心理壓力過大而發瘋，不太可能被推舉為監牢的主持人，甚至為時隔三年後入獄的王振鵠等抗團成員準備"接風面"。 筆者在二零一六年第二次口述王文誠時，向他求證此事，他亦表示不可能有這種事，應是王振鵠回憶有誤。
⑯	開襠褲。	同《王文誠口述歷史》236 頁。
⑰	高少將。	此處同《王振鴻口述歷史》366 頁中對高少將的回憶有別。
⑱	英千里。	同《王文誠口述歷史》234 頁。
⑲	李振英在獄中精神錯亂。	同《王文誠口述歷史》229 頁、《葉于良口述歷史》129 頁。
⑳	王碩芬被父母訂婚的對象。	同《王振鴻口述歷史》372 頁。
㉑	在廈門住在王文誠的西裝材料店。	同《王文誠口述歷史》265 頁。

王振鴻（1921年10月4日-）

出生于北京，祖籍河北濮陽縣（今屬河南）。

一九三七年，創辦抗日雜志《跋涉》，向淪陷區百姓偷偷傳遞重慶中央廣播電臺的消息。

同年底，加入天津抗日殺奸團。

一九三八年，參與調查印刷日偽教科書的天津鴻圖書局。

一九三九年七月，抗團成員丁公浦和李國材因抗團據點變動，將抗團的槍支和團員名冊交給王振鴻保管。

一九四三年一月二十九日，王振鴻被抗團叛徒出賣，與胞弟王振鵠、胞妹王振鶼一起遭日本憲兵逮捕，被判刑四個月，關押於天津偽中國監獄。

一九四五年十一月，王振鴻加入肅奸委員會，在內衛組參與抓捕和看押漢奸。後因偵訊組組長朱洽陽落馬，經王文誠推薦，加入偵訊組偵訊漢奸。

在偵訊組期間，王振鴻曾偵訊和起訴偽華北偽治安總署督辦齊燮元。

一九四六年，赴北平參與國共"三人小組"（軍事調處執行部）記錄員。

一九五零年，由上海赴港。

一九五二年，由港赴臺，後經王文誠介紹，任臺北委內瑞拉大使館秘書。

有人說我命硬，
　但卻是孤獨命，
　　活這麼久有什麼用？
　　　還不是一個人孤零零的。

賴恩典　錄製
王慧景　聽打
阿　炳　李玉紅　整理
阿　炳　校對
賴恩典　編輯

1

父親因為膽子小，錯失河南省長交椅。

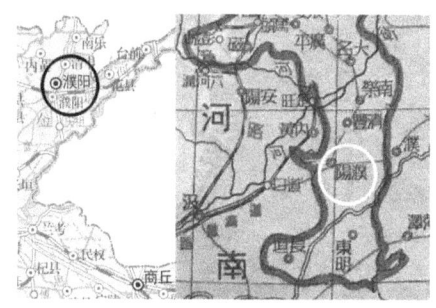

民國時期隸屬河北的濮陽縣和現在隸屬河南的濮陽縣

一九二一年十一月初十，我出生在北京的門框胡同，那裡住了很多從皇宮裡出來的人，那時的北京還叫北京，還沒改成北平。

我的祖籍是河北濮陽縣，現在我們老家卻讓我莫名其妙了，濮陽地處河北省與河南省交界的地方。

一九四九年後，大陸政府把我們濮陽縣從河北劃給了河南，據說是濮陽那個地方發現了石油。

我老家那個莊子叫"八里王莊"，村裡的人都姓王。現在改為河南濮陽市了，理論上我應該是河南人了，可是我現在中華民國身份證上登記的還是河北人，但是我出生地又是在北京，亂。

我父親叫王炳芳，他參加了一個叫"長蘆緝私營"的部隊。長蘆就在河北那一帶，這個部隊的全稱叫"長蘆鹽務緝私營"，專管抓私鹽、偷鹽、沒上稅的鹽，就跟今天的偷稅漏稅一樣。

那時候他們待遇特別好，整個緝私營都是馬隊，當時沒有卡車汽車，為了速度只能選擇騎馬，所以他們有一個馬隊。因為馬要吃草料，那時一般的兵每個月只給六塊或四塊薪水，但他們待遇好，給八塊。其中多出來的兩塊錢是給馬買草料用的，當然，有馬就得有配備，而且馬的鞍子壞了要修理，所以他們待遇好，又有權。

我父親本來是長蘆緝私營的幹部，後來慢慢升到了幫統。做了幾年的幫統後，又升到了統領，手下便有了一個營的兵力，所以我父親在我們老家濮陽縣被稱為"王官"。

一提起我父親便會說：就這是王官的家，這是王官的房子。所以我們家在濮陽縣還算有點名望。

那時候給我們家寫信，只要寫"濮陽縣城東八里王莊"就行了，按照這個地址就會有人把信送到我們家。

不單那樣，我父親的緝私營待遇好，又有獎金，好多鄉親都投奔我父親部隊當兵，所以我家一直有個姓劉的老管家，就是當初給我父親做馬車夫的。

當年河北南部的走私鹽鬧得很厲害，機會也多，父親的緝私營逐漸兵強馬壯，地位高權利也大。

那時買槍買武器很容易，尤其他們有錢，想買多少就買多少，有槍就有人，從剛開始的五百人，慢慢發展到一兩千人，越拉越多。

內戰的時候，馮玉祥的軍隊打到河南，想收編我父親和他的人馬，但父親不肯。

我聽他的部下講，父親那時領著軍隊駐紮河南的首府開封，河南省的省長督辦大印就在省商會，如果他拿到大印，就可以當河南省的省長。可是他膽子太小，不敢拿，結果被馮玉祥軍隊給打垮了，也沒機會當河南省主席了。

父親因為工作關係，經常不住在家裡，幾個月回來一次。家裡除了母親，還有一個比我大十二歲的哥哥，他是父親前任夫人所生。

兄長的母親後來因難故去，父親又常年東奔西跑，他就把我哥哥放在他外公的家鄉——河北靜海縣中旺鎮。

我大哥王振鵬十歲左右，父親又結婚了，正好，結婚的這位是我母親。

母親跟父親以前那位太太同一個家族，都姓夏，叫夏芳珍。

我母親脾氣很好，因為父親考慮到孩子的教養，不找個脾氣好的，容易對前妻的孩子不好。第二個原因是因為我母親認識字，會寫簡單的信，那時候鄉村裡很少有女孩子會念書識字的。

結婚之後，我父親覺得住在鄉下不好，就搬到北京住。

我哥哥長到十四五歲的時候，張伯苓跟嚴范孫在天津成立了一個叫"南開"的學校。

父親聽說學校的管理各方面都非常好，學生還能住校，就琢磨老大已經十幾歲了，現妻繼母的身份不太好管他，管得厲害了，會有人說對前妻的孩子不好，如果不管，哥哥又很調皮。

正好天津那個南開學校很好，所以我們家就為哥哥念書的事，在我四歲的時候，從北京搬到了天津。

把我哥哥送學校後，他高興壞了，因為我哥哥身高比我高，他大概有將近180，身體很好，喜歡運動。正好那個學校也提倡運動，所以他在學校裡打籃球、踢足球、跑步什麼的，各方面的運動都很出色。

南開大學那時有個"五虎隊"的籃球隊，他就是其中一員。

2

日本皇族想認我做義子，帶我去日本念大學。

講述中的王振鏞

我們家搬到天津後，就住在河北望海樓的後邊。望海樓很高，樓邊上那個河很寬很大，大家都當海一樣來看，所以叫"望海樓"。望海樓後邊有塊地，有人蓋了很多很整齊的房子，我們一開始住在望海樓後的"三條胡同"裡，我們房子對面有個很大的三層樓，房主姓柴。

那裡的房子很好，這戶柴家很特別，在東北有四十個店鋪，可是他們家這些店鋪都派給他的鄉親們管。

柴家當時只有一個主人，我們管他叫"柴二爺"，此人四十多歲了不做事，整天就吸鴉片煙。他母親也不管他，老太太讓他吸的理由很簡單：吸鴉片煙了人就不會往外跑，就老老實實在家裡了。反正家裡有的是錢，不需要出去做事。

柴家老太太管著一大堆錢，有點像紅樓夢的賈母，後房間裡金銀財寶箱子一大堆，好幾箱銀元就擱在後邊。

這個柴家老太太生了三個女兒都沒結婚，因為家裡有錢，要找也得找有錢有勢的，在這種要求下，總是碰不上門當戶對的。

柴家這三個女孩子當時已經二三十歲了，生活沒有好習慣，又不會做事，也不會管家，一天到晚就是吃喝玩樂打麻將牌，沒人敢娶她們，所以找不到合適的男人。

她們整天吃喝玩樂，一到沒錢了，看老太太睡著了，就跑到老太太房間把箱子打開，一包一包的銀元拿出來花，反正老太太整天迷迷糊糊的，不知道也不管。

就這樣，我們家在他們家對面做了鄰居。

他們家沒有小孩，看到我弟弟就很喜歡他，認我弟弟做義子。

"九一八事變"爆發後，他們家在東北的店鋪有的受戰爭影響垮掉了，有的是那些店鋪的負責人看局勢不好，就把店鋪占為己有後跑了，反正局勢一亂大家都跑，誰也不知道誰，所以柴家四十個店鋪一下就完了。

儘管如此，柴家在天津的房子還很多，所以他們就開始賣房子吸鴉片，最後吸鴉片吸到把他住的那個大樓都賣掉了，才不得已搬到了天津河東的特三區租土房子住。

那時我二哥王振鵾已經八歲了，不曉得是感冒傷風還是什麼病，家裡請了一位醫生來給他看病。那時候醫院醫生很少，家裡就請了一個中醫老頭子開藥方，我還記得藥方中有一味藥叫"石膏"，他在藥方子裡寫了"石膏八錢"。

那石膏原本是用來固定血液體和神經的，家裡人晚上煮好藥給孩子吃，結果第二天我哥哥就死了。

我舅舅把那老頭找來，問他為什麼給一個小孩子開八錢石膏？結果老頭死活不承認，指責我們煮的藥不對，把責任推給別人。

沒辦法，為這事我們家搬了家，從三條胡同搬到二條胡同的一個樓房裡。

那時正好軍閥內戰，這些軍閥一打仗，天津市整個城市跟封閉了一樣，馬路上也沒人，都躲了起來，店鋪也都關了起來。店鋪不開門，這些軍閥就亂搶東西，那些兵沒有絲毫的紀律。

而那些有錢人家就被迫搬家，躲在租界地，因為租界地有外國人保護著，中國軍隊不會跑來胡鬧。

我們家在當時也算有點錢，父親雖然在河南那邊有軍隊，但他也管不著天津這邊。後來有親戚出主意讓我們趕快搬家，住到有外國人保護的租界地，等平靜了再搬回來，所以我們家也就跟著搬走。

當年有英法租界可以去住，可說來也奇怪，不曉得哪個出的主意，我們偏偏就住到日租界。先是住到須磨街，後來沒辦法，乾脆在日本租界長住，因為外面常常軍隊打來打去的，很不太平。

我們搬走之後沒再跟柴家聯繫過，他們不敢也不好意思來找我們，我們也不願意見他，真的很可憐。

柴家在"九一八事變"前還沒垮時，柴家老太太就故去了，柴家的出殯隊伍從天津望海樓開始，一直排過了金鋼橋的東北城角一個叫"官銀號"的地方（當時那個地段繁華得不得了，有很多店鋪）。整個喪禮上送行的人、車子、轎子，再加上請的道士、和尚和尼姑等，整個出殯隊伍很長。

我記得剛一搬過去的時候，住在日本租界須磨街的三層樓大房子裡，我母親那時候每天都出去交際，跟那幫官太太們不是打牌就是吃飯，幸好家裡有好幾個傭人可以照顧我們幾個孩子。

沒多久，出事情了。

當時天津的直隸督辦褚玉璞，是個軍閥，藉口說我父親他們都是鹽務的官，很有錢，借機要整他們，因此父親就跑山東去了。

當時山東有他一個老朋友王章祐，任山東鹽運使，地位很高，管一省的鹽政。

現在是無所謂，那時候政府的稅金來源就靠鹽了，因為每人都要吃鹽，一斤鹽裡邊加一點點錢，哪怕只是一分錢也好，全中國那麼多人，每年不知要吃掉多少萬噸的鹽，稅金非常不得了。因此鹽運使是個肥差，地方官還不能管你，因為他是中央派來的。

這個王章祐當初調到天津做長蘆鹽運使的時候，把父親派去管理塘沽那一帶的鹽務。我小的時候曾去過塘沽，父親也把塘沽的鹽務管得很好。

父親一跑，家裡經濟就不好了，只好又搬到日本租界裡的秋山街。

秋山街這個地方不太好，路後面就是日本人的火葬場，所以常常晚間聽那邊有人哭。按中國的風水地理來說，屬於不太好的位置，所以房租也相對便宜。

搬到秋山街後，發生了一件事，讓我差點去了日本。

我們住的秋山街全是一棟棟的小洋房，兩三層高的那種。我們家隔壁鄰居是個日本老先生，跟著兩個與我年紀相仿的小女孩，十歲左右的樣子。

我常常在家門口玩彈珠，因為是鄰居，旁邊小女孩也出來玩，就這樣和她們認識了。後來才知道那個老頭子好像是日本天皇家的親戚，當初在東北的時候很有勢力，鐵路、礦產都歸他管。

老頭子跟他們當時的皇室家族關係並不好，因為他們不贊成在東北成立滿洲國，所以老頭子讓兒子在東北替代他，自己領著兩個孫女住在天津，躲開日本那些少壯軍人。

這老頭平常跟人很親近很隨和，會講幾句中國話，倆女孩也跟我很要好，所以老頭跟我父親說，你們家的男孩子很多（那時我有一個哥哥一個弟弟），他只有兩個孫女，想認我做義子，以後帶我去日本，將來長大了在日本念大學。

父親聽完很動心，差點就答應他了，但我母親不同意，所以就沒去成。

3

舅舅指著校長問：
當初可是你承諾
讓他讀四年級的！

大概七八歲的時候，我開始讀私塾，但我讀私塾總是白讀。

第一次讀私塾的時候還沒有公立小學校，以後搬了好幾次家，過了好幾年才有公立小學校，也就是那種正式的小學校。

我家在天津第一次搬家，是在我四五歲的時候，父親當時在河南，他請了一位四五十歲老頭子住在家裡，有什麼事情好聯絡，就跟現在的秘書一樣。不過那時候不叫秘書，叫"師爺"。

這個老頭子是山西人，我父親一回天津他就比較忙，父親一離開他工作就少了，頂多接轉個公文之類，所以閒暇時間很多。那時候我已經五六歲了，家裡就讓我去跟師爺學點東西，念念書寫寫字，所以這位師爺就教了我一年多。

這一年多的時間裡，他花了好幾個月一直教我寫字，尤其是我們的姓。"王"字很容易寫，三橫一豎，小孩學起來很容易。

這位師爺就領著我的手，從這頭寫到那邊，嘴裡講什麼我也聽不懂。因為他是山西人，山西的口音很重聽不懂，我也常常很莫名其妙，這種情況根本學不到什麼。

等到我們搬到城裡，也六七歲了，該念什麼書卻還不知道。那時市面上剛剛出版初級的教科書，我舅舅便買了一本"國文"和"歷史"回來給我，然後領著我到一個老頭子的私塾那裡。

當時教室裡有十幾個學生，大家坐在裏面念《三字經》和《百家姓》，高一點的就跟他念《論語》。可是我光聽他們在那哇哇叫，一邊念書一邊喊，老師也沒有講過課，從沒有跟我們說論語第一句是什麼意思。

他就坐在教室後邊，手裡拿個藤條，看有誰沒念，"梆"背後就給你來一下。

因為去得晚，教室裡沒多餘的座位，我就從家中拿了張椅子來。屋裡有個櫃子，我就拿了椅子坐在櫃子前，差不多是坐在老師的旁邊，臉沖著牆壁，背後是老師。

他每天講什麼我也不知道，也沒講過課，我就自己拿兩本書在那看，看半天也不知道看的是什麼東西。

這麼稀裡糊塗混了幾個月，家裡又搬家了。當時在我們房子附近有個私塾，一位老頭教十幾個孩子，有七八個五到八歲的女孩子，最大的十五六歲，全班只有幾個男孩子。

我到那一看，私塾裡連本書也沒有，只有老頭在上面嘰哩哇啦講，講的什麼內容也聽不懂，反正只要孩子不鬧就行了。

這個老頭子很狡猾，每天早晨九十點鐘，他晃晃悠悠跑來上課了。一開始他先用煙袋裝上煙，抽上兩口，然後開始"嘰裡咕嚕"講半天，大家誰也聽不懂。

耗到快十二點鐘了下課回家吃飯，但他下午不來了。雖然他人不來了，可這個老頭也真有辦法，他挑我們班幾個個子高一點、十五六歲的女生像班長一樣的來管我們。

下午也就是寫字，寫的什麼字我也不知道，也沒人管我筆怎麼拿，紙怎麼放。

下午混了那麼一兩個小時後，那"女班長"就問我口袋裡有沒有錢。

那時候有一元二元的錢幣，她收集到十個八個銅幣，就讓我去馬路對面買糖果，買回來大家一人一塊糖果。

"女班長"就用這種方法管著我們不要鬧，一直到差不多五點鐘就放學回家了。就這樣我又混了半年多，什麼也沒學到。

半年多後，家裡為了省錢又搬家。

這回直接搬到了河北城裡，什麼地方我已經記不起來了，只知道是一個大院子裡的一個房子，住沒多久又不行了，還得接著搬。

那時我弟弟振鵠他們太小不記得，我是感受很深。最後實在沒辦法了，父親一個老朋友在天津西馬路的西北城角有一個大房子，前後兩個院子，他把這房子借給我們住，家裡才算穩定下來。

那個房子後邊不遠是一個很大的城隍廟，叫"天津城隍廟"，他們把廟一部分撤掉改成小學，叫"天津市第十小學校"。

舅舅拉著我到學校找校長，因為他是軍官，跟校長"嘰哩哇啦"講了一堆，校長不敢得罪，連忙表示可以。

校長問我是幾年級的學習程度，結果我舅舅根本不曉得我什麼程度，一拍腦門說：四年級。

可是我沒有念過什麼書呀，一年二年我都不懂，只認識一些簡單的漢字和阿拉伯字碼，還有簡單的加減法，乘法除法我都不會，那個私塾老頭子也沒有教過我。結果那校長發話了，也不需要考試，我莫名其妙就入了四年級。

四年級的學生要求得會乘除法，結果我什麼也不會，一到學期末，姓劉的班主任把我開除了。

這還不算，他還跑去校長去鬧，說我這種什麼也不會的學生為什麼要送到他班裡來？

我就這樣被退學了。

我一被退學，我舅舅軍人脾氣一暴，指著校長說：當初可是你承認可以到四年級的！那個校長比較軟弱，隨即答應讓我再復讀一年四年級。

但這麼一來，那位姓劉的班主任死活不幹，校長被逼無奈，就拜託劉主任收下我，他受不了那個軍官找他鬧。就這樣馬馬虎虎把我留下了，重讀了一遍四年級。

一年後，到了學期末尾，那個老師知道如果不給我及格，我舅舅又會來吵，只好給我及格，於是我又莫名其妙升到了五年級。

到五年級功課就好一點了，總算念點書了，當然考試成績也不是很好，不過能考到六七十分了。

到了五年級我也開始知道用功念書了，本來我們班都是男生，甚至有的男生比我年歲高很多，我是八九歲上的五年級，班裡有的男生都已經十二三歲了，甚至還有十五歲十七歲的。

那時候我們班男生將近四十個，到五年級的時候，忽然來了六個女生。

班裏忽然來了女生，大家都覺得奇怪，我們後邊年紀大的男生就警告我們，不能跟女生講話，不要理她們。

一兩個月之後，發覺不對了，這六個女生裡有四個人的功課比我們都好，我們男生都不如人家。

我個子小坐在第一排，所以跟她們很接近，人家功課好，說話態度也好，所以受她們的影響，自己功課不懂的就問問她們，一直到畢業。

小學畢業時更可笑，畢業後考哪個中學又成難題了。那時候我們獲取消息的管道很少，只是聽人家講。

我一想不行，以我最好的功課不過七十分上下，不可能考上好學校。我哥哥那時候已經大學畢業，到上海海關工作去了，我母親也不知道外邊的事情，所以只有聽同學講。

最可笑的是，我最崇拜的一個女生，她的功課是最好的，人也很好。我問她打算考哪，她說她考市立一女中。

那個市立女中好像是在天津金湯橋附近，是最好的學校。

眼看著暑假快過了，我母親就逼我趕快去找學校。父親當時沒有在家，到山東去了，家裡也沒人能管我，我就一個人瞎轉悠。結果我到了金湯橋後，看見馬路邊有個"河東中學"招考初中一二年級學生的廣告。

我一看，這個好，可是這個學校沒聽說過，也不知道是好是壞，就順著這個廣告去找。果然，在河東二馬路找到了。

我跟他們要了一份簡章看了看，還可以。簡章上說下個禮拜考試，現在報名還可以，於是我第二天拿著錢和證件就報名了。

十天左右，學校放榜了，我趕快跑去看，它招收了一百個學生，有兩班初一的學生，我居然在這一百多人裡考了四十多名。

很意外，心想我這樣的程度都能考到四十幾名，那四十幾名之後那些人豈不是更糟糕？這個學校的水準肯定不怎麼樣，但是那時候也沒想那麼多，反正有學校上就好。

果然，這個學校的管理很鬆懈，反正你學費交了，也有老師在，你聽也好不聽也好，隨你。不但這樣，快到初二的時候，我弟弟也沒有學校好上，也跑進來跟我同校了，他上初一，我上初二。

混了兩年，白白浪費兩年時間，什麼也沒有學到。這時候我在上海海關工作的大哥一聽我們上的學校，連忙說這個學校不能上，那是最糟糕的學校，寫信來逼著我去考南開中學。

那時天津南開中學是最嚴厲最好的學校，我這個程度無論如何也考不進去，連門都甭想進去。

我哥來信說他在南開大學有個姓劉的同學，畢業以後也在上海海關工作，正好有一個月時間休假回天津，他就拜託這個同學給我補習補習。

我那時運氣也好，這位劉老師的弟弟也是大學生，他們哥倆一個給我補習英文，一個補習算術，花了一個月的時間，我總算考上了南開中學。

4

全副武裝的日本兵，拿著槍上著刺刀，在我們不遠處演習。

考上南開中學後繼續念初二，一年後，"七七事變"爆發了。

當時我們家住在天津的西馬路，離學校比較近，事變後就看見日本飛機在天上"嗚嗚"轉，然後就開始轟炸南開。

一開始就先把我們初中部給炸了，高中部隔著一個馬路，還沒有被炸。

那時學校並沒宣傳抗日，但學校對面有一個書店，售賣著幾個當時上海很有名的"七君子"❶ 他們這些民主人士寫的、關於宣傳抗日和宣傳愛國的刊物文章。

在天津的日本人很厲害，當時的天津每個租界都有自己的兵，英國、意大利租界這些都有，象徵性駐紮，比如意大利租界有幾百個兵，英國租界也有上千個兵。

可日本人一開始就有五千六千人，以後增加到一兩萬，最後天津有四萬日本兵在日本租界！而且大炮、坦克、機關槍什麼都有。

南開之所以被日本人轟炸，估計跟以下兩個原因有關：

第一、南開的校長是抗日的，但他絕對沒有公開跟學生講過要抗日，他連"日本"這兩個字都沒跟我們提過。

可是我們受的就是中國人要效忠中國的愛國教育，這就等於號召大家一起抗日。老師在大禮堂一個星期開一次會，灌輸的就是愛國思想和抵抗外來侵略。

我記得初二下半年，學校請劉良模❷ 到我們學校，學校召集我們到大禮堂，說今天來了一位劉先生教你們唱歌。

第一首歌就是現在中國大陸的國歌《義勇軍進行曲》，大家聽了這歌以後很興奮，我們很快都學會了。

那天一兩個小時就在大禮堂學了兩三首歌，初中的那幾班學生學得很快，一小時就全都會了。以後還讓我們比賽唱歌，一共來了十幾班，看看哪班唱得好。

第二、我們學校對面有書店，賣很多從上海那邊來的雜誌，包括"七君子"他們在上海寫的很多宣傳愛國思想的文章。

第三、我在南開中學最後一個學期的時候，忽然學校教務處有個命令，要求我們每天下午四點半鐘下課後不能回家，要去操場運動一小時。

學校預備很多的運動器材，比如各種球類、跳高的繩子等等的。

一 逆流者 一

南開的初中一共有三個年級，一二年級有七個班，三年級有六個班，加起來將近有一千人了。

我們教室前面一個大廣場，面積也就是半個足球場大，要是一班兩班的人到那邊去運動還可以，但是全初中部十幾班的人都去是絕對不夠。

可是正好，它的旁邊有一個大運動場，比這個大好多倍，但有一個鐵絲網的門擋住，學校為了省錢不砌牆，用了鐵絲網圈起來，所以平常我們都不到那去，這次就算是派上用場了。

我們到那準備運動時，往鐵線網外邊一看，離著我們兩大約三百尺有一個大廣場，全副武裝的日本兵拿著槍，上著刺刀在那"喔嚕喔嚕"地演習，旁邊什麼機關槍、小鋼炮應有盡有。

我們在這邊打球玩，看著對面日本兵拿槍練習殺人和匍匐前進的動作。雖然我們都是十幾歲的初中學生，可這樣的情形不需要老師講心裡也會想，日本兵拿著槍炮在中國的土地上做什麼？

這簡直就是給我們一個活生生的教訓！現場的眼見為實，比說什麼話看什麼書都管用，

所以這是為什麼我們南開中學抗日學生多、學校被轟炸的原因之一。

那時候天津也有二十九軍的士兵，但不多，而且還因為日本限制他們不能穿軍服而改換員警衣服。

日本人當時跟華北一個委員會商議，天津市不能有正式的中國兵，所以張自忠做天津市長時就想辦法，你不要我駐兵可以，我就讓我的部隊改穿員警衣服，變相對付日本兵來保護天津。

這還不算，天津東南西北四個馬路，在每一個馬路口和東北、西北城角分別站著五六個穿著員警服裝、拿著槍、背後背著二十九軍大刀的士兵，一人還分配一部腳踏車。

老百姓一看有大刀，就知道這是二十九軍的兵，不是員警，因為員警沒有大刀，所以他們就很安心。

早在"七七事變"以前，天津黑幫頭子袁文會就跟日本人勾結，用錢和嗎啡引誘了幾百個中國流氓、遊民、癮君子，日本人給他們炸彈和錢，叫他們到中國地界的東馬路和南馬路去搗亂。

這幫人到後就開始往中國兵臨時搭起來的麻袋碉堡裡丟炸彈，最厲害的時候就是日本人給他們槍。

日本人很壞，把機關槍給這些流氓，他們就端著槍把商務印書館打壞了。

還好二十九軍化裝的員警也反打他們，打死打傷很多，最後把他們都轟回到日租界，日本人也不管，反正死的是中國人。

5

日本人把她脫得只剩內衣，往她身上不停澆水，直至結冰。

晚年抗團成員在臺北聚會，左起：王振鴻、王文誠、王碩芬、陳澤永、孫若愚、王振鵠。　圖片來源：王振鴻

日本人佔領天津後，便在各重要交通要道和港口派兵進行駐守站崗，跟著中國的員警檢查行人，甚至有的地方必須有他發的通行證才能過去。

我記得當年日本人就站在萬國橋的旁邊，從這邊到法國租界必須經過萬國橋，日本人就要求你拿出證件，或者你身上有什麼東西，必須讓他們摸一摸，搜查搜查。

後來日本兵懶了，在旁邊拿著槍，指揮中國員警去搜。這樣還省了不少麻煩，有些中國員警就算摸著什麼也會說：沒有，過去吧。

所以後來成為我弟媳的抗團成員王碩芬跟她同學，從橋上過的時候還不用被搜查。

因為她們每天要坐車，人力車拉著她們到法租界也屬於天主教會的聖功女子學校上學。每次到萬國橋那，她們都要被喊下來搜查，時間一久，那些日本兵認識了她們，也習慣了，一看她們過來就一擺手放行，所以她們就常常利用這個便利，把抗團使用的槍擱在書包裡帶過橋。

我很佩服她們這些當年頂多十三四五歲的女孩子，真是不容易。王碩芬後來被抓進憲兵隊的時候，還好她身上沒帶槍械子彈，關了四個月後，就跟我和妹妹一起放出來了。

王碩芬另一個叫石厚瑛的同學，從天津放出來後，回上海又被日本人抓了，這就慘了。我們在天津，因為關在司令部，那些憲兵還算客氣，不敢胡作非為隨便打罵人。可上海就不一樣了，大冬天的把這個女生脫到只剩內衣，用繩子把她吊在洗澡屋裡，用冷水不斷地澆她，到最後水在身上都結了冰。

但那女孩一口咬死什麼也不知道，所以我很佩服這幫女孩子，能忍受得了這些痛苦，真是不得了。

那時候日本人對付英國租界最為厲害，因為我們學校學生大部分都住在英國租界，活動範圍也在英國租界，平常在外邊做好工作了就跑到英國租界躲藏起來，所以日本人對英國租界最注意，三番兩次封鎖租界，把通到租界重要的關卡和路口都堵死，還派中國員警在那擋著，出入的時候沒有出示他們發的良民證和通行證，哪都去不了。

最要緊的是租界的老百姓很多，幾萬張嘴要吃飯喝水。那時候我們在學校裡吃飯，本來是四菜一湯，結果這麼一來只剩一菜一湯，菜還沒有肉，用白菜隨便煮煮了事。

後來我們被逼無奈想了個招，日本人雖然封鎖了租界重要的路口，可是中間這戶跟對面那戶還是可以偷偷通行的。

我們經常半夜跑到對面去，對面的再跑到對面，一直到租界外面。

當年我們工商學校的後面有一大片空地，中間攔著一片鐵絲網，將學校和英租界分開，學校這邊就不屬於英租界了。那片鐵絲網根本不起作用，所以我們就利用這個方法，在夜色的掩護下，透過鐵絲網把一包包的菜、肉、米等偷偷從外邊運進來，否則無法想像租界裡那麼多人怎麼活。

事變一個月後稍微平靜了，老百姓也能隨便走路了，我就騎腳踏車跑去南開中學看看。先經過高中部，一看高中牆倒了，瑞庭禮堂的大門也沒了，有好幾匹日本人的馬被拴在那，禮堂變成了養馬的地方了。

那以後，我們家也搬到意大利租界了，因為我父親是軍人，怕萬一哪天日本人上門來找麻煩，所以就搬到意大利租界了。

6

南方來的沈老師
很為學校省粉筆，
教我們兩年課
沒寫過一個字。

天津工商附中舊影　圖片來源：王振鴻

南開一被炸，過完暑假後，英法租界裡的學校生意頓時好了起來，學生都跑他們那上課去了，所以我就由王雲書伯伯的一個朋友介紹，到工商附中去讀書。

王雲書是是王碩芬的父親，也就是我弟弟後來的岳父，他當時的身份在意大利租界算是一個議員。

那時候意租界成立了一個董事會，由當地有地位有錢的人組成。領事知道王雲書有影響力，就請他做董事，也就等於現在的議員。但這種議員不算從政，只是有個名譽。

意大利租界裡原本沒有小學校，後來大家發現在四馬路有一所房子可以當作小學校，王雲書和他所在的董事會就在那裡籌建了一所"私立智德小學"，招了幾個班（每班二十個學生）。

當時租界也沒有很多小孩子，所以王碩芬和我的弟弟妹妹都在那個小學念過書。

一九三七年十月，在天津工商附中開學上課一個多月之後，我和弟弟才開始入學上課。我們到學校以後找到神父，那個神父中文講得很好，他安排把我在三年級，振鵠在二年級，第二天直接上課。

因為工商附中距離家中太遠，神父後來還給我們安排了宿舍。神父起初給我們安排的宿舍裡，擠著六七十個初一到初三的學生，一人一個床，一個屋子住得滿滿當當的。等到我們去的時候早就沒地方了，所以我們就被安排在附近一個小屋子裏。

工商附中是個天主教會學校，管理我們宿舍的是個二十六七歲姓蘇的修士，河北省獻縣人。那小屋子也是他睡覺的地方，每天晚上八點鐘他定點來巡視，看我們睡覺沒有。

早晨六點鐘，他那個跟狗叫一樣、聲音很難

一九三七年的天津工商附中大鐘樓　圖片來源：天津市檔案館

聽的警報器就"鈴哈哈"響了。

我們的作息時間被蘇修士嚴格管理，所以大家都不願意靠近那傢夥的房間，可我們哥倆是最後去的，沒得選。

一年後，我升到了高一，換到大學部宿舍，弟弟振鵠還在那邊接著住。

天津工商附中分成兩部分，一部分是中學部分，一部分是大學部分。學校把大學部宿舍騰出兩層大概十個房間左右歸我們高中生住宿，樓上是大學宿舍，樓下就是我們。

剛入學的時候沒有地方住，就臨時被安排住在初中的大樓上邊。

那一層大樓有六十個人住，宿舍一個床一個櫃子、一格一格一直排下去。

我們是天主教會學校，所以管理員是神父，他就住在學校專門給他的三樓一個房間。那時候我們學校宿舍還算好，一切設備都全，冬天的時候有個大鍋爐在地下室燒，每個屋子、牆角、地下都有管子，熱氣跑到管子裡來，屋子很暖，空氣又好，不髒也不亂。

我的床邊就是一暖氣管子，從我們樓上一直通到一樓。那時候我們常常跟神父搗亂，當時的作息時間是九點鐘睡覺，熄燈後半小時左右，一般人也就剛剛睡著，我們就拿一個鐵尺朝敲暖氣管子"梆梆"一通亂敲。聲音從樓上一直傳到樓下"嗚嗚"地響，弄得神父很莫名其妙，不知道聲音從哪來。這樣一來也把整個樓都吵醒了，神父就起床尋找聲源，他一來我們就趕緊躺倒睡覺。

每到星期天，神父就勸我們信教。

當時的工商學校大學部，一進大院裡有個可以容納幾百人的天主教堂，很漂亮。冬天天冷的時候，我們就去教堂玩，教堂很暖和空氣也好，很舒服。神父們也都認識我們，哪個學生信不信教他們都知道。

有一次差點出"麻煩"，還搞得我很不好意思。他們天主教有個規則，叫"領聖體"，就是拿一塊小麵包，沾著一點紅葡萄酒，神父站在"祭台"（傳道台）旁，教徒禮拜完了，他把那個沾酒的麵包給你嘴裡舔一舔，表示這是天主給你的恩典。

那時候我們學生沒喝過酒，覺得那法國來的酒一定好喝，我也冒充跟著人家也去領。結果那神父看見我，知道我不是信徒，瞪了我一眼，拿手一揮，那意思是：你不是信徒跑來做什麼？出去出去。

過了兩天神父看見我，問我要信教嗎？想吃聖體得先信教。我一聽拔腿就跑。

當年工商附中的學生很少信教的，四分之一都沒有，但神父沒有強迫我們信教。

工商附中上的課都是些普通中學的科目，如地理、歷史、幾何、代數、英文等。我記得當年在南開有個姓沈的南方老師，是南開大學英文系的主任，有些資望，會寫好多外國詩歌。

南開大學被日本人炸掉後學校就關了，工商附中這邊學生多，需要的老師也多，他就被聘到我們附中上課。

但是我們很頭痛他，這個老師教我們兩年，上課從不講話，兩年沒有拿過一支粉筆，從來不在黑板上寫字，很為學校省粉筆。

他每次一上課就往那一坐，讓我們翻開第幾頁，有問題到他那問，沒問題就自己念，然後他就不再講話了，開始寫他自己的東西。學生不論做什麼，他都不管。

我們有好多英文單詞都看不懂，好多句子也不懂，你哪怕講一講，或者在黑板上寫幾個字告訴我們這是什麼也好，但都沒有。

我們問他為什麼這樣教我們，他說在大學就是這麼教學生的。

有的老師就很好，當時有個蕭姓數學老師，廢話不講，從開門一進來，就馬上到黑板，給你"嘰裡咕嚕"講一大堆。

國文老師也很好，那時候我最好的功課是國文，我寫的文章還經常在課上被老師要求念給同學聽。就這樣讀了那麼兩年，念到高一就離開了。

7

「民族先鋒隊」和「抗日殺奸團」，我們參加哪個？

天津抗日殺奸團成員 沈行安 圖片來源：天津市檔案館

天津淪陷後，當時天津法租界有個綠牌電車道，後面有個中華醫院，我有一個很要好的南開二年級廣東籍同學，醫院的院長是他親戚。我這個同學就把我介紹給院長的兒子羅志勤，我就跟他一起商議做點什麼事。

我們剛開始是在晚上用中華醫院的收音機，收聽國府中央電臺的廣播，比如"日本打到哪了"、"戰況如何"之類的，然後將廣播內容抄起來編成雜誌，取名《跋涉》，然後用印刷紙印出來，一張一張折疊好，早晨或晚上偷偷送到法國租界住戶，往人家大門口塞進一張，跟搞宣傳一樣。

給雜誌起名字的時候，現場參與者有劉潔、羅志勤、唐立民、王益進、沈行安，他們也是一九三七年八月《跋涉》正式創刊時就加入了，他們後來也都加入了抗日殺奸團。

當時我們六七個人開會給雜誌命名，最後採用了我取的名字——《跋涉》。

《跋涉》沒有嚴格規定多久出一期，誰方便誰抄，抄個兩三天，攢弄幾篇就開印。一期雜誌可能三五篇文章，抄好了趕快印出來，免得日子久了，新聞就變成舊聞。

《跋涉》沒有封面，就弄點毛邊紙，抬頭前面寫上"跋涉"兩個字。

為了避免被日本人抓住，我們也不寫作者編輯是誰，以免讓人家查出來。

我們每次就印個三五十份，卷折成紙卷擱包裡，每人帶上十份八份的，各走各的路。一早出去，大家還沒有開門做生意，看看哪家有門縫，偷偷塞進去一份。

後來我參加了幾次就不去了，因為每次聽中央電臺廣播要半夜十一二點鐘，我當時住得很遠，那個時間點到法租界的擺渡船停了，沒法過去。

這時羅志勤就跟我商議，說現在有兩個都是學生的抗日團體，一個是"抗日殺奸團"，一個是"民族先鋒隊"，兩個他都認識，問我參加哪個好。

我說這兩個都做什麼事情？他說"抗日殺奸團"完全是學生組織，做宣傳抗日活動，而"民族先鋒隊"是專做宣傳。

他沒詳細講清楚，那時候他也不曉得抗日殺奸團是做什麼的，而那時抗日殺奸團也是剛成立不久。

我們研究了半天，覺得"民先"那邊是共產黨的，"抗團"好像不是共產黨的，偏向國民黨這一邊。

當時我們思維還是偏向於國民黨，畢竟它是合法政府，雖然後來我們知道抗團並不屬於國民黨。而且共產黨那邊我們很不熟悉，也不認識人，更不知道他做什麼工作。

就這樣，我在一九三七年，跟王文誠同一年加入了抗日殺奸團，我那時並不認識他，雖然我和他都在工商上學，但不一個班。

確認加入抗日殺奸團沒幾天，我去到英租界一個小學校，參加宣誓加入抗日殺奸團。

宣誓現場不能講話，曾澈和李如鵬他們在臺上，我們在下邊宣誓，差不多有五六十人在那個小學校的一個大教室裡參加宣誓。

我們在裡面宣誓，教室門口有抗團的老團員把風，還有比我們早加入的十幾個團員在很遠的路口騎著腳踏車把風。

那五六十個人我只認識沈行安、王宜靖、沈炯。沈炯是我南開的同學，他是天津中國銀行經理的兒子，雖然是同學，但我們沒講過話，後來他去了美國。

沈炯個子不大，聲音有點粗，說話時不太明顯。當年我們學校期末有一"同樂會"，他上去唱了一段花臉。

我心想這人比我小一歲，怎麼喉嚨那麼寬那麼洪亮？所以有這個印象。結果宣誓那天一看，這傢夥也來了，我們彼此看了看，都沒講話。

宣誓後跟我編到同一組的有兩個不認識的高二學生，一個是葉綱騫，一個是呂廼綱。這兩個人日後都過得很好，兩個都考到上海讀大學。

葉綱騫讀的是交通大學航海系，畢業後去了香港，因為他父親曾經在輪船公司工作過，跟輪船家董浩雲（香港第一任特首董建華的父親）做輪船公司，所以他跑到那邊在船行工作了好多年。

抗戰勝利後，葉綱騫也加入到肅奸委員會去工作。

呂廼綱讀的是聖約翰大學，是全上海英文最好的學校。所以日本投降後，呂廼綱被美國中央情報局招募，先是送到硫磺島受訓，再到美國受訓，以後又派到韓國、越南和泰國這一帶工作，最後幾年派到了臺灣。

到臺灣後，他給我的名片上印的官銜是"美國陸軍技術團"的"高級顧問"。

呂廼綱的父親還曾擔任袁世凱時代的鐵路局局長。呂父是個很有聲望的人，那時全國沒幾條鐵路，鐵路局想修哪的鐵路就修哪裡，他負責向外國借錢。

他父親不但做鐵路，還做過德國公使，所以家庭條件很好。

我們跟呂廼綱過去曾經是同學，知道他來臺

灣了，大家就辦了個酒會請他。以後我跟他在其他的酒會或者結婚宴會見面的時候，看到跟他來的那些人都是政府的高級官員，可見他的號召力很大。

宣誓當天曾激講了幾句話，大意的內容就是"歡迎大家來，希望保守秘密遵守規則"之類的，沒兩分鐘就講完了。那時候不認識曾澈和李如鵬，以後聽別人講就對上號了。

我們的宣誓詞很簡單：我自願加入抗日殺奸團，從事抗日工作，如有反悔，願受最嚴厲之制裁。（抗團原誓詞如下：餘誓以致誠，參加抗日殺奸團，今後願在組織領導下，積極工作，服從指揮，並絕對保守秘密，如有違規，願接受最嚴厲之制裁。）

宣誓時大家把誓詞寫在一張小紙片上並簽上名，宣誓完大家一起當場燒掉，確保不留下痕跡。抗團的這個宣誓儀式，沒辦幾次就不再辦了。

振鵠當年沒跟我去宣誓，他那會還小。雖然他沒一起去，可他也算抗團團員。

那時我在工商上學，每次放學回家都跟弟弟一起，所以我到中華醫院參加抗團開會議時他也去，等於他也間接加入了抗團。以後祝宗梁找我們哥倆以及其他倆人每禮拜開會一次，振鵠這才正式跟抗團有了關係。

我當時加入抗團的時候是用真名，也有別的團員用化名，可我們宣誓的時候都是真名。宣誓完沒幾天我們開始在抗團工作，給我們編了組，並給我化名"王璐"。

我的化名有用兩個字，一個是"璐"，另一個是"鹿"，但這個化名我並沒有用到過。

以後大家也不計較這些了，也沒辦法計較，比如說李國材，就算我跟他沒有講過話，可是我倆在一個教室裡自習過，相互知道彼此的名字，用化名有什麼用？

加入抗團後沒多久就出事了，當時抗團去燒日本租界的中原公司，參與的人裡好像就有孫湘德。

他們在鞋盒子裡擱上燃燒彈，同時找了幾本《跋涉》雜誌封皮將燃燒彈包起來，擱在鞋盒裡邊，從法租界偷渡到日本租界，放在中央公司那燒。

因為中原公司是水泥鋼磚大樓，不易燒壞，也只能燒一燒貨物，而且其中有好幾盒燃燒彈也沒燒起來。

後來日本人打開鞋盒一檢查，發現包燃燒彈的就是我們那個《跋涉》雜誌。

日本人一查，羅志勤就跑了，後來有人告訴我，羅志勤一離開法租界以後，他也不知道去找誰，正好他認識一個"民族先鋒隊"的人，所以他就跟那人一起跑去延安，還進了抗日大學。

日本投降後，我想找老朋友見見面，可有人告訴我他死了。

羅志勤是個長得很漂亮、很安靜的男孩子，但個性很強，可能是個性太強了，跟共產黨那套東西合不來，得罪人了。以後再也看不見這個人了，這是我最早的抗團朋友。

8

抗團這個組織，是被軍統局利用了。

一 逆流者 一

講述中的王振鴻

一九三七年，國民政府規定初中生要加入童子軍，高中生要利用暑假送到保定受軍訓，所以我們南開的高中生就有一大批被送到保定，由黃傑的軍隊利用暑假一兩個月，代理軍校受訓練。

我們在保定受軍事訓練不到一半，"七七事變"爆發，軍隊也撤了。抗戰爆發，天津淪陷後，有七八個當年到保定受訓的同學聚在一起，商議組織了一個叫"抗日殺奸團"的學生團體。

據說抗團發起者共有十人（一說為八人），成立抗團之前，這十個人結拜為兄弟，然後再成立抗團。怎麼證明結拜兄弟之說呢？我認識抗團的陳肇基，他太太叫劉欽蘭，倆人都是抗團的，也都被抓進過憲兵隊。

這個陳肇基我們另外叫他"十哥"，因為當初創立抗團的結拜兄弟是十個人，他排行第十，所以叫他"十哥"，這也證明當初抗團的發起人裡有結拜成兄弟的。但是沒有證據能證明到底是幾個，也不知道具體的排行，像曾澈排老二，所以喊他"二哥"。

抗團的"十兄弟" ❸ 我只認識陳肇基、張蘭生和李寶仁，別人都不認識了。之所以我認識的人少，是抗團有規矩，不能有橫向發展，比如我認識張蘭生和陳肇基，我們就不能往來，只能直向發展。

所以我只認識我們小組組長一個人，由他聯絡我，別的我不知道也不認識，這樣目的就是減少大家在一起的機會，否則萬一有人出事，容易連累一大堆。

當年加入抗團的都是學生，差不多都是中等階級家境，沒聽說誰家境最不好的。也有家世顯赫的，比如宋哲元的女兒、孫連仲的兒子女兒、劉冠雄的孫子外孫、熊希齡的外孫女、北平同仁堂樂家的小姐等等，當然，他們這些人是比較特別的，一般的都是中等條件的家庭。

抗團中甚至還有一些是漢奸的親人，比如後來犧牲的馮運修，他就是齊燮元的外甥。

馮運修也是工商高二的學生，比我高一班，我們雖然沒談過話，但是認識對方，也都知道對方是抗團的人。

馮運修家住在北平，再加上他是大漢奸的外甥，所以抗團就把很多檔案資料，包括最要命的名單擱他家裡，以為有齊燮元的關係，沒人敢去惹他，但最後還是出事了。

抗團是純學生組織，當初一成立便分成"行動組"和"做炸藥的組"（技術組），還有一個隊和一個小組。人員的分組不是按照學歷，而是按照體格好不好來分。

體格好又強壯的，可以做行動工作、可以開槍打人、可以拿炸藥（或燃燒彈）到日本倉庫去放火。那時候我體格又小又瘦，跑不動也拿不動東西，所以他們不會找我來負責這種重要的活動。

抗團的情報組可能是自己收藏情報不多，主要的是靠著外邊的消息。

曾澈是國民黨軍統局在天津站的書記，他知道消息以後傳給抗團，然後在抗團內部決定要做什麼、怎樣做。後來抗團把日偽的電影院和棉花堆給燒了，又打死了幾個大漢奸，國民黨把這些成績說成是軍統局領導的，抗團只是他們的周邊組織，把功勞拉到他們身上，所以抗團可以說是被軍統局利用。

那時候我們並不是誰的什麼周邊組織，也不想特意宣揚什麼，平常就是自己偷偷做就完了。所以為什麼祝宗梁殺完程錫庚跑到重慶去，而後重慶又給他買飛機票弄到香港，完全就是利用。

我加入抗團時，抗團的實際領導人是曾澈、李如鵬他們，下轄幾個小組，每一組有個幹事（相當於組長），但幹事常被抓或跑了，所以幹事經常換人。

加入抗團後，我被編入和祝宗梁、王振鵠、葉綱鶱和呂迺剛一組，組長是祝宗梁。

抗團的小組都沒名字和編號，我們跟別的組也沒聯絡，平常聚會也是我們五個，由老祝領頭。

可是當年我入團宣誓的時候祝宗梁並不在現場，後來我們是怎麼編到他們組的呢？也許是認為我們幾個比較安靜一些，我在工商讀高一的時候，老祝找到我，把我和葉綱鶱、呂迺綱編為一個組。

我們小組每個星期固定開一次會議，每星期四下午四點半下課後，我們就到工商學校外邊大操場裡散步繞圈開會。

每次開會按照規矩，我們跟祝宗梁站那念團訓，然後祝宗梁會先報告一些事情，並告訴我們接下來該做什麼，部署好我們的工作後就討論抗團的發展。可是時間一久次數一多，我就覺得不太對了，我們幾個人老固定在那繞圈，很容易引起別人注意。

我提議換個地方，祝宗梁一想也對，老在這開會，萬一引來有心人注意會很麻煩。隨後我們就轉移到英租界民園體育場旁的一個公寓大樓裡開會，那座大樓有七八層高，屋頂空空的，我們從樓梯爬上去也沒人管，所以我們每星期的例會就改在那裡開。

老祝知道我們幾個都沒辦法總去外邊工作，而且我跟我弟弟倆住校，出入不方便，所以他很少找我們去活動。

老呂和老葉兩個雖然個子很高，但是他們也有原因不能常出去。只有葉綱鶱參加了火燒棉花廠日本倉庫、老呂參加火燒中原公司。而我也只做調查工作，比如讓我去查一查天津市北馬路一個賣日本書的書局。❹

進抗團以後，這也是我幹的第一件事。

當年天津東馬路的那個書局，專給日本人和漢奸印刷東西的，我就奉命調查那個書局。我跟抗團的王宜靖騎腳踏車到書局後，假裝買書的時候問東問西，東看西看，觀察書店規模大小、有多少顧客、有多少書等等。調查完畢後，抗團安排人去燒書店，可惜沒燒得很厲害，就燒起來一點點火，沒造成什麼損失。

天津淪陷後，市場物價開始發生變化，幣制不一樣，花的錢也不一樣。過去國民政府通過中國銀行發行法幣，天津淪陷後，日本人和程錫庚搞了個"中國聯合銀行"，開始發行"國幣"，我們稱之為"偽幣"。

偽幣一發行，程錫庚就要求天津市民拿法幣去兌換。不過，這兩種幣種兌換值差很多，剛開始沒人願意換，最後開始限制用法幣。不得已，天津市民用同等價位的法幣換回差值很多的偽幣，鬧得民怨沸騰。所以，抗團為什麼要把程錫庚打死，就是因為涉及金融錢幣的漢奸行為。

我和振鵠在祝宗梁組沒有固定的任務，大家也不知道外邊的情形，只有他瞭解，每次開會就聽他告訴我們最近發生什麼事情、我們需要做什麼。

祝宗梁在大光明電影院成功制裁程錫庚後，第二天就給我們開會，他很高興，笑嘻嘻地跟我們講，那個漢奸程錫庚被打死了，只是他沒講誰打死的。

我們當時學生都穿藍布大卦，單層的長袍，冬天穿深藍色，夏天淺藍色。

我記得很清楚，那天他穿著一個西裝外套，上面是很漂亮的粉紅格子，裡面是白襯衫，沒有打領帶，我當時還很納悶他怎麼改穿西裝了。❺

他當時很神氣，很高興。

開會完我跟振鵠講，備不住程錫庚就是他打的，漢奸被殺他這麼高興，感覺像是他的功勞。

振鵠沒講什麼話，"嗯"了一聲。

果然，程錫庚就是這傢夥幹掉的！後來他還因為這件事離開天津了。

我在抗團見面最多的是祝宗梁，因為在學校裡起碼一年多，大家在一起開會最多。

他打死程錫庚後去了重慶，我們那組沒了組長，也沒人再開會了，以後跟祝宗梁沒再見過面。

我是一九三七年秋天加入的抗團，加入後在學校裡呆了一年，一九三九年我就離開抗團了。

9

命也？運也？
或許只是碰巧。

我不曉得該怎麼解釋一個人或說一個家庭的命運。

一九三九年，天津鬧大水前的暑假，有兩個同學來找我。

我一看到他倆就不高興，這倆個傢夥一來，我就對他們的印象就不好，這是第一；

第二，當時天津學生穿的衣服都很規矩，頭髮也得剪得很整齊。

他倆當時穿著藍布衫長袍，那時我們學校沒有制服，平時就穿深藍顏色或黑色的長袍，家裡有人故去了才穿灰顏色的長袍，這是天津的風俗。一看到有人穿灰色長袍，就知道他家裡有人故去了。

他們當中一個頭髮很長，髮型梳得高高的，搞得很奇怪。另一個把自行車弄得紅紅綠綠的，車把子上還有穗穗，車後輪弄出來倆古古怪怪的東西，跟大家平時騎的普通規規矩矩的自行車不一樣。

我們就都知道，這種一看就是不好好讀書的學生。

來的人其中一個叫李國材，我認得他，但我們沒有講過話，不講話的原因是因為我是初三的，不需要理會初一的。

當時我們整個初中部五六十個學生的宿舍都在第一層大樓裡，那時候我在初三，樓下一個大教室是給住校的學生當自習教室。初一學生在左邊，右邊是我們初二初三的。

另一個人叫丁公浦，他們一上來就提"某某人"，並講了抗團的"密語"，我才知道他們也是抗團的人。

我們那時密語管槍不叫槍，叫"書包"，他們說有"書包"要交給我。

他們本來住在英國租界，但那邊不能住了，沒地方存放，所以找我保存。

既然這樣我也得接受，這是抗團的東西，抗團就那麼一點東西，再丟掉還能做什麼，所以我就答應了。

他們倆找到我的時候只有我們三個人，振鵠當時在家，父母也在樓上，但我沒有驚動他們。因為我們談話的時候在大門口，他們講完就趕快走了。

第一次丁公浦跟李國材沒有拿槍來，只是跟我講有這個東西要放在我這裡。

我家所在的那個巷子裡有五棟三層的小樓，住的都是好多年的居民，誰家有幾個孩子、在哪個學校上學，彼此都比較瞭解。大家也都規規矩矩，連走出巷子去玩都很少，這忽然有人來找我，難免惹人注意。

最討厭的是，我家那個巷子的盡頭是一條大馬路，那裡站著一個義大利工部局的中國員警，他的身後是領事館的領事大花園洋房住宅，他是專門保護他們的，所以他站的地方正好沖著我們。

胡同只要有人出入他都看得見，他在那站兩三年了，跟我們也熟悉，所以來比較陌生的學生他也注意得到。

本來說好第二天拿槍過來給我，結果他們隔了幾天才來。從那天他們倆的行動來看，就知道有人注意他們了。

我更不高興的是，這倆人實在是粗心大意，他們拿槍來我家那天，丁公浦騎著自行車，槍就放在皮包裡，皮包卻掛在自行車的大樑上，後面跟著的那位不是李國材，是一位騎著自行車的警官。

那位警官還穿著很漂亮的黃制服夏裝，洗燙得很乾淨，衣料的紋理很清楚。

他們第一次來的都是學生模樣，那個員警沒有太理會，結果這次這個中國員警就注意起來了。

他在那站崗站了好幾年，在領事門口站崗沒什麼好處，所以他總想換個地方。但是調換地方需要跟長官拉個交情，他正愁找不著門路，一看有警官到我們家來，他就認為我們家認識警官，萬一這個警官是高官，還能給說說人情，對他有好處，但他又不好意思直接到我們家問，所以就留心注意了。

他倆騎車到我家把槍交給我，我打開後馬馬虎虎看了一眼，就趕快包起來放在我們家地下室。

丁公浦帶過來的警官後來我問別人才知道他也是抗團的人，在天津警官學校工作。那個警官沒呆五分鐘，馬上就騎車先走了。

丁公浦拿過來的那些槍大概有六支，一兩百多發子彈，都是普通、老舊的槍。

這就是個問題了，他們從抗團別的小組裡得到我家地址，不過奇怪的是，槍是很重要的東西，抗團一般組員根本看不到槍，更別說拿到槍了，那幾支槍一定是給重要的幹部，或是有行動任務的幹部用的，不是屬於哪個人的。

所以我就奇怪他們兩個怎麼會有槍？誰給他的槍？他們能有槍用，說明他們在抗團裡有點地位份量，起碼是高級幹部的身份。

果然有一天，我們出門的時候被那個站崗的中國員警碰到了，他見到我就問上回來的警官跟我父親什麼關係。

我知道雖然他打的主意不是我們的槍，是為他自己，可是被他注意了還是不好。

結果沒幾天，丁公浦跟李國材都被日本人抓了，他們兩個總在外邊遊蕩，在外邊招搖。

我聽王文誠說過，李國材年輕氣盛、太過衝動，雖然學歷比較低，但也是抗團行動組的組長。

王文誠罵過他，說他沒事老帶個槍，萬一走在馬路上遇上英租界員警檢查，豈不自找麻煩！所以我們大家對他印象都不好，果然後來李國材出事死了。

我相信也許是命運關係，或是運氣關係，也許是碰巧。

我們家巷子口是一條大馬路，馬路口有個四五層的大樓，是個輪船公司。這個輪船公司很特別，整個公司只有一艘船，樓上三樓四樓是老闆和太太的住家，樓下用來辦公。

這個只有一艘船的公司，也只跑山東煙臺一個港口，一個星期來回一趟。船上有房間可以住客人，下邊裝貨物。

他們船公司最願意打交道的人就是海關，因為船到港口，第一個上船檢查的就是海關。所以船公司都願意和海關保持好關係，他們腦筋也很靈活，會注意上船搜查的人。

我哥哥那時剛從上海調到煙臺的海關外班，我家的老管家沒事就跑到門口乘涼，跟大家閒聊天，所以左鄰右舍都知道我們家的大少爺在煙臺海關。

那個公司的人員就讓老管家跟老太太講，她大少爺在煙臺生小孩了，有孫子了，老太太可以坐他們的船去看孫子，他們還給她好房間住，不要船票等等的。

說了好幾次拉關係的話，我們都不理他。

一九三九年暑假，母親想讓我跟著去煙臺看看，來回也就十天半個月，五十歲的老太太上下船也不方便，所以我就跟著去了。

臨走時，我把那包槍交給振鵠保管。❻ 我到煙臺沒一禮拜，天津家裡就被人搜查了。幸好我沒在家，我是年級比較大的學生，要在家也得把我抓去。不過萬幸的是，他們沒在家裡搜出槍來。

最初是丁公浦被抓，但他沒招供。但不知是他日記本上寫了我們的位址還是其他什麼線索被敵人發現，敵人查出來有槍藏在我家。

李國材被抓了之後亂講話，講他跟國民政府有關係，他能找到最高領導人，因為他是最高領導人的乾兒子！意外的是，李國材胡說八道的這些日本人竟然全相信了。

丁公浦後來被日本人打死了，李國材跟日本憲兵講他可以幫他們去山東抓人，憲兵就相信了。因為日本憲兵聽說我跑到煙臺去了，但李國材不知道可以從天津坐船去山東，他以為只能坐火車到煙臺。

其實那時候的火車只是從天津到濟南，濟南到青島有公路汽車，因為青島離煙臺很近，所以青島到煙臺每天都有船。

這傢夥也是命中註定該死，火車開出去幾個小時後，兩個憲兵穿著便衣一路跟著他。

天快黑的時候，他見那兩個日本憲兵昏昏欲睡，再一看車門開著，就奮身跳車，結果兩個日本憲兵當下也跳下車抓他。

李國材跳車的地方是個鄉村，沒什麼人，也無處藏匿，都是田地，很容易就抓到他。那兩個憲兵抓到李國材後就地將他槍斃了。

日本人去我家搜查時振鵠跟妹妹在家，巧的是，我跟母親去煙臺後天津下大雨，家裡的地下室進水，弟弟就把東西搬走了，我父親當時還不知道。

一出事，弟弟馬上寫信告訴我，我就不敢回天津了，一直在煙臺呆了兩年。

當年在煙臺有兩所高中學校，一個是當地政府辦的，但被日本人管著；另一個是美國牧師教會建的商業學校，比較自由一些。

可我在天津的學校沒念過商業性的書，我自己也不喜歡商業，但沒得選，所以在煙臺那個商業學校湊合讀了兩年才畢業。

我在煙臺兩年沒跟抗團的人聯繫過，也不敢在煙臺發展抗團。那個商業學校的學生都是煙臺當地人，我不知道他們的底細，不敢發展。而且這個學校還有兩位從大連滿洲國來的學生，一看到那個背景就更不敢了。

那時候煙臺也是日本人管著，但是跟天津不一樣。抗團之所以能在天津發展到那麼多人並做了不少工作，完全靠天津的租界在掩護我們，不然日本人早把我們抓了。

後來日本人把租界地一占就完了，抗團就有很多人被抓了。所以在煙臺跟天津不一樣，沒法開展這些活動。

一九四一年，我從煙臺回到天津，那年我剛好二十歲。

10

他們半夜跳牆進來，拿槍指著我。

一 逆流者 一

講述中的王振鴻

我加入抗團家裡並不知道，母親什麼都不知道，頂多是開學了問我要不要學費之類的。父親也不問我在學校的情況，大哥在煙臺，離著我們八百里路，更是不聞不問。

一九四二年，我找了個工作。

因為閒著沒事幹，學也上不了，巧的是，我們住在意租界一個通直巷子裡，裡面有個三層樓六戶小房，到第六戶時隔斷了。

本來巷子是通的，結果那家在路上做了一堵牆，怕孩子玩的時候有車進去，等於這一條巷子分成兩個巷子了，那邊的巷子口得從那邊馬路才進得來。

有一天晚上我父親到那邊馬路去散步，碰到這邊巷子一位姓李的先生。

李先生是高陽人，是國民政府的委員，很忠實且資格很老的國民黨員，他不做官也不搞錢，完全信任三民主義。

他招了很多學生去法國留學，這幫學生裡國民共兩黨的人都有。周恩來、鄧小平這幫人都是通過他去法國念的書，他們在法國做共產黨的工作，也組織共產黨發展。

那位李先生是李石曾的同族，他在高陽縣開了個織布和染布工廠，日本人一侵佔保定，把他們那邊工廠破壞了，他就跑到天津，在漢沽開化工廠。因為我父親是長蘆緝私稅警團第六區的區長，而且又住在高陽，跟他便認識，所以在巷子裡就跟老友碰上一樣。

父親跟他聊天的時候提了一句，說我剛從商業學校畢業，不知道是讀書還是做事好。

李先生就讓我到他那去，我在商業學校學的是會計，正好他會計室有兩個人，一個主任一個會計，需要有人幫忙記個賬什麼的。

我就這樣跑到他的合記公司去上班了，李先生拿我當孩子一樣看，對我很好。

我剛到李先生公司的時候，我弟弟王振鵠正在上海讀書，孫若愚他們也在上海。

民國三十二年的舊曆十二月二十三（一九四三年一月二十八日），那時振鵠剛回天津沒幾天。

那天正好是我們北方習俗祭灶王的日子，晚上天津的天氣很黑，還下著雪。

那是個星期六，下了班我正準備回家，公司有個姓侯的同事讓我吃完飯再走，我一看外邊下著雪，便答應了。

侯姓同事喜歡看閒書，七八十年前的天津法租界商業區有兩個市場，一個是勸業場，一個叫天祥市場，裡邊都是一層層的樓，有好多商家，是過去天津最熱鬧的地方。

天祥市場有個商家賣舊書，我那個侯姓同事在那買了一本算六爻卦的書回來，還給我算了一卦。他讓我說個字，替我算一卦。

我隨便說了個字，他算完一愣，說我先是大凶，必須過了年才大吉。

我說你這算什麼卦，又凶又吉的，也沒當回事，因為他自己也不太明白。結果當天下午四點多鐘算的卦，到了第二天凌晨五點多，我和弟弟妹妹就被日本憲兵隊抓了。❼

抓捕押送我的日本憲兵叫金山，他不是憲兵隊的什麼官，只是負責出來抓人，就好像警察局的刑警一樣。

金山帶人到我家的時候才早晨五點多鐘，我們還沒睡醒。金山他們跳牆進到我房間把我弄醒，拿槍一指，我就明白怎麼回事了。

他很簡單，沒有廢話，我只能跟他走。出門一看，外邊有員警有車，我們那時心理方面也算有一些準備，也有設想過被日本人逮捕的情形。

我們被帶走時，母親在屋裡不敢出來，只有父親下樓看了看我們，說了句：你們走吧。

我們沒有講話，他也沒有問什麼，其實他心裡也明白，知道日本人想要抓你，你也無可奈何。他總覺得小孩子不會怎麼樣，幸虧他不知道怎麼回事，知道了反而更不好。

那天憲兵隊是穿著便衣跟著員警來抓人的，他不知道有多嚴重，只是以為小孩子惹麻煩了，所以我們也不敢跟我父親打招呼，只是低著頭跟著人走了。

當時我那妹妹王振鵝傻乎乎的，一看有兩個哥哥在就跟著走了，也不知道害怕，我們被抓得也有點莫名其妙。

李先生的兒子有一位同學的父親在工部局工作，知道我們被抓，可能他父親去跟李先生兒子通知了此事，所以那個同學下課以後就跑到我公司（學校和公司就隔一條馬路），大家這才知道我被抓了。

11

監獄未造我先到，人稱我是『馬一號』。

設在天津海光寺的憲兵隊，也是日本華北駐屯軍司令部，"七七事變"後，該司令部遷至北平。
圖片來源：天津市檔案館

日本憲兵先押我們到意大利租界的公務局擱著，第二天早晨大概九點多鐘，他們開車把我們送到天津海光寺日本憲兵隊。

海光寺那邊是憲兵司令部總部，剛開始我們心裡也害怕，他們把我們三個擱在客廳，然後在我們旁邊的桌上擱了一把槍就走了。

我們三個坐在客廳的沙發上，我見狀覺得不對，跟弟弟妹妹說不要理他。

果然沒五分鐘，這傢夥跑回來了，看了看我們，又看看槍，發現我們沒有理會他，他笑了笑，把槍收起來了。

日本憲兵很狡猾，他就是等那種不知底細和輕重的人去拿槍，這樣他就有藉口找你麻煩了，結果沒想到我們三個坐那都沒動。

日本人看我們沒上當，把我們叫到另外一個屋子。那個屋子裡關著二三十人，有好多我認識的同學，我一看，放心了。

剛開始心裡很不安，聽說憲兵隊很凶殘，後來看到那些同學，反正好大家一起好，倒楣一起倒楣，被槍斃一起槍斃，有那麼多朋友在一起沒什麼好怕的。

屋子裡有日本憲兵看著，大家都不敢講話，只是一排排站著。女生在那頭分一排，我們這邊都是男生，一共三排。我站在第一排，振鵠站在我旁邊，身後邊還有兩排。

當時我故意把手伸在背後，後排的同學陳維霖就在我手上寫字：你什麼時候來天津的？我倆就在我手心有一句沒一句的寫字聊天，同時日本人也開始分房間了。

陳維霖跟我弟弟同班，關係很好，振鵠介紹

他加入抗團，他們兩個那時候才十幾歲。他們經常寫文章給報紙刊登，文章都是很輕鬆的小品文，比如描寫風景或是講個小故事之類的，結果沒想到刊登出來了，而且還有稿費拿。於是我從煙臺回來幾個月沒事幹，也跟著他們寫小說賺稿費。

一九四二年七八月份的時候，我在報刊發表了四五篇作品。第一篇是小說，用的是一聽都以為是女孩子的化名"鹿萍英"。以後又寄了兩篇短篇，再後來工作就沒時間寫了。報社刊登了我的小说作品，還給了我二十七塊偽幣的稿費，二十七塊在當時不少錢呢！

我當時還不敢去領錢，讓我小弟弟騎腳踏車到大公報替我領錢。那時候的大公報被日本人接收了，好像是改成了"民國日報"。❽ 那時候我們投稿都是寫的無關緊要的文藝小說，所以它們就登了。

我常想，假如有機會回到天津，我一定要去文史館之類的地方，找到當年的檔案，把我那幾篇文章找出來。

當年我們那些被抓的二三十人裡就有後來犧牲的袁漢俊。大家排隊的時候我沒有見過袁漢俊，跟他並不認識，倒是我弟弟振鵠跟他認識。一直到我從花園街分隊那邊又調回海

天津抗日毅奸團成員之一 陳維霖　圖片來源：閻伯群

光寺總隊，才知道袁漢俊。

半個小時後房間分完了，日本人把我安排到六號房間，袁漢俊被安排在靠近廁所的九號房間。有時候他經過我們這邊，能看見他，

但是沒講過話。我們有時候去廁所，會進他的門看看，也沒說話，憲兵在那看著呢。

袁漢俊是南方人，也在天津讀工商附中。比我稍高一點，中等身材，人長得很秀氣很斯文，性格屬於安靜型的。

聽說袁漢俊很聰明，能把中國文字改成密碼使用，比如他能把我的姓改為密碼來聯絡使用，所以抗團找他把大家的名字和位址改成密碼，所以他算是抗團比較高級的幹部。

抗團被關在憲兵隊的男團員除了陳維霖、袁漢俊和陳肇基之外還有一大堆，光我認識的就有七八個。後來陳維霖最倒楣，關了不到一個星期就病了，他被關在我隔壁的七號，營養不夠，也沒人理他。

他雖然跟我弟弟同班，但我跟他也很熟。那時候我很希望他的病能好起來，萬一不行我會負責給他修一個好的墓穴，立個石碑，弄得好看一點。

一年多後我被放出去了，我就找到英租界英國跑馬場的中國公墓埋葬他，我用水泥石頭給他的墓修好，再立上一塊碑，然後拜託振鵠讓"馬一號"寫了一篇祭文，將他這一生的事情刻在那石碑上。

馬老頭本名叫馬增祺，當時其實不算太老，也就五十多歲，寫文章還可以。買那石碑花了我很多錢，弄好以後足有五尺多高，然後將"馬一號"的祭文寫刻在石碑上。

"馬一號"是北平人，父親是給皇宮包工程的，他家在北平還有個大藥店，所以家裡很有錢。他後來到法國學鐵路專業，回來以後在鐵路局擔任運務處的處長。

"七七事變"後，日本佔領平津，開始攻打北平南口，那是個重要的點，國民黨中央軍守在南口，日軍一時攻不下，他們就用火車運大炮到南口。

馬老頭當年是運務處的處長，哪列車怎麼動他都知道。日本人裝了一列車軍火去南口，這個消息不知是馬老頭子洩露給中國軍隊還是游擊隊，結果他們在半路上埋了炸藥把日本的軍火車炸了。

日本人查出是他幹的就把他關進炮局。那時候炮局還沒有監獄，就幾個房子。日本人把他關進去，但什麼也問不出來，他死活不承認。以後日本人又關了很多抗日分子進去，並一一編了號，他是第一個來的，所以叫他"一號"。他還為此作了一首詩自嘲："監獄未造我先到，人稱我是馬一號"。

他家裡常常送東西送錢到監獄給他，他就靠這些財物在監獄裡活動，因此他人緣最好，認了好幾個乾兒子乾女兒，光抗團就有兩個人，乾兒子是我弟弟，乾女兒是劉欽蘭。

我後來到北平就去過"馬一號"家，他還請我吃飯。他有兩個兒子，其中一個娶了于進和的女兒，于進和當過北平市警察局長，也算是有錢有勢的人家。

後來他也到了臺灣，大家都很歡迎他。他來臺灣的時候還帶著姨太太，他這姨太太原來是殷汝耕的四姨太。抗戰勝利後，殷汝耕被抓，馬老頭有錢又風流，勝利後認識了她，一九四九年以後就把帶她來了臺灣。

他後來搬去新竹住，最後在新竹故去了。

抗團的女生那次一共被抓了十二個。這十二個女生彼此關係都很好，她們按照年齡大小結拜為姐妹，我妹妹振鵠排最後一個。

那十二個女生的名字分別是：華道永、楊慶余、康婉雲、潘文榮、劉欽蘭、張耀清、李桂芬、黃玲玉、王碩芬、王菊青、王振鵠。還有一個搞不清是誰，問好幾個當事人，都記不起來了。

前幾年我聽說康婉雲在天津，這三四年沒人說起，也沒聯繫方式。她結婚前我們還去過她家，以後她嫁給了抗團的翟大鵬。

華道永被日本人放出來後到了一個保險公司工作，沒事就給我打電話。楊慶餘在法租界住，在一個日本商行工作。我沒事就騎腳踏車跑去找她，跟她溜一圈。還有張耀清，跟我都很熟。

日本人分兩個房間關押她們十二個，每一個屋子關六個女生，一號和二號房是專關女生的。那時候那排屋子有十個監房，後邊就是廁所和洗澡間。屋子之間的牆壁中間掏空了一塊，嵌著幾根木頭，木頭中間有空檔，看得見對面的房間。那十二個女生就睡在地板上，頂多給一個綠色的日本軍毯，我們男生則什麼都沒有。

日本憲兵在一號二號房前擺了張桌子坐著，因為那裡是日本憲兵的司令部，司令就在那個大樓裡，所以他們憲兵還算是規矩，不敢胡作非為。❾

分完房間剩下我、振鵠、葉綿和他祖父沒房間，日本人就開著軍用卡車帶我們到中原公司後邊的花園街憲兵隊，那是他們的海光寺憲兵司令部的分隊。

一 逆流者 一

12

他們把抓來的年輕人全送到東北和日本當勞工，你可別去。

海光寺司令部這邊關的幾乎十之八九都是我們抗團的人，所以他們住在一起彼此能相互照應，沒太多顧慮。而花園街就不一樣了，那裡面關著小偷、強盜，什麼亂七八糟的人都有。

關我的那屋有四個人，其中一個就是偷日本電臺燈泡的年輕人。此人二十多歲，沒受過什麼教育。另一個是在日本公司上班的中國職工，被抓進來大概是因為帳目不清。

我們在花園街被關的第一天，有個憲兵晚上無聊喝了酒，就隨意叫人唱歌給他聽。那天輪到振鵠被叫出來唱，我當時看不到他，但聽到振鵠唱了《我的家庭真可愛》，❿ 那首歌我們在讀小學的時候都會唱。

剛到監獄的當天，監獄發給我們一個鋁做的碗和一個黑乎乎的調羹。到十二點鐘的吃飯時間了，每個監房有一個得低著頭才能出去的門，門打開以後旁邊有一個小洞，你把碗擱在那個洞口，送飯的提著一桶飯在旁邊把一大碗飯盛在碗裡給你。

同屋的那個小偷常常要求外邊送飯的中國人多給一點飯，堆到滿出碗尖。監獄那個飯不是純粹的白米飯，好像雜米飯，而且只給一片黃蘿蔔配菜。

我一看這麼一大碗怎麼吃得了？結果那小偷說，你吃不完分給我們，我們吃得多，你這小孩子不懂事，你現在吃一點點，過一個星期看你吃多少。

我沒理他，半小時後送飯的過來再給盛了一碗湯。我進去頭兩天沒心情吃，也吃不了那麼多，只吃上面一點點。結果一個星期後能吃半碗了，等到十天之後，那一大碗都能吃了，所以他們都笑話我。

十天之後，飯的成份更次了，盡是糠和穀子殼之類的，日本人都沒有吃純粹的白米飯，又怎會輪到我們？可即便吃這些，我們也能吃下去。

三四天后，我們那個屋子出事了。

偷電燈泡的那個小偷被日本人抓去審問後，證實他真偷了。結果大冷的天，日本人把他綁在院子的樹上，拿棍子打他那只偷燈泡的手，打到骨頭幾乎斷了才送回來，我們什麼也不敢說。

當天晚上這個小偷就不對勁了，開始發燒昏迷，一直等到第二天下午日本兵換崗點名。日本兵用日語點名的時候我聽不懂，小偷躺在那昏迷不醒，結果一點名，我們屋子缺兩個人。

日本憲兵叫名字的時候，你聽到後得回一聲"哈依"，但我們屋沒回答，那憲兵急了，以為這屋少倆人，氣轟轟跑來我們屋門口。正好我們屋子那位在日本公司上班的中國職員能講一兩句日語，就跟他說生病了，那憲兵大罵了我們一頓，說他生病昏迷不醒為什麼不報告？

那日本兵開始"梆梆"亂踢，一腳把我的眼睛踢破了。

第二天早晨，那個小偷就被拉出去了，也不知道拉去哪裡，倒楣的是我的眼睛當時就被踢出血。

小偷被拉走後，我們仨相處了大概半個月，沒兩天那位中國職工被弄走，臨走前他跟我講："你不要承認自己是學生，他們抓了一批年輕人，全都送到東北和日本去當勞工，你可別去。"

我當時心裡就想，這傢夥可能看我年輕，以為我是學生。他也多餘講話，日本人不會要我的，我這瘦瘦小小的樣子要我能做什麼？再說了，日本人非要把我送去，我也沒辦法拒絕呀。

他被提溜走以後，屋裡就剩我們兩個了。另外那傢夥大約四十歲左右，在日本公司做職員。

我們一關進去，日本人就給我們每人發了一條不曉得多少人用過的日本綠軍毯。

那時的天津冬天很冷，那日本職員就讓我把的毯子鋪在地上，用他的毯子蓋我們身上，那毯子很寬很大，兩個人蓋上去剛好。

結果他被關好幾個月了，身上都是跳蚤，剛一起睡的時候不知道，過了幾天開始覺得身上癢，但不曉得是跳蚤在咬人。

湊合睡了一個星期十天左右，日本兵不曉得怎麼良心發現，讓我們洗澡。

我們那有一共十個監房，一二三號房都是給男生用的澡房，澡房裡有個小水池，裡面燒著開水。

他們把一二號房給我們五個打開，每個人都脫光衣服跑過去洗澡。好在是晚上，燈光很暗，啥也看不見。

日本兵怕我們跟隔壁房間的人講話，我們在裡面洗，他端著刀在門口看著。我們一進去快速沖完水後跳到池子裡泡，一個人頂多泡十分鐘。

這樣沖泡了一下，把我身上的跳蚤沖掉了一些，稍微舒服了點。

我們被關在花園街憲兵隊十五天沒事幹，成天就坐在地板上，也沒人審問，就被莫名其妙踢了一回。

屋裡光線很差，白天也是陰暗得不行，大多數時間不知道是白天還是晚上。牢房對面是其他房間，中間走廊的電燈也很昏暗，日本人故意讓你什麼也看不見。

振鵠跟葉綿爺孫倆被關在斜對面的房間，我只知道他們在那，但是看不見人，整個牢房黑乎乎的。

13

日本憲兵見我被憲兵踢打，要替我出氣。

講述中的王振鴻

過了年，正月十五左右，憲兵總隊有個叫野中的奉命來押我們回憲兵總部。

我對這件事情印象很深刻，因為野中來押送我們的時候並沒有卡車。我跟他走到院子門口，發現沒有卡車，就問他怎麼沒車？難道我們走路過去嗎？因為海光寺距離花園街還挺遠的。

結果這傢夥膽子真不小，不光沒給我們帶手銬，也沒帶腳鐐，還沒有日本憲兵跟著，就他和翻譯押著我們四個人直接走。⓫

葉綿在上海的時候跟孫若愚搞炸彈受傷了，他祖父年紀大了，他們想跑也跑不動，頂多就我跟振鵠能跑，所以野中主要看住我倆。

他還跟我開玩笑：你不要跑啊，我身上可有槍。我還反過來跟他開玩笑：我不會跑的，你們那邊有饅頭吃。

玩笑歸玩笑，要知道他雖然沒帶憲兵，可是馬路上有的是日本兵和員警，我們要跑了，他一喊，照樣能把我們抓了，在日本租界的管轄區，跑不了的。

野中後來成了審問我和振鵠的人，他個子很高，馬上要在東京地大法律系畢業了，結果日本徵兵把他徵來天津憲兵隊訊問學生。因為他是大學生，比較容易接近學生，不像別的憲兵那麼粗暴。

我們北方冬天會在屋裡生爐子取暖，爐子裡有根通爐子用的"通條"，把通條插在爐子裡，用不了多久，那根通條的下半截就能燒得通紅。

我聽說那些粗暴的憲兵在詢問的時候，如果被詢問者沒回答，或者回答得不滿意，他們就會拿那通條打人。

我有個同學叫王學源，他就被通條打過。當時憲兵打過來，他第一反應就是拿手擋，結果馬上就燒焦破皮了，很殘忍。所以我們運氣還算好，碰到這個還不算粗暴的野中。

那天天氣很好，我們六個人在大太陽中走去海光寺憲兵總部。

在憲兵分隊的黑屋子裡被關了半個月，成天見不著太陽，乍一出來被曬得頭昏眼花，眼睛都睜不開。

難得冬天天津還那麼有大的太陽，不冷，也沒有風。葉綿跟他祖父在後面走，我跟振鵠在前邊，野中和翻譯一邊一個。

從花園街出來的時候，馬路上擺著元宵賣，我才知道元宵節到了。

路上野中看我眼睛受傷還問我：你眼睛怎麼成這樣？我說你們憲兵踢我。

這傢夥還講點理，問哪個憲兵踢的？我幫你出氣！可我們哪知道姓名啊，也不會講日本話，而且憲兵穿的制服和帽子都一樣，怎麼分辨？

這樣晃晃悠悠慢慢走了有二十分鐘才到海光寺憲兵總部。

到憲兵總隊後，日本人把振鵠跟葉綿爺倆關在四號監房，把我攔在六號。其實葉綿的祖父並沒有被逮捕關押，是他非要跟他孫子一起，說葉綿身體不好，他要照顧孫子。

振鵠說葉綿這個人不太得人緣，這個也不能怪他人不好，他在上海是被孫若愚試驗的炸彈炸昏了，孫若愚自己也被炸掉一隻胳膊，他可能腦子被炸傷了，所以精神有一些不正常，走路也不正常。

但這不是天生的，如果他天生有神經病，抗團還會要他麼？而且還把他派去上海跟孫若愚在一起執行任務？

有時候他也很正常，比如振鵠要結婚的時候我到北平去參加，葉綿碰到我，他想送振鵠結婚禮物，但不知道送什麼好。

過了幾天，他給我看一張他用鉛筆畫的一隻左輪手槍，有明暗對比，很立體，完全像真槍一樣。

他問我把這張畫送給振鵠當作結婚禮物好不好？所以說他腦筋也並沒有完全炸糊塗了，反正有時候有點不太一樣。

振鵠結婚是一九四七年的事，那時候抗戰勝利已經兩年了，葉綿在上海跟孫若愚試炸藥是一九四一年左右，已經過了好幾年，差不多恢復了，已經可以料理自己生活了，也能寫寫畫畫東西了，但走路還是不行。

日本憲兵起初不想要葉綿的祖父，老先生當時大概六十多歲，可看起來就像七八十歲的樣子，日本兵怕他在憲兵隊萬一有個不好，他們得負責任，但是他非要去，沒辦法就讓他去了。

14

振鵠在憲兵眼皮底下給我傳字條對口供。

我進六號監房的時候，裡面已經關著三個人了。一個人個子很高，自稱姓王，但是他不是真姓王，是糊弄日本人的，其實此人是國民黨黨部天津市的委員；
另外一個是江浙地區的人，姓楊，矮矮胖胖的，是個銀行職員，他跟我說他是抗團的，可是我並不認識他；
另一個姓許，是過去英國人在天津開的新學書院的學生，也自稱是抗團的，我也不認識他。
我一進去那個姓王的就問我是哪裡的學生，我說我是工商附中的，他馬上說，你不要說見過我！
我說你瞎嘀咕什麼呢？
那個人很高大，他是工商大學部的學生，有一度我們工商學校被日本人封鎖租界，限制出入。但是我們有飯廳，而這個姓王的就是管飯廳的，他組織了一個"飯廳委員會"，我們每月交錢吃飯，所以他認識我們好多中學的學生。
其實這個人姓沈，叫沈樹人。他怕我們學生認出來，所以我一進去就不讓我說見過他。
這個人很厲害，也很圓滑，他有本事讓憲兵允許他在監獄裡抽煙，其他人就不行。
沈樹人並不會日文，只會簡單的幾個字，他找到一個好講話的憲兵，跟他說要學日文，讓這個憲兵給他一點學習資料。那個憲兵很老實，就給了他幾張日本報紙。
這個憲兵知道他要學日文，認為他是好人，所以有事就找他出來幹活。
有一次監獄裡冬天烤火的火爐快滅了，憲兵懶得動，就把他放出來通通火，這傢夥就很殷勤地把爐子給生好了。
憲兵一高興，給了他一支香煙，他當著日本人的面抽完，然後把煙頭丟在垃圾桶裡。
看守所裡大部分時候只有一個憲兵，頂多兩個，都把他當朋友一樣信任他。
他就借這個機會，趁憲兵不注意，在點火爐的時候，多拿了幾支火柴擱在手裡。給憲兵拿香煙的時候，他也趁機偷兩根香煙，等偷完了回去跟我們顯擺嘚瑟，還在屋裡抽，很滑頭很有意思。
憲兵隊的監房特別窄小，睡覺的時候這邊的腳能碰到那邊的頭。那個監房不能算是真正的屋子，因為前面沒有門，都是一棱一棱的木頭，不到一丈見方。

我們房間關了四個人，身材最高大的就是那位沈樹人，他睡覺的地方頭腳伸直了，距離牆壁還有一段距離。

第二個老楊和第三個身材小還可以，我那個床位距離就差了一點。因為我前面是一個木箱，裡邊有大小便用的盆跟桶，蓋子蓋著倒是沒有味道，可是我的腿伸直了往前不到一尺就能碰到那個箱子。

我身材大約五尺六寸，所以這個距離不到一丈，自然能碰到。

剛去日本憲兵隊的頭幾天大家心裡不舒服，等過了十天，大家就比較冷靜一些了，也沒啥心思計較了。

沈樹人一天到晚沒事做，就搞這些閒事，有時候他抽香煙的時候讓我們也抽一支。

監房的左牆角有一塊方的廁所，廁所是個檯子，下邊有一個木箱當小便池，用蓋子蓋起來，屋頂上有個洞，洞裡有個鐵皮，鐵皮上有一角一角的棱，風一吹便"嗚嗚"地轉，這樣就把我們屋裡的髒空氣抽出去了。

沈樹人很聰明，他讓老楊坐在門口把風，如果憲兵過來，一聽到走路聲就趕快提醒他。然後這傢夥就把火柴從被子裡拿出來，站在那抽兩口，那個煙就從洞裡被抽出去了。

一 逆流者 一

我被關進去的時候，沈樹人已經被關了三個月了，關久了，這些憲兵哪個好哪個壞他都知道。

他曾跟我說起過憲兵壞到什麼程度：那些日本憲兵平常穿的是馬靴、制服，有個壞憲兵上班就故意把馬靴脫掉，換成中國的布鞋，走起路來沒聲音。⑫

他穿著布鞋從這邊走到那頭，偷偷看你在做什麼，要是有誰講話了就拉出來打一頓。

他這麼一來也把我們逼出對策來了，女生的監房門旁邊有張桌子，這傢夥一換鞋就看得見。我們定好用手指頭"梆梆"敲兩下，隔壁一聽聲響，知道有情況了。

大家就這樣一號敲給二號，二號傳三號，一直傳到九號。大家聽到聲響就趕快閉嘴規規矩矩坐好，每天都是這樣。

不過這個信號傳到九號就不傳了，因為袁漢俊被關在十號，他有特別的待遇，有椅子可以坐，也可以睡覺，日本憲兵也不管他，所以他無所謂。

這還不算，日本人看我們看得很緊，把我們身上搜得什麼也不剩，但即便如此，振鵠還能給我傳過一個條子。

當時振鵠住四號，我住六號，那紙條是拿鉛筆寫的，在上面告訴我他去上海的日期、什麼時候從上海回來的、包括我去山東煙臺的日期。

他之所以要說這個，是他第一次被日本憲兵隊審問的時候被問到日期，他怕日本憲兵隊把我找去審問，兩人的口供不符。

我又是怎麼收到振鵠的條子呢？

那時候每天早晨，日本憲兵都會把所有屋子的門鎖都打開，要大家把盛放大小便的木頭方盒子拿到最後一個房間。

那裡是洗澡的地方，旁邊就是沖洗髒物的水池。水池備有桶和刷子，兩個日本憲兵一個站在前面一號二號那邊，監視大家出來開門打水，另外一個站在最後。

可站在最後的那個日本憲兵就得看到裡邊沖洗髒物，因為味道不好聞，他就站在遠一點的地方看著。

這樣就給我們機會了，所以借進去出來的機會，就把條子塞在袖子裡邊。但我沒回復紙條，憲兵隊那麼嚴密，知道就可以了。

15

我要吃肉，你給我想辦法！

一九四三年那年的春節，日本憲兵不知道怎麼發慈悲心了，沒阻止有人家裡往監獄裡送東西。

不過送吃的東西也限制，肉類和新鮮的東西不能送，送饅頭之類的就可以。

老楊是江浙那邊的人，臉又白又胖，還有點紅紅的。他有時候會喊他高血壓頭痛了，有時候一叫就是半天，我們也不理他。

過年的時候他太太給他送了一床棉被，棉被裡夾著一罐牛肉罐頭，不曉得日本人怎麼准許她送進來。

等打開棉被一看，我們幾個傻眼了，哇，牛肉罐頭！好幾個月沒吃到肉了，雖然不是送給我的，但看到罐頭也是瞪大了眼睛。

緩過神來，我對老楊說，不對啊，那鐵罐頭你怎麼打開？有開罐器嗎？你太太糊塗啊，沒開罐器還不如不送呢，故意折騰我們。

我們天天罵，罵了十好幾天，老楊面子上掛不住了，就跟我們打賭：我要讓你吃到這個罐頭怎麼樣？

我說你要是讓我吃到罐頭，哪怕只吃到一塊肉，我出去後請你一家子吃飯，但要是吃不著，等我出去到你家當面罵你太太！

過了幾天，老楊一拍手說：我有辦法讓你吃到罐頭。

老楊坐著的那個地方靠門，門是一個個鐵釘釘起來的，其中有個棱底下，有個釘大釘子沒釘好，露出來一個尖頭。

老楊每天用棉被把罐頭包起來，露一點頭擱在那磨，他磨的時候沈樹人負責把風。

一個多星期後罐頭終於被磨出一個洞。

那時候我們吃的是高粱米飯，一人一盤，老楊就滴幾點牛肉汁攪在飯裡。這樣也挺好，幾個月沒吃著肉，難得聞到牛肉湯的味。

不到一星期，罐頭裡的湯被我們倒光了，我又罵老楊：沒有湯了，那肉怎麼吃呀？我要吃肉，你想辦法！

老楊沒辦法又接著磨，十幾天后居然磨出一個不到兩寸的口子，慢慢撬開後便可以把肉倒一點出來，就這樣沒幾天，罐頭就被我們吃光了。

從鑽那個洞到拉開一個口子，一共用了二十多天，幸好北方冬天冷得要命，肉也沒壞。

所以老楊得意了：你欠我一頓飯！

16

這是憲兵隊送來的，萬一有閃失，沒辦法向日本人交待。

講述中的王振鴻

我從花園街到了司令部後，袁漢俊還沒被送走。但是憲兵有訊問我們，隔幾天就找一個來問，我被提出去審訊過三次，審訊內容就是什麼時候加入抗團、都有誰呀、你槍放哪呀等等的，什麼都問，他高興問什麼就問什麼。

我說我是有加入抗團，但是沒做任何工作，最後逼得我沒辦法，不得不承認一點，我說有人給我宣傳的文章，我就翻了翻，聽了聽廣播，別的沒有。

不知道為什麼，那個翻譯很幫我，我承認我拿了五六份傳單，結果他跟日本人講我只拿了一份，這樣一來罪就輕了。

這個翻譯官很有良心的，對我們也很好，但是我沒辦法跟他道謝，日本人雖然只聽得懂一點中國話，可是你如果跟翻譯講話他也會疑心。

結果巧了，第三次審問我的日本人問了我一半後，趴在桌上睡了十幾分鐘，這翻譯跟我比個手勢，表示那傢夥昨晚可能出去玩，還喝酒了。

問完後翻譯把我從大樓送出，經過一個大院子送回監房。趁著在院子裡走的機會，我跟那個翻譯道了聲謝，並問他貴姓。

他說姓李，我跟他道謝，他擺擺手不講話。我聽得出來他不是大陸人，可能是臺灣的，因為那時候他們徵收了好多會講日本話也會講國語的臺灣人到大陸來。

將近四個月的時候，經過三次審問，日本人把我們二三十人都審完了，最後決定把我還有三個同學（含一女生）送到天津的中國監獄關押。

老百姓管那個監獄叫"西役所"（在天津的西邊的）或"習藝所"（意指在裡面學習手工藝），在西南城角附近。

王振鵠、陳肇基、葉綿、袁漢俊、劉欽蘭這些全部送北平軍法會審，由日本司令部在北平的正式軍官審問判決，最後振鵠被判刑三年。

為什麼同時被抓，結果卻不一樣呢？因為每個人身上"犯的罪"輕重不同。

我那時剛從煙臺回天津沒多久，沒參與抗團行動的事情，頂多就是抗團的身份。可是抗團是抗日的，你是抗團人自然就反日了，所以我就被送到了天津的"中國監獄"，我們稱它"偽中國監獄"。到監獄後，日本憲兵隊給法院一個公文，公文上寫得很清楚：幾月幾日關押、釋放，釋放前要送回日本憲兵隊。我這才知道自己被判了四個月。

到了中國監獄，跟我關同屋的有四個人，有倆是新學書院的學生，我是工商的。還有一女孩子，是法租界梨站大街神功大藥房張老闆的女兒張耀清，她在女子聖功學校讀書，因為加入抗團所以也被抓了。

神功大藥房是開張很多年的老西藥房，老闆是留學日本學成西醫後回來開的大藥店，在天津很有名，藥店就開在藍排電車道還是綠排電車道旁邊，現在還有沒有不知道了。

最可笑的是，押送我們過來的日本兵離開前用磕磕碰碰的中文跟我們說：你們好好的，我就讓監獄裡管事的主任饅頭大大的給。

其實監獄哪有饅頭，吃的還不如憲兵隊給的飯好。

女生有專門的牢房，張老闆的女兒很快就被送走了，她一走我們仨麻煩就來了。

分配牢房的時候，哪個人住哪個監房是由監房主任決定的。監獄裡有個檢查站，我們經過檢查站時，身上的東西都得拿出來，然後給個小板凳坐著，接著開始上腳鐐。

監獄裡的人覺得這些是日本憲兵隊送來的抗日分子，不能出事情，萬一跑了沒法交代，為了安全起見就給我們上了鐐（那時候只有強盜、殺人犯這樣的重犯才上鐐）。

回到監房，麻煩又來了。

監房是個大屋子，靠牆邊是一個大通鋪，可以睡二十多個人，大家挨挨擠擠的，一動就碰著別人了。

頭天進去沒什麼，第二天早上有人喊錢包丟了、毛巾沒了。等到晚上，那個監房的白主任把我們仨叫出來，問我們住得怎麼樣？

我說二十多個人睡在一起當然不好了。

他馬上說可以給我們找個好房間，就像住旅館一樣。

天下沒有白吃的午餐，住旅館是要付費的，他要我們每人六千塊偽幣。但我們口袋裡的錢都被搜走了，他讓我們寫信跟家裡要。

姓許的同學家裡是做生意的，有點資產，也是家中是唯一的兒子，所以家裡人拿他當寶貝，要多少錢都給。

張姓同學的父親做英國工部局的什麼主任，家庭也算中等以上，也沒問題。我家就不行了，而且也不能讓我父母知道。

我突然想起公司給我算卦的那位侯先生，他在那公司老資格，很得到上面的賞識，也管一些事情，地位雖不高不低，但對人很好，跟我關係很好，就寫信跟他先借六千塊。

幸好侯先生馬上拿了六千塊過來，這樣我們三個人才安安穩穩在那個屋子住下了。

白主任拿了我們的錢，給我們仨一個足足可以住二十幾個人的大房間。

他跟上面說這三個人是憲兵隊送來的，不能有閃失，萬一他們出了問題，沒辦法向日本人交待！

他料定他們的主任、監長都怕日本人，所以這麼一說絕對沒問題的。

17

監獄雜役扔進來的包裡，有人用毛筆劃著鐮刀斧頭的圖案。

一九三零年，中共蘇區證件上的"斧頭鐮刀"和"錘頭鐮刀"圖案。

我記得關進去的第三天早晨，牢房門有一個不到一尺見方的洞，頂多五六寸，雜役從那個洞裡丟進一個包來，一會下午又丟進一個包，還是大包。

我打開包，發現裡面是幾個布條子，還有六條很整齊的帶子，帶子上還有用毛筆畫著鐮刀斧頭的圖案，我被搞得很莫名其妙，不知道怎麼回事。

獄裡設有好幾個雜役，其實那些雜役也是犯人，只是他們年輕力壯，跟那些看守關係比較好，所以就被挑出來做雜役。

雜役是個很好的差事，經常在外邊東奔西跑的，總比蹲在牢房裡好，最要緊的是可以跑廚房吃東西喝水。

更好的是有些犯人是有錢人，常常買東西送給雜役，比如買塊肥皂送給他們。那時候一塊肥皂很不得了啊，監獄外邊拿肥皂不當回事，可在監獄裡，小小的一塊肥皂、一條毛巾、一個牙膏都是很大的人情。

雜役們收了你的人情，就可以替你跑腿傳信

中共黨徽的演變過程：

一九二一年七月廿三日至一九二七年十二月--以斧、鐮為標誌。

一九四三年四月至一九五二年九月，中共黨徽圖案由"鐮刀斧頭"向"鐮刀錘頭"演變。

一九五六年九月至一九九六年九月，中共黨徽經過了從橢圓形"長刀把"，到尾端逐漸由圓變方的"矩形刀把"，再到更為抽象的"圓形刀把"定型的演變過程。

18

手無縛雞之力敢抗日，獄卒特別挑了『熟鐐』給我們。

監獄每天下午允許放風半小時，犯人都到院子裡去，但是不許講話，也不許亂動，就站那吹吹風，或者曬曬太陽。

放風時，我詫異地看到別的犯人也帶腳鐐，只是很奇怪他們戴的腳鐐跟我們不一樣，他們把鐐子中間的鐵鍊拿繩子吊高，防止一走路"咣咣"響。⑬

吊鏈子的那個繩子應該擱在褲腰的皮帶上或者帶子上，可是監獄怕我們利用皮帶上吊，把皮帶都收走了。

但是還好，我們那時的學生褲腰上都有裝皮帶的環，我們就把繩子拴在那裡吊起來，走路就不會"咣咣"響，也不會把土帶起來弄髒。

那幾條雜役扔進來給我們的布是用來包腳銬的，以防腳鐐把皮膚磨破了生鐵瘡，生了鐵瘡就治不好了。

有人好意用布條幫我縫起來，也不曉得誰給我們的布條，上面還畫著鐮刀斧頭，所以你一看圖案就知道對方是什麼身份了。

獄卒們怕出事不好向日本人交待，入獄的當天就給我們戴上鐐，而且給我們戴的是"熟鐐"。

腳鐐分"熟鐐"跟"生鐐"，"生鐐"是剛從工廠做好還沒用過的，通體黑黑的，而且有棱有角，還生著鏽。

"熟鐐"是用過的，用的年頭越多越好，用得越久磨擦得越厲害，腳鐐就越輕。幾年下去，磨過的鐐比生鐐輕很多，而且變得光滑白亮，還沒鐵銹。

當初給我們砸鐐的人看我們是學生，特別挑"熟鐐"給我們，假如沒這個運氣的話，那得花多少錢找多少關係他才會給熟鐐？結果我們一文錢沒花，人家看我們身為學生，手無縛雞之力還敢抗日，所以中國人對中國人是會同情的。

戴著鐐睡覺也是個麻煩事，進監獄的頭兩天我們沒計較這個腳銬怎麼辦，可是那時候天氣熱了，不能老像頭兩天一樣戴著腳鐐穿著褲子睡覺。

到了第三天第四天輕鬆一點，上衣脫掉很容易，但是褲子沒法脫，因為腳鐐橫在那，褲子拉不出去。

我們三個人最後被逼著研究出辦法，當時我們穿的是西裝褲子，那個腳銬在兩腳之間耷拉著，有條縫。

要脫褲子得先倒著脫，先脫一隻腿，把左邊的褲子從左腳的鐐圈裡套出來，繞到這邊的腳上，脫到右邊來，再從上往下脫掉。

可是這個方法僅限於薄單褲，如果你的褲子是棉花的厚褲子，那個圈就出不來了。所以好幾天才脫一次褲子，非常麻煩。幸好當時是春天，不算冷也不算熱，可以穿單褲，否則冬天就凍死了。

為脫這條褲子費了九牛二虎之力，我總是學不會，脫的時候需要旁邊同學指導我。

19

看守瞪了我們一眼：
你賬上不還有錢麼？
不會買殺蟲藥嗎？

監獄裡冬天沒有火爐，日本憲兵在一號監房前面擱了個煤炭爐子，在那邊燒火取暖。我們就在陰冷的監房裡凍著，凍得很厲害。
牢房裡臭蟲多得要命，剛進去前兩天還好，到了第三天就糟糕了。
在花園街憲兵隊關了好幾個月，身上很髒，有跳蚤蝨子，很容易竄到身上來。我一開始不知道，怎麼會身上癢呀，一問隔壁在抓什麼，他說我糊塗蟲，這才知道是跳蚤。
我們躺在偽監獄的監房裡根本睡不著，很多渾身紅紅的臭蟲往我們身上爬，實在沒法睡覺，只好起來坐那不敢動，結果臭蟲就從被子下邊往腿上爬上來。
那個東西非常討厭，其他的褲子它不來，粘不住它，我裡邊穿的是毛褲，它們就正好鑽在那個毛線縫裡，腿就被它們咬得一塊一塊的紅疙瘩，抓破掉了身上一塊一塊的。一賭氣把毛褲脫掉，那麼冷的天愣是只穿一件西裝褲。
我們沒辦法，又找到看守說臭蟲太多了，看守瞪了我們一眼：你賬上不還有錢麼？不會買殺蟲藥嗎？
我們進監獄後，身上之物盡數被搜走，現金也不例外，他們搜走後都記在賬上，所以你賬上還有多少錢他們一清二楚。
我告訴雜役要買一盒臭蟲藥，他們記下來後把錢扣了，讓你簽個字，這才把藥買來。
臭蟲實在多得要命，我們三個人都買來藥灑在地上、牆上、床鋪、枕頭下邊，這才算解決了。
如果在二十多人的大屋子裡你敢灑嗎？你灑了別人不同意啊，你灑了臭蟲不咬你，都咬他去了。所以麻煩很多很多，幸虧運氣好，讓我們三個人住在一個房間，真是想想很可笑，也值得回憶。
我們的牢房屋子角上有個蓋著蓋子的木桶，平常我們大小便就拉在裡面，每天下午我們自己把木桶搬到很遠的地方倒掉，沖刷乾淨再拿回來。
這還不算，吃的更要命，給我們吃的食物是用各種麵粉渣子、餵雞餵鴨子的豆腐渣和摻著玉米皮高粱皮做成的窩頭給我們吃。那種窩頭沒有油性、沒有粘性，手一碰散了，我們每天就只能吃那個。
我們只能把窩頭擱在盤子裡，捧著窩頭往嘴裡塞，家裡有時候會送東西來，但頂多三五天就吃完了。監獄還不讓送肉包子，只能送饅頭、鹹鴨蛋。

我曾讓監獄的主任罵了兩回，剛一進去的時候不知道幾點鐘，屋子裡也沒有表，他們規定每天傍晚五點半大家都得躺下睡覺，不能在屋子晃蕩。但是我不知道時間，五點半了我還在屋裡散步，結果挨主任罵了。

監獄讓我們早睡的目的是怕我們找麻煩，他們也省心省事，但是早睡就早起啊，所以天一亮大家就都起來了。我們每天就靠別人喊話來睡覺和起床，不然根本不知道時間。

住在監獄四個月，監獄主任和兩個看守對我們都很好，他們也是為了生活，只要不犯規就不會找我們麻煩。

日本憲兵隊規定監獄四個月期滿後可以釋放我們，但釋放之前要先送回日本憲兵隊，可是那時候我們卻生病了。

三月初的時候，我第一個生病了，被傳染得了春瘟，莫名其妙就開始頭昏眼花還發燒。我跟看守說頭昏不舒服，他說生病不要跟別人講，不然他們會把我送到病房，裡邊幾十個人在一個屋子，沒病都會傳染上病。

他囑咐我不要講病重，等下午下了班給我買了土丸子藥吃，三天後就痊愈了。

一 逆流者 一

這個看守很照顧我，我也沒有錢給他。可是我剛好，那兩個又病了，也跟我一樣頭痛眼花發燒，比我還重，還折騰得厲害。

尤其晚上發燒的時候要喝水，我就要求監獄的雜役讓對面房間的兩個俄國人（因打架被關進來）煮一壺水給我，代價是我要把家裡人送來的鹹鴨蛋給他們。

他們有小壺，可是我們沒東西盛水，我們每人只有一個盤子，盤子盛不了水不說，中午還要盛飯吃呢。

最後在屋裡找到一個破舊小洗臉盆，雖然不是藥但也算有水喝，管它乾淨不乾淨，喝了再說吧。

結果還好，那個張同學的祖父是老中醫，拜託人找到監獄長，請求進監獄給孫子看病。這是首次有外面的老醫生進來給犯人看病，那人情大了去了。

老頭進來給他們兩個人號了號脈，看看頭就走了。晚上派人送來兩罐煮好了的東西，一人一罐連吃了一個多星期，病才輕一點了，可是身體還是軟弱，頭還是昏昏的，不過總算能保住命了。

20

日本憲兵感慨：你們中國人真是可憐。

服刑到期後，來監獄負責押送我們到海光寺憲兵隊的日本憲兵叫齋騰，這個齋騰人還不錯，到中國監獄看到我們的慘狀，還感慨中國人真是可憐。

天津中國監獄的人看見日本憲兵，嚇得一個個趕快站起來，規規矩矩的。因為日本憲兵很凶，你要是在馬路上惹到他，他掏槍就能給你一槍，打死活該。

出去的時候幸虧張耀清在英國工部局工作過的父親，他借來一輛英國人的救護車（那時候中國政府還沒有救護車）開到監獄，把我們監房那倆病號擱在床上，我和張耀清也搭那車到海光寺憲兵隊。

到憲兵隊門口時，衛兵不讓我們進去，他讓我先下車，然後把日本軍官野中和翻譯叫出來。我說還有兩個在車上呢，他一看，知道是病人，他也怕傳染病，所以就讓那兩個趕快走。

我跟張耀清進到樓下客廳，一進門，牆壁上掛著日本昭和天皇的照片，野中非要我們當著昭和的照片宣誓，以後不能反對日本人，要合作，要親善。

我不得已只好宣誓了一遍，接著他問我出去以後做什麼？

我說接著讀書上大學。

他馬上就跳腳起來，讓翻譯告訴我：你回學校去，學生裡邊什麼樣的人都有，抗團或者國共兩黨的人都有，到時候又勾結拉攏你，你們不是又變成一團給我們找麻煩嗎？

我不得已，只好表示不讀書了。

他說不念書沒工作找我來，我給你工作。我心想，給日本人工作？開什麼玩笑？

完事他還規定我們在每月的月底月中那天，到中原公司（日租界最大的百貨公司）有個喝茶的地方，大家兩點鐘在那裡聚會，他也去。他意思是看看你們出去以後都做什麼，後來我問大家去了沒有，結果沒人去。

我們剛進去在憲兵隊的時候，大家很擔心，總聽說日本憲兵隊是二戰時最殘暴的三個特務機關（蘇聯的格別屋，德國的蓋世太保，日本的憲兵隊）之一，要被他抓去，不死也丟半條命。

幸虧我們都是學生，還被關在司令部的憲兵隊，有司令在他們不敢亂來，除了正事老老實實地問我們，別的沒有。

要在分隊就完了，我親眼見識過分隊是怎麼

整人的。那些日本人打的還不是中國人,是朝鮮人,不曉得做錯什麼事了,一個屋子四個日本兵拿著棒子,一個屋角一個,把那朝鮮人攔中間,四個人輪流打,打得躺在地下動不了,這還算是輕的。

我妹妹跟我和抗團那幾個女生一起被放了出來,她們歲數都很小。王碩芬也是小孩子,日本人關了她們四個月就把她們放了,憲兵隊的監房裡就沒有抗團的人了。

我出來後不敢上學,怕學校找麻煩,沒想到那化學公司還願意要我,我便又去上班了。那個李老先生人真是很好,人家一句話也不講就讓我回來了。

我到現在還一直欠著替我算卦的侯先生六千塊偽幣呢,出獄後迷迷糊糊竟忘記了。

一九四三年的六千塊錢偽幣的購買力,能在淪陷區買一包半到兩包普通的細糧麵粉,一包大概三四十斤。那時候糧食很貴,外邊買不到好的麵粉,都被日本人拿走了。

我在那家公司的正式薪水大概是每月兩三千塊錢,但另外還有一筆錢能分到。平常他們收東西賣貨,有常碰到退回傭金的情況,所以每到發薪水的時候就來算那筆賬,比如這個月有多少錢、要分多少人。

偽中國聯合準備銀行發行的銀聯券樣張,日偽稱其為"國幣",淪陷區百姓稱其"偽幣"。當年擔任天津聯合準備銀行經理的程錫庚因力主發行此幣,幫助日軍搜刮民脂民膏等漢奸勾當而引起抗團注意,終被祝宗梁擊斃於天津大光明電影院。
圖片來源:天津市檔案館

公司上至經理,下至主任和我都有份,但以我的資格只能分到半份,我薪水三千塊,半份能拿到一千左右。

出獄後到日本投降的這一兩年間,我沒再參加活動,那時候抗團成員抓的抓、跑的跑,

沒法活動了,頂多我每月去北平炮局看一回抗團的弟弟。

炮局監獄規定每人每月只能探監一次,我妹妹那時還是小孩子,所以都是我一個人去看的弟弟。

炮局監獄探監每次只給五分鐘時間,到監獄後先進到門口一個屋子登記,振鵠的號碼是"494"(馬老頭是"001",所以"人稱我是馬一號"),然後登記我是什麼人、住哪、跟他什麼關係等等。

接著我被安排在一個有鐵門和鐵紗窗的地方排隊等號,等到他把登記單傳到後邊,約半小時到一小時左右,他們再把人從監房裡提出來。

會面的地方中間是個有洞的鐵板,我們在對面可以看到彼此,身後站著看守看著,每次只給五分鐘的探望時間。

五分鐘也就是問問近況,然後告訴他說家裡父母都好,或者說我給你帶什麼東西來了,頂多是這樣。

不過炮局好些東西不能拿進來,准許拿一些衣服之類的。藥品也不行,頂多是維他命,那已經很不得了了。

21

令天津抗團一夜之間幾乎團滅的叛徒。

劉富川加入抗團一年多之後，曾經擔任過抗團的副小隊長，但不知道什麼原因脫離抗團加入共產黨的"民先"組織。

據說劉富川把抗團的事情都講出去，按說這等於是反叛了，對抗團的安全也是造成威脅的，也不知是他當初還惹了其他什麼麻煩，最後抗團下令制裁他。

當時工商學院旁邊是志達中學，劉富川是天津耀華中學的學生。

那天是週末，學生都下課走了，抗團派人在學校院子裡殺了他，開槍的人裡面就有李國材。別看李國材個子小小、黑瘦黑瘦的，但卻是個心狠手辣的人。

負責去制裁劉富川的還有孫若愚，孫若愚到志達中學見到劉富川以後對著他就開槍，但並沒致死，李國材又上去補了兩槍在胸部，才把他打死。

抗團在制裁劉富川之前還警告過他，去警告的人就有夏乃麟，夏乃麟個子很高很胖，但不敢拿槍。

這大概是一九三九年天津發大水之前的事，我也是聽說的。

第二個是齊文宏。

我們之所以會被抓進日本憲兵隊，源於齊文宏，他也是我們抗團的。

齊文宏的父親是天津唯一一所聾啞學校的校長，那個學校在天津法租界張莊大橋旁邊。

齊文宏跟我們不是一個年級的，我們比他高一兩級。

他很聰明，寫字、畫畫、體育都很好，個子跟我差不多，可是頭很大，比我寬一寸多，所以他同班同學給他取外號"齊大頭"，最後他和鄭有溥都成了抗團的叛徒。

鄭有溥是中俄混血，個子高，長得很英俊，後來因為抗團被抓的抓、跑的跑，最後沒什麼人了，他跟齊大頭兩個出來領導抗團，所以他知道抗團有多少人。

後來我聽人講，齊大頭的姐姐在為日本人工作，他們把抗團的事情發給日本人了，所以我弟弟剛從上海回到天津沒三天，日本人就把我們都抓了。

我是怎麼知道的呢？

劉欽蘭被關在憲兵隊的時候，聽到隔壁有人在講話。後來憲兵讓那人隔著牆跟劉欽蘭對質，劉欽蘭說東，那人就說西。

劉欽蘭聽對方說話的口音很像齊大頭，認定

定齊大頭必有問題，後來調查後果然是他出賣的抗團。

到底齊大頭是主動出賣還是日本人逼他的不知道了，但是日本人並沒抓齊大頭，不但不抓，以後我看見齊大頭穿著西裝皮大衣，作風完全不像學生樣子。

他們家開聾啞學校，我見過他父母很儉樸，但他的做派感覺像是發財了一樣。

其實是日本人給他錢了，所以在抗戰勝利之後，天津抗團除了管制漢奸之外，另外一個任務就是抓齊大頭。

抗戰勝利後，我們到北平抓捕齊大頭。

抓他前有消息說他有槍，我跟孫若愚的哥哥孫複先倆人到他家搜查，果然發現齊大頭的櫃子下邊有槍。

那把槍跟普通手槍不一樣，不是日本人使用的那種手槍，也不是左輪、勃朗寧手槍。我們百思不得其解，不知道他的槍哪來的。

孫若愚在北平抓到齊大頭後，審問了他好幾天也沒問出來，最後把他送到法院，結果法院只判了他兩年，四九年以後就放了。

另一個叛徒鄭有溥，因為他長得像外國人，編了個瞎話躲在上海一個教堂裡，結果還是被羅長光查出來了。

一 逆流者 一

日本投降後，羅長光在上海警察局給局長當秘書，手裡有點權力，所以他就安排去抓鄭有溥。

抓到一問，鄭有溥承認是他勾結日本人，導致天津很多同志被抓。

後來鄭有溥被扔進海裡淹死。

這算是抗團兩次處理自己內奸的事，想想是令人痛心的，不過也鄭有溥也該死，如果送法院也會跟齊大頭一樣，頂多也就判個三五年就放了。

22 關於『劉富川事件』的一點反思。

說起劉富川，據說當時抗團已有人發現劉富川加入了民先。民先是"民族解放先鋒隊"的簡稱，一些年輕人一聽就參加了。民先跟抗團立場不一樣，它是中共的組織，支持中共的立場。

我之所以加入抗團，首先我是南開學生，其次我的同學都在抗團，所以我理所當然要找我認識的同學加入，我不會加入一個沒有印象也根本沒有認識人的組織。

可能劉富川只是想加入那邊，但是他不是抗團的總負責人，所知道的事情也不見得牽扯到抗團的高級機密。那抗團為什麼要殺他？這是一個問題，我們甚至都搞不清楚他在抗團期間是跟誰一組的。

但是誰能證明他就是中共的人呢？又怎麼證明他也有反叛之心呢？我想一定是他那組的人發現什麼事情了（好像是有劉富川想把他那帶領的小組整組拉過去參加民先的傳言）。但傳言畢竟是傳言。

拿我個人來講，我只聽說有個跟共產黨有關的民先，真正的情況怎麼樣我們也不知道。所以說劉富川就算有意到那邊去，也許只是他那邊有朋友、有同學拉他去而已。

殺劉富川的決定可能是抗團上層好幾個部門工作負責人決定的，既然抗團上層領導決定要殺他，肯定是覺得他給抗團造成了損失，但是抗團具體損失了什麼也不清楚。

但即使這樣，抗團將他置於死地也是不合法的，因為我們並沒有看到他有什麼能給抗團帶來威脅的證據，他也沒偷機密檔什麼的，更沒有向對方告密報告什麼，只是有這個意向，沒辦法證實他究竟犯了什麼很大逆不道的行為。

劉富川的案子還有一種說法，說並非因他加入中共組織，而是抗團內部誤殺。

劉富川死得確實有些問題，這是我個人的意見，我們不知道他到底做了什麼使得抗團痛下殺手。

我記得抗團有過一種情況，組員想脫團，開會一次不來，兩次不來，第三次大家知道就不找他了，這叫"自動脫團"，但你總不能認為他們不來參加是反叛吧？

這次的案子有沒有可能是抗團被利用、借抗團的手殺他呢？不過，我覺得最讓我不瞭解的是他所犯的事情，也不至於把他處死啊，我不相信他知道什麼機密的事情。

其實在這個事情很早以前,就有一個叫曹複生的團員出過事。

沈棟被捕之前,抗團當時的據點在松壽裡,經常就要安排人在那巡邏放哨,剛開始是由祝宗梁在那看著,晚上九點由曹複生過來替換。結果那天晚上曹複生沒過來替換,沈棟過來一看祝宗梁還在那巡邏,按說這個時間點曹複生應該來換班了。

沈祝二人就跑到曹複生家去瞭解究竟。

曹複生家裡很有錢,家裡雇有傭人和保姆,保姆說曹複生上戲院看戲去了,他們就跑到戲院去堵他,散戲了曹複生出來後,沈棟問他為什麼不來放哨?他無話可說。

沈棟就非常討厭這樣的人,第一、沒有責任感;第二、富家子弟的不良作風。從此跟他斷絕來往,只是斷絕,並沒懲罰他,可劉富川卻被殺死了,究竟是什麼原因?

還有,劉富川被殺死後,他的家人怎麼辦?雖然孫若愚參加了,可這個事他在臺北一個字也沒跟我們講過。

當年天津抗團成員有一兩百人,每個人的環境、家庭都不一樣。抗團也不是一個很嚴密的組織,大家來參加抗團,更多的是自願行為,所以沒有辦法限制。

一 逆流者一

我沒見過劉富川,那時候組跟組之間大家相互不認識,我們只是聽說過這件事,而且還是等到日本人投降之後才知道的。

那時候抗戰勝利了,也沒有什麼顧忌,大家有時候見面一起吃個飯、喝個茶、聊個天就講出這個事來。

23

利用日本憲兵隊長欺負袁文會的奇葩『高少將』。

振鵠剛從天津憲兵隊送到日本監獄軍法會審之前，曾被關在日本的一個看守所。

振鵠說當時看守所裡有個姓高的跟他關一屋子，他自稱是汪精衛政府的海軍少將，號稱認識日本方面和偽政府的高級人物。

這傢夥大大咧咧的，很虛榮，對外自稱"高少將"，經常出入於法租界和日租界的娛樂場所。他也肯花錢，吃、喝、玩、跳舞都是他花錢，也有汽車，到處炫耀自己是汪精衛政府的少將。

這傢夥長得很精瘦，其貌不揚，怎麼會被日本人關起來呢？不曉得他是吹牛還是怎的，據他說他之所以被關起來，是惹到了天津黑社會的大流氓袁文會。

他說他跟袁文會約好某月某日在惠中旅館的咖啡廳見面商談事情。高少將很聰明，見面當天也約了當地的日本憲兵隊隊長喝咖啡。

那天憲兵隊長穿著西裝出現，高少將跟袁文會談話時大概是提出了無理的要求，產生言語衝突，這傢夥就掏出槍來"砰砰"開了兩槍，但沒打袁文會，只是恐嚇他一下。

結果這麼一開槍，糟糕了，咖啡廳還有別的客人，那個憲兵隊長當時就不高興了，指責說高少將是讓他來助長聲勢的，利用他欺負袁文會！

當時憲兵隊長就打電話，叫來憲兵把這傢夥抓起來。因為他身份特別，憲兵隊沒有處置他，只把他送到北平軍法審判，審問前先把他關在看守所，正好跟振鵠一個屋子。

你別看他三十歲瘦瘦的，但是個性很強，還敢罵日本人，結果日本人把他銬起來，吃飯上廁所都不行。

振鵠看他這麼對待日本人，有些骨氣，就跟他搭腔，兩人便熟絡起來了，振鵠也幫忙餵他吃飯，上廁所還替他把褲子解開，幫了他一點小忙。

結果這傢夥在外邊有點人事關係，關了一個月就把他放了。我跟他之所以會認識，是振鵠讓他到我家裡跟父母報平安，讓家裡不用擔心。

我當時上班沒有看見他，他到我家留了個地址，我那時候也閒著沒事，一想這傢夥敢跟日本人起衝突，還能放出來，一定是有點關係，從他嘴裡或許能知道些外邊的情形和日本局勢。

我就按他留下的地址去找他，結果我倆變成

朋友了，他還說請我喝茶、跳舞什麼的。

後來我就不敢了跟他來往了，主要是這傢夥盡惹事生非。

那時候孫若愚他們家開了個"永安飯店"，飯店的大廳很大，白天經營西餐館，晚上就變成了舞廳，可以好幾百人一起跳舞。

高少將開著汽車領我到舞廳跳舞，反正他有勢力，腰裡帶著槍，跳舞廳老闆看見他都得恭恭敬敬說一句：少將來了。

在舞廳只要他讓哪個當紅舞女來陪他，那個舞女就得來，一般人請不到的。那次他讓她們陪我聊聊天，結果等了十分鐘不見人來，他火了，站起來當著很多客人的面把桌子掀掉。我勸他那麼多人在你別胡鬧，結果他掏出槍來"砰砰砰"打了三槍在天花板上，還好沒有傷人，只是作威作福表現一下。

這傢夥盡在外邊惹事生非，別人也會認為我不是好人，所以我就不去找他了。

抗戰勝利後，我進肅奸委員會工作就沒空理他了。

我到臺灣第二年的時候，有一次跟孫若愚、王振鵠和幾個抗團的人去臺北最熱鬧的衡陽路一個很有名的咖啡廳喝咖啡，結果馬路對面有人跟我打招呼，我一看，正是高少將。

他身邊跟著四五個男人，我本想過去跟他打招呼，可是礙於孫若愚他們都在，他知道高少將，見過面，而振鵠也覺得這傢夥不是正經人，不願意惹他。

我其實是個無所謂的人，但要是跟他交往的話，弄不好我也不好過，所以簡單跟他招呼了一下就不理會了。

果然，這傢夥到臺灣以後又到處吹牛，結果吹牛吹出了很多事。

高少將名叫高獻宗，但我叫他小高，因為他長得比較瘦小。後來聽說他鬧了好多事情，有一次選舉臺北市議員，報紙上寫的他也是候選人之一。

我心說阿狗阿貓也可以當官呀，這傢夥怎麼有資格當議員？他可是汪精衛的少將呀！而且行為也不好，當然最後沒選上。

而且他還酒駕，弄得報紙都登了。

這事沒多久又有新聞了，臺灣有個很有名的"統一大飯店"，他跑去狀告人家說統一大飯店的那塊土地是他的。

我心說你在臺灣住過嗎？怎麼那土地就是你的了？再後來就沒消息了，一定是那場土地官司打輸了。

我弟弟振鵠後來在中央圖書館工作，政府撥了塊土地給圖書館，他費了一兩年才讓那裡兩百戶左右的住戶搬走。

這些住戶大部分都是軍人軍眷，也有好多無業遊民，得給他們錢或找其他地方住才行，費了兩年多才開始蓋圖書館。

蓋房子的時候成立了一個委員會，招標建圖書館。高少將就找到振鵠，說要包工程，我讓振鵠以"這個專案要委員會裡十幾個委員同意才行"的理由推掉了。

後來聽說他跟臺灣一個女孩子結婚，以後搬哪去我就不知道了。

24

抗戰一勝利，很多美國兵跑來慶祝。

一九四四年，烟臺海關招考人，但是僅限海關自己人的親戚和子弟，不招外人。我哥哥讓我一定要去煙臺並替我報名，他說他跟上海稅務局和海關高層有點關係，所以我要進去沒問題。

當時大家都認為海關是個很好的工作，待遇很好，那時候我還在化學公司做事，便請了兩個星期的假跑去考試。因為參考的這批人要送到上海稅專學校去受訓，可日本那時候快不行了，汪精衛政府好多該做的都不敢做了，所以我白跑了一趟。但那趟煙臺之旅讓我碰到一些事情，也知道日本人快垮了。

我跟哥哥住的地方離海邊很近，有天我跟他一起吃飯。我們選了個靠窗的餐桌，他拿了杯酒剛坐下就聽見"咕咕"響，有東西"乒乒乒乒"射到對面的牆壁上。

天上好幾架美國轟炸機經過，港口有日本人的小軍艦，軍艦上有高射機關槍，美國飛機本來是繞圈走的，但是又繞圈回來照著日本軍艦"邦邦"一通打。結果打偏了，那子彈就射到我們對面的牆壁上了，以後才知道港口裡的日本軍艦被炸了。

我過去從沒看到過美國飛機，現在看到美國飛機來打日本，就知道日本已經沒有力量反抗了。

我回天津是坐船回的，船上有我們的客艙，房間在甲板之上。

一上船船長就警告我們不要亂跑，我以為是在海裡航行很危險。等到第三天船到了天津港口，我們準備下船，船長不讓，讓我們先在屋裡呆一呆。

沒幾分鐘，兩百多個空著手的日本兵從船艙裡爬上來，在甲板上排好隊走到另一艘接他們的船。

船長這時才說不讓我們出來，是因為日本兵藏在艙底下，要從山東運到天津。之所以把他們藏到下邊，是怕美國飛機看見甲板上有日本兵，飛下來"乒乒乒乒"一通掃射，船就廢了。所以那時候我們就明白日本人打不過美國人，差不多快完了。

後來聽到抗戰勝利的消息我們當然很開心，很多美國兵跑來天津慶祝，不過因為我在一兩個月前就大概能判斷出日本人會失敗了，所以興奮的程度不是那麼高。

25

讓人莫名其妙的「抗日殺奸團總部」。

— 逆流者 —

抗戰勝利以後，正是整個國家青黃不接的時候，市面上也是蕭蕭條條的，我們公司製造的東西也少一點了，等於是半休息的狀態，所以我的工作也輕鬆很多。

抗戰一勝利，大家心情就不一樣了，都出來東跑西跑，過去不敢接觸的朋友也開始重新接觸了。

我們抗團也一樣，過去抗團的朋友同學不敢隨便找，怕惹麻煩，現在勝利不怕了，所以我也借公司半公半休的時間找同學。

結果這一找，發生事情了。

日本宣佈投降之後的兩三天，天津市好多牆壁上出現大佈告，佈告說：日本投降了，希望大家安心，我們有辦法維持天津的治安，大家不要驚慌。最後佈告署名"抗日殺奸團總部"──經理（或總理）張允孚。

我當時特別奇怪，抗團是秘密的地下學生組織，又不是機關單位，怎麼能公開佈告？而且那時候中央和地方政府都還沒來接收，怎麼日本剛投降就立馬出佈告？這個張允孚是誰？什麼來頭？做什麼的？

隔了兩天，抗團的同志王君武也覺得這大佈告有問題，我們倆商量了一下，決定去查一查，結果還真被我查到了。

當時在法租界的張莊大橋旁邊角上有一大花園洋房，我一個人直奔洋房大樓。樓下大客廳空空的，但有人出入，不過那些出入的人一看就是當地的無賴少年。

我走到裡邊，看到牆壁上貼一大佈告，仔細一看是人事表：主任委員姓張，下轄：情報組、總務組、文書組，文書組組長寫得是王振鵠。

我一看到王振鵠的名字就更摸不著頭腦了，振鵠當時還在北平，怎麼會跑這來當文書組長？正納悶時，從樓上下來一大堆人，葉綱鶱（葉明德）也在那堆人裡，我剛要問他情況，他說他現在有急事，要趕快出去，回來再談。

老葉跟著一大堆人走後沒五分鐘又下來一堆人，其中有個人還跟我打招呼，抬頭一看是高少將。

我那時候正想罵他你這個汪精衛的漢奸，還敢跑這來？結果他過來拉著我問他們是真是假，我一聽連他也看不出有問題，我就更不用說了。

我說我也不知道，他也不敢多呆，拍拍我說

以後聯絡，就躲開那個是非之地了。

後來查明白了，王文誠從西南聯大被調回天津之前去了重慶，然後從重慶回到天津做抗團工作，那次除他之外還有兩個人回天津，張允孚就是其中之一。但他一到天津就跟王文誠分開了，接著就被日本人抓了，然後他就投降了（當時他假投降，目的是保出抗團另一位同志孫思龍）。

等日本一投降，他就認識了一批地痞流氓、舊軍閥和政客子弟，成天一起吃吃喝喝，然後就搞了這麼個東西。

葉綱鶱跟張允孚曾經在重慶見過面，張允孚知道那時候老葉剛從重慶派出來，結果老葉他們（葉綱鶱被奉派天津時，有一個報務員跟著）剛到天津，日本就投降了，他就跟張允孚搞在一起了，然後我就在街頭看到那個署名為"抗日殺奸團"的大佈告了。

這個事情以後，北平抗團成員王知勉有一位朋友在天津一個日本公司當小職員。這個日本公司在法租界以公司的名義租了一棟兩層樓的房子，樓下是個三四十人的大辦公室，辦公室裡的人每天看報紙打聽各種物價行情的經濟情報給日本人。

日本一投降，公司領頭的和職員都跑了，整

北平抗日殺奸團成員　王知勉　圖片來源：天津市檔案館

個公司就剩下桌椅跟空房子。

那個房子就跟我們巷子裡的一樣，一排房子六七棟，很清靜也很熱鬧，因為隔壁是一個銀號，客戶很多。

那個地方在法租界的天增里，門牌號碼是三十四號。

人去樓空後，王知勉那個在那家公司任職員的劉姓朋友就告訴他這個事情，那家公司只有一個十八九歲的老實青年在那看門。

這個看門的青年叫蔡塘，是個很規矩很好的鄉下小孩，好像讀過小學認識些字。他在那負責看門，其實根本用不著他看門，那棟房子不是他的房子，他又不是在公司裡的人，結果這幫人一走就丟給他了。

既然日本投降了，抗團在天津很多團員，乾脆我們拿這個地方當聚會場所好了。所以那裡變成天津抗團同志聚會的地方了，我也常跑那去，也總能碰到不少老友。

以後我們用那個地方，白天時抗團同志跑去那見面，晚上都回家了，只有蔡塘住在那裡看管。可是他要吃飯過日子，我們又不是公司，哪有錢給他，所以沒辦法，我就利用內衛組的關係，給他一些車馬費。

我在三十四號還碰到過李振英，我跟他也很熟。李振英本來是天津抗團的，後來去了北大上學，成為北平抗團的組長。後來在北平被逮捕後，在監獄裡變得有點精神不正常，可能是北平抗團那麼多人被捕，而他又是北平抗團的負責人，所以壓力過大而導致受了刺激。還好勝利後回天津休養了一段時間，雖然做不了什麼事，整天昏昏沉沉的，但還能認識人。

他在天津休養的時候常去天增里三十四號，那時候樓上有倆房間，一個是當初日本經理的客房，另一個是小辦公室，大傢夥就在那辦公室裡聚會說話，李振英每次來就跑那小屋的大沙發上睡覺。

過了將近一年，房東過來要房子了，並且告訴我們，住可以，但得交房租。當年日本人用他的房子，他不敢怎麼樣，日本一投降，他一看來的人都是學生，莫名其妙了一段時間才來向我們索要。

緊接著國民政府發表整治漢奸的命令了。雖然日本投降了，可抗日殺奸團還在，所以大家開始非正式整理搜集有關漢奸的情報。

政府的整治命令一下來，葉明德就把這些情報搜集完交給政府有關的人，作為以後天津逮捕漢奸的情報根據。

抗戰勝利後，天津還在的抗團同志還有幾十人，大家也經常會面。我記得有一次，孫若愚從重慶到徐州的時候繞回天津，他就利用他家永安飯店的那個大飯廳，號召大家都來聚會吃午飯。

我記得在那次聚會上，孫若愚還唱了兩個內地的歌，大家一起熱熱鬧鬧有說有笑的。抗團的同志當時大部分都還留在天津，還能找到的基本都見面了。

天津當地的劉潔、趙恩波、馬桂冠、夏乃麟和丁益壽都去了，抗團的那些女孩子們，除了我妹妹和在北平的孫惠書、馮健美、張同珍、夏志德沒去之外都去了，所以林林總總有五十多人，算人數最多的一次了。

張允孚用抗團發佈告示半個月後，重慶孫若愚他們也知道這個消息了，又碰巧天津政府開始肅奸，所以孫若愚就動身趕回天津。半路得到消息說，天津偽憲兵司令部（齊燮元的憲兵）把張允孚這幫人抓到了北平。

老葉和高少將也跑北平去了，碰巧那時候我也去了北平，結果出事情了。

我對北平並不是很熟悉，跟振鵠他們見了面後，在東長安街碰到了老葉。他拜託我不要跟任何人講他在北平，也不告訴我他住北平哪裡。

第二天早晨我在馬路上吃東西，又碰到高少將。結果沒三天老葉就被軍統的人抓了，當時真正的軍統局和政府機關還沒來，只是派了先遣人員和過去潛伏在地下的人員。

他們不光把張允孚、老葉給抓了，高少將也被抓之列，張允孚被關了一段時間就放了，一放出來他就跑去香港了。

這期間還有一件事蠻有意思的。

振鵠和王碩芬自小就認識，關係很好，後來倆人談起了戀愛。再後來振鵠被抓進炮局坐了幾年牢，王碩芬從憲兵隊出來後，家人擔心再出事，就限制了她的人身自由。

抗戰勝利後，振鵠在北平跟王文誠商議，讓他回天津以後想辦法把王碩芬弄出來。

王文誠到天津後扮裝成政府的軍官，⑭ 到王碩芬家找她父親。

那時候抗戰剛勝利，誰都願意跟重慶來的軍官接近，尤其王碩芬家也算是有一點財勢的人家。而且王碩芬在抗日殺奸團參加過抗日活動，也曾經被日本人關進過憲兵隊。

王碩芬家住在意大利租界二馬路一棟很漂亮的洋房，對面便是曹錕的大花園洋房。

王文誠很會講話，他編了一套話，最後讓王家同意她到北平去念書。

26

轟動天津的戀愛。

王振鵠與王碩芬訂婚時的合影　圖片來源：王振鵠

我弟弟他們兩口子戀愛的事情曾在天津鬧得很轟動，連報紙都登了。

他倆在一起的時候，因為我父親是軍人，有人就跟王碩芬家人說，萬一日本人來調查戶口，你們家被調查出有軍人，多危險啊！

"七七事變"剛爆發，我母親就從西馬路那邊領著我、倆弟弟和妹妹四個孩子搬到了意大利租界地一個老朋友的大洋房裡，也是王碩芬家住的那個樓。

振鵠就是跟王碩芬在那認識的，結果不知道怎麼的就在一起戀愛了，後來他們倆也都雙雙加入了抗團。

王碩芬家當初要把她嫁給一個姓孫的有錢人的孩子，❶❺ 可是我們聽說那個人很笨，品性也不好。重要的是，王碩芬自己也不喜歡，而且當時已經跟我弟弟好了。

後來被家裡逼得快要和姓孫的訂婚了，王碩芬也是很有腦筋的，她家裡傭人很多，看著她的人也很多，她還能在這種情況下，偷偷把自己的衣服用品一點一點收拾好跑了，跟振鵠到了上海呆了兩年多才回天津。

她走後，王家登報跟她脫離關係，因為意大利租界並不大，且他們家在意租界還有點聲望，所以那段時間家裡搞得一塌糊塗。

因為這個原因，我們家跟他們家也斷絕了關係，所以他們倆後來結婚的時候雙方父母都沒來。

可是結婚這麼大的事，家裡不派個人去是不行的，所以最後雙方家庭就派了我和她哥哥出席婚禮。

隔了一段時間後雙方才慢慢恢復往來，可是也不像以前那麼親近了，不過總算不壞，至少有往來了。

他們兩個在北平讀的是中國大學，後來北平城被共軍包圍，他們從北平搭了一架飛機才逃了出來。

本來他們想回天津，可是天津飛機場不能降落，外邊有共產黨的遊擊隊，有時候炮彈還打到飛機場，所以飛機就改飛青島，正好那時候我哥哥從煙臺調到了青島。

在青島住了一段時間又跑上海，再去廈門，因為王文誠在北京大學沒畢業就跑到廈門念大學。他的姐姐嫁給廈門大學當時的校長，所以有這個關係。

結果沒念多久，廈門又淪陷了，他們又跑到臺灣來，所以我們弟兄兩個跟王文誠的關係很密切，多少年都在一起。

我當時到炮局監獄接振鵠出獄的時候，王文誠也是一起被假釋出獄的，當時的王文誠還剪著平頭。

出獄後，我和振鵠就去住王文誠的家，他家

王文誠姑姑　王穎　圖片來源：王文誠

關在北平炮局監獄的時候，他姑姑還曾給他送點東西和藥品。

因為她在日本學過醫，會講日本話，也認得一些日本人，能托人送東西。

到她姑姑家後，王文誠向我們介紹說這是他姑姑，我們便喊了一聲"二姑"。結果她讓我們不忙打招呼，先去隔壁房間拜佛，那桌子上頭滿滿的都是小佛像，很有意思。❶⓺

從那以後振鵠就一直呆在北平，最後在北平讀書，直到離開北平。

只有他姑姑一個人，一個人住一個大房子，後邊還有一個大院子。

他姑姑早年間是留學日本學醫的，丈夫則是黃花崗七十二烈士之一的方聲洞。

方聲洞殉國後她開始吃齋念佛，所以王文誠

27

撲朔迷離的「抗團遣散費」。

抗團成員晚年在臺北聚會,左起:王振鵠、王碩芬、王振鴻、陳澤永、不詳、孫若愚。 圖片來源:王振鴻

抗戰勝利後,抗日殺奸團解散。

但抗團沒有以任何形式通知大家解散,大家也沒有被集合宣佈抗團解散。也聽說抗團有發公告宣佈解散,但我沒看到過。只是大家私下見面說抗戰勝利了,沒事了,抗團解散了,大家出去不要以抗團名義做事。

有傳聞抗團解散後,曾有一筆遣散費,當時李振英精神失常了,生活也不好,孫若愚在北平不知通過什麼方式搞了一筆錢,給李振英和張硯田他們一部分人維持生計。

張硯田跟孫若愚都是中日中學的學生,抗戰期間被日本抓進去受過刑。他的眼睛不好,也沒錢醫治,視力忽明忽暗的。張硯田的家庭生活很苦,還好孫若愚給了他一筆錢作為生活補貼,所以我們對孫若愚很尊重。

他做工作很認真,當初抗團也是因為有他,行動各方面都很好,抗戰期間他在上海還因為試驗炸彈犧牲了一隻手臂。

我只是很奇怪孫若愚在北平是怎麼搞出錢來的。不過大家有一點批評他,你那筆錢哪來的、怎麼分配的、都做些什麼用,這些都沒講跟大家明白。並非我們要分錢,但你要跟大家講明白,所以大家對這件事有意見。

天津抗團當年不光沒有收到正式解散的佈告消息,也不知道有"遣散費"的事情。那時候孫若愚到北平拿"尚友會"當了辦公室,抗團也有人住在那裡,尤其是從炮局出來的抗團人員,振鵠就曾住過。

我也因為振鵠和抗團的張傑(原名張世一,化名張傑,王君武太太,後嫁給錢宇年)去過尚友會。那個尚友會跟小旅館一樣,好多抗團的人吃住都在裡面,不知道孫若愚是怎麼維持這個地方的。

劉永康對這筆"遣散費"耿耿於懷,非說是孫若愚一人私下搞了抗團這筆遣散費。 ⓱

28 仗義疏財的陸老太太。

孫若愚是山東人，人很好，身體很壯實，性格很直接，有話就講。當年我加入抗團並宣誓結束後，一直沒人跟我聯絡，等到學校快開學之前，孫若愚忽然找到我，並約我在英租界一個小花園見面。

那時候他是中日中學的學生，我倆在小花園裡一本正經談了半天。他問我為什麼加入抗團、願望是什麼等等，我說了我的想法，結果沒多久祝宗梁就跟我聯絡了。

孫若愚的原名叫孫大成，若愚是他的假名，那次在小花園見面以後我就沒有再見過孫若愚了，一直到抗戰勝利之後，他回天津我們才見到面。

抗戰期間孫若愚在上海試驗炸彈不幸炸斷了手臂被捕，日本人把他拉到憲兵隊審問他，他死活不承認。那時候有個素不相識的陸老太太，不知從哪知道此事，花了幾百兩金子找關係把孫若愚救了出來。

出來之後孫若愚想辦法找到了老太太，後來老太太故去了，她兒子便移民到美國，以後每到臺灣來，孫若愚都會招待他，關係跟弟兄一樣。

我曾聽說老太太的丈夫很會賺錢，但賺的錢不是正道的。老太太的丈夫是政界的人，但搞不清楚是國共兩黨還是汪精衛的人，不過應該不是國民黨的人，不然抗戰勝利後完全可以宣揚一番。我猜想老太太之所以幫這個大忙，也許是替她丈夫做一點功德吧。⑱

孫若愚有一哥哥和一弟弟，他哥哥孫複先我很不喜歡。

孫若愚他們家在天津開了個"永安飯店"的西餐館，他哥哥在飯店幫忙記帳收錢，我們常去那吃飯，也順便去找孫若愚。

我們的關係跟弟兄一樣，當然我並不是去白吃飯的，每次都有付錢。有一回我請公司百八十人到那吃飯，因為人是我拉來的，他哥哥也不說客氣一下打個折扣替我做個面子，反而要錢更多。

他知道我們跟孫若愚是很好的兄弟，我也是沖著關係好才去照顧生意，要不我就到別的飯店去了，所以我們不喜歡他。

29

為了練膽量，我參加肅奸委員會內衛組去抓漢奸。

一九四五年八月十五日，日本投降。

抗戰雖然勝利了，可我們抗團殺奸的工作還沒完成。當時天津有很多漢奸，國民政府開始發表整治漢奸的命令。所以大家開始非正式整理搜集一些漢奸的資料。

不久，軍統搞了"內衛組"，隸屬於"肅奸委員會"，葉明德不曉得他跟軍統局有啥關係，當然也可能因為他也是抗團的人，被軍統放出來後還讓他做了內衛組的組長。

後來葉明德在"尚友會"招人抓漢奸，我感覺抓漢奸就跟小學生搞偵探抓賊遊戲一樣，再加上那時候工作不忙，也想試試膽量，就報名了。

現在想起來真是笑話，當時政府也沒有正規命令，我們稀裡糊塗的憑什麼資格去抓人？不要說國民黨或軍統局，就說我個人，一看就是中學生，體格又不好，更何況也沒受過什麼訓練，會開槍會抓人嗎？

差不多也是那年的十一月左右，王文誠到天津加入"肅奸委員會"偵訊組，同時我在內衛組，在同一單位上班，所以我倆幾乎是天天見面。

一九四五年十一月，北方那時候的天氣已經很冷了。當年抓漢奸是當天報到，第二天就工作，沒有什麼準備。要想抓漢奸，消息不能洩露出去，不然漢奸都跑了，所以都是臨時通知。

那時候抓漢奸的責任之所以由抗團負責，是日本人剛剛投降之後，天津亂得一踏糊塗，而重慶政府派不出人來。並不是沒人想來，而是很多人想來。

因為日本發動侵略戰爭，很多北方的人跑到重慶去了，日本一投降，那些人都想回來，這是第一；第二、回來還有個目的：在重慶人太多了，沒有好位置；現在抗戰勝利了，天津空了好多位置。

天津原偽市政府從上到下的官員，抗戰一勝利就被抓了大部分，重慶那些人當然都想跑回來搶位置。所以那時候有句俗話："五子登科"，說他們回來就是為了五子：房子、金子、婊子（女子）、車子和票子。唯獨沒有孩子，孩子他們才不要呢。

他們覺得這是日本人和漢奸的，他們該拿，也有權利拿，做為抗戰八年在那邊受苦受難的補償。

國民政府也心知肚明，這批人回來能搞得好

嗎？這讓身在淪陷區沒去重慶抗戰的我們怎麼想？所以政府就利用起在天津抗團的這幫學生。

我們雖然沒做過什麼事情，但都是比較純潔的學生，並且大多人被日本憲兵緝捕過，有在監房生活的經驗，國民政府也是看重了我們這一點。

大抓捕那天晚上十二點鐘的時候，警備司令部宣佈全天津市戒嚴，通知電信局把電話機器關掉，怕漢奸們互通消息。等開始行動時已是半夜快一點了，他們根本不知道我們的抓捕時間。

那天晚上在天津警備司令部大樓的大禮堂，我們一大批幾十人被分成四十組，我是保管組的組長，每組負責抓四個人，一共需要抓捕一百六十人。

點過名以後我們被告知一些規矩：以後我所在的這個組的組員負責管理財產，到漢奸家裡看哪個屋子東西多就拿封條封上。如果有房產，問清楚房子房主，然後登記財產，這是保管員的工作。

每個組分配四個從當地各分局調來的員警和憲兵十九團的四個憲兵，這些憲兵都是前一兩個月從重慶坐飛機過來的。他們都是二十歲左右的四川小憲兵，每個人都配有大駁殼槍，身體不算很高大，跟我差不多，可各個精神都很好。

我們坐卡車先到舊法租界工部局，也就是員警第一分局去領逮捕證，逮捕證上地址姓名都有。

打開發給我的密封的名單一看，第一個抓的是法租界國民飯店旁邊銀行的董事長，第二個是抓一姓高的，第三個抓一警察局的，第四個也是前英國工部局的督察。

我很頭痛也很討厭抓這些人，抓捕第一個的時候，我們趕到指定地點，結果地址姓名都不對，沒抓成。

第二個抓的那個人叫高鐵侯，這簡直要了我的命。

高鐵侯我並不認識他，但我知道他曾是工商高二的學生，長得粗粗壯壯的，在學校籃球隊打籃球很凶，碰人踢人都不管，誰要搶他球，他就打人一頓，活脫脫一流氓學生。

後來他當了警察局特務，你可以想像他那樣的人對付被抓的人得多兇狠！萬一我們去抓他的時候，跟我玩命怎麼辦？雖說我帶著員警都是當地員警在淪陷時期當的差，各個都是老油條，我頂多讓他把把門口，真正能相信和用到的是憲兵。

那四個憲兵不認識這些人，不怕得罪人，聽我命令就敢抓人。

高鐵侯當年也住在法租界的兩層樓小房子，一到現場，小憲兵一下子就翻跳過樓房的大牆。可是這麼一跳發出聲音了，他在二樓聽見了。但是憲兵很機靈，用很快的速度開門進去，順樓梯上到二樓。

我在底下看到二樓有個人站在那，上二樓的憲兵用手電筒一打，樓下兩個小憲兵也一起打手電。

我喊"上"，後邊倆憲兵竄上樓，其中一人拿著槍喊了句"不要動"！然後把還穿著大棉袍的高鐵侯銬了。

那時高鐵侯不認識我，但我知道他，在學校看過他打籃球。把高鐵侯銬上車後我問他槍在哪？他交代槍在臥室枕頭下。

他樓上有兩個臥室，他父親故去了，給他留下兩個母親，前邊臥室由兩個老太太共住。

後邊是他的屋子，兩個太太跟他睡一個大通床，一邊一個，翻開他的枕頭，果然有槍。

我去翻枕頭的時候，他那兩個太太一個站在

牆邊，一個坐在椅子上，她們還不知道高鐵侯已被抓，一臉的莫名其妙。

不過我也留了點人情，不管怎麼說他跟我同校，他家裡也沒什麼值錢的東西。他們住樓上，樓下是客廳飯廳，除了沾滿灰土的陳舊桌椅外，他們已經好久沒用客廳了，客廳並無生爐子的痕跡。

高鐵侯沒有孩子，我們也沒搜查他屋裡的箱子，看樣子也不會有什麼特別的東西，所以我告訴保管員把大門關上，直接給客廳貼上封條封掉。

第三個抓的是曾在英國工部局做過員警督察的傢夥，抓他是因為當年抗團的朱雲在英租界租的自家小房子裡試配做炸藥，結果爆炸把自己炸死了。爆炸事件引來英國員警並在朱雲家裡搜查到了抗團的名單，如果名單被日本人知道，他們一個個查找，就能抓到很多人。

他們準備把名單呈給上級，結果被一位姓蕭（又名蕭大純、蕭大業）的英國工部局的督查看見了，他拿到名單後，借著點香煙，用火柴一劃，把名單燒掉了。

那時候日本已經跟英、美、法開戰了，他們強行進租界把英國人轟走。而我們要抓的陳姓督察便在那時跟日本憲兵隊勾結，日本人給了他一份好工作，他就把蕭大業出賣了，然後老蕭便跟振鴻關一個屋半年多。但是老蕭死不承認，日本人也拿他沒辦法，最後只好放了。

日本人投降後就有人檢舉這個姓陳的有漢奸行為，所以他也成了我們要抓的漢奸之一。那天到他家一看，家裡只有老太太和他十七八歲的孩子。

他老母親推脫不知道人在哪，我就嚇唬那個孩子，那孩子剛要說，被老太婆一瞪眼，不敢說了。

後來我們才查明，這孩子媽媽故去了，他父親跟另一個女人在外邊住。我們在櫃子裡搜出一支槍，結果老太婆狡辯說這是獵槍，我們連槍帶孩子一起帶走，沒有老太婆幹擾，那孩子肯定會供出他父親。

第四個是警察局的高級警佐，所以我又回到法租界工部局。

那個警察局很大，有幾百個員警，而且都配有槍，我很頭痛該怎麼抓？只好偷偷到局長室，介紹自己和來意後，那個局長很吃驚。我問他有沒有一姓王的警官？他說此人是局長底下的幾個局員之一，分管好多事情，今天他在值班，晚上應該是住在樓上宿舍。

我琢磨著要是帶著憲兵跟員警去抓他，他住的宿舍一層樓有一百多號人，那些員警看了有什麼感想？於是我就想了個招，拜託局長打電話到他宿舍，讓他下來接個要緊電話。我就派了兩個能幹的小憲兵，在二樓樓梯拐角的地方等。

這傢夥被抓的時候還穿著拖鞋，我讓憲兵把他直接送到大門口，然後塞進卡車裡，不zz讓別人看見，給他留點面子。

送他們回到看守所的時候，天已經快亮了。

30

幾棍子下去，這幫漢奸沒人敢咳嗽一聲。

為關押這些漢奸，肅奸委員會特地設了四個看守所，共關押了約二百名漢奸嫌犯，由內衛組負責看守。

那四個看守所其中一個很大，是利用日租界裡日本警察局的一個看守所。那個看守所規模比一般警察局大很多，足足有兩層樓，將近三十個監房，還有一個大院子在日本員警署後邊。

看守所裡分兩個單位，一個歸內衛組管轄，負責裡邊的警戒和看守；另一個是看守所，屬於肅奸委員會管轄，主要管行政事務的事情，而我們主要負責漢奸們的安全。

我們去抓漢奸的四十個組裡，有五六個組和組長是抗團的人擔任的，王文誠、劉潔、王維彬和張彬儒也參加了，但是劉潔抓了誰我不知道，他一開始也是內衛組的。

不過，抓捕溫士珍、袁文會、齊燮元這種大漢奸的都是比較有經驗的，或者在社會上有地位的去抓。

我們去抓漢奸也是有一點津貼的，用於吃飯和車費，但這種費用不算薪金，因為其他的人員是從各單位調來的，原單位有給他們發薪水。

我抓完那四個回來的時候，正好別的組也都回來了，那時候已是早上的六七點鐘，天差不多亮了。

人越來越多，內衛組加上剛抓的人，一共一百多號人。要把抓回來的漢奸進行搜身、填表、辦手續不說，還要將搜到的物品登記到紙上，然後把這些東西都放在信封裡封存起來，簽上名。

這個工作很費時間，所以一開始那幾天早晨最忙亂，看守所整理、搜查完了，就分配到監房裡去，然後就去寫報告，弄完了吃點東西回家趕快睡覺。

睡到中午一兩點鐘，我回到看守所一看，現場亂哄哄的，"嘰哩哇啦"比茶館還熱鬧。那時看守所裡剛抓了將近兩百人，內衛組的人手才二十多個人，樓上沒人管，都在樓下忙活別的。

再有一個原因，那時內衛組剛剛成立，還不知道誰能做什麼，好多人連姓名都不知道。看到這個境況，我立馬找了四個內衛組認識的人，在盥洗室門後找到兩個日本人用來練武術的竹劍，又粗又好。

拿著竹劍到樓上第二個房間，那個房間關了

抗戰時期的《銀線畫報》 圖片來源：天津市檔案館

五個人，其中一個五短身材，穿著緞子和皮袍棉褲，情緒很激動，跟講演一樣在那比手劃腳。

我喊他過來，他這才轉過身來，問他叫什麼名字？他說他叫張圭穎。

問他幹什麼的？

他說他是《銀線畫報》的社長。

張圭穎的這個報社我知道，規模很小，登的那些都是黃色和粉紅色的消息，還有不入流的舞女、歌女和唱戲的娛樂八卦。

這個報社出報量很低，三五天一個星期才印出兩張，可天津就有一些無聊的男人喜歡看它那些粉紅色的新聞和照片。

日本人侵佔了天津這些都市後，管得最嚴密的是報社宣傳，包括報紙雜誌書籍，特別派人管理並控制這些東西。

張圭穎的這個報紙也在管轄之內，但是當年如果跟日本人關係不硬，是拿不到紙和印刷油墨的，更不敢私下刊印，所以他就想方設法討好日本人。

日本人允許《銀線畫報》刊印，就是它登的都是歌舞女交際花和一些八卦花邊新聞，內容無關政治。所以我對這個畫報有印象。

我讓那四個內衛組的人把他叫出來，告訴他這裡是看守所，不是咖啡廳，更不是茶館，要守規則。

說完我讓內衛組的人把他按在地下，拿起竹劍"梆梆"開打。沒打五下這個傢夥就"嗷嗷"叫開了。他一叫，樓上樓下三十個監房馬上安靜下來，鋼針掉在地下都聽得見。

事實證明我這招很管用，當時如果每個房間都去查看的話，三十多個房間查一遍下來得累死不可，而且他們也不聽我的。這些人都是摸爬滾打過來的老油條，他們根本不懼我訓他們，所以只有用這個辦法。

果然，幾棍下去，馬上清靜，太有效果了。從那開始，整棟監房都安安靜靜的。我們也隔幾天就來個突擊檢查，隨便到一個屋子，打開門讓他們出來，我們再進去一通檢查屋子地板、睡覺的被子包括他們的身上。

其實我也知道搜查不到什麼東西，可是這會給他們造成心理威脅，讓他們得明白規矩，不規矩就會被拉出去收拾。

這樣一來也給偵訊組提供了方便，王文誠他們來偵訊，這幫漢奸個個安安靜靜的，沒人敢咳嗽一聲。

31

又臭又硬，不能惹的一批人。

我們內衛組每次五六個人一起上班，樓上樓下四小時換一班，自那次"殺雞儆猴"以後看守所秩序很好。看守所裡的工作人員很守規則，更沒有被漢奸收買的，漢奸本身也不敢收買他們。

當時肅奸委員會有個總務科，科長吳龍長得又高又肥，負責管總務。總務科很有錢，整個委員會的薪水、廚房伙食、採購、印刷品和各種器材的錢都得經過總務組。

這傢夥神氣得要命，有時候看他穿著漂亮嶄新的、上好尼絨做的藍顏色中山裝，我們羨慕得要死。

但這傢夥不規矩，當年內衛組辦公室的隔壁是電話室，整個委員會和稽查處的電話都設在那裡，有三位小姐專門負責管接電話，吳龍有時候會跑到電話室跟那些小姐們勾勾搭搭的。而且廚房的廚師也是他包來的，看守所給犯人供應的飯菜，剛開始菜裡還有點肉片，湯裡還有點油水。

沒過一個月，我就聽內衛組的人反應犯人報怨伙食越來越壞，我問廚房的人什麼情況，他說給犯人送飯的都是廚房的夥計，他們也不懂。

不過，總務科伸手管到廚房，他們一定有勾結。後來一核對帳目，果然發現數目不清。所以我們對吳龍這小子印象很差，可拿他沒辦法。

看守所的管理人員都是學生，雖然從不問世事，地位也不高，但我們不貪汙，規規矩矩做事，任何人做得不對我們都可以指責，相反他們不敢指責我們。甚至於我們借用警備司令部稽查處的房間辦公，他們的人看見我們都又氣又恨，說我們這批人不能惹，又臭又硬。

機關裡的人對我們也是另眼看待，尤其是對王文誠，那時候他才二十幾歲，他們見到王文誠就喊："王法官"。

其實王文誠並不是真正的法官，而且我們在抓人、看守和偵訊的時候都沒穿制服，只是工作方式和內容看起來像法院的法官。

我們不允許家屬來探望犯人，但起初不曉得誰出的主意，說裡面伙食不好，能吃飽可是沒有大魚大肉。所以那時候看守所開放了一個月給家屬給他們送東西吃，結果發現他們在菜裡埋著紙條通消息，被我們抓到後就禁送了。

在肅奸委員會工作時的王振鴻

內衛組跟王文誠所在的偵訊組不一樣，但有交集。我們倆個組很密切，因為王文誠跟朱洽陽的工作是偵訊，說白了就是問口供。

偵訊室是個類似於小客廳的房間，有桌子椅子，漢奸進來後就站在門後，後邊離著一丈多的牆壁。

偵訊時，王文誠在桌子前坐著，漢奸站在桌子前，王文誠後邊站著五六個內衛組的人，主要是保護偵訊人的安全，同時也給這些漢奸一些心理壓力，所以內衛組跟偵訊組的合作很緊密。

我到內衛組工作後，和王文誠在同一個單位上班，天天碰見他。他每天都要到看守所去偵訊漢奸，我雖然辦公室在前面，但有時候也會到後面去看看他偵訊的情形，所以他怎麼偵訊的我都有印象。有時候我就站在後邊看他怎麼偵訊，而且有的漢奸我也想多瞭解一下。

訊問的時候，有的漢奸很老實，問什麼就答什麼。大部分漢奸年紀都比我們大，經歷經驗也都比我們老練得多。

我們當時二十幾歲，沒有受過特別的訓練，學歷也不是很高，更談不到社會經驗，所以有的漢奸看我們的時候還有些不服。

碰到不老實的漢奸，王文誠瞪瞪眼睛他們也會怕，畢竟後邊站著的那五六個人都不是客氣的主。

肅奸工作既已開展，肅奸委員會對外也逐漸公開，該會組織如下：

天津區漢奸財產清查委員會：

主任委員：天津市市長張廷諤；

副主任委員：軍委會軍統局長戴笠(由天津警備司令部稽查處長陳仙洲代理)；

秘書長：司全會總務行政事務，由市長推薦張翰書任主任秘書；

監察組：由國民黨天津黨部于委員任組長，該組司監察各組人員之工作及操行等；

調查組：國民黨中統局任張楚為組長，司調查漢奸嫌犯之罪行等；

保管組：軍統局任舒季衡為組長，司清查、保管漢奸嫌犯財產等項；

偵訊組：由華北地區肅奸司法上級任朱洽陽為組長、王文誠為軍事檢察官，該組司偵訊及移送法院工作；

內衛組：由抗團葉明德任組長，司四看守所內安全、警戒及移送工作。

--摘自王振鴻《津門肅奸略記》選段

32

出於好奇，我參加了國共「三人小組」。

我還曾在國共"三人小組"（軍事調處執行部）短期工作過，那時王文誠朱洽陽他們負責偵訊，內衛組很安定，我可以脫離開一段時間，何況內衛組裡有好幾個是抗團人，也不需要我盯著。

振鵠知道我學過速記，正好北平國民黨的會務組織在北平找不到會速記的人，結果這事傳到振鵠那裡了，他就讓我去試試。

那時候我覺得很驚奇，也很高興。我當年在山東煙臺商業學校學習美國速記轉變為我們中國的速記，這是很特別的一種技術。

那個美國人是牧師，煙臺商業學校是這位牧師創建的，同時他又是美國的速記專家，所以他是利用我們中國的注音符號、聲音、變字做出來的。

那時候他研究做得差不多了，準備要出書，但還有很多地方需要邊教學邊修改。山東人的口音不適於念國語，發音並不準確，有好多土音，但又找不到會講國語的人，正好我在烟臺念書，雖然我國語不是很純正，但比他們標準，所以他就拿我當發音標準。

我就跟他一起，一方面改正他的書，一方面讓大家學國語音，比如先學一些"bpmf"這種注音符號。

牧師的中文速記是根據注音符號來的，比如"B"的發音叫"波"，假如要寫博物院的"博"字，來這麼一下就可以了。

我們班二十幾個人學了一個半學期，可學完無處可用，也沒有商家需要用到。

我之所以願意去三人小組做記錄，也是出於好奇，不然我白浪費兩年時間學速記了，而且當時天津的工作我並沒停止，我只是說北平有事去一趟，連王文誠他們都沒講。

做這份工作沒有工資，我還自己花錢從天津坐火車到北京往返，沒有誰給我錢，我也沒要他們的錢。

當初美國人看到國共雙方衝突很多，所以美國總統派國務卿馬歇爾來南京調停，強迫國民黨政府跟共產黨談判。

那時候國民黨覺得自己很強大，一定可以把共產黨打掉，所以馬歇爾來調停的時候態度有點強硬，逼迫著國民黨來談判，但他也知道國共雙方會談不妥。

我記得周恩來和葉劍英去了南京，跟馬歇爾和國民黨這些頭子們談判，決定好了三方可以談，就成立一個委員會，三方面都參加，美國人在中間。

可是當時各地都有衝突，山東省的一個城市被共產黨圍起來要打了，或者是國民黨要攻打哪個共產黨佔據的地方，每天都有衝突，所以美國人就出面調停。

南京距離這些衝突的地方遠，所以商議調停的點就設在北平，交通和做事都比較方便，就成立了"三人小組"，辦公地點選擇在北京的協和醫院。

當初日本人佔領了協和醫院，日本投降後那個大樓就空了。那時候國民政府在北平找不到合適的地方，只有現成的協和醫院大樓，而且很寬大，他們就徵用了這個大樓做為他們三方談判的一個辦公地。

國共兩方的代表不住在協和醫院裡，國民黨代表住在德國飯店，還只住些高級的職員，參謀長副參謀長這類的官員就不住在那裡。共產黨的代表住翠鳴山莊，美國人住哪裡就不知道了。

國民政府花了一大筆錢，把德國飯店整個租下來，讓這些支援工作的都在那吃住。

我每天去上班，中午下班梁漢拉著我坐交通車回到飯店一起吃飯，然後讓我就在他房間裡午休兩個鐘頭再上班。

33

國共雙方彼此深度防備、互不信任。

我從天津到北平協和醫院的時候，醫院大門口立著鐵欄杆，站著三個憲兵。美國兵站中間，憲兵佩槍武裝，很威武，左邊一個國民黨憲兵，戴著鋼盔，右邊是共產黨憲兵。
那時候在我們印象裡還不知道共產黨有什麼軍服，可是他派出來的憲兵也是穿著軍服，所以那時候門口很多人排隊來照相，都沒見過這種情形。
協和醫院大樓分好幾層，但他們沒在同一層辦公。由於他們是重要人士，所以辦公室很嚴密，不讓人隨便進去。
進醫院上樓以後，裡邊一個管電訊的科長帶我去梁漢的屋子。當時在國民黨辦公室的屋子裡只有兩個人，一個是開會記錄的上校秘書梁漢，他的英文中文都好，人很斯文。另外還有一個憲兵，因為他們不能雇用外邊的人來做這種雜務事情。
國民黨怕找的人不對，就從四川那邊派來憲兵，以保證不出問題。憲兵的服務就是去印東西、送檔案這種雜事。
我去了以後梁漢跟我談話，問我在哪個學校上學、學的什麼、技術怎樣這些，瞭解我在什麼學校畢業，也在肅奸委員會做事，他知道我不是有問題的人，起碼跟共產黨沒有關係。他那邊規定每星期二和星期四開會，開會主要人員是國共雙方的副參謀長。
國民黨這邊負責談判的是蔡文治中將，[19] 他是陸軍總部的副參謀長，在美國留學學過軍事，所以中英文都講得可以，人也長得很漂亮，個子高高的。
共方那邊是羅瑞卿，[20] 他也穿著軍服，掛的是中將銜，一九四九後他當了公安部長和中共國務院的副總理。
那時候羅瑞卿的上級葉劍英也飛到了北平，住在翠鳴山莊。他們借此機會慢慢吸收並調來幾百人，最後從所使用的車子以及其他的東西來看，都看不出來他們是共產黨，所以這也是國民黨沒有考慮好的地方。
當初共產黨在北平不敢公開活動，現在三方面談判了，他借此機會公開出現，你不僅不能動他，還得保護他，所以他們就借機會發展。從剛來的幾十人，接著一二百，最後發展到三百人。而且他們穿的都是西裝革履襯衫，你也不知道他的真實身份，所以他怎麼活動都可以，比以前方便多了，利用這個便宜，不費力就調很多人來北平做工作。

談判現場的美國人只有兩個，一個是美國方面的海軍副參謀長，好像叫"海克絲"，英文名字我沒記下來。

雖然他是海軍，但他對中國有點瞭解，對於開這種會有經驗，所以美國方面才讓他來，不然光派一個會作戰的來沒任何用。

另一個是海克絲的華僑翻譯，那個翻譯長得很斯文很英俊，跟電影明星一樣，個子高高的。

國民黨這邊也是兩個，蔡文治和他的秘書梁漢，再有就是我。而共產黨那邊是羅瑞卿，羅的旁邊坐著他秘書，二十多歲，給他做翻譯及記錄工作，再旁邊坐著兩位年輕人，也做記錄工作。

羅瑞卿穿的跟國民黨軍官一樣的軍服，也是兩顆星的中將，跟蔡文治一樣。

梁漢穿著普通黑色西裝，打著深色的領帶，共產黨的秘書穿著像中山裝，也是深色。

美國那個參謀長穿黃顏色的軍服，那個翻譯也是穿軍服，只是勳標沒參謀長那麼多，我和共方管記錄的人都穿西裝。

談判現場除了我們這幾個人之外，門口有三個沒配槍的憲兵（規定好了不能帶槍）。國共雙方都有憲兵，共產黨的憲兵好像是綠黃色那種的衣服，顏色差一點，帽子上有個紅星，不是國民黨那種青天白日星。

開會的房間門口還有兩個來頭不明的人，穿著普通的中山裝。我一進去梁漢就跟我講，身上不許帶任何東西，雖然是雙方分別管控自己的人，但其實雙方都有帶東西。

梁漢還警告我不要亂跑，因為你不知道哪個房間是共產黨的還是國民黨的，門口沒有提示牌。

我們談判現場的屋裡只有一個小憲兵，他是給我們服務的，類似於勤務兵，讓他做什麼他就做什麼。這種小憲兵也不是隨便人能來的，在這裡工作的憲兵很精明，都是二十幾歲受過訓練的。

這個憲兵平時很聽話很服從，結果有一天他去用印刷機，身體一動，衣服隨著動作掀撩了起來，我便看見衣服裡面露出一支手槍！你說國民黨這樣，共產黨的人肯定也一樣，大家都怕萬一搞不好起衝突，都有所防備。彼此一開始就相互不信任、相互提防，所以怎麼能談得好！

在會議談判現場，除了我們三個和憲兵外，共產黨有四個人，再有兩個美國人，其他什麼也沒有。

美國人擺了張椅子在中間，他的左後方是翻譯，翻譯手裡拿個本子。過來就是蔡文治，他的旁邊是梁漢，梁漢再過來就是我。

開會現場的那張長桌子上什麼也沒有，不給水喝，也不能吸煙，所以煙灰缸、茶杯都沒有。主要是擔心萬一兩邊說激動了，隨便抄起來個東西就打人。

這個美國人經常跟外國人打交道有經驗，看起來很斯文，看著不到五十歲，頭髮斑白。每次開會前，他先講一套"大家聚在一起很不容易，希望大家客客氣氣來理智商談，不要那麼自私只堅持自己的主張，光以自己的觀點和利益來做事情談事情不公道"這類的官樣文章。但是沒用，誰也不聽他那套。

正式開會記錄的時候，我就跟共方的記錄員坐斜對面，他一動筆，我就看出跟我所學的動作筆劃姿勢完全一樣。

我很奇怪他哪裡學來的，以後我想起我們同學山東人很多，有的人家鄉在鄉下，可能接觸到共產黨或者遊擊隊，共產黨知道他們會什麼，就跟著學了。

34

國共中將對罵：
你們太混帳！
你們太不客氣！

講述中的王振鴻

"三人小組"第一次開會談的內容，是山西太原被共產黨給圍城的事。

國民黨這邊罵他們說，現在大家已經和平談判了，你怎麼還包圍我？要求共產黨退出去一點，開放，不要包圍，最少限度是准許郵件、郵車進來，或者他們去進點藥，買點用的東西。

共產黨說不行，你們太原城裡有兵，萬一你們攻擊我呢？

雙方就這樣你來我往相互指責指責對方"太混帳"、"你們太不客氣，利用這個機會來跟我們討便宜"等謾罵攻擊。但究竟是誰攻誰呢？共產黨為什麼從外邊攻打有城牆圍著的太原城呢？可共產黨反而指責太原城裡的國軍打他，國民黨反駁說你為什麼靠我那麼近呢？

按說三方談判，尤其還有美國人在，要注意自己的身份，這種話不應當講出來，但那時候大家一衝動，誰還管美不美國人，彼此指責，講話就不客氣了。

美國人是中間人，要公道一點，不能偏向哪一方。但美國人講的話現場沒人聽，國共雙方還是扯著脖子紅著臉相互攻擊。

當然，翻譯對這種亂七八糟的粗話也沒法翻譯，美國人聽不懂雙方說了什麼，但也知道兩方是在吵架，除了安撫兩邊，希望大家不要有任何的立場、平心靜氣好好談，大部分也只能笑笑作罷。

不過這種調停也就走個形式，兩邊根本談不好，這邊需要怎樣，那邊就不答應。這邊說不包圍了，那邊說國民黨軍隊要出來攻擊我怎麼辦？兩邊互相拒絕推諉，就差罵人了。這個會開了差不多三個小時，我下班回到家再翻譯成文字，一篇篇翻譯搞到半夜。第二天早晨上班我拿給管開會的秘書梁漢，他看了有二十分鐘，就"哈哈"笑開了。

我在他對面一臉莫名其妙，問他笑什麼？是寫錯了還是什麼有可笑的地方嗎？
他說我寫得太詳細了，把互相講的粗話、罵人的言語、彼此抵觸的話都寫出來了，現場的話只要寫要點就可以了。
我說既然讓我來做記錄，有話有字我就都記上，雖然他們的話不禮貌不客氣，但我也得寫，用不用是你們的事。我的責任就是做好我的工作，否則光寫要點的話哪還要十篇？半篇就完事了。
他解釋說拿這份給鄭介民（共產黨談判小組的上級代表是葉劍英，國民黨是鄭介民），他能夠作為國民黨跟共產黨來交涉的代表，也是一個有頭有臉、地位很高的人，哪有時間看那些罵人的話，這不笑話麼？
我在那連著開了三次會，星期二開一回，很短就完了，星期四又開一回。星期二那次會後決定派"三人小組"帶著翻譯官坐飛機到太原，通知太原兩方面停止攻擊。
美國人最初的意思是想拉攏兩邊談，可蔣介石國民黨這邊根本不想跟共產黨談，所以談的人彼此攻擊，根本不能成功。
他們在這和談，那邊沒閒著，繼續打。三方和談花了很多錢和時間，但沒有結果。

後來看報紙說，國軍需要的補給物資，只能用飛機投下，地面的包圍圈還是沒有解開。太原、長春照樣被圍得跟鐵桶一樣。哪個地方被共產黨或圍或攻了，就派"三人小組"去調停。"三人小組"出去調停有了十幾二十次，但都是走個形式而已。
其實國共雙方也知道和談只是做給美國人看的形式，美國人太天真了，以為把國共拉一起談談就和平了，完全沒這個可能。
國民政府在日本投降後還都南京，需要美國的軍火糧餉援助，所以國民政府是帶著這些目的才同意的談判。
共產黨也是如此，借這個機會休息修整，反正談判期間國民黨也不能攻擊，趁機重新調整軍隊的佈防，各有各的打算。
談判現場更是誰也不理誰，你坐你的，我坐我的，頂多跟美國人笑笑，點個頭完事了。
談判現場的罵戰只有羅瑞卿和蔡文治兩人，我們其他人沒有資格講話，就他倆和美國人講話。可是美國人也不給出主意，只是出來扮和事佬安撫。
現場談判的雙方既沒有實權，也沒有誠意，所以參加了那麼三次會，我覺得沒意思，跑這來聽這些東西也是夠了，和談註定是要失敗的，所以我就又回天津了。
走的時候，我跟梁漢說我在這裡工作沒什麼意思，只要記要點和要緊的內容有你就可以了，我在天津還有工作，得趕快回天津。
他也講不出話來，因為知道我也不是他們的人，我要走他也管不著我。
一九四九年以後，梁漢也到了臺灣。
他曾跟著黃傑㉑的一部分軍隊，從雲南撤到越南，在一個小島上住了一些時間。以後國民黨派飛機把這些人接到臺灣來。
後來通過報紙雜誌報導，黃傑當臺灣省主席時，把梁漢帶去做他的機要人員。我這才知道梁漢到臺灣了。

35

抗戰勝利後，共產黨借機擴展地盤。

肅奸委員會除了四個看守所外，還有三個特別的看守所，第一個就是齊燮元家。

齊燮元住在一個三層的大花園洋房裡，一進門就是個大客廳，中間有書房和飯廳，二樓是他們的臥室。因為他的身份不同，所以就把他家直接變作看守所，另外兩個特別的看守所內部組織也差不多。

當年有十五個漢奸嫌犯就在齊燮元家的大飯廳鋪上地板睡覺，到齊燮元家抓他時，直接把他固定在樓下，不讓他跟家人接觸，活動的範圍就是臥房、客廳和他的書房。

他喜歡看書，書房裡收集了很多老書，學識不錯的看守就會趁機向他借本書看看。

像這種大漢奸會特別派十個到十二個人的一個班憲兵看押，大門和院子各有兩個，客廳站一個。另外，內衛組再派兩名組員做監守員，憲兵聽從我們，一直看了幾個月。

所以王文誠和朱洽陽他們去偵訊的時候，除了大看守所外，還常常得到那三個特殊的看守所去問，而且每次只能一個人去。

那時偵訊很簡單，不像現在很多設備，比如答錄機、照相機這些。偵訊時，我們用毛筆寫字，而且還是自己帶著硯臺和墨水匣去，邊問邊用毛筆一行一行寫，也沒助理幫忙磨墨，全部一個人搞定。

那時候內衛組雖然有五六個文書，但他們不負責偵訊，偵訊工作就王文誠、朱洽陽或者我參加以後的其中一個人去。

去偵訊時還不能帶包，得徒手帶筆硯紙墨和水，所以我們也算相當有功力。記錄的時候還不能用速記方法來寫，速記還得翻譯，很麻煩，而且用毛筆記錄沒有辦法速記。

四十個犯人分配到大看守所和三個特別看守所裡，平常我們不用管這些，有時去看看就好。這些地方分別選了幾個人做班長，他們領著任務分配，有什麼事自然會有人報告給我們，我和老葉不需要操心這些瑣事。他們也懂規矩，知道該怎麼做怎麼看守，上下班都很準時。

後來老葉讓我一人負責內衛組，他有別的公事，忙不過來。所以我就接管了四個看守所和四十多個工作人員，其中包含十幾個抗團的人，但一大半的人我都不認識。

我平常主要在前面樓下的大辦公室裡辦公，裡面有一個通鋪，是之前晚上值班的員警住的，給我們的房間也是這樣。

內衛組四十人除十個人外邊有家室，剩下的三十人有的家很遠，有的甚至沒家，正好看守所後邊有個可以睡十來個人的大房間，我讓他們睡在裡面，萬一有要緊事情，我一招呼，後邊的一下就能到位。

雖然國民政府那時候已經把天津恢復了，但共產黨的遊擊隊有時候會來搗亂，所以不得不防備。

那時候共產黨在華北還沒有那麼多軍隊，只能發揮各地的小遊擊隊，晚上沒事就在鄉村和天津城的周圍這邊"梆梆"放幾槍，然後跑那邊再放幾槍，你還沒地方抓去。

那時抗戰勝利了，共產黨借機擴展地盤，各地不斷騷擾，他知道國民黨占的是城市，我就在你管不了的城市外邊，沒事晚上給你搗搗亂。

當年肅奸委員會剛在籌備時，還沒有正式對外公開，也沒有正式的辦公室。王文誠和朱洽陽從北平一到天津，我就見到了王文誠，我們還一起吃飯一起理髮。

沒幾天，肅奸委員會正式成立，朱洽陽任偵訊組組長，偵訊組一成立，他們就搬進辦公地點，我也跟著去抓漢奸了。

那時我跟王文誠都是二十來歲，朱洽陽比我們大十歲左右。他當時正如日中天，在北大學過法律，也在司法機關做過事，工作有經驗，否則不會派他到天津當組長。

王文誠也不是軍統的人，他早先在北平第十一戰區一個情報組工作，那邊把他推薦給了負責清查漢奸的毛惕園。毛惕園當時公開的身份是"北平警備司令部稽查處的少將副處長"，不公開的身份是"華北區肅奸司法方面負責人"。

王文誠雖然不屬於他的人，但毛知道王文誠是抗團的，就派王文誠來輔助朱洽陽工作，朱洽陽任法官，王文誠當檢察官。

一九四五年十一月，偵訊組成立。過完年，戴笠來天津視察，朱洽陽到飛機場去迎接。一下飛機，戴笠就把朱洽陽免了職。

關於朱洽陽被免職的原因，我只知道他私生活行為不檢。

朱洽陽上任後住在偵訊組的辦公室，辦公室裡面有兩張床，他和王文誠一人一張。朱洽陽平常在外邊社交活動很多，不曉得是誰給他介紹了個天津的二等交際花，自從認識那個交際花他就搬走了。

他當時的官職是上校，工資雖然不菲，但遠不夠他在外面吃喝玩樂。那個交際花姓馬，是個寡婦。我見過馬寡婦，跟朱洽陽差不多高，不知是哪裡人，瘦瘦的，長得還可以。她的眼光很飄逸，五官給人感覺看起來不太正經，有點風塵味和妖氣。

朱洽陽落馬後，有一次馬寡婦到監獄找朱洽陽，到了樓上不知道如何去接洽，只曉得要找朱洽陽，結果我們都沒理她。

據我們瞭解，她找朱洽陽是來要什麼東西。

朱洽陽當時早就結婚了，可太太沒跟他到天津，這就給朱洽陽外面亂來的機會了。

平時我們沒機會接觸朱洽陽，他戴著眼鏡，長相斯文，比我們高一點。平時也不跟別人講話，只到內衛組或到看守所去。大概十幾天後朱洽陽被送到炮局胡同監獄，沒多久，戴笠飛機撞山死後，他便被放了出來。

朱洽陽是毛惕園派的人，毛那時是我們肅奸委員會最高的負責人，只有他有權利讓他出來。後來我在天津馬路上遇到過朱洽陽，但我們沒說話，打個照面就走了。

據我瞭解，朱洽陽出來後，不曉得活動到一個什麼訓練班，以後又到警備司令部工作，他的工作就是脫不了軍統局這個圈子。

36

陪犯人喝酒的女犯人。

一 逆流者 一

葉明德（又名葉綱騫）　圖片來源：天津市檔案館

在內衛組辦公室的時候，有一次葉明德介紹了一個五十多歲、挺神奇的傢夥，想安排在內衛組工作。這個傢夥姓陳，過去在英租界做警探，警探可以穿便衣去搜查，或去打聽消息，所以他知道的事情多，腦筋比較一般員警靈活一些。但這個人老奸巨滑，很有社會經驗。

我問老葉怎麼認識他的，老葉說是朋友介紹的。他說他知道租界裡邊這些人的事情，有錢有勢的人他也知道很多，也許可以問出來很多漢奸的故事，其實他老奸巨滑，他根本不講正經東西。

此人之所以找我們，有個很重要的理由，他有個三十多歲的女兒當時被關在我們的看守所，叫陳慧，是看守所裡唯一的女犯人。這個陳慧並不是我們要關她，是有人告她。有兩個跟我們抗團也有關係的人，屬於軍統那邊的，這兩個人過去在天津工作的時候，其中一個跟陳慧有往來，關係親密。

陳慧認識在日本憲兵隊工作的漢奸，就告訴那個漢奸這兩個人是國民政府派來工作的，以致其中一個被抓。日本投降以後，這兩個人一個當了稽查處的督察，另外一個從事跟治安有關係的工作，就控告陳慧向日本憲兵出賣了他們。

陳慧被關在二樓最後邊的房間，她父親聽說女兒關在那，不曉得利用什麼關係認識了葉明德，此人講話很有一套，通過老葉混進我們內衛組。

這個老傢夥第一次來便透露出來陳慧是他女兒，我一聽這個不對了，我們那從來沒有跟任何漢奸的家屬有聯絡的。

我拒絕跟他有任何接觸，可這個老滑頭看我們都是二十幾歲的年輕人，沒過兩天又來。

那天中午十二點鐘，我們一桌十個人準備吃飯（那時候我們一組人十幾個人在我辦公室那包飯），我們剛坐下他就跑來了，還很不客氣，臉皮很厚地問他能否坐這吃一口。

大家都不理會他，他也不管，徑直搬了個椅子坐那跟我們一起吃。但是他吃的是我們的包飯，伙食費用每個月固定從我們薪水裡扣錢，而且他不只吃一次，總故意找飯點來白吃。兩三次後我讓大家下次再來不要理他，把他轟走就完了，後來我下邊有幾個人想辦法把他弄走了，以後他再沒來過。

朱洽陽落馬後，上面沒有明確說明他的罪名和如何處置，所以我們也不好意思把他跟漢奸關一起。

我們看守所一進門，兩邊都是辦公室，每個辦公室只有一張桌子和一張椅子，我們看所長的小辦公室挺好，就把朱洽陽關在那裡。

所長的小辦公室裡頭沒有床，朱洽陽又拜託看守所的人給他買來行軍床，自己的生活用品也擱在裡面。

朱洽陽吃的飯也跟犯人不一樣，他請看守所的人打電話到周圍的小飯館，每頓飯給他送兩個菜送個湯，再拿壺酒。他在裡邊想喝酒我們也覺得無妨，但求他不出事情就好。

結果有一次，中午我吃完飯到看守所，發現看守把陳慧拉來陪朱洽陽一起吃飯。陳慧沒動筷沒喝酒，就站在他桌子前看著他吃。

我問看守怎麼回事？他說朱法官想問她一些事情，所以把她找來。我心裡就不高興，那時候本來還預備請他在看守所替我們多問幾個漢奸的，反正他也沒事幹，結果朱洽陽關在這裡還這麼不老實。

陳慧最後也被送去法院審判，但沒有證據，法院大概關了她半年就放掉了。她本身沒什麼罪，頂多跟人講了閒話，而且在內衛組關那麼久也夠了。

她那個老奸巨滑的父親後來葉明德給他介紹到好像跟國民黨黨部有關係的一個地方，這個人年紀大，經驗多，人情事故懂得多，不過我總覺得不是可靠的人。

所以，不是每個抗團的人都那麼規矩。老葉不上班，成天在外邊跑，有限的工作時間也跟著一幫阿貓阿狗玩。比如過去那些什麼軍閥政客的子弟，有錢有時間又愛玩，認識的都是這麼亂七八糟的人，所以曾我跟他講，不要認識這幫人，認識只有惹麻煩。

37

老蔣跟日本人打仗把當官的都打沒了嗎？

— 逆流者 —

講述中的王振鴻

朱洽陽落馬後，偵訊組就剩王文誠一個人，雖然偵訊組下面有書記官和文書，可他們有另外的工作，也不會偵訊。

這時王文誠跟我商議，讓我去偵訊組幫他，他知道我有這個能力，就向毛惕園推薦我，我就從內衛組徵調到偵訊組配合王文誠做偵訊工作。

我們在天津大概逮捕了近一百八十個漢奸，他讓我一個一個查卷宗，哪個漢奸偵訊得不夠完整就得繼續偵訊。結果一查，發現還有一大半得繼續偵訊，有的漢奸只偵訊了一兩次，還要補充新的資料。

我加入了偵訊組以後，跟王文誠兩個人兵分兩路偵訊。

訊問過程也不是很複雜，一開始先問犯人姓名、年歲、籍貫等等，個人資料先問完後，接下來問什麼學校畢業的、怎麼做這個工作的、做多少年了、有什麼經驗、做了什麼事情、跟哪些人聯絡等等，想怎麼問都可以，沒有固定問題。不過我們手裡有資料，根據資料瞭解犯人，然後去問想問的東西。

一般每個漢奸每次大約問兩三個鐘頭，不一定一天問完，每個漢奸分三四次問。有時過了八天再找他問又能問出新資料，或者我們又有什麼新的想法，就再偵訊一次補充。這些漢奸沒有只訊問一次的，最少兩次，多的四五次都有。

那些大漢奸也是一樣問法，比方說齊燮元，我在他家書房一坐，他坐在我前面的椅子上回話。

到特別看守所審訊他們的時候，一般都會對他們稍微客氣一些，他們年紀都比較大，地位也比較高。這些大漢奸可以坐在椅子上答話，大看守所的小漢奸們就沒有他們坐的地方，站著回答我們的問話，身上也沒給他們戴鐐，穿的也是自己的衣服。

進偵訊組後我還偵訊過齊燮元。

齊燮元已經讓朱洽陽偵訊過兩次了，沒什麼可問的。他級別那麼高，也犯那麼多罪，小事情不值得問他，得問他重大的事情。

我之所以對齊燮元再次提起偵訊是又有了新情報，據說他跟大東亞戰爭的發動有關係，這很重要，所以我便有機會去偵訊核查。

那時候日本發動大東亞戰爭，齊燮元有二十多萬兵馬在手，算是華北最有勢力的人。日本人需要他的配合，也許是日本需要華北這邊的物資支援，而唯一能有實力談的人就是齊燮元。

被抓后的齊燮元　圖片來源：天津市檔案館

問及此事時，他得意起來，很自大，表示大東亞戰爭跟他有關係，他建議日本人如何如何，跟我吹了一通。

言下之意，這樣就可以把在中國的日軍減少一部分去打南洋，中國戰場就可以減輕一些負擔。

我心想日本人有那麼看重你嗎？我認為是齊燮元自抬身份。這話不好對他面說，我們學生去問他們這些老資格的人，他心理上就有點不大平衡。

我們總歸還是年輕人，他們都六七十歲資望很高的人，所以對他講話也很客氣。

但是我想問題就在這裡，日本人會跟他商議嗎？日本人還不是拿他當傀儡用？他說此舉是減輕中國抗戰的負擔，也算對國家有利，這就是他老奸巨滑的一面，希望將來蔣介石政府審判時能減輕一點罪。

問完他最後一個問題，正好十二點鐘要吃飯了，我就把卷宗扣上，表示不再寫了。我說有件事情大家說法不一，他是當事人，請他告訴我究竟是怎麼一回事。

民國早期，江蘇省的督辦是李純，有錢有兵還有很多姨太太，齊燮元是他的副手，領著十幾萬兵。可是齊燮元不是安分守己之人，總想爬得更高，李純有天晚上被他的衛兵打死了，據說這個衛兵跟李純的一個姨太太通姦被他發現，衛兵就掏槍把他打死了。

副手齊燮元就此當上督辦，外面傳聞齊燮元收買衛兵殺李純，為的是地位更高一層。這些事只有齊燮元知道，那個衛兵後來也被齊燮元殺了，死無對證，報紙雜誌都有登過，就是沒有結論。

我一問他這個問題，他跟我笑笑搖搖頭，我說你搖什麼頭，我難道問得都不對嗎？外邊傳的都不對嗎？這個時候他也不再講話，十二點多了，到了吃飯時間，我也不能再問。所以這段公案，錯失最後揭開真相的機會。

以後我碰到幾個老前輩，他們說我錯失了好機會，根本沒人敢去問齊燮元這個事，如果我那時候追問，他也許會講點實話。以後再也沒有機會問他這件公案了，不久他就被押送北平了。

訊問完齊燮元後，我就去吃飯了，跟他關一起的熟人問他詢問情況，他很不高興，還說老蔣跟日本人打仗把當官的都打死了，怎麼能派個小孩子問他！

除了偵訊齊燮元外，我訊問過的大漢奸還有溫世珍和方若，這幾個都曾位高權重。這些人沒人老老實實認罪，都說他們沒辦法，是日本人逼的。

齊燮元算是比較配合敢講話的，反正他也知道自己的結果，他明白多說少說無所謂。果然，送到北平沒一個星期，國民政府就用專機秘密把他送到南京槍斃了。

我後來聽到外邊傳說齊燮元臨死前最後一句話：他知道他的結果，有人嫉妒他，不容許他活下去。

齊燮元當初也是不得了的人物，曾是清末的秀才，雖然只是秀才，也是念過很多老書的人。

民國初年他留學日本學炮兵，那時候炮兵學校的學歷比一般步兵學校高，炮兵學校學的東西起碼有炮的構造、性能這些，所以他瞧不起老蔣，蔣介石在日本學的是步兵，還沒正式畢業就離開了。

偵訊完齊燮元後，我們準備移送這批犯人，剛要寫移送書，北平發來秘密電報，讓我們秘密押送人犯，不許張揚。所以王文誠和我就找到天津警備司令部稽查處處長陳仙洲，讓他派了八個受過特別訓練的特務兵，手持短槍、長槍、自動槍配合我們押送。

我們倆跟他們這些有經驗的軍人比，就像小孩子一樣，雖然玩過槍，但真讓我們打，不見得能打准。

我們指名少校督察吳樾隨行，因為他曾幫助過抗團的人，我們拿他也當自己人，也算是抗團的人。

吳樾在英租界當過員警小班長這類的職務，他身材魁梧，穿著軍服帶著肩章很威風，算是稽查處的一個門神，只有找他這樣魁梧的人領著八個特務兵才像樣子。

吳樾問我路線怎麼走，我說我領著兩個犯人走，犯人前後左右各安排兩個兵跟著，最後再兩個，總共八個。齊燮元和秦華倆犯人走在中間，王文誠在右邊，我在左邊領頭，吳樾在後方。

秦華是齊燮元的副官長，擔任偽治安總署的中將，把他們倆各銬一隻手送到北平。我不但領著走，還得拿一個公事包，他們倆的卷宗都擱在裡邊。

那時天津車站沒有兵管，一看有兵來，人都躲開了。車站給我們安排了半截火車，前頭後頭站著衛兵，讓我們倆個坐中間。我靠著窗戶坐，擔心萬一他們把玻璃打破跳出去怎麼辦？吳樾跑去看完窗戶後表示不會，他倆銬在一起，老頭子一只手沒那麼大力量。

從天津到北平的火車走了三個小時，我們占了一半的車廂，另一半都是普通客人。有幾個傢夥穿著中山裝，一看也是機關的職員，有一個西裝整齊的傢夥問我什麼情況，我說你不要問，不知道最好。

誰都知道齊燮元是重要的漢奸，秘電讓我們送他來，就表示不能聲張，可我們到了北平卻沒人來接我們，就來了個普通裝貨的軍用大卡車，還得吳樾把他們推上去。

在天津認識齊燮元的人並不多，可是他曾長駐北平，認識他的人多，既然是秘密押送，起碼得弄個隱秘性好一點的小轎車來接，結果只用大卡車來車站接！

不過我們也管不了，把人交給炮局，公文交給所長，所長再交給稽查處毛副處長，他簽一個條子，上書"收到齊燮元一名，收到秦華一名"給我們就完事了。

38

川島芳子沖我說：「看什麼看！不知道我在動物園嗎？」

到炮局交接完齊燮元後，王文誠說這是他過去曾經住過的地方，想進去再看看，我也借機去逛了一下炮局。

我過去兩年多的時間裡每個月都會去一次炮局，給我弟弟送點衣服和吃的東西。不過每次去看看他，頂多到門裡邊接待的地方，沒進去過裏面。當時炮局裡邊的內部結構還是老房子，頂多改一改，編個號碼，我沒有深入，只在表面上看幾個房間。

天津的偽中國監獄就是中間是一個檯子，檯子分三路，每一路跟臺北這邊的巷子一樣，一條胡同，對面是房間。

他們做的還算是有點腦筋，房間對房間，門上都有一尺見方的洞，可以用來遞點吃的東西。但對面房間洞都是錯開的，兩邊沒辦法互相打招呼。

天津監獄每天有一個主任上班，跟著三個獄警，一個人管一條路，不過他們很少走動。坐累了就出來散散步，每個門洞象徵性看一下，一下午看一次也就完事了，他知道犯人都老老實實的，不會怎麼樣。

我們在炮局裡也不能隨便亂跑，接待人員問我要不要看看川島芳子？我表示有點興趣。

到了關川島芳子的監牢外，看見她半躺半臥在監牢裡，身穿普通衣服，身材很普通，不高，瘦瘦的，臉色黃黃的。

傳說川島芳子長得很漂亮，但是關在監獄裡看不出來，估計跟營養和心情不好有關係。據說她被抓之前在北平就開始抽鴉片，已經不漂亮了。

川島芳子見有人來看她，站起來沖我講了一句："看什麼看！不知道我在動物園嗎？"我當時也不好跟她搭話，只覺得可笑，還特奇怪，什麼動物園？我問接待的人她什麼意思，他就笑了，讓我想想主管炮局的人。

炮局看守所所長姓侯叫侯子川，華北軍統的情報頭子馬漢三也管著這個地方，馬漢三下面是從南京軍統調來專管司法的毛惕園。

朱洽陽當時是天津偵訊組組長，因犯了過失也被送到炮局，毛惕園覺得把這樣的人關在裡面浪費人才，便指定一些漢奸讓他偵問。一方面把他關在那邊，一方面又讓他在那邊工作。

所以所長姓侯，情報頭子姓馬，毛惕園是主管華北審漢奸最重要的人，朱洽陽姓朱，豬貓馬猴，難怪川島芳子說炮局是動物園。

39

半夜突然提審，讓漢奸們心驚膽顫。

關在看守所裡的漢奸個個急於脫罪，審訊的時候經常為自己找藉口辯護，很不配合，也問不出什麼實際的東西來。後來我和王文誠給他們打心理戰，半夜提審他們。㉒

當時我們看守所規定他們晚上七點睡覺，所以第一次夜審的時候，犯人基本都睡了。

抗戰時期，日本的憲兵隊、警察局抓了抗日份子後會在半夜對付他們，所以我們在半夜突然把這些漢奸提出來，他們很恐慌，怕我們也來日本人這套。

他們也知道我們白天得工作，大晚上的不睡覺審他們，一定有特別的事情。

果然，這招很有效果。

正常情況下問，他們不好好回答，現在半夜這麼一來，他們都老老實實講出來。他們害怕不講實話，大半夜的突然提審一定沒啥好結果，所以很順利，不該說的也說了，過去問了不說的也都說了。

雖然這樣的突審常常要十一二點鐘才回去睡覺，可心裡很開心，收穫不少，不白犧牲這兩三個小時。

後來就變成習慣了，常常來這手。

王文誠更有意思，有一次他跑到前法國租界一個賣糖果的店鋪，買了一盒糖果，回來我們在審訊室擺了幾個桌子和凳子，讓高鐵侯坐著，然後給他喝茶吃糖果，他看到這個待遇，臉上一副受寵若驚的樣子。

徐樹強留學日本時學的是員警，回來做了特高科科長，專抓抗日分子，壞事做絕。家裡除大太太外的三個姨太太都是紅牌舞女，他有勢力有錢，被他抓進去的抗日分子遭打罵是家常事。

高鐵侯做科員的時候，也是跟徐樹強一樣殘暴，所以特高科和徐樹強的事他自然全都知道。但是剛開始他跟徐樹強一樣不講實情，我們所獲寥寥。

王文誠的桌椅、茶水和糖果計策順利籠絡到他，他還算有良心，交代了很多我們不知道的事。

高鐵侯以後變得很配合，問什麼講什麼，他曾是天津市警察局特高科的科員，這個"特高科"在抗戰期間專抓抗日分子，等於警察局的特務機關，日本人的狗腿。

王文誠偵訊他的時候，他把特高科所有的秘密都吐出來了，這一吐糟糕了，雖然有很多資料了，也對我們有利，可是特高科的科長徐樹強也關在裡面，高鐵侯這一吐就對他很不利了。

徐樹強有錢有勢有地位，高鐵侯就是個普通的職員，但是在我們那都是平等待遇，不管你是誰，該吃什麼吃什麼，大家一樣。但是送到法院就不行了，法院見你有錢你有勢就給住好房間，給優待，高鐵侯沒錢，到了法院受氣，吃的也不好，待遇也不好，還被人欺負。

我們問他的時候現場沒有做記錄，怕這樣一來他有顧慮不敢說。我們每次聽完他招供的再去問徐樹強和警察局長，就容易多了。

徐樹強因他的招供也被我們順利偵訊完畢，後來高鐵侯到法院很受徐樹強他們的排擠，處處不對付。

好多年以前，有人從大陸來臺灣跟我講，高鐵侯在監獄被關了好幾年，出來後他還打聽我們，拿我們當朋友了。

高鐵侯這個人還算有點孝心，那時候不曉得外邊的警衛怎麼疏忽了，把他母親領到我們看守所的大門前。正好碰到我提他從樓上下來審問，他眼睛好，通過門口外邊的玻璃窗看到他媽媽，就要求我們允許他跪拜一下他母親。

殺人不過頭點地，更何況這個要求我們沒理由不准，他走到距離他母親一丈遠的地方，雙膝跪下給他媽媽磕了個頭。

鮑馨遠在抗戰時期曾擔任過天津市員警分局的局長，這傢夥很殘暴，抓到人先打一頓再說，所以大家都對他又怕又恨，不敢惹他。後來我審問他的時候，不知道哪位內衛組組員知道了我們要打人，便給我們找了兩塊厚木板。問話的時候，鮑馨遠非但不理會我的問話，還很嘴硬，我命人用那厚木板打了他四板子。

偵訊這些漢奸我總共打過四個人，實在是沒辦法，有時候不動點刑他們是不會開口的。內衛組就是肅奸委員會內部的警衛組，打人不需要批准，所以那時候大家都知道我又要打人了，有時我也莫名其妙我怎麼就那麼喜歡打人。但是打人的事我沒跟王文誠講過，他也不知道，就算知道了他也管不著。

鮑馨遠的口供交上去後，法院通知我第二天審問他，我閑來無事去法院旁聽。他看到我在現場，指著我跟法官講，口供都是我逼著他說的，我還指使人打他。

結果沒想到法官和檢察官都沒理會他，經過那次被指名道姓，我就不去法院旁聽了。

我們訊問完這一百多個漢奸後，有罪的送法院，法院再接著審問，最後再判刑。

法院審問的時候，讓我們以法院正式檢察官的身份去旁聽，這個規定是當初司法部長他們研議的。所以，我只去過一次，鮑馨遠事件以後我再也不去了，沒意思。

40 令人頭痛的『北平行轅』。

我到偵訊組四個月的時候，有消息說將在六月底的時候結束這個委員會的使命，我們只剩不到兩個月的時間來完成偵訊組的所有訊問，所以我們那時候每天拼命地訊問。

這些詢問筆錄在偵訊組的檢察官檢查完後，還要寫一封移送書送到法院給法官判罪。每個漢奸的筆錄我都要卷從頭至尾看完，再確定他所做的事情觸犯了政府頒佈的漢奸處置條例哪一條。

等到我們快結束時，北平派了一個姓杜的法官做組長，他是廣東人，是個很老實的人，平常也不跟我們接觸。我把他安排在一個辦公室，移送書寫完以後請他看，有不對的地方請他再修改一下。

我辦公室還有一位書記官叫張韜，天津塘沽人，他替我們整理這些文卷。每人一本移送書、口供和一切資料都攔在一本裡訂好，漢奸嫌疑犯的照片、指紋和家庭狀況單，再加上我們問的筆錄，資料很齊全。

那時候我們沒有複寫紙也沒有影印機，兩人抄寫了幾個月，累得要命。

我們把每個漢奸的口供筆錄打字裝訂成檔，做出六十份移送書。但是這六十份的移送書處理起來特別麻煩，首先，移送書的第一段講的是具體工作人員的名字，比方說："天津肅奸委員會某某人，現在依照法令移送漢奸嫌疑犯某某人"等等一大套，最後是"移送人某某人"。

"移送某某人"要蓋官防，官防就是機關大印，還要蓋移送人的私章，裡邊每一篇跟下一篇接縫的地方要蓋接縫章，防止有人做手腳，有不對的地方改完要蓋矯正章，尤其第一張。

移送的人寫"北平肅奸委員會"，可我們是天津肅奸委員會呀，為什麼寫北平？我以為是打字員還是誰疏忽？王文誠也不清楚，他提議按他們的要求來操作就行了。所以那六十份材料中的第一篇移送書都是"北平某某某移送"，然後麻煩又來了，既是北平，那麼我們就要把這六十份材料拿到北平去找蓋官章的那個人蓋印。

一聽蓋章那個機關是北平行轅，大家都很頭痛，沒人想去。

北平行轅是當初蔣中正當軍事委員會委員長的時候，在北平、廣州、漢口、重慶設了四個行轅，行轅的主任都是一級上將，他代表著老蔣可以管好幾省,北平行轅主任李宗仁就代表老蔣在北平管著華北的軍政。

馬漢三是軍統在北平的特務頭子,他秘密的工作是華北區的情報頭子,公開工作是北平行轅督察處中將處長。所以要拿這些公文到北平他的行轅督察處辦公室去蓋印,但誰也不願去,只得我去了。

這六十份的公文很重的一大包,我拿不動,而且這些重要文件萬一有個閃失那就不得了了,所以我拉了內衛組的王維彬一起去。

保管組組長舒季衡(又名舒保全),聽說我第二天去北平,便委託我帶東西。結果第二天一看,是兩大箱一百多漢奸的財產目錄,他要把這些記錄帶給北平委員會的保管組。

我擔心這些重要的財產目錄萬一損失負不起責任,他說沒關係,告訴我交接地址和交接人,我只得勉強答應,雇了卡車將這堆東西送到北平。

倆人迷迷糊糊跑到北平,雇人力車把倆大箱子送到他們的保管組,正好保管組一個接頭的職員是北平抗團的。我打聽到北平行轅督察處的位址以後到那一看,兩扇嶄新的黑油漆大門口站著倆警衛人員,也沒掛牌子,一個穿著中山裝的人很正經地在那站著。

我跟他說明來意,他二句話不說,指引我們進去。進去一看,一個起碼二三十個人辦公的大房間,一人一桌子在那辦公,很規矩很嚴肅。

經辦人到屋子跟馬漢三主任去請示,不久,文書科長端著一大盤子出來了,上面印泥、鋼印、圖章等等一大堆。

我一看這堆東西頭就大了,先請文書科長教我如何蓋圖章,然後開始蓋官防、小章、私章和騎縫章,折騰了一個多鐘頭才把這六十份蓋完。

蓋完請文書科長檢查一下,這傢夥倒是很相信我,連看都沒看。

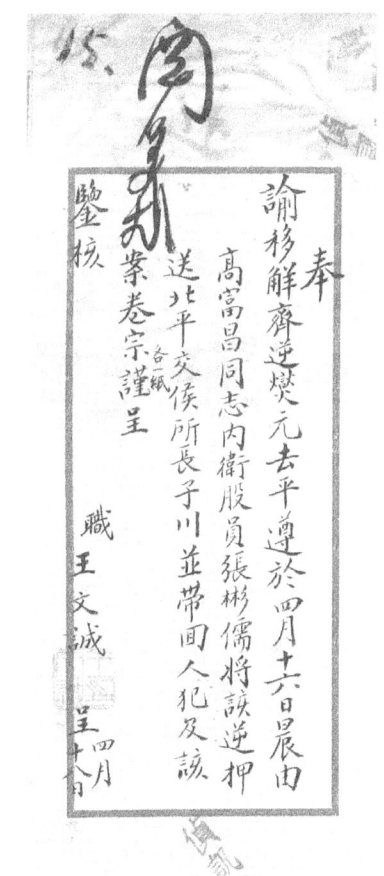

王文誠手跡:一九四六年四月十六日,由天津警總稽查處高富昌督察與內衛股員張彬儒押解齊燮元,交與北平炮局看守所侯所長。 圖片來源:天津市檔案館

41

如果路上有人劫囚，先開槍打死袁文會！

袁文會被綁赴刑場　圖片來源：天津市檔案館

這六十份移送書剛整理好，沒過三天，接到命令，要先送六十人到天津監獄。可是麻煩了，內衛組怎麼在卡車上安排這些人？尤其是第一次送的是天津黑社會的頭子袁文會，外邊傳說半路上會有人劫車，因為袁文會的黨羽眾多，萬一出事怎麼辦？

商議了半天，我們最終選派了幾個槍法好、身體好的帶槍押送。卡車上兩排凳子，一排坐五個人，五個犯人背對著背，面向卡車的四個角。

這四個配槍押送的人裡有兩個是內衛組的組員，另外兩個是稽查處警衛隊的隊員，穿著軍服拿著短槍、卡賓槍和自動步槍，站在卡車裡面的兩個角上。

我跟他們商議好，在押送的過程中，只要馬路上有人向我們跑過來，或者有人開槍，就先開槍把袁文會打死。

我之所以敢這樣要求，是因為我知道袁文會一定會判死刑，大不了我們早點把他打死，總不能讓他跑掉。

押送那天我們配有兩部小轎車，我跟王文誠拿著檔案坐一輛，把袁文會安排在另一輛小轎車裡，並由兩個身體好的內衛組員把他夾在中間。

出發時，袁文會的車在前面走，我們在後邊跟著，有問題就開槍打他。那時候我們已經放出風聲，大家都知道第二天要送漢奸到監獄，所經過的馬路上很多人等著看。

我們事先通知警察局多派員警在路口，又通知憲兵十九團加派憲兵在每個路口。九點鐘開始出發押送，他們七點半八點不到就出來站崗了，老百姓一看就知道有特別的事，而且我們也是故意走馬路邊，讓老百姓知道我們抓漢奸了。

本來應該一直送到西南城角旁邊監獄，結果我們弄錯方向，送到了南馬路的天津地方法院，好在地方法院的院子夠大，放十幾輛卡車都沒問題。

於是我們的車隊在天津地方法院的院子裡調頭出來，開往監獄。從法院到監獄是最近也是最危險的一個地段，那邊車多路窄，店鋪也多，越走越雜亂，所以大家都擔心在那裡出麻煩，好在最後順利通過。

到監獄後，首席檢察官接收完犯人並看了案卷之後，指定了一個檢察官來審判他，以後再送法院判罪。我跟王文誠兩人在那親自交待，一個一個送，交接了很久才完事。

我記得送第二批犯人去，法院的人說我們送來的溫世珍是大禮。

溫世珍在我們那不算什麼，但法院卻覺得了不得，還說這都是有錢有勢的人，要給他們待遇好一點，吃的東西有人送來都可以。

我們頭頭尾尾一共送了三批，每次都是我跟王文誠兩人坐大卡車到那交待一兩個鐘頭才完事。

我總共去了三趟北平，一共移送了一百七十四個漢奸的材料，再把人都送到法院。

當年我們抓了不到一百八十人，那麼多人我們只允許保釋出去兩個人，別的地方抓個兩百人至少公開放出去四五十個罪輕的。

肅奸事已逾甲子，記憶中尚存下列天津漢奸嫌犯人名及偽職，僅錄如下：

齊燮元——偽華北治安總署督辦
秦華——為華北治安總署督辦辦公室主任
徐良——為南京政府外交部長
侯毓汶——偽華北衛生總署督辦
溫世珍——偽天津市市長
李鵬圖——偽天津市政府秘書長
邱玉堂——偽天津市商會會長
王荷舫——偽河北省銀行總理
徐樹強——為唐山市市長、偽天津市警局特高科科長
張福來——偽天津市警局特高科科長
方若——偽天津市極管區區長
劉旭東——偽河南省鹽務管理局局長
王化楠——偽治安軍地區司令
鮑馨遠——偽天津市警局分局長
高鐵候——偽天津市警局特高科科員
袁文會——天津市黑社會首領、日本組織便衣隊隊長
王士海——天津市黑社會首領
謝履西——天津經濟漢奸

（除齊燮元、秦華兩人解送北平，余均解送天津法院）

又記：年前閱讀大陸出版之《津沽百年》一書，內載1950年人民政府曾正法下列漢奸嫌犯計：徐良、溫世珍、袁文會、徐樹強等，未敘其他人犯。

2011年2月24日草

--摘自王振鴻《津門肅奸略記》選段

42 釋放倆『漢奸』。

─ 逆流者 ─

天津釋放的這兩個漢奸，一個姓王，他是原大公報印刷廠的經理。㉓那時候天津大公報是很有聲望的報紙，都是一幫有名的學者跟大官們組織的。

但日本人很反感大公報，他們佔領天津後，大公報知道呆不住了，日本人一定會迫害他們，所以負責人領著編輯和一些印刷廠的工人坐船跑到香港。可是印刷廠有印刷機器，那些東西不太好運出去，人跑掉容易，東西丟掉就可惜了，所以他們就把這些機器和幾十名工人交給姓王的經理管理。

手下幾十個工人要吃飯，報社就得經營，不得已只有給偽政府印一點東西賺錢糊口。

他下了一番苦心貼近日偽政府的官員，得到訂單養活這批工人，目的也是為了保存這些工廠設備和工人，結果抗戰勝利後有人告他勾結日本人，就把他抓起來關了。

後來搞了半天，他的兒子就是我們抗團的王漢奇（又名王君武），是我很熟的朋友，他在抗團的工作成績也好。

王漢奇的父親也沒幫日本人做什麼壞事情，我們就賣個人情給他，不過這一百七十多個關押的人我們也只賣他一個人情。

當初王漢奇加入內衛組沒有天天來，現在他天天來看他父親。

他父親沒關三個月就保釋出來了，大公報勢力很大，創辦人是國民政府有地位的人。總統府秘書長代表總統給北平行轅李宗仁發電報，大意是說他是大公報的人，保護了大公報的財產，為賺點錢養工人，跟日偽合作是沒辦法，沒做什麼壞事，請保釋出來。於是李宗仁便親自打電報給陳仙洲讓我們放人。

另外一個人姓崔，是天津警察局特高科的科員。特高科在抗戰期間是專抓抗日分子的，天津當時有很多外國人，有時候外國人犯法被抓來，他會英文就請他當翻譯。不曉得為什麼抓他，他沒有那麼壞不值得抓，結果是軍統局華北的總督查把他保釋出去了。

將近一百八十個人，只放出去那麼兩個人，這兩個人都還是罪過很輕，沒有什麼事。所以我們天津抓漢奸是最有水準最嚴厲的，按照規矩一步一步來，沒有一個錯的地方。不像別的地方一下放出幾十個，我們就放了兩個，其他全部送到法院。

等到了六月底，這最後一批也送完了。

王漢奇的太太也是我們抗團的人，叫張傑，

大陸淪陷後王漢奇自殺了。所以張傑跟別人結婚，生了孩子以後又離婚了，最後這幾年在天津跟抗團的錢宇年結了婚，一起編寫抗團的東西。

錢宇年當年在北平跟孫若愚在一起，是從重慶來的一個很有頭腦的同志。他做事不圖私利，不是為了自己升官發財。當時他很想把抗團弄成一個特別的學生組織，一九四九年後中共把他抓去北大荒開墾。

去北大荒開墾的都是年輕人，錢宇年是燕京大學的學生，到那邊很能吃苦。當地學校知道錢宇年英文好，就把他調到東北中學教英文。教了十幾年，成了模範老師，不知道誰的關係，把他從北大荒解放了送回天津。所以他到天津碰到張傑，兩人就結婚了。

他想整理抗團過去的事情，就跟大家聯絡，也聯絡臺灣的同志，例如孫若愚。

他收集了很多資料，美國和日本的戰友他也聯絡，希望大家貢獻意見，寫一點過去抗團的事情。

43

這兩個天津來的學生打人凶著呢。

在偵訊組工作期間，組裡配備有槍械武器，我們做的工作也是需要用槍。尤其王文誠，不曉得誰給他一把左輪槍，就在他的枕頭下邊擱著。

有一次警報說晚上共產黨的遊擊隊可能有動作，要小心警戒，不要讓亂七八糟的人進看守所。所以我們倆人晚上就不睡覺了，看守所那一百多個犯人不能有一點差錯。

警備司令部得到情報後，趕快通知各機關警戒，所以我們不得不警戒，就算沒有打到看守所也得小心，萬一外邊混進來一兩個人搗亂丟個手榴彈，也夠讓我們喝一壺的。

再有，我跟王文誠兩人送這些漢奸嫌疑犯到法院，每一次也都帶著手槍以防萬一。

第三次送犯人的時候，槍就擱在我褲子口袋裡，結果犯人移交完了，我一站起來，手槍滑在凳子上。

那位翟檢察官在對面看見了，事後他問我：你們怎麼有槍呢？

我心想，我們玩個槍有什麼特別？我高興就找人弄幾顆子彈，在後邊庫房裡"梆梆"射槍玩。

他問我們究竟是誰，怎麼會這一套司法的事情？怎麼還有槍？我就笑笑沒回答，跟他講我們是抗團的他也聽不懂。

他認為我們就是很特別的一批人，吊兒郎當還有槍，他總覺得司法這塊是屬於文職人員做的事，必須很正經很嚴肅。

最後一批漢奸送完後，稽查處的處長陳仙洲找到王文誠，說在滄縣抓了十六名漢奸嫌疑犯，當地的偽縣長和偽警察局長關了半年沒有人問，也沒有處置，找北平也沒人理會，因為我們工作快結束了，想請我們去幫忙解決一下。

我跟王文誠就帶了兩個內衛組的人去，其中有一個是跟我關係很好的同事，這傢夥身體很好，我們還讓稽查處派個法官陪著我們到滄縣。

那十六個漢奸，我和王文誠每人負責偵訊五個，稽查處的高法官也給他分配了五個，我們三個人分別在三個地方問了一天半多。

偵訊的地方在過去滄縣縣政府一百年前清朝的縣衙，桌椅板凳都是當初縣衙門縣官留下來的舊東西。院子裡可以站兩排護兵，很威武。旁邊有兩個小屋子，王文誠在中間大堂審，我在邊上的屋子，高法官在另一個屋跟我來的內衛組同事站在我旁邊，當天問到的第三個人是當地的偽員警局長，不曉得什麼事情讓我問得很不高興。

這小子胡說八道，我就說你這種人就該修理兩下。結果我剛這麼一說完，那個內衛組的老兄便上去"梆梆"兩下，把這傢夥被打得又喊又叫。

那時候我不知道外邊有很多人偷偷在聽我們偵訊，那傢夥一叫，大家都跑來窗戶口看怎麼回事。後來外邊傳言：不要小看天津來的這兩個學生（他們那時候他們拿我跟王文誠當學生看），打人凶著呢。

那個警察局長被打完後老老實實的，我們問什麼他講什麼。

王文誠從不打人，我那幾次打人按說是不應該，可沒辦法，打他們也是一種快速解決問題的方法，也算是為大家報仇解恨。也是奇怪，我個性並不是兇狠的人，怎麼讓別人打人心裡卻很高興，那時我也是莫名其妙。

在滄縣審的十六個人裡，還有偽縣長和偽商會會長。我們當天在滄縣住了一夜，第二天下午坐車趕回天津。

那時候京浦鐵路就通到滄縣，共產黨的遊擊隊把鐵路都破壞了，我們在滄縣過夜，外邊一宿"乒乒乓乓"的機關槍響，根本睡不著覺。

回來以後，王文誠被調到地委產業處理局去做科長，內衛組又交給我，我就得處理這些檔案。那十六個人第三天也押送到天津警備司令部稽查處的看守所去了，我就一個人處理這十六個人的移送書檔，又拉了一個內衛組的文書替我抄寫。

六月底，肅奸委員會偵訊組就關門了，所以我以警備司令部稽查處的名義將那十六名漢奸送到法院。

首席檢察官翟守義看我一個人費了一個鐘頭時間交待完，就問我組裡邊有多少人，我說所有的公文、移送書、起訴書和口供都是我們做的。

結果那老頭一瞪眼："你們怎麼能問呢？你們那麼年輕，也沒在法院做過事，上次做了一百多個漢奸的資料，今天你又送了十六個來，你哪學的？"

老頭對於我們這些年輕人跟他們法院工作幾十年的老法官、老檢察官做的公文差不多，又沒什麼毛病，看我們兩個小孩子居然能管那麼多這個事情感到很驚訝。

44 背後有人鼓動的「反饑餓、反內戰」。

─逆流者─

戴笠撞山死後，除了朱洽陽之外，對肅奸委員會的人事變動沒什麼影響。

我見過戴笠一次，他第一次到天津的時候，稽查處請他吃飯，在警備司令部大禮堂搭戲臺唱戲給他聽，當時稽查處給了我兩張票，我在現場看到他坐在下邊看戲。

我在肅奸委員會的時候，父母不知道我們在做什麼工作，那時父親也退休近十年了。

肅奸結束的時候，王文誠被調到天津地委去當科長，就沒怎麼見面了。他做科長沒多久就回北平讀書了，我則回到離開一年的化學公司上班。

公司那時候有一度幾乎像停工了一樣，所以人不去上班也無所謂。等我做完內衛組和偵訊組回去後，公司又擴大了，公司的委員會告訴我九月再來上班，因為他們要成立一個新的貿易公司，請德國人做顧問和經理。

一九四六年九月，我開始在公司上班，一直到一九四九年，那時內戰早已開打。我離開天津時，有人說共產黨要攻到唐山了，天津很多人開始慌亂起來。

因為天津冬天燒的煤是從唐山運過來的，如果共產黨佔領唐山就糟糕了，所以唐山一有警報，天津的有錢人頓覺危險，馬上有人離開天津。

解放軍打進天津時，我也離開半年了。

一九四九年初，公司派我去上海的分公司上班，我離開的時候天津還沒淪陷，父母和弟弟妹妹都在天津。

解放軍攻占天津後，我在上海就聽說天津亂了，沒幾天解放軍就登佈告說，之前給國民黨政府和機構做事的都要自願去登記，別等他們去抓。

那時候參加天津肅奸委員會內衛組的好多人都自己去報導，只要你在國民黨機關做過事情的人都要登記。

我在上海工作時剛好趕上上海通貨膨脹，但我在公司裡只管賣東西處理交易，不多管閒事。那時候上海物價飛漲，我們做的貨物也跟著漲價，所以工資還夠花，那時候買一塊肥皂都很難，但是我們還能應付。

我們的貨物從天津運過來，擱在倉庫裡，很多需要清點，時不時的賣一點點就夠我們幾個人的薪水了。

一九四九年的上海，我記得那個時候馬路上有好多學生出來喊：反饑餓，反內戰。[24]但是那時候我們沒有饑餓呀，學生喊說買不到米麵什麼的，當然窮的人是有，什麼時候都有窮人，可是學生們也不是沒糧食吃。
你可以隨便問，哪個學生真的餓肚子了？其實我們都知道背後有人鼓動他們，否則學生跑來做什麼？沒有學生挨餓的呀，可他們就這麼拿著旗子，拿著橫幅滿大街遊行。
一九四六年九月我開始在天津總公司上班，一直到一九四九年九月到上海分公司上班之前，在那段迷迷糊糊的兩年多時間裡，我開始戀愛並結婚，我的戀愛史跟我弟弟一樣，也是個很曲折的事。

45

那些愛我的人和那些我愛的人。

二零一六年五月,筆者第一次在臺北錄製完王振鴻的口述後,老先生見我收了攝影機和鏡頭,便踏踏實實坐下來,開始掰著手指頭跟我大聊他的感情史,眉飛色舞地挨個數他的初戀、再戀、三戀,幾十年前的衆位女友名字一個沒忘。接著就是他的初婚、再婚,結合大歷史的進程,經歷頗有意思。
我跟他說王老,明年我再來臺北,您必須得給我詳細說說您的情感史。
二零一七年十一月,我再赴臺北,這回老先生沒有拒絕,打開話匣子,跟我大談他那些豐富多彩的感情史。

一九三九年夏天我到煙臺的時候,碰到一個叫盧金鳳的女孩子,這個經歷很特別。當時我哥哥住樓上,樓下一層樓的幾個房間是另個海關同事夫婦倆住的。他們倆沒孩子,夫婦倆平常出門把門一鎖就出去了。

我們院子有大門,那時治安非常之好,開著門也沒關係。結果有一天,一個女生跑到我們樓上來了,說要找她老師,我這才知道樓下那個太太做過老師,這個女孩子是她的初中學生。

她說樓下關著門,問我他們到哪去了、什麼時候回來?我說我哪知道,他們走時也沒跟我講過。我還因此瞪了她一眼,她便莫名其妙跑到我樓上來,好像很不高興我的不禮貌和不客氣。

過了一個禮拜,這個女孩子又跑我到樓上來了,還是同樣的理由,我說她在樓下,你到樓上做什麼?結果她跟我說下禮拜她還來。我心說你愛來不來,別到樓上就好。

我們兩個人就這麼認識了,就這樣吵吵架、說說話認識一年半多,這期間她每個禮拜六一定會來找我。

煙臺這個地方小,沒什麼可玩的地方,那時也沒錢去看電影,只能去海邊走走或者爬爬山。那山也不是很高,倆人慢慢走路,玩一兩個小時也就回來了。

雖然我們平常也就是爬爬山、逛逛海，嘴裡沒有講談戀愛，但盧金鳳認定將來我會和她在一起。我回天津後，她在開始前倆月的通信裡寫著我們將來如何如何，我沒說反對也沒說贊成。

第三個月的時候，外邊風聲不對了，聽說日本人要開始抓學生了。我心想糟糕了，怕我們抗團的事情牽扯到她，萬一我出事了，擔心日本人誤會煙臺女孩子也是我們的同志，何必給人家找麻煩呢，也怕拖累她將來，就跟她斷絕了關係。

一年多後，我再次回到煙臺，有一次跟哥哥嫂嫂去看電影，結果在電影院裡看見她跟一個男生一起看電影。她也看到我了，雖然沒裝做不認識，但也沒有什麼話講，也沒說話的意義了。

認識我第二個女朋友，是剛被日本憲兵隊放出來的時候，出來前日本人不讓我到學校繼續讀書，我就回到那個化學公司工作。

那個化學公司老闆有好幾個女兒，其中一個女兒在我們後邊的中學讀書，她有時候會在星期六的時候領著同學來玩，我就這麼著認識她一個同學，她姓齊，叫齊宗亞。

她們那時候大概是初三或高一的學生，頑皮得很。星期六我們下午不上班，沒什麼人，頂多幾個年輕的同事在那說說笑笑，她就跑來用拳打我，跟我鬧著玩。

認識以後兩個人的感情還不錯，那時候我們每天常在一起去看電影、逛馬路、吃東西，這樣一來她的學業就不好了。

那時候我一下班就去找她去玩，回到家都九點十點鐘了，該睡覺了還怎麼讀書？所以她功課就變得很不好。

齊宗亞當時沒跟她父母住一起，她母親跟著弟弟妹妹住在很遠的英租界，所以有一次齊宗亞還特別請我去跟她母親見面，並在她家吃飯。

她父親跟我在她們住的老房子裡也見過一次面，對我印象還算好。

齊宗亞有個姐姐在北平輔仁大學讀二年級，回來發現妹妹功課很糟糕，主要的功課都不及格，到了要降級降班的地步了。

跟齊宗亞住一起的妹妹跟她姐說每天晚上都有人來找她去玩或看電影，原本她們家還覺得我不壞，可是她的功課越來越糟糕，這樣一來就把責任怪到我身上來了，認為我只知道玩，不知關心她的功課和身體的健康，從此不許我們再來往，這段感情就這樣夭折了。

不過我也知道，即便談下去也不會成功。齊宗亞的祖父兄弟（齊耀琳、齊耀珊）是天津清末時候很有名的翰林，而且字畫很有名。民國成立後，袁世凱做總統，任命他們倆一個做農業部長，一個做江蘇省省長。

齊宗亞的母親姓趙，也是一個東北大官的女兒，並且她們在天津的意大利租界還有一所大樓。

那個大家庭跟封建家庭一樣，她母親很不喜歡，就領著齊宗亞的弟弟妹妹搬走另外住。所以我知道她們家情形，也知道不可能跟一個很守舊封建家庭的她有什麼將來。

他們家後來怎麼樣我不知道，只知道後來齊宗亞結婚並到了香港，有一個女兒在航空公司上班。後來她的丈夫故去，她也信了基督教，在九龍邊上的一個教會一直擔任長老。她年紀跟我差不多，現在幾年沒有消息了，人恐怕沒了。㉕

這些女朋友裡，我跟齊宗亞感情最好。我們好到有一天忽然興致所至，跑到天津法租界的同生照相館照相。

她拿著一堆很漂亮、過新年才穿的衣服，包了一個包偷偷帶出來，到照相館借人家的房間去換衣服。拍完後，齊宗亞還很高興地跟我講這是我們訂婚的照片。

兩三天后，我們到照相館去拿照片，照相館老闆說我們兩個的照片很漂亮，要給我們的照片放大並裝上鏡框擱在門口。

那些照片真的很漂亮，不過現在都沒了。那時我們感情也是真的好，她剛跟我在一起沒一個月就問我，我們是願意做一個長久的還是短期朋友？我的回答當然是長期好。

齊宗亞很瘦，最漂亮的是她的眼睛，我後來在任何地方都沒看過任何女孩子有那麼好看的眼睛。

第三個女朋友姓李，叫李奉暉，她也是我最後一個女朋友，至此沒有再談其他女朋友。我上班的那個化學公司就是她們家開的，她也就是老闆的女兒，所以我們兩個人那時候已經很熟悉了。

李奉暉跟齊宗亞是同學，齊宗亞的家人後來拜託李奉暉跟我講要跟我斷絕關係，讓我以後不能再跟齊宗亞往來，過去的照片最好是該還的就還她，所以我那時對李奉暉很不喜歡。

一 逆流者 一

我很不喜歡她來管我閒事，何必跑來跟傳聖旨一樣，再說我還沒跟齊宗亞見面仔細談好呢。

我在肅奸委員會工作結束後，差不多一九四六年的時候才跟李奉暉結的婚，要不那時候東跑西跑哪有時間。

我比振鵠早半年結婚，而且結婚請抗團來參加的人很少，頂多是我們公司同事，或是親戚朋友。

抗團的人不是不請，那時候這種事抗團之間很少人請，王文誠也沒請，那時候他也回北平讀書了。

我去上海之前就已經有一個孩子了，而且老婆孩子並不是同時去的上海，所以人跟人的關係有時候實在是很不可預測的。

46

前妻在香港登報聲明與我脫離關係。

王振鴻在講述

上海的公司是天津的分公司，我也不算負責人，只是老闆的女婿。那邊有經理，我去了老闆也沒讓我做經理，他知道我剛到上海，不熟悉環境也不懂上海話，我也不是那種跑外邊聯絡推銷貨物的人，更不是去外邊應酬交際的人，只呆在屋裡趴桌子，所以經理對我也沒介意，頂多是大家客氣一番。

經理到上海的時候也沒有把他太太弄過去，所以呆個一年半載的總要回家，老闆就給了他一個月假期回天津。

他回到天津知道了我過去參加抗團和抓漢奸的事，所以他回來後便快速結束上海的工作跑回天津，害怕被我連累。

我到上海不久，上海就被解放軍佔領了，那位經理走了後，我也不算接手公司當經理，反正就管幾個人，有什麼事就問問我。

上海被解放軍佔領後，公司那個時期什麼生意都沒有，業務都停頓了，有一段時間也沒跟天津有往來，兵荒馬亂的，兩邊寫信和發電報都很不方便。

我們上海那邊有很多過去天津寄來的貨物，都擱在倉庫裡存著不敢動，需要用錢了就賣一點。賣存貨還不敢大批地賣，如果這個月需要用十萬塊錢，我們賣夠十萬塊就停了，等兩邊能正常通訊，一切沒問題了再開始正式做。

一九四九年，我從上海啓程前往香港，離開的時候上海已經淪陷，後來在香港呆了足足兩年，到臺灣的時候已是一九五一年。

一九四九年解放軍佔領上海後，公司的夥計也都散了，大概在八九月份的時候，我們開始被查戶口。警察局派出所問我在哪裡、做什麼工作？我說我沒事，在家蹲著。

我之所以離開上海，是被逼得沒辦法，只得跑去香港。太太和兒子在上海住，那時候不可能帶上她們倆走，因為她們家還在天津。

上海住的地方是老丈人買的房子，也不能丟下就跑掉，這得有個交待，要等天津派人來處理。

我老丈人當時在天津把幾十年存的錢買了好多箱古玩玉器，雖然這些東西有真有假，但還是值不少錢。

老丈人把它們全部運到上海交給我們，然後拍拍屁股回天津了，他走後房子就是我們倆人在住，我們不管誰管？

我們當時住上海長治路靠橋的那邊，離外灘不遠，有公車一直可以到。

我要離開上海的時候，並沒有想一走了之，計畫著去香港那邊先看看，也許有什麼生意可以做，但有一點逃離大陸的意思。

我到了香港後，老丈人那些古玩字畫就在上海擱著，當時上海還沒有像北方那樣到人家裡查抄，或是像紅衛兵那樣又砸又鬧的。

後來到了香港，聽說這邊越鬧越厲害，管制得越來越緊，尤其聽到天津那邊抗團的誰誰誰被抓了，我跑回來肯定沒好果子吃。

後來我告訴太太，依照目前這種情況是回不去了。我太太也沒事幹，一天到晚晃晃悠悠的，知道我回不去，也認識了新的男朋友。

所以後面我一說要到臺灣，她馬上就在香港登報，說某年某月某日前，我如果不回去，她就要跟我脫離關係。

沒多久她就又結婚了。

這個事情我感覺背後有人指使他，我那個太太沒有這個腦筋，也沒能力做在香港登報聲明的事。

她在香港沒有親戚朋友，誰給她登的報紙？

這事是有一些奇怪。

47

我家老宅被共產後，政府拿去紀念朱德。

上海一淪陷，我總覺得在上海有點彆扭，也不像過去在天津想怎麼樣就怎麼樣，尤其我曾參加過抗團，又審問過漢奸，總覺得不太適合長久呆在上海，這是第一；

第二，天津被解放軍佔領後，中共下發佈告通知，不管曾在國民黨什麼機關工作過的，都到警察局報到，尤其是參加過跟國民黨有關係的抗團或參加肅奸委員會的。

他們一見佈告就自動去報到，結果沒多久，就聽到天津抗團和內衛組的人被抓了。

我住在上海雖然還沒經過這種情形，但這種局勢下，天津已經沒法回去，我也很顧慮將來有一天上海也會跟天津一樣，讓我去警察局報到，所以我不想惹那個麻煩。

那時候我父母還在天津住，我也不說跑了就不管了，只是有點動搖，尤其看到天津的情形，想暫時躲一下。

抗戰勝利後，天津南市有個很大的汽車修備廠，抗團的同志趙恩波在那負責檢查工人的工作。因為那個廠的副廠長是抗團的同志，所以日本人一投降，趙恩波、張硯田、陳雲標、孫思龍都跑到汽車修備廠工作了。

天津淪陷後，抗團這些人在工廠的工作職責就是監視工人，而工人裡面難免有思想比較左的，所以這些工人就開始搗亂，沒多久就把陳雲標抓起來槍斃了。

孫思龍一聽這個消息就跑到澳門去了，到澳門找不到工作，最後在工廠裡給人打工，打那種把一大塊石頭敲碎的工，很苦。

共產黨執政後，不管不顧，更不聽人解釋分辯，他們認為抗團跟國民黨軍統有關係，都是特務，所以留在大陸的抗團同志都很慘。比如孟慶時、葉于良、劉潔都被抓被關，祝宗梁也在上海提籃橋監獄被關了十年。

第三、我在天津的家人聽到距離八百里的老家濮陽縣有人說，我父親的伯父他們腦子不夠靈活，不知道中央軍和共軍的區別，所以他們在思想行動上觸犯到共產黨。

我也聽家族長輩講過，內戰期間，朱德㉖曾經一度住到我們家的大房子裡，村幹部還把我們的一個族兄吊死在樹上，罪名是我那位族兄盼老蔣的中央軍回來，所以就把他綁在大樹上，讓他面向南方。那意思是，你不是希望中央軍來麼，你看著好了。

族兄被吊了幾天，活活餓死在樹上，所以我們想想共產黨，這得多可怕。

那時候對共產主義不瞭解，我又沒看過他們的書，可光聽它的名字--"共產主義"，說是可以幫窮人們翻身，但是窮人翻身的代價，就是對富人打土豪、分田地。

而且我們家確實被"共產"過，連我們老家的祖墳都被平了。

我天津的小弟弟振鳴退休後，跟他兒子跑回老家王莊去看了看。到了當地一自報家門，有個同鄉領他去看，到現場發現啥都沒了，全平掉了，當作農田。

當時我們家在祖墳前面還立著兩個將近七八尺高的石碑，那石碑後來還被砸斷了。有的鄉民知道這個很重要，把石碑埋在地下，等我小弟弟回去了給他挖出一個來，他還照了相，最後沒地方放，也沒人敢要，乾脆又埋回去了。

回來後振鳴告訴我，老家的大房子現在不屬於我們了，被當地縣政府拿去了。那個院子還剩一個小屋子，聽說我父親就是在那個小屋子裡出生的。

另外一個大屋子，修得很堅固，因為朱德在裡面住過，保存得很好，用來紀念朱德住過這個地方。

以下爲二零一六年四月底，王文誠從臺北到天津去看望劉潔時，兩位老人曾有過一段對話：
王文誠：當初有人給你船票讓你去台灣，你為什麼不去？
劉潔：我當時就想看看共產黨怎麼治理中國的。
王文誠：看到了嗎？
劉潔：看到了，第一眼看到的就是共產黨的監獄。

48

岳母將五大箱文物捐給中共，換取平安。

我老丈人是河北高陽縣人，在當地也算是有錢有勢力的人，自己開了好幾個公司。那時候高陽是河北省經濟最發達的一個縣，走在馬路上或巷子裡，就能聽見"咯咯咯"的機器響聲。

高陽縣每家都有織布機，買線買棉花織布，不用去種田，所以那個縣有錢。也因為自己能生產，就被日本人看上了。

高陽縣雖然有很多土機器，但也能做很多東西，日本人就想辦法控制。當時日本人走私了很多很便宜的人造絲，也就是假棉花，推銷到高陽縣。

這個人造絲織出來又輕巧又漂亮，價錢還便宜，所以很多人織布就改用人造絲了，而我那個老丈人自己還守著一些舊機器。

"七七事變"後，日本人很快從北平打到保定，一下把高陽佔領了，結果那裡毀的毀、拆的拆，房子都完了。

老丈人一家很快跑到北平，隨後又到天津，很多工人和鄉親也跟著他跑來天津。但是這一大幫子人要張嘴吃飯，一直沒有工作是個大問題。

幸虧我老丈人腦子活絡，那時候塘沽的土地不能耕種，買賣非常便宜，再加上靠海，鹽很多。他就拿錢跑到塘沽，買了很多地蓋工廠生產染料，而且銷路很好。

他有錢了就開始買古董，生意也一直很好，公司發展也很快，所以還到上海開設分了公司，主要是經營織布這塊的染料。一直到日本投降前兩年，他還買下了天津英國租界的一個大樓，那個大樓是原清朝工部侍郎鐵良的房子。

我老丈人叫李秉成，那時候他是天津高陽派商人。高陽派在天津有幾十個公司，在平津有幾十個小店鋪賣布匹和染料，這塊的生意等於是被高陽人給壟斷了。

他們拿李秉成當高陽縣的商會頭子，過年過節都來給老頭子行個禮。

等到我離開大陸後，老丈人回到天津沒一年就故去了，但在他去世前，當地就有人到法院告他。當初他在高陽縣有好多工廠，有的工廠也有一些別人股份，不過只是少數。

到法院告他的那個人，便是跟李大釗一起被殺的學生家人。

東北軍閥張作霖進京後，把李大釗從俄國大使館抓出來槍斃，一起殺的也有他的學生。

那學生是我老丈人的同鄉,他們家人在"七七事變"前在高陽還投了一點資本在我老丈人的工廠裡。

事變以後,我岳父跑到天津自己組公司,慢慢發達了,那個人便到天津來要錢。因為他們也是從高陽跑出來的,不像我老丈人自己又重新做起來,他們家裡沒有什麼人,兒子又被槍斃了。

他們認為我老丈人從高陽出來帶著的那些錢裡有他們的股份,所以我老丈人在天津開了公司,這個公司也應該有他們的股份。

那時天津已經淪陷了,所以他們一定是背後有人指導,因為他們是烈士的家屬,所以鼓動他們去告我岳父。我岳父當然不承認,或許此人曾在他的工廠裡入過股,但日本人一打過來,工廠都關了,也都給炸壞了,所以沒有證據也沒道理可講。

此人一告,天津法院立案調查,但是沒證據法院也沒辦法,一直拖到最後老頭子心臟病犯了。本來他不想回天津,但天津的同鄉來上海勸說他,說解放軍對他很好,一切都沒問題,工廠有什麼困難都會給你解決。他就這樣被說服回天津,本來就有一點心臟病,打官司打到心臟病發作就完了。

我老岳母姓韓,很聰明很有腦筋,知道上海的事情她管不了,唯一掛念的就是那些古董玩意。所以老太太帶著人到上海公司,裝了五大箱,費了很大功夫運回天津,結果運回去就趕上天津那裡搞"三反五反"。㉗

我老丈人當初買這個大樓時,用的是他二兒子的名字,就是以後想把這個房子給他。他兒子那時候在天津讀北洋大學,功課很好,人也很好。

他那時候還是學生,不懂事,從不參與家裡的事情,工廠的生意他根本就不懂。結果天津被解放軍占領不到三個月,不知道什麼原因,他寫信給天津市政府,說願意把這個房子捐獻給政府。

我們聽到這個消息時都很莫名其妙,大樓捐了大家住哪?而且那公司就在大樓裡,人也住在大樓裡,這麼一來我們就沒地方去了。後來我們猜想,可能是他受了什麼影響吧。雖然他表示要捐獻,但市政府經過工商局告訴他們備個案就好了,我們可以繼續用繼續住,政府不馬上要這個房子。

老太太很聰明,知道將來麻煩很多,不會有好結果,就在外面買小房子住,也到上海把老頭子那些古董拿到天津攔在裡面。結果有人趁"三反五反"講這些古玩文物的閒話,說這個小房子裡存著很多東西,得查!

老太太早得到消息了,她就拜託人寫信給周恩來,說這些古玩都是她丈夫花了幾十年的時間購存的,現在願意把它們捐給國家,請國家收走。

老太太很有腦筋,她知道擱在家裡,萬一那些人來砸掉就完了,乾脆捐出去。後來北京回信讓她捐給天津的文物管理所,天津文物館還特批了一個屋子展覽這些東西。

老太太把這些東西捐了換取平安還不算,朝鮮戰爭爆發的時候,她自己拿出錢,買了一千多支盤尼西林捐給醫院,捐給這些在戰爭中受傷的傷病員。

我前妻在上海又結婚後,老太太也知道了,按說她可以不管,但她跑到上海把我和前妻的孩子帶回天津。

老太太一生生育了六個女兒三個男孩,因為家境好,生那麼多孩子老太太也沒管過,也不需要她管,請保姆管家就可以。

老太太很威嚴,我們小輩對她很尊敬,全公司幾十個人沒人敢對她不禮貌的。她也對孩子們管教也很嚴厲，跟我感情還不錯，很信任我，所以她不顧六七十歲的高齡之軀，到上海把我那五六歲的兒子帶到天津。她的理由是孩子的母親剛結婚，那個男人不可能對他有感情，也不會對他好。

果然，孩子也不願意在上海住，老太太就一直撫養他上了小學和中學。等到大學就有問題了，他當時不能上公立大學，政府調查他的家庭背景的時候，說他父親去處不明，所以他沒有資格上公立大學，只能上那種很容易進且不計較這些身份的不正規大學。

老太太很長壽，一直撫養我和前妻的兒子到大學，快到一百歲才故去。現在她跟李老先生安葬在北京八寶山公墓，當時能葬在那裡的人都是很有身份很高級的。

我天津的兒子大學畢業了自己找工作，因為他的身份在那個時候很不好找工作，好不容易找到一個工廠，跟一位老師父學做閥門，他學了幾年很成功，也有經驗了。

那時候天津需要整理合併各行各業，發現天津有七十多家廠做這個東西，有用機器做，也有用手工做的，所用的材料也都不一樣，所以做出來的閥門品質參差不齊。

我那個孩子後來也考上了經濟師，在這行業也有了一定的資歷，上級就派他到工業局去整合這個行業。

他一看很頭疼，七十多家廠，不同的人有不同的做法，想要整合到一個大工廠裡，讓這些人都在一起工作不是一件容易的事。

後來他在天津郊外建了一個大工廠，他擔任廠長，把這些人分組分工安置好。工廠的產品要有人經營，做出東西來要賣掉，經營者又是他，所以他既是廠長又兼總經理。

最可笑的是，大陸的工廠必須要有黨代表，他的工廠超過兩百多人了，必須設黨代表。原來找的都不合適，他們就讓他入黨並擔任這個黨代表。於是他身兼三職：黨代表、工廠廠長、總經理，所有的東西一手抓。

我聽說他在裡面很難做事，黨有黨的指示，黨指示總經理要做什麼，對工人要怎麼樣，可總經理辦不到。他這個工廠沒有這麼大的能力來執行黨的指示，他做不到就是他不聽黨的指示，可是他聽黨的指示，可這邊工廠又做不到，自相矛盾。

我那個孩子一個人兼三職很不容易，現在他退休了，二零一六年來過臺灣找我過。他有一個很棒的女兒，在南京大學醫藥科畢業，現在她是一個很有名的德國製藥廠的上海代表，也一起來臺灣看我。

她見到我也喊我爺爺，很有禮貌，只是大家之前都沒有見過面，不認識，見了面有陌生感，不知道該聊些什麼。

以前沒聯絡過，只是最近這幾年我弟弟振鵠有時去大陸，跟他們一起吃飯見面談起來，這麼間接聯絡經過振鵠來轉個話而已。

我那兒子瞭解我當年離開大陸是迫不得已，他是從那個年代過來的，知道當時是什麼樣的情形。

他在大陸經歷過很多政治運動，所以他理解知道我是沒辦法才離開的他。我給我兒子取名"王聲遐"，我們家從祖先那兒排字輩，我們是"振"字輩，排到他是"聲"字輩，我在美國的兒子叫"王聲浩"。

我跟上海那個太太沒什麼感情，兩個人很少在一起。她讀過兩年大學，功課很不好，勉強及格，人也不是很聰明。可她有一特長，打麻將牌會算帳。在我的印象裡，她沒什麼學識，寫字也不好看，就是會打牌。

她母親沒事做就會找人來打牌，所以她耳濡目染下算那個算得很准。

她是大戶人家的小姐,沒什麼頭腦,但跟我離婚又結婚後一兩年,不曉得怎麼又去讀書了,讀成了經濟師,後來還是高級經濟師。所以他們跟我講,我不太相信,憑她那個腦筋她怎麼會是高級經濟師。

我過去總想著有機會回天津看看,可是現在又不想去了,我妹妹王振鵠去年在天津去世了,最小的弟弟五年之前也故去了。弟媳婦也沒有了,只有個侄子,我沒見過面也不認識,也就是振鵠回去跟他們聯絡過。在天津平輩的都沒了,沒有回去的意義了。

老丈母娘那邊是個擁有九個孩子的大家庭,不過大兒子在十幾歲時因生病吃錯藥了,變成半身不遂,只有一隻手還算靈活。

我岳父很有腦筋,看他那隻手還能動,又不能上學,就請老師教他畫國畫,所以他畫畫很好。到後來他都不敢拿畫出來讓人看,他的畫已經好到誰見誰都想要的地步。

二兒子就是捐房子的那個,大學畢業後在武漢大學做教授,學的是地質方面的專業,當了地質系教授,後來還做了什麼委員。現在這九個人只有他還在北京,聽說他的兒子也到美國念書去了。

李奉暉在她們家族中排行老五,二零一六年初在天津故去了,她下邊的四個弟弟妹妹如今也只剩七妹和最小的弟弟還活著。

我跟他們固然是有親戚關係,他們家知道我這個人的品行,該拿的我拿,不該我動的,就算你都讓我管著我也不動,所以他們很相信我。

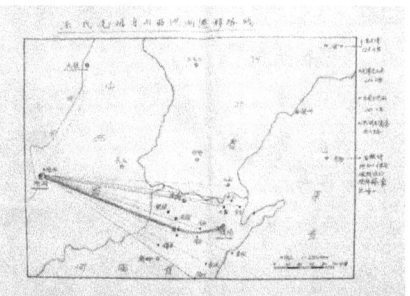

王氏先祖自山西洪洞遷移路綫圖

濮陽王氏家族簡譜

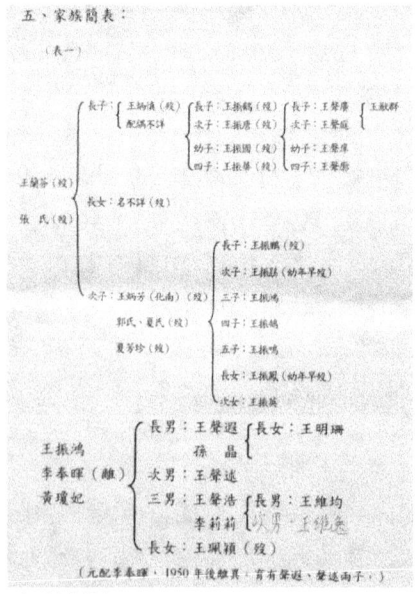

王振鴻家族簡表

49

解放軍排長讓我踩著他的腳，托著我過文錦渡橋。

我在上海呆了兩年多後公司倒閉關門，此時上海已經被解放軍佔領。大概是七月左右，我便收拾東西離開上海去香港。那時候去香港前需要辦很多手續，得先到廣州派出所去領通行證，還得講一大堆理由。

當時上海跟廣州之間有好多跑"單幫"[28]的人。那些跑單幫的人帶著美金和港幣，到廣州去買走私進口的東西，大部分是違禁品，偷偷弄來再偷偷地賣。

他們一般下午在上海馬路邊上，鋪個床單把從香港廣東買的東西，例如女人的絲襪、口紅、腮粉這些擺出來賣。那時上海女人很多都喜歡打扮，所以賣這些個東西很賺錢。

我剛到火車站就碰上事了，員警把我藏在口袋裡的兩百元美金翻了出來，懷疑我想是跑單幫走私，說我違反規定帶美金。

出門的時候，朋友公司派了一個二十歲的夥計幫我拿箱子，他說先到車上給我占位置，結果他急急忙忙跑的時候被員警盯上了。

那時上海剛被解放軍占領不久，那些員警是留用的舊員警，都想表現一下自己。那小夥計被攔下來查箱子，員警看他穿著打扮不像這個箱子的主人。

小夥計指著後邊的我坦白說箱子是我的，我當時還在後邊慢慢地走。

出發的時候，身上大概帶了八百美金，身上打著領帶，領子裡邊披著三四百美金，內褲裡還藏有一部分美金，剩下兩百美金現金沒地方藏，隨意放在褲子口袋，結果被員警搜了出來。

我心裡做好了大不了充公的準備，結果員警把我送到派出所一個女幹部管的地方。那個女幹部是北方人，還很客氣，說兩百美金存在她那裡，明天讓家人或公司人來領回去。我讓她給我個收據，她說沒有，讓我留下姓名，然後讓公司的人明天替我取出來。

處理完這些事他們讓我趕快走，因為再過十幾分鐘火車就開了。那時候火車分軟席硬席兩種，硬席就是三等車，軟席就是二等車，我買的是二等軟席的票。

我跑到車上，那夥計替我占著位置，讓我趕快坐好，然後他擺擺手走了。

那列車當時只坐了七八成客人，但火車卻開得很慢，一個站停半小時。晚上開得更慢，怕國民黨的散兵游勇在沿線上搗亂，從上海到廣州一共花了兩個晚上加一個白天才到。

過錢塘江大橋的時候，火車走得比人還慢，那時有謠言說怕橋上有炸彈。

那天傍晚天還沒黑，車上的解放軍下令把車窗簾都拉下來，不許看外邊，怕出事。我的座位旁邊沒人，晚上就直接躺那睡覺了。

那時候坐得起軟席的都是有錢人，穿著打扮也不一樣。我斜對面坐著的傢夥穿的是解放軍的制服，但我知道那傢夥的底細，可能過去是國民黨的什麼官，投降了解放軍也變成解放軍的官了。

這個人身邊還跟著一個人，兩人晚上無聊就下象棋，倆人下久有點沒意思了，回過頭來問我們哪位有興趣過去跟他下，他希望顯示一下他的棋藝。

兩天后車到廣州，到廣州車站又出問題了。我去廣州前，用上海公司的名義做了一封給廣州的公函，以此證明我到廣州不是去買私貨的。

到廣州站下火車後，好幾個解放軍女兵在那蹲著，一看我過來，讓我打開箱子檢查。其中一個人拿起那封公函信看了半天，然後問我到廣州做什麼，我說信裡寫得很清楚，我是來買器材的。她不識字，看不懂信，聽我解釋完就讓我走了。

一 逆流者 一

在車站的出口，我聽到三個穿得很整齊、操著上海口音的人，叫人力車把他們拉到到亞洲賓館，我也跟他們一樣叫了個車去亞洲賓館。

等到亞洲賓館，櫃檯的人用半生不熟的國語問我打算住幾號房間，他也知道我們是外邊來的，不會講廣東話。

我說就住剛才那幾個房間後邊就好了，我知道剛才三個人是到這來的，他們住的房間一定不會壞。

果然，這家旅館房間很乾淨，也不吵鬧。

第二天，我得想辦法去寶安，也就是現在的深圳，然後再從深圳去香港。因為我的通行證是到廣州的，需要到廣東公安局換到深圳的通行證。所以我又跑去公安局寫申請書到深圳，把上海發給我的通行證附在上面，得隔一天才能拿新證。

回到旅館後，一進門，看到門口立著一個大牌子，通知全體會員明天上午八點鐘在這集合，到某處去開會，下面署名華南商業什麼會。

我這才知道，我跟著那三個人住進來，賓館的服務人員以爲我也是一起來開會的會員，對我很客氣，也沒登記什麼，所以我清清靜靜地住了三四天都沒有人來查過旅館。

第四天人家開完會都走了，我就改去住中美旅館。中美旅館的老闆姓梁，人還算好，但是住宿條件比亞洲旅館差多了。

第二天老闆還請我到外面浴池裡去洗澡，我趁機讓他幫忙帶我去香港，他就把我介紹一個姓梁的年輕人，要了我一百五十塊港幣，帶我過深圳到香港的文錦渡橋。

結果我頭一天下午他領著我過的時候，那個香港員警也許不是他聯絡的那個人，也許他跟他關係還不夠，一擺手不讓過。第二天再找他時，這傢夥跑了。

後來我住深圳一個旅館裡，老闆姓劉，那老頭會講幾句國語，我讓他給我想想辦法帶我去香港。

老頭是當地廣東人，他們過關沒什麼問題，一到橋上跟那香港員警一講話，人家一擺手就過去了，什麼也不要。

老頭子說他外甥住在九龍，是香港的便衣員警，可以讓他外甥拜託橋上員警關照一下。

因為空手過橋比較方便，所以劉老頭頭天晚上帶著我的行李箱先行過橋，並讓我第二天下午五點鐘到文錦渡橋邊上等。

五點鐘的時候，管事的人都下班回去了，橋那邊的英國員警來接班，在橋中間放一個拒馬，老頭在橋上招手讓我過去。可是橋上立著那個拒馬，而且這邊的橋頭還有兩個解放軍，橋頭左右各站一個，攔著我不讓過。

我求了他半天，最後出來一個排長，是個年輕的北方人。一搭話，對方知道我是天津來的，我說想過橋，那邊有人等我，邊說我邊把通行證拿出來給他看。

他看完後站在橋中間，讓我踩著他的腿，他在下邊一托，我稍微爬了兩步，沖他喊了聲"謝謝"就跑過去了。

下班的時候英國兵都走了，交接給香港員警管，所以他們就趁機帶人過去。那邊老頭的外甥早跟四個香港便衣員警打了招呼，就這樣跟他們走了十幾分鐘後上了一輛車。

車到沙田火車站後再坐火車到九龍。在車上我差點就被抓了，當時車上有便衣員警來檢查，他們知道這邊有偷渡到香港的人，看穿著打扮、言談舉止和髮型，就能看出誰是從外邊來的。

我當時的著裝一看就是從外邊來的，幸好後邊那個便衣員警一看那批人向著我來了，他就趕快站起來替我擋了過去。

到了九龍，老頭子領我去拿箱子，我口袋裡還有不到兩百元，給了他一百多元，讓他留著坐車。

老頭子人很好，以後沒再見過他，當年的人都很淳樸。

到了九龍以後，我住了幾天旅館，找著一幫朋友，安定了一些。那時我還有點錢，同事還從上海給我匯來了一筆錢。

50

跟孫若愚吃完飯後，
我被他跟蹤了。

講述中的王振鴻

一九四九年中共剛剛建政的時候，從大陸撤退到香港的人很多。我剛到香港的時候，在馬路上還碰到一個姓盧的天津同學，此人的父親在張作霖的時代曾經做過東北鐵路局的局長，後來東北一丟，他們就搬到天津，住在靠近意租界的邊上。

他跟我還是結拜兄弟，那時他住在廣州，親戚是天津電話公司的總經理。解放之後這個公司很多船不能來天津，可是電話公司需要很多材料，就派他到廣州和香港買這些材料到天津，所以在香港碰到我了。

我跟他講想來香港找份工作，他說在香港想找工作不太容易。後來他給我介紹了一個便宜又安靜的住處，當時我身上沒多少錢了。那時候他在香港做生意掙傭金，在那也存了一筆錢，隨即借給了我一些錢，上海公司也還有人寄了八千塊錢到廣州給我，我就這樣在香港住了一些時間。

我這拜把子兄弟廣州和香港來回跑，我們也一兩個月見一次面，所以我在香港能夠認識一些人，能夠做點事情，全都多虧了他。

我到香港後還是做商業的工作，但是不會講廣東話很不方便。在香港不會粵語和英文，香港人就聽不懂，只有一點點現學。而在臺灣，說閩南話和國語大家都能聽懂。

在香港總是不安穩，因為我沒有房子，也沒有很好的工作，所以就想到臺灣來，尤其知道我哥哥弟弟也在臺灣，既然他們在臺灣都能穩定呆下來，我肯定也可以。

剛到香港的時候我在文鹹西街租房子住，兩年的時間裡就呆在一個小公司裡，也沒什麼薪水，頂多是給我吃飯的錢。

當初選擇從上海去香港，也是聽說孫若愚他們在那，但我並沒有跟他們有直接聯繫，也不知道他們是不是真正在香港。

所以我去香港三四個月後，才開始熟悉香港

的路，也才知道怎麼找人，於是就開始出去找孫若愚，看看他到底在香港做什麼。

我為了找到孫若愚費很了大的勁。

一開始有人讓我去香港灣仔去"白宮大舞廳"找一個姓趙的舞廳大班。

白宮大舞廳其實是個小舞廳，但位置卻是在香港灣仔最熱鬧、最繁華，同時也是最亂的地方。

我下午五六點鐘就跑到白宮大舞廳，那大舞廳剛開門，時間還很早，沒人去跳舞，一般是晚上七八點鐘之後才跳舞。

我找到姓趙的大班，大班就是舞廳管舞女的頭子，當時大家對舞廳大班總有一種不是什麼好人的印象，屬於那種滑滑溜溜不正經的人。結果他一出來我就愣住了，這位姓趙的大班竟然是我天津工商附中的同學。當時工商學校有個足球隊，這傢夥足球踢得很好，還是我們校隊的前鋒。

他不認識我，但我知道他，他叫趙世緒，比我高一班。可以想像，一上過大學的人在舞廳裡當大班，可以說有點墮落，當然他一定也是沒辦法，到香港沒工作，逼得他跑來做大班。我也不敢講是老同學，以免讓他臉上掛不住。

他一聽說我從天津來，而且要找孫若愚，便問我跟他什麼關係、怎麼認識他的？

我一聽他也許知道點事，便問他知道不知道天津抗日殺奸團？他一聽，趕緊拉著我的手到另一邊說話，這才知道原來他也是天津抗團的。不過他也不知道孫若愚在哪，但有一個人知道。

孫若愚在香港藏著不怎麼輕易露面，一是怕共產黨的秘密人員來香港抓他，因為他是軍統的人。二是怕香港政府抓他，畢竟偷渡到香港也算擾亂香港的政治安定，所以他非常謹慎。

趙世緒要我到九龍一個公司後邊的倉庫，找管倉庫姓馬的人就知道了。

瞭解完已經七點多鐘了，他問我跳不跳舞，要給我介紹幾位小姐。我連忙說算了，我不好這個。

我到九龍找到那位姓馬的，一看又認識！他看到我也一愣。原來他是煙臺商業學校的校友，跟我不是一個班的，叫馬守道，我們互相知道名字，但沒有講過話。

他在學校裡是最虔誠的基督徒，每天都要念聖經，每個禮拜六必須上教堂。煙臺讀完書就跑到上海念大學，不曉得通過什麼關係認識了孫若愚這幫人，後面也變成抗團成員。

最後我通過他，在黃大仙旁邊一大塊空地見到了孫若愚。

黃大仙就在香港舊飛機場附近，那裡都是便宜的小房子，人多且雜亂。那裡有個黃大仙廟，香火很盛，後來還擴大了好多，不再是以前那個小破廟。

我跟孫若愚見面以後，說他派頭，找他真不容易，要經過三個彎。

孫若愚抗戰勝利後加入軍統，在抗團時他還不是軍統的人，只是跟他們有聯絡。大陸失守後，臺灣軍情局希望在香港多培養眼線耳目，大概孫若愚就是這麼來的香港。

白宮大舞廳的大班趙世緒跟馬守道，未必都歸孫若愚調遣，也許只是他的眼線，不見得給他做什麼事。

我見到孫若愚沒半小時，祝宗梁也來了，又過了一會，葉明德也去了。當時祝宗梁跟葉明德穿著普通西裝，老祝從上海來的，他在美國讀完書就回上海了。

大家一見面，孫若愚知道我和葉明德、祝宗梁在天津抗團同一個組，我便開了句玩笑：

"我說怎麼今天那麼巧呢,你們的老夥計來了。"

孫若愚聽完一愣,祝宗梁也一愣。我一看那情形,知道他們一定有事情要跟孫若愚說,於是我就離開了。

我跟老祝握握手打個招呼,沒有講什麼話。當時孫若愚、老葉也在,大家都不好意思問這問那,不過大家彼此心裡都明白,就算知道別人有什麼秘密,也不能講,尤其做過抗團的人。

老祝那時候並不是臺灣軍情局的人,但他不可能專程跑到香港只是為了見老朋友,不過那時候大家都不知道彼此的事,也不能問,畢竟每個人環境不同。而且那時候去香港不太容易,員警在橋上把著,沒有入境證進不來,老祝和老葉怎麼進的香港,我不知道。我們約好第二天下午六點鐘在上海飯館一起吃飯。

第二天我和葉明德、孫若愚三個人一起吃的飯。席間老孫問我近況,也關心起他在天津的父親,還有那個永安飯店。但我出來一兩年了,已經不瞭解天津的情況了。

後來我發現孫若愚曾派跟著他的高福昌跟蹤我,他算孫若愚的副手,講不好聽就是孫若愚的腿子。高福昌這傢夥不是個老實人,在抗團的時候還算守規矩,不過在外邊就不行了。

我在香港住處的工人曾跟我說有人找我,我問什麼樣的人,他說那人想到我屋子看看,他沒允許。所以我心裡就嘀咕,他來找我做什麼,我也沒跟孫若愚講我住什麼地方,他怎麼知道我在哪裡呢?後來我明白了,吃完飯當天我走後,孫若愚派人在後邊跟著我,看我住哪裡。

不過那時候這種事情不足為奇,我也不會心裡不高興,因為我知道孫若愚是有特別的任務在身,所以他必須把自己保護好。尤其我是從大陸來的,萬一是中共的人或是給中共情報機構做什麼事呢?他不得不防。

從那以後,我沒再找過孫若愚,他那裡是個是非之地。

我在香港呆了兩年始終沒找到工作,只能給人幫點忙糊口。好在我在山東煙臺的那個學校學過點商業常識,會點英文,也能打字,所以我還能在香港朋友的公司混一段時間的吃住,不過長久不行,一直很不如意。

後來我跟哥哥弟弟聯繫上後,得知他們在臺灣還算穩定,便想嘗試一下自己在臺灣能不能生活下去,不行的話再回香港,但從沒想過回天津,怕被中共抓了,畢竟有那麼多抗團同志的前車之鑒。

一九四九年青島快淪陷的時候,我哥哥王振鵬被派到臺灣基隆。那時候上海還沒淪陷,所以很多大陸海關人員不願意去臺灣。

我哥哥到臺灣後還不錯,他們海關隸屬於國民政府財政部,待遇好,正式薪水比一般的公務人員高一些,住公家的宿舍又不花錢,他妻子孩子也都跟著過去了,起碼一家幾個人可以有安身立業的地方。

那時候去臺灣還不用搶船位,後面沒多久就得托關係花錢才能買得到票。

我從開始辦入境證到抵達臺灣足足申請了兩次,從香港坐船到臺灣,迷迷糊糊坐了兩天才到。

船到基隆後,我哥去碼頭接我。

那時候弟弟振鵠在臺灣也已經有了工作,在師範大學裡當小職員,不過總算有個小宿舍住,所以我初到臺灣,吃住靠他們兩個。

那時父母跟妹妹都在天津,我總覺得父母年紀大了,中共應該應該不會對他們怎麼樣。

妹妹也沒做過什麼事情，結了婚老老實實呆著就好。還有之前在天津服務的公司，我到上海時，讓公司把我的薪水送到天津家裡，所以家裡需要用錢什麼的，派人給我父母送去就行了。

我到臺灣那年已年過三十，剛到臺灣時，臺灣給我的印象是人多，熱鬧。一開始我在天主教會學習西班牙文，混了幾個月就去南美洲大使館工作，這一干就是二十多年。

我雖然是北方人，到亞熱帶地區生活吃住也還習慣。到臺灣後在弟弟那住了幾個月，後來在中山路租房子住，並沒有住在眷村裡。臺灣有段時期戒嚴，但沒人報告說我有什麼嫌疑，所以當局也沒審查我。

那時候臺灣潛伏了好多中共的地下黨，我剛到臺灣的頭一兩年，很多在臺灣的共產黨員跑回去了，呼呼跑掉一批，剩下沒有多少。那會兒一次抓幾個，"二二八"的時候，國民黨軍隊也開槍打死中共地下黨很多人。

51

假如臺灣不穩定，你愛去哪去哪。

一九五二年，王振鴻在委內瑞拉駐台灣使館內工作時的留影。

到臺灣沒多久，我便到大使館工作了。那時候的大使館公使一個月呆在臺灣的時間也就十幾天，有事來，沒事就回香港。

他騙委內瑞拉政府說臺灣不平靜，這個公使在大陸沒淪陷之前，是駐上海委內瑞拉的總領事兼駐南京的公使，領事館設在上海。

大陸淪陷後，他跟巴拿馬公使一起從上海到臺灣。國民政府很歡迎他們的到來，因為那時國民政府大概有百八十個國家的大使，有一大半不願意到臺灣來，所以能夠跟國民政府到臺灣來的，那都跟好朋友一樣。

他們到臺灣後，外交部對他們待遇很優厚，在陽明山給他找省政府日本式的房子，不要租金，白住。可是委內瑞拉這個公使寫公文稱臺灣雖然現在沒問題，可將來萬一臺灣丟了，他就得往香港跑。

他們政府聽他這麼一說，竟也同意了，所以這傢夥就利用這個機會，香港臺北兩頭跑。臺北有事開會了，或者國慶日等等的，他就來住上十天八天的再回香港。所以他在中山北路大使館租的兩層樓一直空著，我看它一直空著，索性搬進去住了。

我之所以能去使館工作有兩個原因：第一、我在一個西班牙的教會混了幾天，學會一些西班牙文；

第二、王文誠的一個親戚是外交部的司長，地位僅次於部長。正好巴國和委國的公使跟著國民政府來臺灣，所以文誠在臺灣大學畢業後就在他們那工作。

巴拿馬跟委內瑞拉兩個使館挨在一起辦公，使館的規模很小，因為做的事是一樣的，也沒有什麼正經公事，就全由王文誠一個人管著。如果外交部有什麼公文給巴拿馬，也要給委內瑞拉一份，所以一個人管兩個事。雖然是管兩家事，有時候做的事完全一樣，也容易管。等以後事務多了，兩個公使鬧意見了，就得兩套人馬。

那時我在的那個西班牙教會的神父也認識他們，王文誠就讓這個神父給委瑞內拉使館打電話，介紹我進去工作。㉙所以我跟王文誠雖然在兩個使館，但是天天在一起。

委國公使每半個月回香港一次，他一走我就輕鬆了，頂多給人看看門而已，有公文轉一轉就完了，要按時上下班，雖然整個大使館就我一個人。

他來了再做事，他不來我也樂得清閒。王文誠他們巴拿馬公使兼駐香港的總領事，更是香港臺北兩頭跑。即便這樣，我每天也要按時上下班，雖然大使館就我一個人。

巴拿馬是在香港真正設立了總領事館的，那時候臺灣政府對巴國政府很好，巴國跟世界大部分國家都有邦交，所以，台灣政府把中國船隻登記成巴拿馬並掛巴國的旗子。

這樣一來，挂了巴國旗子的船隻隨便到哪一個港口都可以進去，沒有麻煩。收的費用也比登記成別的國家便宜，所以，世界好多航運公司都掛巴拿巴的旗子。

巴國在香港設立總領事館以後就有船公司的收入。因為船公司登記成"巴拿馬國籍"有期限，兩三年得換一次，再交一次錢。

巴國在各地各國有領事館，在香港換證就找巴國香港領事館交錢換證。所以在香港有總領事館，一個船要交好幾千美金，隨便一收就是很多錢。

一九五八年金門炮戰的時候，我已經在委內瑞拉使館工作了。在炮戰前幾個月，我們委內瑞拉大使館來了一位新的公使。

這個公使時年三十多歲，在美國讀歷史博士畢業，是個學者型的人，但沒做過外交官，在這方面什麼也不懂。

他被委派臺灣的時候，太太也跟著他一起到的臺灣，到臺灣的第一天就住在圓山飯店，後來還是我去接他到大使館的。

這個公使的哥哥是委國一個黨派的頭，黨派不是很大，但在國會很有影響力，所以沖著這個關係，就任命他為駐臺北的公使。

那時候臺北跟委國關係很好，也沒有重大的外交交涉事件需要處理，所以派他這種沒有經驗的人來擔任也沒什麼所謂。

一見面他就說他沒做過外交官，而我在這行工作多年，比他懂得多，請我不要客氣，有事要告訴他，所以我們關係處得很好。

半年後，他說他跟我學習了很多東西了，有點經驗了，既然他是外交官，自然就想慢慢往上升，他希望到歐洲做大使。

一年後，他直接打電話跟委國外交部長提出想調到歐洲任職。結果兩個月後，委國外交部調他去土耳其做大使，他很不滿意。

委國外交部跟他說歐洲有大使，都是有聲望地位的，不能動。他第一次做大使，先到土耳其學習學習，做個一年半載的再換地方。

這傢夥不光是做大使沒有經驗什麼也不懂，更是一點也不懂事故人情。

他在臺灣的時候正好趕上金門炮戰，這傢夥便寫了封緊急公文送到委國外交部，說現在金門要炮戰很危險，萬一金門丟了，臺灣也會有危險，到時候他該上哪去？

果然，委國外交部給他回電報：假如臺灣不穩定，你愛去哪就去哪。

這簡直就是瞎胡說，他問的問題很可笑，對方回答的更可笑。他接到電報的時候還把這封電報給我看，很不高興地說：你看看，他們怎麼能這麼回復我！

52

我在委內瑞拉使館做秘書的同時，還把握著財政大權！

在大使館工作期間的王振鴻（右一）和王文誠（左一）

當時我在委國使館裡做秘書，所有公文歸我管。我雖然沒受過這方面的培訓，但是自己多留心，工作也做得很像樣子，不會讓人說我外行，我也不曉得我哪來的這種能力。

在使館裡我越做資格越老，經驗越多，最後他們還得請教我呢。

最後這十年，別的國家大使館，一有國慶日酒會或有特別的貴賓到臺灣訪問要招待，他們沒有經驗，都請我去幫他們處理。尤其那個西班牙大使，在臺灣年頭最多，所以他是外交團的團長，有事都請我幫忙。

我任委國使館秘書的時候沒有委任狀，是委國大使館聘請過來的。

王文誠倒是有多明尼加名譽領事的委任狀，多明尼加是個小國家，很窮，派一個外交官到臺灣很不容易，事務多一點的時候，一個大使應付不了，就找王文誠幫忙。

王文誠做得很好，大使很欣賞他，就替他向他政府申請一個名譽領事頭銜，實際沒有什麼權利，頂多辦一辦簽證，但大家很尊重他名譽領事的身份。

可惜委國不同意給我委任狀，因為委國很有錢，大使館如果需要秘書、領事，他們可以派人來，但不准任何人做名譽領事。

做名譽領事的都是窮國，派不出很多人來，所以利用當地人，給他一個名譽，代表他做事情。但名譽領事不參與外交的事，只限於簽證、商務之類的。

不過這個名譽領事是可以取消的，比方說大使調走了，再來一個新的大使，他如果不讓你做，可以找人來擔任。

我在委國使館做秘書的時候，委國給當地大使館的經費足夠，所以我的收入很不錯。

這些中南美洲的大使館很會利用外交特權。

第一，我是大使館秘書，一到三等的秘書都可以有外交官的身份，所以我就有領事裁判的豁免權。就算我帶著槍，在外邊打死人，你們當地政府和員警都不能抓我，更不能把我送法院，頂多記上車號去跟外交部和法院交涉。

美國也一樣，外交官有外交官的特權。你們中國人買進口東西該交多少稅金就得交，我外交官買任何東西都沒有稅。

外交官從外國回來帶幾個箱子，不論裝什麼東西，經過海關、飛機場都不能檢查，只要出示外交護照就可以。

第二，大使館或者大使住的地方，是特別區域，任何人包括政府，臺灣的員警、官員或哪個機關，沒得到他的允許，你不能進到他的家。就連我大使館的辦公室，我就算在裡面做了壞事，臺灣的員警都不能進來抓我，因為大使館的地方就等於那個國家的領土，

不經允許不能進來。

我做委國大使館秘書的時候，正是他們最有錢的時候。委國那時候一天就可以出兩百萬桶石油，當時五六十塊美金一桶，甚至漲到一百美金，不像現在，落到不到三十元美金一桶，經濟垮掉。

那時候人也少，所以給外交官的經費多。我在委國大使館工作，可以說比那十幾個中南美洲使館工作的人經濟環境都優越。

他們很相信我，比方說我大使館需要一萬元美金的經費，他們每個月寄來支票，大使簽個字交給我了，到月底按照規矩報帳就行。這等於我還把握著使館的財政大權！

那些大使一天到晚在外邊交際、應酬酒會，沒時間管這些事，也沒法管，太瑣碎了。

我經過七個委國的大使和公使，只有一個會算帳的，其他人對這些東西沒興趣，不願意管，所以都交給我管。我再按照他們外交部定的規則來做事，所以你要明白這些帳目，就因為我做的時間久了，懂怎麼報帳。

報帳在委國大使館是最頭痛的一個工作，因為它限制每月三號前把所有的帳寄出去，不管哪一天弄的，你得寫好報告三號送出去，

裡邊一項一項弄得清清楚楚。

尤其委國的帳，別人都弄不了，很複雜。

他給一次美金，那美金是什麼樣的匯率、我們這了花好幾種錢、是花美金還是台幣、還是花委國錢等等的。所以你賬上怎麼把這些東西核成一種再報上去，很讓人頭痛。

只要你弄錯一點，把帳單寄過去，他一看不對，也不說話，拿大紅筆劃兩個十叉，一大包賬都退回來。

他也不講哪裡錯，你自己看吧，所以有人費了好多天才查出來哪裡錯了。

我幹了二十多年，只被退過一回賬，是在我剛做的第二個月被退回的。最後我檢查出來發現，我們中國人習慣四捨五入，但他那是"五捨六入"，所以這樣算出的數目跟他想的不一樣。

以後十幾年委國沒再退回我的賬，別的大使館每年總有一兩次的退賬。

我在裡面的工作內容等於是秘書加財務，反正大使館就我一個人管，尤其我們這七任大使和公使都是這樣。

在辦公室收委國外交部和中國政府電報、公文等一切事務，我都有權利處理，除非這些

東西裡邊有私人的，我就不能拆。

我在處理臺灣政府的外交部公文的時候，還曾經跟外交部吵過架。

曾有一件機密公文，外交部用公文信封寄來了，在上面用中文寫上"最機密"，完事還寫上直接交給大使，可公文寫的是中文。

我氣得要命，打電話給外交部，抗議他們明明知道委國這位大使不會中文，你給他"最機密"的公文還用中文，他看得懂嗎？他看不懂就必須找懂中文的人打開看，可是你們公文外邊又蓋上"最機密"的圖章。

按照慣例，我們大使館一定交給我打開看，我再翻譯完了給他，或者給他聽，這叫"最機密"嗎？

外交部給我的理由說我們是中華民國，我們使用的文字是中文，外交公文用中文給他們這才對等。

確實，他這麼說也沒錯，委國給中華民國外交部的公文也是用他們國家的西班牙文。

但這樣一來，"最機密"就不存在了。

53

那時候回大陸，
中共不抓你
也得派人盯著你。

在委內瑞拉大使館工作時的王振鴻

我從一九五一年在委國大使館工作，一直幹到一九七四年才離職。

一九七四年六月二十九日，中華民國政府與委內瑞拉正式斷交，外交部限我們八月十號關門，那個時間以後不承認這裡是大使館，拿使館工作人員當普通老百姓看，也沒有特權了，馬上轟走。所以國家跟國家沒有什麼交情，有邦交的時候很好，你是大使，供著你，一沒邦交，一腳把你踢出去。

一宣佈斷交，我就沒了外交官身份，但我動作很快，一到八月十號，我一分鐘時間也沒差池，到點了叫工友把國旗降下來，我把門口的大使館銅牌拿下來，這事就算完了。就是清理辦公室費了一個星期的時間。

我在委國使館呆了二十幾年，也在那住了二十幾年。最後來了個年輕的二等秘書，本來委國沒派過秘書，最後派來一個秘書，我就知道不對了。

那個大使在臺灣六年半，彼此關係很好，可是大使被調回去了，那就表示不再派大使來了，派了個秘書來關門。

委國跟臺灣斷交是為了跟北京政府建交，那時候中華民國剛退出聯合國沒幾年。後來我打電報去跟委外交部，跟他們說我幹了那麼多年，你這樣關門了，起碼要按著退休人員給我一些待遇，結果他們不理會。

委國外交部那時負責管錢的人是左派，也就

是共產黨派。他們一看是臺灣電報，理也不理，反正斷交關門了，與你沒關係了。
結果反倒是他們的記者，還有他們委國在日本的參事、大使，都報怨他們的外交部，說王先生在那做了那麼多年，怎麼這樣對人家呢？我們委內瑞拉又不是沒有錢！
後來委國駐日大使他們給我想了兩個辦法：
第一、他們當時要派駐日本的總領事到北京任第一任新大使，那個總領事在日本幹了好幾年，有資格，也想給他提升一下大使地位，到北京混個一年半載的就退休，讓他以大使的身份退休，大使的退休金比總領事高。

但他們政府沒人有興趣到北京做大使，那時候的北京還很不開放，當地政府和外交部對他們監視得很厲害，他們很不方便也很不舒服，所以沒人願意去大陸做外交官。
當時日本領事館裡有五個做了好多年的日本職員，其中有個總領事最後說，如果他去北京任職，希望帶兩個他的職員去幫忙做事。
他知道沒有一個日本人願意去，更知道大陸那邊很嚴格，而且委國也不派秘書來。
他們那個經濟參事就特別到臺北來遊說我，他說我是中國人，會講中國話，又在委國大使館做了二十多年，都懂這些手續，請我陪

著這個委內瑞拉新大使去北京。
我一聽就拒絕了。
我是出生在北京沒錯，同學朋友親戚也都在天津北京，我回去沒三天不定在馬路上就能碰到誰。而且那時候大陸正在鬧文革，更何況我是一九四九年去了臺灣的人，那時候回大陸，中共不抓你也得派人盯著你，我此時去北京豈不是自找麻煩？
那個經濟參事被我拒絕後，他們又派人來臺北遊說我，還許諾給我委內瑞拉的護照。我一聽，更不去了，萬一讓那邊知道了，說我王某人是大陸天津人，怎麼拿委內瑞拉護照呢？你假冒外國人，是不是想刺探什麼事？這可不得了，更講不清楚了。
如果當年答應去北京，我就可以趁機回家看看。但是在那之前的十來年前，我收到朋友從香港轉來妹妹的信，知道父親故去了，母親回天津跟我的七弟生活在一起了。
我有七個兄弟妹妹，同父異母的大哥在基隆海關，叫"王振鵬"。老二"王振鴨"七八歲的時候夭折了。
我是老三，老四是"王振鵠"，老五"王振鳳"和老六"王振鵝"是兩個妹妹。第五的

妹妹也是在十歲的時候夭折了。
王振鵝的"鵝"，是一個英國的"英"加一個"鳥"字旁，我們家的孩子都有鳥字旁，結果不曉得她自己後來寫成"英"字。
還有個最小的弟弟，叫"振鳴"，他在工商大學畢業後留校工作，在學校裡擔任圖書館主任。以後因為工商學院大學搬到了保定，跟河北大學並在一起，他又在那當圖書館主任，以後不曉得怎麼變化，又回了天津。
第二，我從委國大使館出來後，當時委國跟哥倫比亞有合作一條航線，從日本、香港和臺灣裝很多貨物去他們南美洲。既有船到臺灣來，一定得有一個輪船公司來接待他們，來處理這些貨物，並裝船去委內瑞拉或哥倫比亞。
既是輪船公司，委國有船來就得有人管，所以臺灣這邊必須得有個船務公司。委國就介紹我到那個船務公司當顧問。
這個公司有幾十號人，很賺錢。我不是船公司的人，也不懂得船務的事情，也就知道大使館簽證的事情，但是人家很客氣，拿我當顧問。因為去委國跟哥倫比亞的貨物需要開很多單子，名稱規格都用西班牙文，我雖然

沒有念過西班牙文,可是我在大使館二十多年,看也看懂了一點。所以,每有西班牙文的貨單子來了,我就告訴他們怎麼處理,就這樣也算是幫他們一點忙。

按說這種事委國使館自己找人處理就好了,不過因為委國駐臺灣大使館關門的時候,他們派了一個二等秘書來做臨時代辦,這傢伙看著我把東西都清理完就走了。

結果他跑到日本問他們的外交部,臺灣關門了他怎麼辦?他的外交部就讓他到日本等消息,這樣他就去了委國駐日本大使館。

結果他去了以後人家不理他,因為委國駐日大使以前是委國的陸軍總司令,國內怕他搞政變自己當總統,所以就把他放到遠遠的地方,他們認為到日本是很遠了。

可這傢伙很有頭腦,個性很強,很聰明,也敢批評委國政府。

他跟我見過兩次面,還對我有好印象,所以當年替我鳴不平抱怨他們外交部的就有他。但他也知道政府變了,左派人士掌權他也沒辦法,頂多講講罵罵而已。所以最後把我安排到船公司,給我的薪水還不少,因為船公司很賺錢。

他當時也在這家船公司,這傢伙拚命拉很多船到公司裡來,由他來代理。每次委國來船到臺灣,運費裡百分之五他們抽去,作為給公司的酬勞。

當時一噸貨運到委國或哥倫比亞,將近一百塊美金,所有船公司都是怎麼有利怎麼算。假如這趟船運傢俱,但是傢俱很輕,他就按體積算;假如裝的是鋼鐵,雖然體積小,可是重,船公司就按重量算。所以每趟船運費一收就是十幾二十萬美金,很不得了。

那時候美金又很值錢,所以這個船公司賺了很多錢,所以給我的薪水也不少。

還有,那些大船都是萬噸左右的貨輪,到了基隆或高雄,船需要上水加油,這也是一筆錢。他們早跟賣水公司和油公司有勾結,每條船抽個百分之幾的傭金,這又是一大筆的收入。

這還不算,要想知道船上的貨物規格和體積重量,就要找專門的公司測量,這個測量公司又得給船務公司十分之幾的傭金。

再有,每條船有二三十個水手,因為船從基隆到委國要走一個月的時間,那些水手吃喝用都在基隆買。雖然在臺灣買比日本便宜,但是每次買這些東西都是非常龐大的費用,船務公司從這裡頭又可以抽取傭金,所以這個船務代理公司搶著代理委國的船。

委國派的那個經濟參事跟這個公司合作了兩三年,每一趟船起碼要給他幾千美金。

他時年三十多歲,是個美國留學的委內瑞拉人,一兩個月來一次臺灣,說是視察業務,其實每次都是吃喝玩樂,一到晚上就有人把最漂亮的女孩子就送到他旅館,船公司負責一切費用,所以船公司就怕我把他們這些壞事講出來。

不過我跟那個經濟參事關係好,他來了都跟我打招呼,所以我也不去講什麼。

我在輪船公司當顧問,除了翻譯西班牙文之外,主要是協助辦理工作簽證。我沒有權利簽證,也不是外交官,那時候去委國和哥倫比亞,必須有當地的領事館來簽證和許可貨物去那邊。

我到這船公司還有個目的,因為外面的貨物去委國需要簽證,所以委國駐日大使就給委國外交部建議在臺北設立"委瑞內拉商務辦事處",以此代替大使館,也可以辦點簽證什麼的。他還建議請臺灣那位"做了很多年的王先生"主持臺灣的辦事處。所以我在等委內瑞拉商務辦事處成立後進去工作，結果等了一個月，委國國會下命令取消簽證了。我在輪船公司做了快十年，後來公司也改組了，因為香港總公司的老董事長故去了，所以這邊分公司也變了人了，我也差不多該退休了。

因為我不是船公司真正的職員，所以沒有退休金。我現在生活，就靠過去我太太省下來的一點錢，也不用靠我兒子。

我哥哥王振鵬從海關退休以後開了個貿易公司，跟委國和別的南美洲國家有貨物往來，進貨物賺點錢。

我六十五歲從船務公司退休後，到我哥哥的公司幫他處理點事。

十年前他的公司也完了，因為哥哥故去了，孩子們也不會做，就不做了。

54

臺灣以前是四小龍頭，現在是龍尾巴了。

在委內瑞拉大使館工作時的王振鴻

一九七五年蔣介石去世，這在臺灣是個很大的事，但對於我們來說不是什麼大事。甚至他的靈車經過時，我們連看都沒看。

不過那時候路兩邊確實有好多人在哭，不知道他們是臺北市的還是鄉下來的。

我們沒覺得蔣介石沒了臺灣就糟糕了，我們不是國民黨的人，根本不在意。

嚴家淦接替蔣介石幹了兩三年，雖然他當總統，但國家的大權在蔣經國手裡，他不過是名義上的總統而已。

蔣經國上臺後對臺灣大刀闊斧，使臺灣經濟快速騰飛起來，所以我個人對蔣經國的評價很高。

蔣經國去世後，臺灣民眾對他非常敬重，反倒對蔣介石比較淡漠。因為蔣經國做了很多的建設，比如說花蓮橋公路，那是他派退休的老兵去弄的。還有"十大建設"，那時做船廠、鋼鐵公司、修鐵路、修公路。

他用人也用得對，都很正派，不貪汙，專心做事。

那時候剛剛有電視和其他電子的東西，當時的經濟部長就敢把在美國有聲望的人請來做電子工業設計，現在成了臺灣最大的公司。

所以大家很懷念蔣經國，他有眼光有膽識、人品很好、不貪錢不求地位。直到今天，有時報紙還會報導他的事跡都很令人感念，沒有他，臺灣的工業、電子業就沒這麼發達。

臺灣後來被稱為"亞洲四小龍",以前是四小龍的頭,現在變成四小龍的尾巴了。

其實蔣經國最能載入歷史的是開放黨禁、報禁和開放兩岸三通,開放老兵回家探親。

大概八十年代末九十年代初,開放之後沒兩年,我的小弟弟就到臺灣來了,所以我始終沒有回去過大陸,我也瞭解那邊情形,回去也沒啥意義。

兩岸開放後,振鵠因為圖書館或他的工作關係,也回去大陸好幾次。每次有什麼事或是見到家人和其他人,回來都會跟我講,這也是我始終沒回去的另一個原因,因為我用不著回去也知道那邊的情況。

我母親是在天津我小弟弟還在南開大學工作的時候去世的,所以二老去世都沒見到在臺灣的三個子女,只有我妹妹和小弟弟在側。不過,我們的家庭也不是很在意一定要全家團圓,我們都很好就好了。

我們小時候在天津,有的上初中,有的上高中,後來有的上學有的坐牢,總不在一起。再後來振鵠關在監獄三年多,我跑到煙臺念兩年多書。我哥哥更特別,派到海關工作後十幾年回一次,住個幾天就走了,所以就算全家在大陸,我們也很少聚齊到一起。

55

老王是孤獨命，一個人孤零零的活這麼久。

王振鴻太太黃瓊妃

我跟臺灣的太太是在銀行辦事時，跟她搭訕認識的。

那時我是她銀行的客戶，她們銀行有時星期六下午不上班。有一次週六，她們同事計畫去陽明山上逛逛，我問她能不能跟著去玩？於是我倆就這麼認識了。

我當時說跟她們一起出去玩，就是想認識個女朋友，她們也沒有因為我是大陸來的就排斥我。我追求她沒用啥特別的方式，就是約出來吃吃喝喝，慢慢的就越來越熟悉了。

她是台南人，我們一共交往了五年才結婚。

交往到第二年的時候，因為本省人和外省人的習慣不同，言語之間不太愉快，就不理會了。隔了一段時間，倆人又碰上了，這才又恢復了交往。

我們倆交往的時候她母親故去了，姐姐在臺北，父親續弦娶了繼母，她從小跟繼母過得不好。等她學校一畢業，就跑到叔叔家住了一段時間，但叔叔家裡孩子很多，她就跑臺北來跟她姐姐住一起。

她姐夫是廈門人，在臺北住，認識銀行裡的人，就介紹她到銀行去工作了。

我和我太太大概是一九五六年結的婚。結婚的時候辦酒席，抗團兄弟來了幾個，我哥哥弟弟、王文誠、孫若愚他們都去了。

那時候馬普東在澎湖沒往來，孫相德還在美國，我大哥就當家長，請外邊的一個國大代表當證婚人。

一年半後女兒出生，三年後兒子出生。

結婚後我就進了委國大使館工作，生活還可以。她婚後就當了全職太太，因為那個銀行有規矩，女孩子結了婚就不能做事了。

我哥哥十六七歲就跟家鄉縣長的女兒訂婚，那時候雙方都沒見過面，只知道那個女孩子也到了天津讀書。

我哥哥拖到快大學畢業了,那邊催著結婚,他不願意了,因為大學裡邊女學生很多,他又是個運動明星,女同學哪個不崇拜?

於是他就準備跟那個訂婚的女生解除婚約,結果仔細一問,剛好那個女孩子也認識別的男生了,那正好就算了。

我父親很不高興,覺得是他沒管好孩子。我母親很好,不替我們做主,都聽我父親的。後來父親講話了,以後我們的事情他不管,我們願意怎樣就怎樣。

我家跟王碩芬家是老世交,幾十年的交情,還住過她家裡。"七七事變"後振鵠跟王碩芬就認識了,後來她跟振鵠跑去上海,搞得兩家斷絕關係不來往,以後回來經經過過朋友說和,兩個老頭才恢復了交往。

我妹妹振鵝高中快畢業時,跑到內地打遊擊去了。當時我們不知道,聽說當年是她學校的一位體育老師,拉她們一批人去打遊擊。結果不錯,他們全副武裝領著一批人打到青島後日本投降了。

妹妹也在二零一六去世了,振鳴比她還早五年去世,大哥在臺灣故去時大概是八十歲。

(注:王振鵠於二零一九年六月九日仙逝)

王振鴻太太黃瓊妃

王振鴻女兒王珮穎

我臺灣的太太是在二零一二年五月故去的,沒辦法,那時候她身體摔傷摔到骨質疏鬆,最後兩三年就很少出去,在家裡還可以動一動,外面就不敢出去了。

我女兒是在二十幾年前得了乳癌故去的,那也是沒辦法的。但是她錯在一點,她發現乳癌時我們並不知道。那時她已經結婚了,她得病後亂找醫生,跑到大陸去說有什麼醫生

王振鴻在臺北家門口，這棟老房子裡目前就他和一個菲傭住著。

可以吃藥治療，結果弄回來一堆草藥，那玩意兒怎麼能治病？

後來又跑到美國，說美國有個牧師，可以用禱告力量幫她治療。

我就奇怪她怎麼會相信這些東西，就這樣浪費、耽誤了很多時間，等想回到正統治法的時候，已經回天乏力了。

現在這個房子我既願意住，也不願意住。

當初一家都搬到這來，一家人都在這住，現在就剩我一個人住。

之所以沒搬走還住在這裡，是對這個房子還有點感想和感觸。

王振鴻在美國和兒孫們在一起

巴西女孩子給我們最大的印象是她們跳森巴舞，穿很露的衣服，很活潑很熱鬧。可是在我看，簡直不像話，很活躍很活潑，感情就比較隨便。

可是我又想，當然不見得巴西每個女孩子都不好，可大部分的印象我認為是不符合咱們的道德倫理，所以我的孫子他們以後要能知道他們姓王就不壞了。

關於家庭的事情我不願意提，是還有一個原因，有人曾經跟我講過，說老王的命很硬，是孤獨命，你看他活了那麼久，有什麼用？一個人孤零零的。

我還有一個兒子在美國，也沒跟我在一起，我還有個孫子，但是沒管過他。孩子在美國接受美國文化和教育，我沒多大盼望，將來他們的子孫能知道自己姓王就行了。

不是孩子不好，只是住在美國還能有什麼家庭或家族觀念？好多人連姓都改了。尤其是我那孫子，我問他學校情形，他說他班裡有南美洲人、有黑人、有美國人，甚至有人吸大麻，最後他跟我說他喜歡巴西女孩子。

56 我認識的抗團同志。

台灣抗團同志聚會，左起：馬普東、陳澤永、王振鵠、王碩芬、不詳、王振鴻、王文誠、王文誠太太洪玉燕。

我從加入抗團一直到抗戰勝利，這段時間陸陸續續認識了一批抗團同志，光天津抗團的就有幾十個人。

曾澈和李如鵬只是見過，但沒接觸過。當年我們宣誓的時候，他們站在檯子上邊，看見過他們，沒有說過話。

馮運修在天津讀書的時候比我們高一級，在同一個大樓，我知道他是馮運修，但沒講過什麼話。

他長得很清秀，跟我差不多身材。

袁漢俊只在憲兵隊見過一眼，也沒講過話。

陳維霖也在憲兵隊見過，在學校裡他跟我不一班，雖然沒講過話，可是知道他。

陳維霖長得瘦瘦乾乾的，好像吸大煙一樣，外號叫"煙鬼"。後來他死在憲兵隊，我還在天津馬場道頭的中國公墓給他立了個碑，請"馬一號"寫了將近兩百個字的碑文。兩百字刻上去可見那個碑得有多大，而且立那碑還花了我一大筆錢。

不過，陳維霖的碑在天津淪陷後沒幾年就被解放軍平掉蓋房子了。相比之下，李如鵬、曾澈、劉福庚、袁漢俊他們這些抗團同志犧牲後連屍首都找不著。

沈棟我不熟悉，頂多見過一面，也是沒說過話，因為他們是抗團比較高級的幹部。

沈棟會很多東西，而且體格很好。後來他跑到四川，以後聽孫若愚他們講，沈棟可能當了牧師，就不知道哪去了，再沒聯繫。

張硯田人很好，只是眼睛不好，很同情他，可是又幫不了忙。

趙恩波雖然我倆認識，但多熟也不見得，路上碰見面講講話，就這樣，沒有什麼特別的往來。

提起趙恩波，還有檔子事跟他有關。

我離開上海去香港前,有一天趙恩波跟一個女孩子來上海我上班的辦公室找我。那時候天津上海已經淪陷了,結果這時候他卻跟一個女孩子跑來上海。而且我工作的地方沒人知道,更沒告訴過抗團的任何人。

我說你怎麼來了?你怎麼會知道我工作的地方?

他笑笑不講,這傢夥當時已經結婚了,太太在天津,他又認識另外的女孩子,還一起跑來上海。

那個女孩子從手上拿下一個玉戒指,跟我講要賣兩千五百塊人民幣。

我記得很清楚,那時候一兩黃金值兩千五百塊人民幣㉙,所以她一張嘴就要賣一兩金子的價錢。

我說我沒辦法,那時候剛淪陷,大家忙的忙跑的跑,什麼也顧不上,誰會花錢買這個?這是第一。

第二,她那個戒指是真是假我也不懂,也看不出是很貴重的東西,所以我就說沒人買那個,你要做什麼直接跟我講吧。

他說他要去廣州,再從廣州去香港。我問他住處他也不講,只說我不幫他賣掉他沒辦法了。後來我打開抽屜數了兩千五百塊給他,讓他把戒指也一併拿走。

他拿了錢二句話不說,道了聲謝就走了。

前些年孫若愚還活著的時候,跟我說趙恩波回天津了。我說這小子騙我,你寫信給他,讓他還給我錢!

錢致倫好像是北平抗團的,我去過北平好多次,好多人包括他都是在尚友會碰到的,打個招呼就完了,也沒有詳談。

趙小亭我認識,但我不喜歡他,講話有點下流。他頂多受過小學教育,中學恐怕未必畢業。不過這是環境關係,他在抗團還算是比較能幹的人。

陳肇基在北平就認識了,不過不算很熟,是個平和講理的人。

劉潔的身材不高,相貌普通,在抗團能力是有,能寫也能說,就是他有時說得太多,做得太少。

我跟他很熟,跟羅志勤在中華醫院開會那是第一次見他,一直到肅奸委員會之後才又見上面。

他的性格比較熱情,太愛說話了,喜歡在人多的地方講話,有時候還很不實際很誇張,甚至有時候說過分了一點。

台灣抗團同志聚會,左起:陳澤永、祝宗桐、孫若愚、王振鴻。

祝宗桐是祝宗梁的妹妹,我們在臺灣見過,她嫁給一個空軍,以後去了美國。我是在孫若愚家裡吃飯碰到她的,我們好幾個人在孫若愚家還一起合過影。

李振英在精神沒失常之前是很正直的人,也不會花言巧語,可惜,就是他受了刺激,一下弄得精神不好了。

孟慶時在北平見過,並不熟。

周慶涑在天津有見過,當時我有一個初中同學跟他是鄰居,我去找同學時他在旁邊,就這麼認識的,以後才知道他也是抗團的人。

曹紹蕙在北京見過，不熟。

王知勉很熟，日本人投降之後，我們在天津通過王知勉的關係找了天增里三十四號供給抗團聚會。

葉綿不能算天津抗團的同志，他是在上海加入的抗團，跟孫若愚在一起。孫若愚被炸掉胳膊時，葉綿當時被炸昏，手腳雖然沒有炸受傷，可是腦子受傷了，所以講話有時迷迷糊糊的，走路也不正常。

錢宇年的老婆張世一，她的前夫是王君武。一九四九年後，王君武被逼跳樓自殺。文革結束後，張世一認識錢宇年並結了婚。

華道永我也很熟，她是個很直爽的女生。天津的憲兵隊關了十二個女生，一號二號是她們的房間，一個房間六個人。

後來她回憶說，她們六個人都不敢講話，因為日本憲兵擺了個桌子坐那，一回頭就看見她們。她們白天不允許睡覺，更不許躺著，只能幹坐著，所以她們幾個雖然關在屋裡好幾個月，但都不講話。

我見過孫湘德，當時振鵠在北平尚友會大禮堂舉行婚禮，本來請第十一戰區司令長官孫連仲來做證婚人，但他當時有事，就派他兒子孫湘德拿著他的圖章代表他來證婚。

台灣抗團同志聚會，左起：王文誠、王振鴻、馬普東、陳澤永、王振鵠。

馬普東是抗戰勝利後在天津認識的，他從北平到天津辦事，回來的時候碰到我，我跟他就閒聊。

他那時候有正式工作，我就開玩笑講他們一天到晚弄槍弄刀的，讓他也給我弄一把槍。沒想到過了沒兩個月他又來了，他見到我就拿出槍給我，說這個槍人家賣的，要一兩金子錢。

我一看槍很是喜歡，是德國毛瑟槍木頭把，那個木頭還是很精細很好的木頭，槍管還是鍍藍的，又漂亮又新。

他說別人給的，要就拿一兩金子買槍，還給我五粒子彈，當時我就試了下槍。

我也不知道上哪買子彈，而且那五粒子彈有三粒是舊的，新子彈光度不一樣，他說你就湊合吧。

後來那槍擱在天津了，當年我們化學公司有個人跟著我去內衛組工作，他雖然不是抗團的人，但知道不少抗團的人和事。

等內衛組工作做完，我又回到化學公司時，把他給安插到公司做事。

他會弄槍，所以那把槍的擦洗都是他管，等我離開天津時，我就把槍交給他，讓他替我收起來。

他包好了埋在一個牆的後邊，結果解放後做過機關事情的都得去登記，他不但去登記，把槍也交了。

到臺灣後，跟馬普東聯繫上那是好久以後的事了。

剛到臺灣不久，因為國語講得很純正，馬普東被調去澎湖工作，被安排在澎湖那邊的電臺做廣播電臺播音員。

他一直沒在台灣島內，所以大家不知道他，一直到他退休了才聯繫上。

一九八七年三月十九日，台灣抗團同志聚會。左起：陳澤永、王文誠、不詳、孫若愚、王振鵠。

孫若愚我是很熟了，這傢夥在我剛入抗團沒一個月就找我談話，但總共在一起不到半個小時。

孫若愚到臺灣之後開始寫日記，但他沒寫回憶錄，最後這幾年，我們大家講話不是那麼坦白了，因為他的工作。

他到臺灣以後在安全局工作，所以我們跟他見面從不談工作的事，也不談抗團的事，他有好多話不願跟我們講，我們也不能問。

據我們瞭解，他在臺灣曾監視過張學良。當時張學良買房子住在北投，外邊都有他們情報局安全局的人監視，這些監視的人裡就有孫若愚，而且他還是領頭的，所以這樣大家講話就顧忌了。

他不光監視張學良，還到台中監視孫立人。他監視孫立人的時候，隔一兩個月就從台中回到臺北找我們吃飯。

這麼重要的兩個人他都參與了監視，但是他從未對我們透露過一個字。不過我們不知道也好，省得找麻煩。

孫若愚結婚的對像是個離了婚的香港女人，帶了兩個十幾歲兒子來臺灣，所以孫若愚一結婚就有兩個兒子。

他對那倆孩子很好，這倆小孩子身體不大強壯，他甚至找會武術的人教他們強身健體。這哥倆後來一個去了美國念書，得了數學博士，回來在大學裡教書，另外一個孩子國防醫學院學的牙科，現在是醫生。

孫若愚去世二十多年了，平常他身體很好很壯，後來大概是白血球出了問題。

我們現在都跟他家人沒來往了，孫若愚故去後，他太太搬到陽明山住，不跟我們聯絡也不見面，大概是她覺得跟沒什麼意思。

但是大家很關心她，唯一聯繫的就是他太太信佛教，經常去松山佛光山參加一個會，我有時候也會在那裡碰到她，她也會拉著我講幾句話，後來我沒再去，也沒再見到她。

振鵠小時候的性格不太愛說話，跟誰也不講話。在家裡，我們跟父母見不到面，父親在自己的屋裡，我們沒事也不敢去他那，有什麼事情母親自然會到樓下找我們。

比如我們上學交學費、買東西，或是沒錢之類的，就這也得偷偷找母親。所以跟父親見不著面，也不需要見，他平時也不見我們。

除了在一起吃飯，而且吃飯時特別嚴肅，大家坐那吃完就走，都不敢講話，所以振鵠不愛講話，大家也習慣了。

我跟葉于良不太熟悉，因為我到北平去過，抗戰勝利後，孫若愚他們成立"尚友會"，讓大家有個聯絡的地方。

尚友會在一個日本人的大樓裡，大樓有很多房間，可能是日本的一個情報機關。我跟葉于良就在尚友會認識的，當時大家你來我往的，只知道這是某某人，沒共過事，也沒交流。後來振鵠結婚，把北平抗團認識的人都請去，我也就碰到了孟慶時和葉于良。

二零一二年我跟他在臺灣再見過一面，一直到現在還是不熟，但王文誠和振鵠跟他熟。

祝宗梁在姐姐祝宗嶺結婚時與新郎新娘等合影，右二為祝宗梁。

祝宗梁年輕的時候長很清秀很文雅，白淨斯文，穿長衫，他性格很好，比我們個子高一點，為人很客氣，有時候還會講幾句笑話，沒有跟人直眉瞪眼講話的。

祝宗梁那時候是非常細心的一個人，比如抗團製造炸彈的燃燒彈，需要買一些配藥，他發現這個地方比較貴，為了節約成本，常跑很遠去買。我記得當時我們一個星期在學校開一次會，每個星期四下午四點半下課，五個人就一起開會。

我那時候上高一，振鵠才初三，那時候工商還有很多人參加抗團，高二裡邊就有好幾個我知道的，比如水宗驥。

我很奇怪，當年為什麼把我和葉明德、呂迺綱兩個不同班的在編一起，不知道他們怎麼想的。

王文誠那時也在工商附中讀書，比我們高一兩班，加入抗團也比我略早。他那時常跟曾澈在一起，因為他個子小，跟小孩一樣，曾澈常領著他到處轉。

那時候我跟王文誠還不認識，一九四五年三月三十日，日本人藉慶祝汪精衛政府成立五周年而假釋振鵠跟王文誠出獄，我到北平去接弟弟，這樣才跟王文誠認識的。

王文誠年輕的時候很溫和，講話很有條理，他屬於性格比較溫和那種，不激烈。所以我在內衛組打人他不大同意，可是他也沒跟我講過反對我打人。

我跟王文誠的關係，王文誠自己也講過，他所有的朋友，以及家裡的兄弟姊妹，見面最多的、接觸時間最久的就是我跟他。

我倆在天津肅奸委員會工作，半年多天天在一起，到臺灣來又一起在南美洲的大使館工作，還是他給我介紹的。

這麼幾十年來，跟他關係可以說是最密切，他現在搬到臺北天母區去了，但我們還是常見面打電話，他跟我弟弟的關係也跟一家人一樣。

台灣僅存的四位抗日殺奸團同志經常一起聚會，如今王振鵠也已作古。左起：王文誠、王振鵠（歿）、王振鴻、馬普東。

二零一七年,筆者二赴臺北補錄完王振鴻的口述後,在其寓所與老先生合影。

①	七君子	沈鈞儒、章乃器、鄒韜奮、史良、李公僕、王造時、沙千里。
②	劉良模	浙江寧波鎮海駱駝橋人，曾任民盟中央委員。 劉良模曾輾轉在抗戰前線，積極組織民眾歌詠活動，到處教唱以《義勇軍進行曲》為代表的抗日救亡歌曲，更是將《義勇軍進行曲》傳到太平洋彼岸，為爭取各國人民支持中國抗戰作出了積極貢獻。
③	天津抗日殺奸團的"十兄弟"。	《祝宗梁口述歷史》14頁對此有不同描述，不過，抗戰期間，祝宗梁一直在抗戰核心，關於"十兄弟"的回憶應以祝宗梁為主。
④	調查日本書局。	同《祝宗梁口述歷史》39頁。王振鴻當年調查的書局應為"鴻圖書局"，因為王振鴻當年是在祝宗梁小組，此回憶應以祝宗梁為主。
⑤	祝宗梁穿西裝。	同《王振鴻口述歷史》291頁。
⑥	把抗團的槍交振鵠保管。	同《王振鴻口述歷史》289頁。
⑦	兄妹三人被捕日本憲兵隊。	同《王振鴻口述歷史》293頁。
⑧	日本憲兵還算比較規矩。	同《王振鴻口述歷史》293頁。
⑨	迫唱《我的家庭真可愛》。	同《王振鴻口述歷史》294頁。
⑩	走路去海光寺憲兵隊。	同《王振鴻口述歷史》295頁。
⑪	憲兵換膠鞋走路無聲查房。	同《王振鴻口述歷史》297頁。
⑫	吊鐐銬。	同《王文誠口述歷史》235頁。
⑬	王文誠幫振鵠到天津提親。	同《王文誠口述歷史》252頁。

⑭	王碩芬被父母訂婚的對象。	同《王振鵠口述歷史》307 頁。
⑮	王文誠信佛的姑母。	同《王文誠口述歷史》240 頁。
⑯	抗團遣散費。	同《王文誠口述歷史》247 頁、《葉于良口述歷史》140 頁。
⑰	仗義疏財的陸老太太。	同《祝宗梁口述歷史》69 頁。
⑱	蔡文治	蔡文治（1911-1994），國民革命軍陸軍中將，湖北黃岡（今武漢市新洲區倉埠街）人。黃埔軍校第九期、日本士官學校、陸軍大學畢業。抗戰時期，任國民政府軍令部第一聽第二處處長。抗戰勝利後，任軍調部參謀長、徐州陸軍總司令部副參謀長、國民政府參軍、國防部第四聽廳長。 1950 年去香港，後去美國，曾任美國國防部顧問等。1976 年退職，後多次回大陸訪問，被選為黃埔同學會理事，1994 年 1 月 9 日在美國去世。
⑲	羅瑞卿	羅瑞卿（1906-1978），大將軍銜，四川南充人。 1928 年加入中國共產黨，歷任中共支隊黨代表、縱隊政治部主任、師政治委員、軍政治委員、軍團政治保衛局局長等職。 中共建政後，羅瑞卿先後擔任公安部部長、國務院副總理、中央軍委秘書長、解放軍總參謀長、中央書記處書記、國防委員會副主席、國防工業辦公室主任等職。1955 年被授予大將軍銜，1978 年 8 月 3 日去世。
⑳	黃傑	黃傑（1903 年—1996 年）湖南長沙人。1924 年考入黃埔軍校第一期。抗戰期間，參加過長城抗戰、淞滬會戰、徐州會戰、蘭封會戰、滇西緬北戰役等。抗戰勝利後，先後擔任長沙綏靖公署副主任、第三訓練處處長、陸軍第五編練司令官、國防部次長、湖南省政府主席兼第一兵團司令官和湖南綏靖總司令等。 1949 年 12 月，率領 3 萬人馬，敗走越南被法軍繳械。 1953 年從越南返回台灣後，歷任台北衛戍司令部司令、陸軍總司令兼台灣防衛司令、總統府參軍長、台灣警備總司令、台灣省主席、國防部部長、總統府戰略顧問等。 1960 年晉升陸軍一級上將，曾因戰功被授予青天白日勳章。

㉑	半夜提審漢奸	同《王文誠口述歷史》260頁。
㉒	大公報印刷廠"漢奸"經理	同《王文誠口述歷史》260頁。
㉓	反飢餓反內戰	同《王文誠口述歷史》263頁。
㉔	女朋友齊宗亞	2018年有一次給王振鵠打電話溝通口述文稿修改問題時，老先生說不久前曾在臺灣的報紙上看到齊宗亞去世的訃告。
㉕	王家大院被朱德住過，現被徵用來紀念他。	同《王振鵠口述歷史》284頁。 王振鵠回憶王家大院為劉伯承所徵用，筆者特請河南志願者谷慧霞赴濮陽核實：王家大院為當年陳毅粟裕的華野兵團司令部所徵用。
㉖	"三反五反"運動。	1951年底至1952年10月，中共在黨政機關工作人員中開展的"反貪污、反浪費、反官僚主義"和在私營工商業者中開展的"反行賄、反偷稅漏稅、反盜騙國家財產、反偷工減料、反盜竊國家經濟情報"鬥爭的統稱。
㉗	跑"單幫"	"跑單幫"是民國時期對從事異地販運的小本生意人的一種稱呼（後來大陸將此行為稱之為"倒爺"）。通常這些生意人獨自來回奔波於兩地之間，使用自備的交通工具販運物資（在甲地進貨，在乙地出售），以牟取差價的利潤。 舊時因交通不便，商品交易管道沒有這麼發達，商品流通在很大程度上依靠這些生意人的辛勤勞動來維持。在商品流通日益發達的今天，"跑單幫"一詞逐漸演變為"一個人單幹"的意思。
㉘	王文誠介紹我進委內瑞拉大使館工作。	同《王文誠口述歷史》268頁。

王振鴻口述歷史

抗日殺奸團大事紀

一九三七年：

一九三七年冬（抗團成立時間一說為八月十一日），學聯成員李寶琦、李寶仁、郭兆和、沈棟、沈楨（女）、張瀾生、阮榮照（女）等人，約好友步丰基、陳晶然、王桂秋等人共同研究對策，決定組建"抗日殺奸團"，直接打擊日偽份子。
抗團的團訓為：抗日殺奸，復仇雪恥，同心一德，克敵致果。

一九三七年冬，天津海河邊有一個棉花堆棧，裡面的棉花都是戰略物資，當時敵人大部分原材料都從我國掠奪。為了便於運輸，他們將棉花壓扎成立方體，再運往日本。
沈棟和沈元壽化裝成工人，兩人從棉花棧的圍牆夾縫裡鑽進去，把兩個延時燃燒彈放在棉花堆底下，然後安全返回。幾分鐘後，燃燒彈起火，棧內雖有消防設備，但仍損失不小。
這是抗團的第一次行動。

一九三七年十二月，南開中學學生劉福庚在製造燃燒彈時發生意外犧牲。

一九三八年：

一九三八年一月，抗團在天津松壽里據點印刷《政治報》，向淪陷區民眾宣傳抗日。

一九三八年春節前後，沈棟在《益世報》上刊登尋人啟事，把李如鵬找到天津加入抗團。
一個月後，松壽里據點被英國工部局破壞，曾澈和負責印刷的胡希文被工部局逮捕，後兩人受到罰款並取保釋放處理。這是天津抗團成員第一次被捕。

繼《政治報》後，抗團繼續印刷雜誌《跋涉》，不久亦停刊。

一九三八年六月，沈棟組織抗團分兩組火燒天津光陸和國泰兩家電影院。此次行動將光陸電影院化為灰燼，活動得到重慶三千元獎勵，這也是抗團首次得到重慶政府的肯定和獎勵。

一九三八年六月廿七日夜，李如鵬、孫若愚（孫大成）共同策劃，用定時炸彈焚燒中原公司大樓。

一九三八年八月，抗團實際負責人沈棟因身帶手槍被查獲，扣押在英工部局。
沈棟被捕後，李如鵬接替他的工作。在李如鵬的提議下，"抗團由六個人組成一個幹事會，成為抗團的最高決策組織"。

幹事會由曾澈總負責，李如鵬任組織幹事，孫大成任行動幹事，袁漢俊任總務幹事，祝宗梁任技術幹事，另外還給關押在英租界工部局監獄的沈棟保留了一個幹事位置。

幹事會下設五個小隊，孫大成、劉友深、趙逢春、周慶涷、祝宗梁分任小隊長。每個小隊有四五個小組，每個小組有四五名成員。

幹事會明確規定：小隊和小組之間不準發生橫向聯繫，以確保秘密，避免一處遭受破壞而牽連整個抗團。

一九三八年夏，抗團祝宗梁特製了四枚炸彈，與袁漢俊兩人巧妙地將炸彈放置在天津西站到北站一趟為日本軍人開通的公共汽車上，結果兩枚炸彈爆炸，炸毀兩輛公共汽車，炸死、炸傷六七名日本兵。

一九三八年暑假，天津抗團三天放了三把火。

第一把火：孫大成、呂迺綱、祝宗梁三人拋擲四枚自製燃燒彈，火燒天津市政府舊址日軍存儲的糧食和稻草。

第二把火：孫大成、葉綱騫、祝宗梁三人拋擲十二枚自製燃燒彈，火燒法國橋（今解放橋）旁一個有足球場大小的露天棉花棧，將整個棉花棧燒個精光。

第三把火：祝宗梁、袁漢俊先破壞了工商學院（今外國語學院）後面露天棉花棧的消防設施。當夜，劉友深、范建等五六個人趁黑投擲二十多枚自製燃燒彈，棉花棧成一片灰燼。

一九三八年暑假，抗團制裁團員劉富川。

一九三八年秋季開學後，抗團發現中小學新課本中有不少日偽毒化青少年的內容，非常氣憤，決定嚴懲。
天津鴻圖書局門市部售賣奴化教育課本，華道本、趙爾仁、祝宗梁用燃燒彈燒毀門市部。

一九三八年暑假後，天津抗團成員黎大展、方圻、宋顯勇、范旭考入燕京大學，於是建立了抗團燕京小組，宋顯勇任小組長。

一九三八年夏秋之際，抗團天津中日中學小組的張硯田、趙恩波相繼被捕，受到日本憲兵隊的刑訊。趙家用重金賄賂漢奸後得以釋放，但中日中學小組卻因此瓦解。

一九三八年十一月四日，孫若愚與孫湘德在天津西湖飯店門口打瞎天津偽教育局局長陶尚銘一隻眼睛。

一九三八年十二月廿七日，祝宗梁與孫湘德在天津豐澤園門口（今山東路狗不理包子舖）擊斃偽商會會長王竹林。

一九三八秋，沈行安帶著自己製造的炸彈，到天津海光寺火燒日軍倉庫，正要投放時被日軍崗哨發現，一時步槍機關槍聲大作，幾十個日本憲兵跑出來追擊，他只好跑回法租界家中。由於情況緊張急迫，精神上受到很大的刺激，得了神經錯亂病症。

一九三八年（具體月份日期不詳），盧以仁暗殺漢奸陶子權未果，被捕致死，年僅三十八歲。

一九三九年：

一九三九年春，抗團發展到六十多人，成員多是天津耀華中學、南開中學、匯文中學等十幾所學校的學生。

一九三九年一月一日上午，抗團成員李如鵬、趙爾仁、范旭，在北平八道灣周作人苦雨齋二道院東屋客廳刺殺周作人，將其擊傷。

一九三九年初春，抗團陳肇基、駱永康在天津法租界被捕，兩人在日本憲兵隊拒不招供。駱永康受刑傷重犧牲，陳肇基受刑後由家人出錢疏通，保釋休養，但繼續從事抗團活動。

一九三九年春，李如鵬與童瑛結婚。

一九三九年春，王文誠在昆明電影院施放催淚瓦斯，警告後方民眾不忘抗日艱難。

一九三九年三月，曾澈轉來重慶電文，開列二十多名天津漢奸名單，要求制裁，並告訴抗團幹事會祝宗梁等人，國民政府軍事委員會有一個調查統計局（簡稱"軍統"），曾澈也是軍統的人。

一九三九年四月九日，祝宗梁在天津大光明電影院連發四彈擊斃時任偽中國聯合準備銀行天津分行經理和海關監督的程錫庚，同時參與配合的抗團同志有袁漢俊、劉友深、孫惠書、馮健美。

一九三九年五月，沈棟越獄。

一九三九年六月中旬，重慶方面來電，要求參加刺殺程錫庚的人都到重慶去。
七月上旬，袁漢俊、劉友深、馮健美和祝宗梁考完試後乘船到香港，爾後飛往重慶，先後受到戴笠和蔣介石的接見。後來才知曉，原來戴笠打算叫袁漢俊、祝宗梁到香港自首，換回被英工部局逮捕的四名天津軍統人員。

但他們到香港自首後，沒有被港方受理，四名軍統人員還是被當成刺程犯，引渡給日方。袁祝二人只好又回到重慶。

一九三九年夏，軍統上海區區長王天木投降。同年九月，軍統天津站行動組成員裴級三（代號吉珊）也向日偽投降。因裴級三是個老牌軍統特務，降日後把軍統華北區平、津、保三站和唐山、滄縣兩個組的人事組織情況等一併出賣給日本人，致使以上組織遭到致命性破壞，同時，抗團也受到牽連，損失極大。

一九三九年九月廿八日，日本憲兵及偽警察包圍李如鵬家(今天津營口道誠士里)。已經被捕的抗團成員張樹林、陳肇基、劉潔、華道本被日本憲兵一副手銬銬兩人，被偽警察押到李如鵬家。乘日本憲兵上樓搜查時四人戴銬逃跑，但李如鵬被逮捕。
曾澈在李如鵬被捕後，本已隱蔽起來，最後還是被叛徒裴級三在金湯橋頭誘捕。以後日本憲兵又通過郵信檢查，逮捕了丁毓臣，在華界逮捕了吳紀元、楊大森、孫興聯、趙小亭四人。

一九三九年十月底，抗團成員錢致倫在塘沽等輪準備南下時，被裴級三認出而被捕。

曾澈被捕後，曾在獄中絕食求死，獄方就強行給他注射補針。被送到北平日本憲兵隊感化院時，戴笠曾經傳來口信，讓他假投降，但遭到他的拒絕。日本憲兵隊對李如鵬、曾澈、丁毓臣殘酷刑訊，三人堅貞不屈，從容就義。
當時曾廿七歲，李廿五歲，丁毓臣廿一歲。以上為抗團第一次被破壞的情況。
這期間北平抗團成立。
天津成員李振英（又名李漢成）研製炸彈受傷，傷癒後考入北京大學；王宗鈐考入輔仁大學；宋顯勇（宋棐卿之弟）、黎大展、方佩萱等人考入燕京大學。孫大成依靠這些天津抗團成員，到北平組織了北平抗團，並吸收了貝滿女中的曹紹慧、屠珍等人，由李振英負責。

一九三九年，曾澈、李如鵬等被捕後，天津抗團暫由陳肇基領導。之後，孫若愚派王宗鈐來天津瞭解情況，重建天津抗團。新組建的天津抗團組織幹事陳肇基、王宗鈐，行動幹事趙爾仁，宣傳幹事夏乃麟，交通幹事華道本，學聯負責人劉潔。

一九三九年底，日本直接向英國政府提出條件：
一、立即引渡四名刺程犯。
二、將李漢元撤職。
與此同時，日本仍照會英國政府立即封鎖滇緬公路——雲南到緬甸的一條公路，也是中國大後方唯一的一條對外通道。
日本要脅英國必須履行，否則就出兵佔領英租界，這個出兵就意味著宣戰。

一九三九年冬，孫大成由重慶返回上海，成立上海抗團。

一九四零年：

一九四零年一月，天津抗團選定了兩個火燒目標：一是中原公司電影院，二是國泰電影院。

中原公司一組由劉潔負責操作，章葆娟（女）、祝宗桐（女）作掩護，華道本在後排看效果。劉潔把定時燃燒彈定在三分鐘後起燃，當他把燃燒彈交給祝宗桐後，燃燒彈突然起火，祝宗桐被燒傷，大家趁亂勉強逃出影院。

國泰電影院一組由王津棟負責，燃燒彈放在銀幕下面沒有起燃。這枚燃燒彈被敵人發現後取走，放燃燒彈的書包是趙達的，因此趙達被捕。

一九四零年一月，孫若愚路過北平西四的一個丁字路口時，偶然發現北平偽商會會長鄒泉蓀的汽車停在路邊。正巧孫隨身帶槍，以為鄒逆就在車內，立即過去打開車門向內射擊。不料，忽然聽到女人的叫聲，方知打錯了人，鄒逆的妻子當了替死鬼。

一九四零年一月，日本憲兵隊包抄了天津樹德學校。

當時英租界工部局警察（抗團成員）得知消息，便開出警車在英租界故意鳴笛巡邏，先行報警，使不少團員立刻隱藏起來。但陳肇基、夏乃麟、吳連順、于學惠、王金棟當場被捕。後來，夏、吳、于的家中花了很多錢周旋，三人才被釋放。

一九四零年三月卅日，王文誠回到天津領導天津抗團。

一九四零年五月廿四日，漢奸川島芳子在北平新新大戲院做壽，北平抗團負責人李振英決定乘機刺殺川島芳子。當天李振英、葉于良買票進入戲院後不久，川島芳子著男士長袍馬褂，在數十人的前呼後擁下落座正中座位。

沒承想，二三十分鐘後，她突然起身往外走。李、葉兩人措手不及，趕忙往戲院門口跑。剛到門口，川島芳子的汽車已經走遠，刺殺計畫功虧一簣。

一九四零年六月，在原《大公報》樓上，日偽特務逮捕王宗鈐，王從後樓梯逃跑，經法租界華人巡官掩護得以逃脫後，馬上通知李國材、趙爾仁、華道本、劉蘊華、陳憶衡等安全轉移。

一九四零年七月三日，在抗團成員劉潔等人偵查的基礎上，國民黨軍統行動二組成員在偽華北政務委員會教育總署署長、偽議政委員會秘書長方宗鰲的汽車經過一個鐵路道口被柵欄攔住的情況下，開槍擊中其面頰。

一九四零年七月七日，抗團成員馮運修在北平南新華街對準偽《新民報》編輯局局長吳菊痴腦袋連開兩槍，將其當場擊斃。

一九四零年七月十八日，北平抗團李振英、劉潔、孟慶時在辟才胡同擊傷北平偽工務局局長舒壯懷，打瞎其一隻眼睛。

一九四零年七月廿四日，劉潔、葉于良在北平擊斃偽教育總署督辦俞大純。

一九四零年七月，孫若愚到上海，與從平津轉學來的抗團人員建立聯繫。他們籌集資金在派克路租了一個鋪面，開設了一家水電行。此舉一來可以掩護自己的身份，二來可以在這裡製造武器。在那裡工作的有向傳緯、水宗驥等同志。

一九四零年七月，由重慶返回天津的抗團成員李國材，在跟蹤並企圖制裁叛徒裴級三時，不幸被裴級三發現。日本憲兵就此逮捕了李國材、章文穎、潘祖訢莘、張同珍（女）、譚國瑞等多人。李國材在被日本憲兵押往濟南指認抗團成員途中跳車逃走，被抓回就地槍決，時年十九歲。其餘人通過家屬賄贖獲釋，但章文穎因受刑傷勢過重，出獄後很快過世。

一九四零年八月，陳肇基被日本憲兵隊逮捕，在送往北平的火車上，他從廁所窗口逃跑，但在回到車站附近時又被逮捕。

一九四零年八月六日，劉潔到天津李家淦的家裡取信時，被"蹲坑"的特務逮捕。

一九四零年八月七日午夜後，日本憲兵隊包圍了北平受壁胡同（今西四北四條）甲十二號（老門牌）馮運修的家。激烈抵抗後，馮運修身中數彈，八月八日夜犧牲在中央醫院（今北京大學附屬人民醫院白塔寺分部）。八月其日天明後，日本憲兵又逮捕了李振英、葉于良；八月七日午後，逮捕了王文誠、應繩厚、周慶涑、孟慶時、王知勉、張家錚、李澄溪、王肇杭、曹紹蕙（女）、朱慧玲（女）、紀鳳彩（女）、紀澍仁等十多人。

一九四零年八月十五日的敵偽《華北日報》和《庸報》同時以《北平恐怖份子全被肅清，重要人犯即將判處罪行》為標題進行報導："自去年以來，北平市內頻頻發生之暴殺、放火不法事件，經嚴密偵查，得悉以北京大學學生李振英（廿三歲）為團長，華北中學學生劉潔（十八歲）為副團長組織的北平抗日殺奸團，已於八月中旬將自團長以下全體五十多名一起逮捕，引渡於日本憲兵隊審訊……彼等組織以暗殺中日要人、破壞日本軍及政府主要官廳重要建築物，而圖擾後方為目的。團員之大部分皆為大學、中學的學生，並有數名女性在內，其中最高年齡為廿多歲，最小年齡為十七歲，但就全部團員而論，則年齡以十七、十八歲者為多……"

一九四零年八月，中原公司被朱國鈞成功燒毀，之後朱國鈞繼續在家中製作炸藥，同年秋末，朱國鈞在現天津河北路順和里臨街的一所小樓亭子間裡試驗定時炸彈時發生事故被炸死。

一九四零年九月九日，曾澈在北平被殺害，時年廿七歲。與他同時遇害的還有廿五歲的李如鵬、廿一歲的丁毓臣及吳紀元。

一九四零年九月廿四日，被捕的一部分抗抗團成員被解送到日軍華北方面軍多田部隊軍法部（亦稱日本軍事法庭）在北平炮局胡同的監獄（東院是日本陸軍監獄，西院是偽河北省第一監獄外寄人犯臨時收容所）。

一九四零年十一月廿四日，日軍軍法部判決李振英、劉潔、葉于良無期徒刑，孟慶時有期徒刑十年，周慶涑、王文誠、紀澍仁、曹紹蕙（女）有期徒刑五年，應繩厚、朱惠玲（女）有期徒刑三年，紀鳳彩（女）、王知勉、李澄溪、馬普東、張家錚、王肇杭有期徒刑一年。另有鄭統萬、鄭昆侖（女）、樂倩文（女）、魏文昭（女）、魏文彥（女）等人被捕受酷刑審訊後，由家人賄贖獲釋。

紀澍仁生病無藥醫治，慘死獄中，年僅十八歲。李振英一九四五年八月出獄時，被折磨得患上嚴重精神分裂症。被判刑的抗團成員最晚的直到一九四五年九月三日才重獲自由。

這次抗團成員四五十餘人被捕，北平抗團大部分骨幹入獄，天津抗團也遭到重創，一時殘存人員開展活動十分困難，抗團總部被迫轉移到重慶。

據軍統大特務陳恭澍在《上海抗日敵後行動》中說："'抗團'同志自投入抗日殺奸工作以來，前後共失事十九次，被捕八十三人，死難者有曾澈、馮運修、李如鵬、紀澍仁、紀念華、朱雲、陳維霖、袁漢俊、李鑫、黃克忠、繆維等十餘人。"實際上，從一九三七年底到一九四六年抗團解散，前後參加抗團的估計有五六百人。

一九四一年：

一九四一年除夕，上海抗團在孫若愚的領導下，在上海六個舞廳安放炸彈。
孫惠書與宋顯勇在上海百樂門大舞廳把定時炸彈放在一個日本人的沙發下面後離去。
參加這次活動的還有孫若愚、葉綱騫、陳澤永、呂迺綱、王安邦、向傳緯、水宗驥、葉以昌（葉綿）等人。
那天晚上，上海發生了多處爆炸，炸彈威力都不大，目的在於警示。另外，他們還印發了抗日傳單。此事震驚上海，造成好幾家舞廳停業多日。

一九四一年，從天津、北平輾轉去上海的部分抗團成員，建立了上海抗團，又名"抗戰建國特種工作服務團"，繼續抗日殺奸活動，並在大、中學校發展新成員開始活動。

一九四一年四月十六日，上海抗團的羅長光、劉世華、黃克忠三人扮成送水工人，在東光、融和兩家電影院安放定時炸彈，炸死炸傷廿三名日本人。

一九四一年六月十一日，上海抗團李鑫、孫克敏、劉世華趁夜襲擊日本憲兵隊法租界的憲兵分遣隊，炸毀房屋，重傷一名日本憲兵。

一九四一年六月，上海抗團黃克忠、繆維在日軍高級軍官經常出沒的虹口公園售煙亭儲存炸藥準備實施襲擊時，炸藥突然自爆（一說自行引爆，同歸於盡），兩人壯烈犧牲。

一九四一年八月一日，上海日偽當局為慶祝南京汪偽政權與德、意法西斯國家"建交"，在滬西兆豐公園舉辦"提燈遊行慶祝大會"，上海抗團李鑫、黃崑、張仲華懷揣自製的炸彈，抱定必死決心，實施爆炸。李鑫當場被炸得"腹破腸流"，壯烈犧牲。張仲華被捕，黃崑在混亂中失蹤。

一九四一年十月十四日，孫大成鑒於前幾次行動中炸彈先爆出事，在試驗保險炸彈時失事，被炸斷左臂，在場的錢致倫、葉以昌被法租界巡捕房收捕，方警華及時逃脫，被捕的三名成員堅不招供。

一九四二年：

一九四二年三月，由一位陸老太太以重金贖出孫若愚和錢致倫，並親自到監獄把他們領出來，帶他們到城隍廟叩頭拜謝菩薩保佑。錢、孫二人先後去了重慶，葉以昌回了天津。

一九四二年四月，袁漢俊、申質文、向傳緯來到上海，接替孫若愚的工作，孫若愚回到內地。從一九四二年起，抗團又陸續返回平津開展活動。

一九四二年八月，抗團與與軍統協商後，在貴州息烽軍統的訓練班裡撥出一塊營地，專門辦了個抗團暑期訓練班。
暑訓班結束後，抗團決定成立總部，在重慶贛江街八十二號萬壽宮內撥出一間屋子做為抗團總部的工作地點。由沈棟、祝宗梁、沈元壽、楊國棟、張允孚組成領導小組並擬訂一個抗團規劃，內容如下：
（1）建立抗團總部，地點設在重慶，負責抗團全面聯繫事暫由祝宗梁負責。
（2）建立一個聯絡站，地點在安徽界首，負責聯絡淪陷區的抗團組織與支援工作。由沈棟負責，董言清（後改為錢宇年）協助。
（3）派張允孚、葉綱騫、陳雲標、孫思龍、韋國濤去天津工作，由張允孚負責。
（4）派楊國棟、夏逸農去北平工作，由楊國棟負責。
（5）派左豹章去東北長春建立抗團組織。
（6）在內地建立三個聯絡區，昆明聯絡區由沈元壽負責。成都聯絡區由俞勤康負責，重慶聯絡區由總部兼。各聯絡區只保持抗團成員的聯繫，不再發展組織，也沒有工作任務。抗團工作任務只在敵後的淪陷區。

一九四二年秋天，陳肇基被釋放。出獄後，他先到界首與沈棟取得聯繫，然後又回到天津，繼續恢復抗團組織。

一九四二年末，原天津抗團一個綽號叫"老外"的團員（鄭有溥，其母為俄羅斯人，故有這個外號）叛變，致使又一批抗團成員被捕。

其中華道永、張耀清、王菊青、王振鵝、李吉芬、王碩芬、曾慶珍等女學生，由家长賄贖，從天津日本憲兵隊保釋；楊慶餘（女）、潘文榮（女）被押送北平日軍法庭後得到保釋；陳肇基、王振鵠、吳樾、葉以昌、劉欽蘭（女）被判刑送入北平炮局監獄。

一九四三年：

一九四三年一月廿八日，天津和上海兩處抗團同時遭到破壞，天津約有二十多抗團成員被捕，包括王振鴻、王振鵠、王振鵝、葉綿、陳肇基、陳維霖和袁漢俊。

一九四三年一月廿八日，鄭的出賣涉及到上海抗團。由重慶來上海的申質文、祝宗梁，和原在上海的羅長光、陳澤永、向傳緯、李道義、石厚瑛（女）、陳蓮珍（女）、馬樹棠等九人被捕。
袁漢俊一九四三年被日軍處死，光榮犧牲。

一九四四年：

一九四四年，上海抗團電台被敵破壞，夏逸農、鄭素雲（女）遂被捕，到日降後才獲釋。

一九四四年，在北平建立抗團秘密據點的馮智光、董振宇被捕，後被送往日本當勞工後死難。

一九四四年冬，許岳宗、嚴啟櫚、許崇懋赴廣州建立抗團。

一九四五年：

一九四五年三月，北平抗團爆炸大華影院，王士敏、陳熊兩人犧牲。
同年夏天，北平抗團另一個小組在炸國泰影院時，因炸藥失效而失敗，該小組的林建、趙敏行、鄒炳哲、王蘇新四人被捕，被關在煤渣胡同日本憲兵隊。
九月日本投降後他們才獲釋放，其中王蘇新因受刑過重，一九四六年病逝家中。

一九四五年八月十五日，抗戰勝利，抗團停止發展成員。

一九四六年：

一九四六年春，抗團開會總部研究抗團的去向問題，會議最終決定抗團解散。

從一九三七年底到一九四六年抗團解散，前後參加抗團的估計有五六百人，犧牲者達二十餘人。

抗日殺奸團成員名單
按姓氏字母排序

B

步豐基：天津抗日殺奸團創建人之一。

C

陳維霖：一九四三年被捕，在酷刑下得病後在獄中去世。
陳　熊：受王士敏事件牽連被捕，后被殺害。
陳肇基：南開中學畢業，先後四次被捕，直到日降後才獲釋。
陳澤永：與申質文同案，后被保釋。
陳蓮珍：女，與申質文同案。無記錄，無口供，無罪獲釋。
陳晶然：天津抗日殺奸團創建人之一。
陳雲標：在成都參加抗團，一九四二年參加息烽暑訓班。
陳閆如：女，耀華中學學生，天津抗團成員。
陳憶衡：天津抗團成員。
陳正芳：女，上海抗團人員。
陳德之：女，天津抗團人員。
陳俊華：女，重慶南開中學學生。後改名陳迪，赴中央大學讀書。
陳福荃：北平抗團成員，來台不久病歿。
陳楷珠：不詳。

曹紹蕙：女，北平貝滿女中學生。被判五年有期徒刑，在女同志中，她受刑最重。於一九四五年三月卅日汪偽政權成立五周年紀念日被假釋。
曹復生：抗團初期成員，后抗團與之中斷聯繫。
曹康年：廣東中學抗團小組長。

蔡秉堯：工商附中學生，天津抗團成員。

D

丁毓臣：匯文中學學生，在華界抗團小組長之一，一九四零年被殺害。
丁益壽：耀華中學學生，一九四零年與陳肇基同時被捕，關押三年後被釋放。
丁公浦：天津抗團成員。
丁高傑：女，重慶抗團成員。
丁修瑚：天津抗團成員。

竇蘊秋：上海抗團人員。
竇金章：天津抗團人員。

董振宇：一九四五年被捕，送日本當勞工，未能生還。
董言清：在成都參加抗團，一九四二年參加息烽暑訓班。

杜建基：南開中學學生，天津抗團成員。

戴　淦：女，天津抗團成員。

F

馮運修：天津工商附中學生，后至北平讀書。一九四零年八月七日拒捕時犧牲。
馮智光：一九四五年被捕，送日本當勞工，未能生還。
馮健美：女，南開中學、耀華中學學生，後到重慶讀書，"耀華四人小組"成員。
馮振中：天津抗團成員，后在昆明讀書。

范　建：天津抗團成員，曾任第二小隊隊長。
范　旭：新學中學畢業，北平"燕京小組"成員。
范懿貞：即范玉珍，女，英租界員警，天津抗團成員。

方　圻：南開中學畢業，北平"燕京小組"成員。
方警華：又名方恕，化名劉世華，天津抗團成員，後至上海抗團。
方　甫：在成都參加抗團，一九四二年參加息烽暑訓班，后參加民航飛昆明到加爾各答航線。
方茂萱：女，天津抗團成員。
方佩萱：女，天津抗團成員，後在燕京大學加入"燕京小組"。

G

郭卜嶼：一九四零年，受李國材案影響被捕，關押三個月後，經家人營救獲釋。
郭兆和：天津抗日殺奸團創建人之一。
郭士琦：不詳。

高兆武：南開中學學生，重慶派往天津的抗團人員，后不久病死。
高鴻年：北平抗團成員，後居臺北。
高慶琛：天津抗團人員，後自動脫團，還參加漢奸組織新民會。
龔肇機：一九四零年被捕，未判刑，后被家屬營救釋放。
龔玉隆：天津抗團成員，英租界員警。

H

黃瑞堂：又名黃克忠，南開中學學生，與繆維一起犧牲，時年十八歲。
黃　昆：一九四一年與李鑫、張仲華一起被捕后被殺害。
黃子明：上海抗團成員。
黃　璽：又名黃重民，耀華中學學生，妻何敏信，赴台後移民美國。
黃玲玉：女，一九四二年與袁漢俊同案，經家人營救獲釋。
黃慎言：天津抗團人員。
黃開壽：在重慶參加抗團。
黃　石：不詳

何勉志：女，上海抗團成員。
何敏信：女，天津抗團成員。
何仲華：天津抗團成員，日降後，經抗團推薦，在北平漢奸清查委員會任職。

胡希文：抗團在英租界松壽里機關的工作人員。
胡松嶺：北平抗團成員。
胡傳藻：天津抗團人員。

霍立祥：天津抗團人員。
霍　震：不詳。

韓志仁：北平抗團成員。
韓學通：天津抗團成員，後居滄州。韓子斌：天津抗團人員。
韓桂福：不詳。
韓學達：不詳。

華道永：女，天津抗團成員，與袁漢俊同案，經家人營救獲釋，未被判刑。
華道本：天津抗團交通員。

侯維煥：中日中學學生，天津抗團成員。

J

紀澍仁：北平育英中學學生，一九四一年3月在炮局監獄病歿。
紀念華：新學中學畢業，因李國材案牽連被捕就義，年廿七歲。
紀鳳彩：女，北平貝滿女中學生，被判有期徒刑一年。
紀根阿：英租界員警，天津抗團成員。

蔣淑英：女，一九四零年被捕，未判刑，后被家屬營救釋放。
蔣世同：廣東中學學生，曾與朱雲一起研究炸彈，后改名林沛星，任第二外國語學院書記。

K

康婉雲：女，與袁漢俊同案，經家人營救獲釋，晚年居杭州。

闞津婉：女，天津抗團成員。

L

李如鵬：南開中學畢業，抗團組織幹事，一九四零年被殺害。
李國材：匯文中學學生，天津抗團成員，一九四零年被捕，假降后逃跑，后被捉回殺害。
李　鑫：中學生，一九四一年破壞敵人遊行隊伍時，炸彈在身上爆炸，壯烈犧牲。
李蓀雲：女，李如鵬姐，與李如鵬同時被捕，因親屬關係被釋放，天津抗團成員。

李振英：原名李漢城，曾化名李清，天津中日中學學生，後升入北大工學院。一九四零年在北平被逮捕，被判無期徒刑，在獄中患精神分裂症，日降後獲釋。

李桂芬：女，廣東中學學生，天津抗團成員。
李生泉：耀華中學特班學生，孫湘德表兄，后任某模範縣縣長。
李堅毅：又名李保羅，天津抗團成員，於炮局監獄服刑，日降後釋放，後居臺灣。
李家淦：一九四零年關在北平偽員警局，被捕前即有肺病，宣判時未見此人，下落不明。
李澄溪：北大工學院學生，被判有期徒刑一年。
李凌宵：界首派往徐州，擬建立抗團組織。
李吉芬：女，天津抗團成員，與袁漢俊同案，經家人營救獲釋，未被判刑。
李吉芳：女，廣東中學學生，天津抗團成員。
李繼虞：與李泉霖關在日憲兵隊，無下落。
李泉霖：與李繼虞關在日憲兵隊，無下落。
李寶琦：天津抗日殺奸團創建人之一。
李寶仁：天津抗日殺奸團創建人之一。
李宗英：女，上海抗團成員，后與譚國瑞結為伉儷。
李道義：與申賈文同案，無記錄，無口供，無罪獲釋。
李重三：一九四五年被捕，送日本當勞工，未能生還。
李紹宓：天津抗團成員。
李　鈺：天津抗團成員。
李樹楷：不詳。
李樹聲：不詳。
李文江：不詳。

劉福庚：南開中學學生，一九三七年在製造燃燒彈時發生意外而犧牲。
劉永康：化名劉潔，天津廣東中學學生，後轉入北平讀書，與李振英同案，被判無期徒刑，日降後獲釋。
劉欽蘭：女，廣東中學學生，在北平炮局監獄服刑，日降后獲釋。
劉友淦：工商附中學生，一九三八年六月爆炸國泰電影院的成員。
劉友深：天津工商學院工科畢業，參與刺程案，後在臺北病歿。
劉富川：耀華中學學生，天津抗團行動組成員，後被抗團制裁而亡。
劉蘊華：女，廣東中學學生，天津抗團成員。
劉　莉：女，中西女中學生，天津抗團成員。
劉亞蘭：女，天津抗團成員，劉欽蘭的姐姐。
劉惠朋：中日中學學生。
劉家驤：又名劉振宇，天津抗團成員。
劉松濤：上海抗團人員。
劉傳志：天津抗團人員。

劉棣臨：女，在界首參加抗團，后在上海行醫。
劉瑞峰：不詳。
劉樹樾：不詳。
劉彭年：不詳。

羅長光：與申質文同案，受刑較重，被當成一般成員處理，無口供，無罪釋放，后赴美國執教於紐約聖約翰大學。
羅烈勤：天津工商附中畢業，一九三八年六月爆炸光陸電影院的成員。
羅志勤：羅烈勤弟，天津抗團團員。
羅　芬：女，天津抗團人員。
羅　從：不詳。

林　建：一九四四年被捕，被關在煤渣衚衕日本憲兵隊，日降後獲釋。
林葆惠：耀華中學低班學生，一九三八年加入天津抗團，曾介紹同學方圻入團。
林　徵：女，聖約翰大學學生。
林　穎：女，上海抗團人員。
林天健：天津抗團人員。

勞同慶：天津抗團周慶涑小組成員，後入輔仁大學，參加北平抗團。

陸子亮：上海陸老太太的兒子，陸老太太用二百兩黃金贖出孫若愚，但老太太的丈夫卻是漢奸，曾被軍統暗殺過，但未成功。陸氏兄妹自願參加抗團。
陸子瑛：女，上海陸老太太的女兒。
陸　彰：女，聖約翰大學學生。
陸福誠：天津抗團人員。

駱永康：一九三九年初春，在天津法租界被捕，受刑傷過重犧牲。

阮榮照：女，天津抗日殺奸團創建人之一。

雷　呈：女，與袁漢俊同案，經家人營救獲釋。
雷邦璽：雲南大學學生，上海抗團技術組成員。

黎大展：耀華中學畢業后升入燕京大學，天津、北平抗團成員，後至上海抗團。

呂乃璞：女，一九三八年六月爆炸光陸電影院的成員。
呂乃頤：呂乃璞之兄，天津抗團人員。

呂乃灝：天津抗團成員，後至上海抗團。
呂迺綱：天津抗團成員，曾火燒海河邊日軍倉庫，後至上海抗團。
呂紹華：女，上海抗團成員，小組長。
呂嘉葆：天津抗團成員。
呂繼文：北平抗團成員。

盧　旭：女，南開中學學生，重慶南開中學「七二八」體育會會長，一九四二年參加暑訓班。
盧鶴桐：女，又名盧曉平，抗團之友。日降後，抗團推薦其在北平漢奸清查委員會任職。
盧傳曾：不詳。

M

繆　維：中日中學學生，一九四一年在上海襲擊敵憲兵時犧牲，年僅十七歲。
繆　達：北平抗團成員，一九四零年被捕，未判刑，后被家屬營救釋放。

馬普東：北平二中學生，被判有期徒刑一年。
馬樹棠：與申質文同案，無記錄，無口供，無罪獲釋。
馬桂官：一九三八年六月爆炸國泰電影院的成員。
馬從雲：英工部局巡捕，擔任沈棟與袁漢俊的聯絡工作。
馬厚泰：又名馬俠夫，天津抗團人員。
馬守道：上海抗團人員。
馬恩惠：不詳。

孟慶時：北平育英中學學生，北平抗團成員，被判十年有期徒刑，於日降前不久獲釋。

麼向華：不詳。

N

倪祖基：天津工商附中學生，天津抗團人員。

P

潘祖莘：一九四零年，受李國材案影響被捕，關押三個月後，經家人營救獲釋。
潘文榮：女，英租界員警，與袁漢俊同案，經家人營救獲釋，未被判刑。
潘文屏：與潘文榮為姐妹，同為抗團成員，姐妹二人均服務於英租界工部局，掌電話總機，多次通過電話為抗團報信。
潘松芬：天津抗團人員。

Q

錢致倫：天津抗團機關交通員，一九三九年被捕，被判處六個月徒刑。一九四一年去上海，實驗炸彈時受傷再次被捕，在日憲兵隊酷刑下無口供，半年後獲釋。
錢宇年：耀華中學畢業，后入燕京大學，曾任安徽界首聯絡站工作人員。
錢家駿：天津工商附中學生，天津抗團人員。

戚恩祥：北平抗團成員。

齊文宏：叛徒，綽號"齊大頭"，日降后被天津軍統逮捕，后被釋放。

秦鶴仁：不詳。

S

沈　棟：原名沈兆武，耀華中學學生，天津抗日殺奸團創建人之一，被捕前主持抗團工作，越獄後到重慶抗團總部為負責人之一。
沈　楨：女，天津抗日殺奸團創建人之一。
沈元壽：曾先後在育英中學、南開中學、耀華中學就讀，天津抗團成員。
沈行安：耀華中學學生，天津抗團成員。
沈安俊：沈行安的弟弟，在重慶參加抗團，一九四二年參加息烽暑訓班。
沈世璋：上海抗團人員。
沈　炯：天津抗團人員。
沈　浩：不詳。
沈　梁：不詳。

孫若愚：原名孫旭先，又叫孫大成，天津中日中學學生，抗團行動幹事。一九四一年，在上海檢查炸藥時炸斷左臂，被上海法工部局逮捕，傷癒后被引渡到日本憲兵隊，后經營救獲釋。
孫浩先：孫若愚弟，天津抗團人員。
孫星聯：與吳紀元同案被捕，在看守所關押幾年後獲釋。
孫湘德：孫連仲將軍之子，耀華中學學生，天津抗團行動組成員。
孫惠書：女，孫連仲將軍之女、孫湘德妹妹，耀華中學學生，"耀華四人小組"成員。
孫克敏：上海抗團成員。
孫思龍：一九四二年參加息烽暑訓班。
孫明達：不詳。
孫懷珍：不詳。
孫　義：不詳。

石厚瑛：女，與申質文同案，無記錄，無口供，無罪獲釋。
石月珍：女，上海抗團人員，一九四二年參加息烽暑訓班。

申質文：一九四三年被捕，在敵憲兵酷刑下未洩露任何機密，三個月後被保釋。

水宗驥：志達中學畢業，上海抗團技術組成員。

宋德珍：女，廣東中學抗團小組成員，曾被捕，在押往日本憲兵隊審判過程中，於豐台跳火車。日降后任職《世界日報》，一九四九年後到《大公報》（后改為《進步日報》）工作。
宋顯勇：匯文中學畢業，天津抗團"燕京小組"負責人。
宋顯德：匯文中學學生，天津抗團成員。
宋顯梅：女，志達中學學生，天津抗團成員。
宋顯第：匯文學校學生，天津抗團成員。
宋長富：天津抗團交通員。
宋寶昆：新學中學學生，天津抗團成員。
宋文林：工商附中學生，天津抗團成員。
宋景憲：女，宋哲元將軍之女，后與孫湘德結為伉儷。

T

唐本善：天津抗團成員。
唐鳴高：又名徐溥，霸縣人，天津抗團成員。

屠　珍：女，法國籍華人，一九四零年被捕，未判刑，后被家屬營救釋放。

譚國瑞：一九四零年受李國材案影響被捕，關押三個月後，經家人營救獲釋。

田　鵬：南開中學學生，后入重慶南開中學，在息烽暑訓班前夕退出抗團。
田書明：不詳。

童　瑛：女，李如鵬的妻子，與李如鵬同時被捕，后因系親屬關係被釋放，天津抗團成員。

W

吳紀元：又名陳原，在華界擔任小學校長，抗團小組長之一，一九四零年被殺害。
吳　樾：中學畢業后任英租界員警，在北平炮局監獄服刑，日降前被假釋。一九四九年到台仍在警界，後病歿於臺北。
吳蓮順：女，聖功女子中學學生，天津抗團成員。
吳兆襄：化名白野，廣東中學抗團小組成員，擅寫文章，筆名"關朝翔"。
吳祚昌：天津抗團人員。
吳毓順：不詳。
吳希聖：不詳。

王士敏：一九四五年在北平破壞敵影院時，炸彈在身上爆炸，當場犧牲。
王德馨：一九四零年受李國材案影響被捕，關押三個月後，經家人營救獲釋。
王春泉：耀華中學學生，一九四零年與陳肇基同時被捕，關押三年後被釋放。
王文誠：天津工商附中畢業，后入昆明西南聯大，二年後休學赴天津領導抗團。一九四零年八月七日被捕並判五年有期徒刑，於一九四五年三月卅日汪偽政權成立五周年紀念日被假釋。
王文鑒：王文誠二兄，曾任北京清華大學物理系副教授，退休後病逝於北京。
王知勉：北大工學院學生，被判有期徒刑一年。
王肇杭：志成中學學生，被判有期徒刑一年。
王振鵠：工商附中學生，與袁漢俊同案，被判刑，在北平炮局監獄服刑，於一九四五年三月卅日汪偽政權成立五周年紀念日被假釋。
王振鴻：王振鵠胞兄，工商附中學生，與袁漢俊同案，經家人營救獲釋，未被判刑。
王松林：與袁漢俊同案，經家人營救獲釋，未被判刑。
王碩芬：女，聖功女子中學學生，王振鵠妻子，與袁漢俊同案，經家人營救獲釋，未被判刑。
王振鶯：女，王振鴻王振鵠胞妹，與袁漢俊同案被捕，經家人營救保釋，未被判刑。
王菊青：女，王漢奇妹，聖功女子中學學生，與袁漢俊同案，經家人營救獲釋，未被判刑。

王甦新：一九四四年被捕，被關在炮局監獄，因刑傷過重，出獄后不久去世。
王桂秋：天津抗日殺奸團創建人之一。
王維彬：天津中日中學學生，一九三八年抗團破壞中日中學的成員。
王安邦：上海抗團成員。
王保璋：天津中日中學學生，天津抗團成員。
王宗鈴：天津匯文中學學生，天津抗團成員。
王學源：廣東中學學生，天津抗團成員。
王炳章：廣東中學抗團小組成員，日降后，經抗團推薦，在北平漢奸清查委員會任職。一九四九年后在《天津日報》工作。
王津棟：天津抗團成員，一九四零年，曾爆炸天津國泰電影院，晚年居臺北。
王乃文：北大工學院學生，北平抗團成員。
王崇茂：天津抗團成員，後抗團與之斷絕關係。
王芸彬：在界首參加抗團。
王乃訓：天津抗團人員。
王樹慈：天津抗團人員。
王厚熙：天津抗團人員。
王耀宗：天津抗團人員。
王樹德：天津抗團人員。
王宜靖：天津抗團人員。
王君武：又名王漢奇，天津抗團人員。
王秀雲：女，不詳。
王世昌：不詳。
王造模：不詳。
王谷成：不詳。
王有才：不詳。

魏文昭：女，北平貝滿女中學生，一九四零年被捕，未判刑，后被家屬營救釋放。
魏文彥：女，北平貝滿女中學生，一九四零年被捕，未判刑，后被家屬營救釋放。
魏經淑：女，在重慶參加抗團。

汪家褌：女，上海抗團成員。

韋國濤：一九四二年參加息烽暑訓班。

萬樹人：不詳。

Y

袁漢俊：又名袁志清，南開中學畢業，抗團總務幹事，一九四三年慷慨就義。
袁漢勳：袁漢俊之兄，天津抗團成員。
袁克昌：天津工商附中畢業，一九三八年六月爆炸光陸電影院的成員。

葉于良：志成中學學生，北平抗團成員，被判無期徒刑，日降後獲釋。
葉以昌：與孫若愚同案，炸彈爆炸時腿部受傷，被釋後回天津。一九四三年又被捕，關押於炮局監獄，日降後獲釋。
葉綱蕎：曾用名葉明德，工商附中學生，天津抗團成員，後至上海抗團。
葉光榮：在重慶參加抗團。

楊大森：與吳紀元同案被捕，在看守所關押幾年後獲釋。
楊慶餘：女，天津抗團"小學聯"骨幹，與袁漢俊同案，經家人營救獲釋，未被判刑。
楊國棟：一九四二年參加息烽暑訓班。
楊國梁：上海抗團成員。

樂倩文：女，北平貝滿女中學生，同仁堂大小姐。一九四零年被捕，未判刑，經家人營救獲釋。
樂大鵬：不詳。

應繩厚：天津抗團成員，后升入北大工學院，加入北平抗團，一九四零年被判刑三年。

嚴啟楞：一九四四年冬，曾隨許岳宗去廣州建立抗團。

于學慧：女，聖功女子中學學生，天津抗團成員。
于培樂：英租界員警，天津抗團成員。
于敬明：天津抗團成員，後去內地參加抗戰，死於日軍大轟炸。
于敬芳：天津抗團成員。
于達川：不詳。

虞承芳：后改名虞為，天津抗團行動組成員。

易文鎔：南開中學學生，重慶派往天津的抗團人員，後無訊息。
俞勤康：天津抗團人員，一九四二年參加息烽暑訓班。

喻嫻才：女，在成都參加抗團，一九四二年參加息烽暑訓班。

X

夏乃麟：耀華中學學生，一九四零年與陳肇基同時被捕，關押三年後被釋放。
夏逸農：一九四四年上海抗團電臺被敵破壞，遂被捕，日降後獲釋。
夏志德：女，耀華中學學生，"耀華四人小組"成員。
夏志道：天津抗團人員。
夏傳洲：天津抗團成員。
夏新華：在重慶參加抗團。
夏肇熙：不詳。

蕭志純：又名蕭大業，英租界工部局警司，曾與范玉珍一起銷毀落入工部局的抗團名單。曾被日本憲兵逮捕，後獲釋，晚年由台返津與子女團聚。

向傳緯：天津工商附中學生，與申質文同案，后被保釋。
向傳經：天津工商附中學生，向傳緯之兄，沒參加抗團，非抗團成員但為抗團工作過，曾負責一個水電行的經理。

謝慎烈：上海抗團人員。

熊壽康：天津抗團人員。

徐世友：在重慶參加抗團。
徐仲仁：不詳。

許岳宗：交通大學學生，一九四四年冬，曾去廣州建立抗團。
許崇懋：一九四四年冬，曾隨許岳宗去廣州建立抗團。
許克敏：不詳。

猻彩雲：不詳。

Z

曾　澈：抗團總負責人，經由早期創建抗團學生介紹加入抗團，後因社會經驗豐富、年齡略長，被舉為抗團領導。一九三八年至一九三九年間，領導抗團迭建功績。一九四零年被捕，壯烈成仁。

曾慶珍：女，與袁漢俊同案，經家人營救獲釋，未被判刑。
曾昭怡：天津抗團成員，日降後由重慶赴天津員警局任職。
曾永昌：不詳。

朱國鈞：原名朱雲，南開中學學生，一九四零年在天津自製炸彈時發生意外而犧牲。
朱嘉穀：上海抗團人員。
朱惠玲：女，北平貝滿女中學生，一九四零年被判刑三年。
朱寶垣：英租界巡捕組抗團成員，曾在金城銀行工作。一九三九年被捕，家中花錢贖出。

章文穎：一九四零年被捕，出獄後病逝。
章葆娟：女，志達中學學生，後入重慶南開中學。一九四零年，曾爆炸天津中原公司電影院。

張仲華：又名張志炘，一九四一年與李鑫一起破壞敵人遊行隊伍時受傷，被捕后被殺害。
張硯田：又名張石，中日中學學生，因火燒中日中學被捕，受重刑，后被釋放。
張同珍：又名張龍楨，女，耀華中學學生。一九四零年，受李國材案影響被捕，關押三個月後，經家人營救獲釋。抗戰勝利後，張同珍與祝宗梁結為伉儷。
張家錚：北平大同中學學生，被判有期徒刑一年。
張允孚：一九四三年在天津被捕，他假投降，保出孫思龍。
張允寶：不詳。
張瀾生：天津抗日殺奸團創建人之一。
張彬儒：工商附中學生，天津抗團成員。
張世一：女，原名張傑、張捷，聖功女子中學學生，學聯負責人。
張同望：女，天津抗團成員，曾參加爆破中原公司。
張婉雲：女。天津抗團成員。曾參加爆破中原公司。
張樹林：天津抗團成員，后與李蓀雲結為伉儷。
張學孟：女，天津抗團成員。
張立文：天津抗團成員。
張啟明：南開中學學生，與馬桂官同學。
張學靜：女，聖功女子中學學生，天津抗團成員，但活動無多。
張仁龍：天津抗團成員。
張仁恩：西南聯大學生，一九四二年參加暑訓班。
張志良：不詳。
張志剛：不詳。
張希賢：不詳。
張作源：不詳。
張耀清：女，天津抗團成員，與袁漢俊同案，經家人營救獲釋，未被判刑。
張耀斌：不詳。

趙恩波：又名趙逢春，中日中學學生，因涉嫌破壞中日中學招生被捕，受酷刑無口供，三個月後被釋放。

趙小亭：與吳紀元同案被捕，在看守所關押幾年後獲釋。

趙　達：小學生，一九四零年因爆炸天津國泰電影院被捕。

趙爾仁：天津新學中學畢業，交通員。

趙爾文：女，趙爾仁妹，天津抗團成員。

趙廣禄：曾用名王剛，新學中學學生，天津抗團成員。

趙世緒：抗戰後期曾去後方軍隊當翻譯。

趙敏行：一九四四年被捕，被關在煤渣衖衕日本憲兵隊，日降後獲釋。

周慶湅：耀華中學畢業，天津抗團成員，後入北平抗團，被判五年有期徒刑，於一九四五年三月卅日汪偽政權成立五周年紀念日被假釋。

周夢午：天津抗團人員。

祝宗梁：化名祝友樵，南開中學學生，與申質文同案，在敵憲兵酷刑下，未承認真實身份。無記錄，無口供，無罪獲釋。

祝宗桐：女，祝宗梁胞妹，一九四零年，爆炸天津中原公司電影院時受燒傷，出醫院后被日憲兵隊逮捕，後經家人營救獲釋。

祝宗權：天津抗團成員，祝宗梁胞弟。

鄒炳哲：一九四四年被捕，被關在煤渣衖衕日本憲兵隊，日降後獲釋。

鄒漢俊：女，重慶抗團成員。

莊　瀛：在成都參加抗團，一九四二年參加息烽暑訓班，后參加遠征軍任翻譯。

左豹章：在成都參加抗團，一九四二年參加息烽暑訓班。

鄭統萬：天津新學中學畢業，一九四零年被捕，未判刑，后被家屬營救釋放。赴台後後，於臺北第一女中任教。

鄭崑崙：女，北平貝滿女中學生，一九四零年被捕，未判刑，后被家屬營救釋放。

鄭素雲：女，一九四四年上海抗團電臺被敵破壞，遂被捕，日降後獲釋。

鄭武奎：上海抗團成員。

鄭兆華：重慶大學學生，在重慶參加抗團。

鄭有溥：叛徒，日降後被上海員警局逮捕，後在羅長光協助下，被投海。

竺佩恩：女，上海抗團人員。

以上名單資料來源《與山河同在》，整理、提供者：閆伯群。

鳴謝

文字鳴謝
王慧景
阿　炳
梁　穎
劉　雁
李玉紅
李海鴻
翟　潤
齊思原
尹亞飛
魏淑敏
賴鳳娟
李淑平
黃　曼

圖片鳴謝
天津市檔案館
陶　麗
劉景端
閻伯群
谷慧霞
蔡建餘
魏舒歌
王　宇
李福軍
包偉東
李艷秋
鐘蕾妮
李紅梅

抗團後人
張梅格
葉樹振
王有章
袁　健
梁漢美
袁永健

特別感謝
袁騰飛
楊建民
周　楠
劉尹峰
盧啟鍵
王丹楓
蔣能傑
賴永順
張燈蓮
劉哮波
談璐屏
應　憲
楊　琦
狄　競
楊　威
吳先斌
薛　剛
蔣　暉
樓　毅
李　安
沈嘉欣
林莎莎
陳仁和
唐　俊

感謝全國各地關愛抗戰老兵的志願者團隊對我歷年口述歷史的鼎力幫助，他們是：

以郭明明、阿炳、會飛的豬為代表的福建志願者團隊；
以王豐、蔣暉、米米、鄧蔚為代表的廣州志願者團隊；
以韋海勇、草兒、鬍子、六姐、蘋果為代表的廣西志願者團隊；
以伯紹海、王立強、周德蓉為代表的雲南志願者團隊；
以王純、何亮、鄧果、雷天魁為代表的重慶志願者團隊；
以李建華、鄒繼紅為代表的貴州志願者團隊；
以佘樹忠、金燦、青蛙、楊柳為代表的湖南志願者團隊；
以匈奴、雨露、三樂為代表的河南志願者團隊；
以飛雪、明珠、楊柳、張蘭為代表的山西志願者團隊；
以吳緣、樓毅、李春鋒為代表的浙江志願者團隊；
以王磊、袁健、張英凡為代表的江蘇志願者團隊；
以獨行、文心為代表的南京志願者團隊；
以虞洋、楊琦為代表的上海志願者團隊；
以劉迎、暖暖、矗智為代表的湖北志願者團隊；
以曹新梅、錢坤為代表的新疆志願者團隊；
以馬正群為代表的成都志願者團隊；
以蒲元、陳曉燕、唐俊、傅宏為代表的西安志願者團隊；
以蔡建祥為代表的香港志願者團隊；
以薛剛、狄竞、楊威、楊國慶為代表的北京志願者團隊；
以司馬花為代表的江西志願者團隊；
以吳先斌為代表的南京民間抗日戰爭博物館。

www.ingramcontent.com/pod-product-compliance
Lightning Source LLC
Chambersburg PA
CBHW082027120526
44592CB00038B/2225